Über dieses Buch

Georg Groddeck wirkte nicht nur als einer der eigenwilligsten und interessantesten Ärzte des beginnenden 20. Jahrhunderts, sondern beschäftigte sich auch in Vorträgen und Veröffentlichungen mit kulturellen und sozialen Fragen seiner Zeit.

Der nun vorliegende Band vereinigt psychoanalytische Interpretationen von Werken der Literatur, bildenden Kunst und Musik.

Abgedruckt sind Essays aus Groddecks voranalytischer Zeit sowie als Kernstück die 1927 gehaltene Vorlesungsreihe »Vier Lehrbücher der Psychoanalyse«. In diesen interpretiert Groddeck jedoch nicht die grundlegenden Werke etwa von Sigmund Freud, mit dem er in Briefwechsel stand, sondern Richard Wagners ›Ring des Nibelungen‹, Ibsens ›Peer Gynt‹, Goethes ›Faust‹ und den ›Struwwelpeter‹ des Frankfurter Psychiaters Heinrich Hoffmann. Andere, schwer zugängliche oder bisher unveröffentlichte Beiträge beschließen den Band, der eine gute Ergänzung zu Freuds Abhandlungen zur ›Bildenden Kunst und Literatur‹ (Freud-Studienausgabe, Band 10, S. Fischer Verlag) darstellt.

Der Autor

Dr. med. Georg Groddeck (1866–1934) war im wissenschafts- und fortschrittsgläubigen ausgehenden 19. Jahrhundert groß geworden. Das hinderte ihn freilich nicht, auf empirisch-intuitive Weise ärztlich tätig zu sein, spezifische Therapien wie die damals aufkommende Serum- und Chemotherapie zu verachten und seine Patienten in seiner weithin bekannten Privatklinik in Baden-Baden mit Diät, Massage, balneologischen (bäderkundlichen) Methoden und bald auch psychoanalytisch zu behandeln. Nach seiner entscheidenden Begegnung mit Sigmund Freud wurde er kein orthodoxer Analytiker, dafür aber als einer der Väter der psychosomatischen Medizin des 20. Jahrhunderts wegweisend in der Anwendung psychoanalytischer Methoden bei organischen Krankheiten.

Georg Groddeck

Psychoanalytische Schriften zur Literatur und Kunst

Neu ausgewählt und herausgegeben
von Helmut Siefert

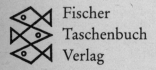

Fischer
Taschenbuch
Verlag

Die vierzehn Abbildungen, die im Text erwähnt werden, befinden sich in der Mitte des Bandes.

Fischer Taschenbuch Verlag
Januar 1978

Umschlagentwurf: Jan Buchholz/Reni Hinsch

Fischer Taschenbuch Verlag GmbH, Frankfurt am Main
Lizenzausgabe mit freundlicher Genehmigung des
Limes Verlages, Wiesbaden
© Limes Verlag, Wiesbaden 1964
© für die Beiträge aus: ›Die Arche‹ (hg. v. G. Groddeck)
und für die bisher unveröffentlichten Schriften
aus dem Nachlaß: Margaretha Honegger, Zürich
© für den Aufsatz ›Der Symbolisierungszwang‹ Limes Verlag, Wiesbaden 1966
Gesamtherstellung: Hanseatische Druckanstalt GmbH, Hamburg
880-ISBN-3-596-26362-x

Inhalt

Einleitung des Herausgebers 7

Kunst (1902) 15
Kunst und Literatur (1909) 19
Nora (1910) 38
Der Symbolisierungszwang (1922) 64
Ein Unmusikalischer in Mozarts ›Don Juan‹ (1925) 79
Römische Impressionen (1925) 84
Das Kreuz als Symbol (1926) 92
Unbewußtes und Sprache (1926) 97
Industrie, Wissenschaft und Kunst (1926) 105
Antwort auf einen Leserbrief (1927) 117
Vier Lehrbücher der Psychoanalyse (1927) 120
   Der Ring des Nibelungen 121
   Peer Gynt 140
   Faust 165
   Der Struwwelpeter 195
Das Unbewußte in der bildenden Kunst (1930) 220
Musik und Unbewußtes (1932) 246
Dürers Melencolia (1934) 252

Literaturverzeichnis 255
Namen- und Sachregister 261

Einleitung des Herausgebers

»Da das Kunstwerk von Menschen geschaffen und für Menschen bestimmt ist, muß in ihm Menschentum, muß in ihm der Mensch zu finden sein; freilich oft muß man ihn erst suchen. Aber bei diesem Suchen nach dem Menschen im Kunstwerk wird mitunter das Dunkle des Lebens leuchtend hell.« Wer dieses subjektive Bekenntnis Groddecks, das er in einem Vortrag über »Das Unbewußte in der bildenden Kunst« (1930 a, in diesem Band S. 221) ausgesprochen hat, in einem Buch mit dem Titel »Psychoanalytische Schriften zur Literatur und Kunst« liest, wird entweder erleichtert aufatmen, weil er – im Gegensatz zu manch anderen psychoanalytischen Schriften – Groddecks einfache Sprache unmittelbar versteht, oder aber er wird enttäuscht sein, da er vergebens nach einer womöglich systematischen und vollständigen psychoanalytischen Theorie des Kunstwerks sucht. Was aber bietet Groddeck seinen Lesern, wenn schon keine Theorie und keine Systematik? Wie kann sein »Suchen nach dem Menschen im Kunstwerk« näher umschrieben werden?

Vorweg eine ganz pauschale Antwort, die auch für seine Beschäftigung mit Kunst und Literatur gilt: »Ich behaupte, die Psychoanalyse sei zur Zeit der beste und kürzeste Weg, um dem Leben näherzukommen.« (1926 e, S. 21 bzw. S. 192 bzw. S. 68) Bevor wir eine gezieltere Antwort versuchen, wollen wir den Hintergrund etwas genauer sondieren.

Schon die bloße Tatsache, daß Psychoanalyse auf der einen und Kunst und Literatur auf der anderen Seite etwas miteinander zu tun haben sollen, war und ist bei vielen Kritikern der Psychoanalyse ein Stein des Anstoßes. SIGMUND FREUD, der Begründer der Psychoanalyse, hatte sich schon vor 1900 in seinem Briefwechsel mit WILHELM FLIESS (FREUD 1950) mit literarischen und künstlerischen Fragen beschäftigt und dann 1907 (›Der Wahn und die Träume in W. JENSENS ›Gradiva‹) und 1910 (›Eine Kindheitserinnerung des LEONARDO DA VINCI‹) seine zwei ersten grundlegenden Monographien zu dieser Thematik vorgelegt. Seit 1912 gab dann FREUD das Periodikum ›Imago‹ heraus (vgl. RANK/SACHS 1912); der Untertitel ›Zeitschrift für Anwendung der Psychoanalyse auf die Geisteswissenschaften‹ demonstriert deutlich das

Programm. Übrigens ist dies die älteste psychoanalytische Zeitschrift, die – mit gewissen Unterbrechungen und Abwandlungen – bis auf den heutigen Tag erscheint. Diese zeitlichen Markierungen, aber auch die Entstehungsgeschichte einiger grundlegender psychoanalytischer Begriffe wie etwa die des ›Ödipuskomplexes‹ zeigen, daß die Kenntnis von Mythos, Literatur und Kunst für SIGMUND FREUD und seine frühen Weggenossen »von vornherein eine integrierende Komponente des psychoanalytischen Entdeckungsprozesses war« (DETTMERING 1973, S. 605 bzw. S. 251) und nicht eine nachträgliche praktische Anwendung eines zuvor errichteten theoretischen Gebäudes.

Diese Klarstellung vermag jedoch den Zündstoff nicht zu entschärfen, sondern bringt ihn erst recht zur Geltung. Bereits FREUD hatte erkannt, daß »die Anwendung der Psychoanalyse auf nichtärztliche Gebiete nicht umhin kann, hochgehaltene Vorurteile zu verletzen, an tiefwurzelnde Empfindlichkeiten zu rühren und so Feindschaften hervorzurufen, die eine wesentlich affektive Grundlage haben«. (1924, S. 219) Und weiter: »Wir halten es nämlich gar nicht für wünschenswert, daß die Psychoanalyse von der Medizin verschluckt werde ... Sie verdient ein besseres Schicksal und wird es hoffentlich haben. Als ›Tiefenpsychologie‹, Lehre vom seelisch Unbewußten, kann sie all den Wissenschaften unentbehrlich werden, die sich mit der Entstehungsgeschichte der menschlichen Kultur und ihrer großen Institutionen wie Kunst, Religion und Gesellschaftsordnung beschäftigen.« (1926, S.338) Ganz ähnlich äußert sich auch Groddeck, der es für einen »Aberglauben« hält, zu meinen, »die Psychoanalyse sei eine Angelegenheit der Ärzte ...; denn sollte diese Ansicht sich durchsetzen ..., so würde die Welt um das köstlichste Gut, das ihr FREUD schenkte, betrogen. Das Studium des Unbewußten – so kann man Psychoanalyse übersetzen – ist eine Angelegenheit der Menschheit, und ihre Verwendung in der Medizin ist nur ein kleiner Bruchteil dessen, was solches Studium bedeutet.« (1927 c, hier S. 121)

Zielscheibe von Kritik an diesem von vornherein weitläufigen Selbstverständnis der Psychoanalyse ist vor allem der angebliche »Pansexualismus«, ein Vorwurf, der nach FREUD »irrig« ist, der sich »populäre Vorurteile« zunutze macht, »indem er ›sexuell‹ nicht im analytischen, sondern im vulgären Sinne verwendet«. (1924, S. 216) Und Groddeck sieht sich gezwungen, seinen ›psychoanalytischen Roman‹ (›Der Seelensucher‹, 1921) gegen Attacken zu verteidigen, und zieht die »Schlußfolgerung ..., daß der Haß gegen die Psychoanalyse und gegen FREUD und etwa auch gegen mich und meine Bücher gar nicht darauf beruhe, daß wir die

Sexualität überall in unsre Weltbetrachtung hineinzögen, ... sondern darauf, daß wir solch weltabgewandten Genitalbetrachtern [1] ... die geheime Freude ihrer lüsternen Gewohnheit stören, alles Geschlechtliche aus dem Weltgeschehen herauszunehmen, um es mit der Lupe zu vergrößern. Daß wir den Menschen des neunzehnten Jahrhunderts entlarven, sein albernes Beginnen dem Gelächter kommender Generationen überliefern, das ist, was man uns nicht verzeiht.« (1926 b, S. 216 bzw. 376) Wer für sich in Anspruch nimmt, ein neues wissenschaftliches Instrumentarium für solch aufdeckende zeitgeschichtliche Diagnosen in der Hand zu haben, muß auf erbitterten Widerstand gefaßt sein.

Groddeck verfiel nicht nur wie die meisten anderen Vertreter der Psychoanalyse dem Hohn und der Verachtung vieler Zeitgenossen; er wurde auch in den eigenen Reihen hart kritisiert. Man warf ihm abweichende Lehrmeinungen vor – hierbei befindet sich Groddeck in illustrer Gesellschaft –, vor allem aber Unwissenschaftlichkeit – mit diesem Tadel steht er ziemlich isoliert da. In der Tat bemüht er sich, in Vorträgen und Veröffentlichungen jedermann sich verständlich zu machen; er wagt es, einen ›psychoanalytischen Roman‹ (›Der Seelensucher‹, 1921) und ›psychoanalytische Briefe an eine Freundin‹ (›Das Buch vom Es‹, 1923) zu schreiben: Derartige Ansätze, die Psychoanalyse zu popularisieren (vgl. SIEFERT 1976), waren und sind vielen Zunftgenossen ein Dorn im Auge.

Groddecks Bemühen um eine Popularisierung der Psychoanalyse in all ihren Aspekten, also auch, wenn es um Interpretation von Kunstwerken geht, ist eine erste Antwort auf die Frage, was Groddeck eigentlich wolle und seinen Lesern zu bieten habe. Wie gelingt ihm dies aber? 1927 sagt er in Berlin seinen Zuhörern, was sie von ihm erwarten könnten und was nicht: Er dächte nicht daran, »Exegesen« von Literatur zu liefern, über die »schon viel zu viel geschrieben worden ist, ich werde vielmehr wahllos dieses und jenes mitteilen, was mir gerade einfällt«. (1927 c, hier S. 122) Groddecks eigene spontane ›Einfälle‹ in der Situation des Vortrags oder des Schreibens sind das Entscheidende; er versucht sie zu formulieren, seinen Hörern und Lesern zu vermitteln und diese zu eigenen Einfällen anzuregen. Dabei geht es Groddeck nicht darum, großartige Neuigkeiten zu verkünden, sondern darum, »Selbstverständliches, längst Bekanntes wiederum zu be-

---

[1] Diese Bemerkung Groddecks bezieht sich auf die scherenschnittartige Darstellung, die das Titelblatt des ›Seelensuchers‹ trägt; dort wird gezeigt, wie ein Mann, auf der Weltkugel sitzend, mit einem Vergrößerungsglas die Genitalregion einer kleinen nackten Frauenfigur betrachtet.

trachten, als ob es neu sei«. (1922, hier S. 78) »Das alte Neue, das
neue Alte« (1933 a, S. 331) ist Groddecks Thema, ob er nun als
Arzt mit seinen Patienten spricht oder Dichtung und Kunst auf
seine Weise den Menschen nahebringt. Groddeck setzt nicht zu
kühnen und unverständlichen theoretischen Höhenflügen an,
sondern bleibt auch beim Erleben von Kunstwerken mit der Basis
verbunden, mit seinen eigenen Gefühlen und Empfindungen.
Seine unzensierten ›Einfälle‹, als ›freie Assoziation‹ die ›Grundregel‹ der psychoanalytischen Therapie, ist die psychoanalytische
Basis seiner Interpretationen von Kunst und Literatur. Dadurch
ist Psychoanalyse bei Groddeck viel unmittelbarer als bei SIGMUND FREUD und den meisten anderen Analytikern nicht nur eine
ärztliche Behandlungsmethode, sondern a priori mit dem gesamten kulturellen und sozialen Umfeld des Menschen verbunden.
Dieses unmittelbare Verflochtensein macht es aber auch schwierig, wenn nicht gar unmöglich, Groddecks Standort in den gängigen Theorien über Kunst und künstlerische Kreativität zu ermitteln. Es ist daher nicht verwunderlich, daß Groddeck in neueren
Arbeiten über Psychoanalyse und Kunst (z. B. BEUTON, CREMERIUS, GEDO, KUBIE, LEUNER 1967, LEUNER 1976, WAELDER) in der
Regel überhaupt nicht berücksichtigt wird. Oder man stempelt
ihn ab und tut ihn »zu jenen Ausnahmeerscheinungen in der
Pionierzeit der Psychoanalyse, die zwar mit ihrer Intuition Wesentliches zur Psychoanalyse beitrugen, letztlich aber doch
Schriftsteller blieben . . .« (DETTMERING, S. 608; im Nachdruck
fehlt dieser Passus ganz!)
Bezeichnenderweise blieb es einem Schriftsteller, LAWRENCE
DURRELL, vorbehalten, ihn nach 1945 für einen größeren deutschsprachigen Leserkreis wiederzuentdecken (DURRELL 1961 a, 1961
b), nachdem man im Dritten Reich seine Bücher auf dem Scheiterhaufen verbrannt hatte, die Erinnerung an ihn im Ausland aber
wachgehalten wurde.
Neuausgaben einiger seiner Schriften und drei Sammelbände
(1964, 1966, 1970) machten ihn auch wieder in Deutschland
bekannt. Eine Biographie in deutscher Sprache fehlt weiterhin
(vgl. lediglich GROSSMAN 1965, MAURER 1967), desgleichen eine
erschöpfende Darstellung von Groddecks Beschäftigung mit
Kunst und Literatur, wozu der vorliegende Sammelband nur
einige Schritte weit den Weg ebnen kann. In MARTIN GROTJAHN
(1966, 1971, 1976) schließlich hat Groddeck einen ihm geistesverwandten Psychoanalytiker gefunden, der »die beginnende Symbolintegration in Leben und Werk Georg Groddecks, des Symbolsuchers« (1971, Kapitel 7) erkannt und beschrieben hat.

Wer war dieser Georg Groddeck, der auf so unkonventionelle Weise Psychoanalyse betrieb und propagierte? Geboren 1866 in Bad Kösen an der Saale, wurde er als Sohn eines Badearztes, der später in Berlin als Armen- und Kassenarzt praktizierte, und einer Tochter des Literarhistorikers AUGUST KOBERSTEIN schon früh mit dem ärztlichen Alltag und den sozialen Problemen kranker Menschen, aber auch mit Literatur und Kunst vertraut. Nach dem Medizinstudium in Berlin und einer mehrjährigen Militärarztzeit wurde er Assistent bei dem von ihm glühend verehrten ERNST SCHWENINGER, dem eigenwilligen Leibarzt von BISMARCK. In einer Zeit, die nach den Erfolgen der naturwissenschaftlichen Medizin – es seien stellvertretend nur die Namen von RUDOLF VIRCHOW und ROBERT KOCH genannt – einer oft blinden Fortschritts- und Wissenschaftsgläubigkeit huldigte, versuchte Groddeck wie auch sein Lehrer SCHWENINGER, auf einfache empirisch-intuitive Weise ärztlich tätig zu sein. Sie behandelten die Patienten vor allem mit Diät, Massage und Bädern und nicht mit den gerade in Mode gekommenen spezifischen Heilmitteln der Serum- und Chemotherapie. Groddecks Maxime war, »... daß man nicht Organe, sondern Menschen, nicht Krankheiten, sondern Kranke behandeln soll«. (1913, S. 205 bzw. S. 268) Vorher waren bereits einige Essaybände (1902: ›Ein Frauenproblem‹; 1909: ›Hin zu Gottnatur‹; 1910: ›Tragödie oder Komödie? Eine Frage an die Ibsenleser‹), eine epische Dichtung (1907: ›Die Hochzeit des Dionysos‹) und ein zweibändiger Roman (1905: ›Ein Kind der Erde‹) erschienen, abgesehen von seiner medizinischen Dissertation und einigen Aufsätzen in medizinischen Fachzeitschriften. Die ganze Palette von Groddecks publizistischen Aktivitäten als Arzt und als Literat liegt bereits vor uns, in ihrer Vielfalt freilich noch ohne eindeutige Richtung.

Zwei Ereignisse geben dem Leben und Wirken Groddecks klare Konturen: die Übersiedlung nach Baden-Baden und die Bekanntschaft mit SIGMUND FREUD. Nachdem Groddeck einige Jahre in Privatkliniken von SCHWENINGER gearbeitet hat, macht er sich selbstständig und eröffnet um 1900 – ziemlich genau in der Mitte seines Lebens – in Baden-Baden ein eigenes Sanatorium für zehn bis fünfzehn Patienten; bis zu seinem Tode im Jahre 1934 herrscht und wirkt er hier unumschränkt, ohne Schüler und Nachfolger heranzubilden. Zusammen mit der Weltstadt Berlin, wo er auch später noch häufig Vorträge hielt, kehrt er der institutionalisierten Schul- und Universitätsmedizin endgültig den Rücken und lebt fortan zurückgezogen in der Idylle des Badeortes und der Provinzstadt Baden-Baden.

Zu Groddecks Behandlungsmethoden gehört alsbald auch die Psychoanalyse: 1913 wird er mit den Schriften von SIGMUND FREUD bekannt, 1917 beginnt ein reger Briefwechsel, der mit einigen dramatischen Unterbrechungen fast bis zu Groddecks Tod fortgesetzt wird. (Vgl. GROTJAHN 1976) Im selben Jahr 1917 erscheint Groddecks grundlegende Schrift ›Psychische Bedingtheit und psychoanalytische Behandlung organischer Leiden‹. Mit der Anwendung psychoanalytischer Methoden auch bei organischen Krankheiten wird Groddeck einer der Väter der psychosomatischen Medizin des 20. Jahrhunderts.

Groddeck entdeckt das ›Es‹ im Menschen und liefert damit einen wichtigen Baustein für den Ausbau der psychoanalytischen Theorie. Freilich ist das ›Es‹ bei FREUD, der den Begriff von Groddeck übernimmt, als eine Instanz innerhalb der Strukturhypothese des psychischen Apparats wesentlich eingegrenzter als bei Groddeck, für den das ›Es‹ die überall wirksame, fast pantheistische Triebkraft alles menschlichen Lebens ist. Die sprudelnde und alle Grenzen überflutende Weite von Groddecks Fühlen und Denken wird in zahlreichen Vorträgen und Aufsätzen vor allem der zwanziger Jahre deutlich, in denen er über medizinische Fragen spricht, sich für soziale Gerechtigkeit einsetzt oder über Gott und die Welt plaudert, vor allem aber in den drei Hauptwerken dieser Jahre: 1921 erscheint ›Der Seelensucher. Ein psychoanalytischer Roman‹, 1923 ›Das Buch vom Es. Psychoanalytische Briefe an eine Freundin‹, 1933 ›Der Mensch als Symbol. Unmaßgebliche Meinungen über Sprache und Kunst‹. Gerade an diesen Büchern zeigt sich, daß der Arzt und Psychoanalytiker Groddeck auf der einen und der Schriftsteller und Philosoph Groddeck auf der anderen Seite nicht zu trennen sind, sehr zum Ärger mancher engstirniger Fachgenossen.

Als eigenwilliger Individualist war und blieb Groddeck ein Außenseiter und Einzelgänger: in seinem ärztlichen Tun ebenso wie in der psychoanalytischen Bewegung und in seinen Stellungnahmen zu kulturellen und sozialen Fragen. Seine engagiert vorgetragenen Äußerungen zu Literatur und Kunst, von denen hier eine Auswahl vorgelegt wird, werden in ihrer Deutlichkeit und Unmittelbarkeit, aber auch in ihrer Treffsicherheit und gelegentlichen Übertreibung auf begeisterte Zustimmung ebenso stoßen wie auf entrüsteten Widerspruch. Dieser ambivalenten Resonanz sah sich Groddeck zeit seines Lebens ausgesetzt: »Wenn mir dann gesagt wird: das alles ist dummes Zeug, so muß ich es hinnehmen, glaube es aber ruhig weiter, sogar ohne Beweis, ja vielleicht, weil es sich nicht beweisen läßt; denn gegen Beweise wird man um so

argwöhnischer, je länger man sich damit abgegeben hat. Wenn man mir aber sagt: du phantasierst, so erwidere ich: ja, Gott sei Dank, und wer es weit hergeholt findet, dem muß ich antworten: nein, im Gegenteil, alle diese Dinge liegen viel zu nahe, um ohne guten Willen gesehen zu werden.« (1922, hier S. 77)
EGENOLF ROEDER VON DIERSBURG, über lange Jahre mit Groddeck freundschaftlich verbunden, legte 1964 einen Sammelband mit Schriften Groddecks zur Literatur und Kunst vor.[2] Inzwischen sind einige Reprints und zwei weitere Sammelbände (Groddeck 1966, 1970) erschienen, so daß für die Taschenbuchausgabe die Auswahl revidiert und mit neuen editorischen Vorbemerkungen versehen wurde. Für sachkundige Beratung und großes Entgegenkommen bei der Benutzung des Nachlasses von Groddeck dankt der Herausgeber der umsichtigen Nachlaßverwalterin, Frau MARGARETHA HONEGGER (Zürich), für offene Diskussionen und große Geduld bei terminlichen Absprachen Herrn Dr. WALTER PEHLE vom Lektorat des Fischer Taschenbuch Verlages.

---

[2] Der Titel ›Psychoanalytische Schriften zur Literatur und Kunst‹ ist insofern etwas irreführend, als der Band auch Beiträge aus der Zeit enthält, bevor Groddeck mit der Psychoanalyse bekannt wurde.

Kunst (1902)

Editorische Vorbemerkung

Erstveröffentlichung in: ›Ein Frauenproblem‹ (1902), S. 21–28.

»Eine Entwicklung des Einzelnen ist nicht mehr möglich, und auch nicht eine Entwicklung der Gesamtheit. Diese Menschheit liebt glatte Flächen, gemeine Allgemeinheit, sterbendes Leben ... In dem Zauberspruch der ›Menschheit‹ erstarrt die Manneskraft der Europäer. Sie lechzt nach Erlösung. Und neben der Mannheit ringt sich seit Jahrtausenden langsam die Erlöserin, die Frau empor. Im Weib liegt Menschentum, dort ist Leben, das mehr sein will als das steinerne Tragen des Weltalls. Das Weib ist frei und kann befreien.« (1902, S. 11f)
Diese Sätze am Schluß des ersten Kapitels des ›Frauenproblems‹ zeigen die Ambivalenz von Groddecks Lebensgefühl um die Jahrhundertwende. Auf der einen Seite machen sich eine resignierte Grundstimmung, Dekadenz- und Degenerationsgedanken als Bilanz der Vergangenheit breit; ›Der Untergang des Abendlandes‹ (OSWALD SPENGLER, 1918–1922) kündigt sich an. Das Zeitalter des Mannes ist vorbei: »Sein Beruf ist erfüllt, der Mann geht unter, aber das Weib ist ewig.« (1902, S. 91) Auf der anderen Seite blickt Groddeck voller Hoffnung in die Zukunft: »Die Zukunft ist des Weibes. Des Mannes Hirn ist verstaubt. Nur die Frau ist Barbarin genug, um die morsche Kultur umzuarbeiten. Heil der Welt, wenn das Weib wissend wird, die Mutter der Kinder.« (1902, S. 99)
Manche Aspekte dieser Schrift spiegeln wohl Groddecks eigenes ›Frauenproblem‹. 1896 heiratet er zum ersten Mal und widmet seine geistreichen, fast dichterisch geformten Gedanken in dieser Schrift seiner Frau. Mögen uns auch heutzutage diese biologistisch gefärbten Ansichten etwa zur Frauenfrage und Frauenbewegung seltsam vorkommen, so ist doch gerade dies ein Signum der Jahrhundertwende, daß man kulturelle, künstlerische und soziale Phänomene von Vergangenheit, Gegenwart und Zukunft biologistisch interpretierte. Das Kapitel über Kunst ist hierfür ein Beispiel.

———

Kunst ist die Krone des Lebens. Wie könnte unsre Zeit noch Kronen tragen? Glasperlen und Flittergold, das ist der Schmuck des Todes. Zu späte Menschen sind wir, vergangenheitsliebend, vergangenheitslebend. Uns ist die Kunst tot.
Wo sind noch sehende Augen? Die Sonne leuchtet nicht mehr. Im Rauch der nordischen Städte verhüllt sie ihr Haupt, die engen Straßen brechen ihr Licht und in die steinernen Mauern unsres Daseins fällt kein heiterer Strahl. Stumpf wird der Sinn, den stumpfe Eindrücke nähren, ewiges Einerlei. Kann die Zunge noch schmecken, die von tausend Tafeln kostete? Fade ist unser Geschmack und angeekelt.
Nichtiges Spielwerk umgibt uns, kleines Gerät der Bequemen, Dinge niedriger Art. Nun stehen wir selbst niedrig. Wer schlägt noch das Auge sehnend empor? Auf Jammer und Elend fällt unser Blick, abwärts, niederwärts.
Was soll die Kunst wohl schaffen? In diesem niedrig gestellten Leben ist nichts singenswert, bildenswert. Kläglich ist unser Zorn, schwächlich unser Pelide[1]. Gar nüchtern klingen die Fahrten unsres Odysseus. Wir kämpfen nicht mehr Mann gegen Mann, Auge in Auge. Wir ringen nicht mehr um den lockenden Ölzweig. Uns ist das Leben nicht Wettstreit. Wo sind die Herrscher, die Großen, ihre Züge zu bilden, ihre Taten zu schildern? Was blieb uns noch? Wir singen den Sieg des Weibes.
Wer soll jetzt noch Künstler sein? Kein Mensch erträgt die ungeheuren Entbehrungen, die die Kunst erfordert, die tiefe Einsamkeit, den frevelnden Leichtsinn. Kein Mensch vermag abseits zu stehen, oberhalb. Und wenn nicht andres ihn drückt, so ziehen ihn Weib und Kind in die Tiefe, die Bringer der Sorge, oder die eigne schwere Seele. Niemand ist so reich und edel, um der Kunst willen dem Künstler Freiheit zu schaffen. Nicht nur in einem Sinne ward die Kunst zum Gewerbe, zum Kunstgewerbe. Habsüchtig wurde der Mensch. Für sich will er das Werk. Er ist nicht vornehm genug, um eignen Schmuck zu verschmähen. Sein Leben ward ihm wertvoll und der Besitz die Glorie des Lebens. Die Gefahr, erbenlos unterzugehen, ward klein. Den Seinen häuft er nun den Schatz, der nächsten Zukunft. Wie können diese Menschen Künstler, Söhne des ewigen Augenblicks, dulden oder gar bilden?
Was ist uns die Kunst? Ein Zierat des Zimmers, ein lässiges Dehnen im Polster, ein Prunken mit Wissen und ein selbstgefälliges Spiegeln des eigenen Dünkels. Die Kunst kann nicht schaffen,

---

[1] Pelide = Sohn des Peleus, d. i. Achilleus. [Die Anmerkungen in diesem Band stammen vom Herausgeber, sofern nichts anderes vermerkt ist.]

wenn ihr Werk in Büchern verstaubt, wenn ihr Bild im engen Hause verschwindet, von klugen Gelehrten genannt, von wenigen gesehen, von niemandem geliebt. Als es noch Kunst gab, klang jedes Lied einem Volk von Königen. Sie waren alle Könige, die Griechen. Von der Akropolis strahlte ihr Werk wie eine Sonne, die Welt zum Beten zwingend. Und es waren Könige, die beteten. Den Pöbel peitschte man aus der geweihten Stätte, und wehe dem, der frechen Auges dem Heiligtum nahte. – Die Weihe fiel von der Kunst. Die tausendfachen Blicke der tierischen Menge weckten in ihr das Begehren. Nun zieht sie schweifend umher, in Schaubuden und Galerien, auf Bretterbühnen und Bibliotheken, und jeder Schuft kostet für den Obolus die Reize der Göttin. Nur in der Höhe wächst hohe Kunst, nur Größe kann große Kunst pflegen. Vor dem Bettlerpublikum wird sie bettelhaft.

Die Lust des Geschlechts erwachte in diesem Weibe. Jahrtausende schon dient es den lüsternen Trieben der Seele. Wehe, daß man der Kunst Seele gab!

In strengem Maße sich zügelnd, einfach und groß, kindlich unbefangen und unbewußt, wirkte die Kunst Männerwerk. Die echte Schwester der Natur schuf sie der Mutter Ewigkeit ziellos, verschwenderisch. Unberührt blieb sie von dem Hauche der sterblich geborenen Psyche. Sie wollte nichts, sie dachte nichts, sie fühlte nichts. Hart, herrisch und herb, so war die Kunst, die seelenlose, die männliche Kunst. Wo blieb die unberührte Schönheit? Aufregend und aufgeregt glänzt jetzt aus der Tiefe des Auges der Blick der Liebe. Glühend spielen die Farben innerer Kämpfe auf ihrem wissenden Antlitz. Reizvoll ward ihre Bewegung, berückend der Ausdruck, der Ton ihrer Stimme, Herzensgeheimnisse ratend und weckend. Viel hat diese vielerfahrene Frau, die alle Tiefen und Höhen kennt, mitzuteilen; und wie gern teilt sie mit! Sie weiß zu fesseln, und sie will fesseln. Den großen Roman des wachsenden Weibes erzählt sie, wie es Sklavin war und selbst sich befreite. Sie ist wie der Schatten kommender Schönheit.

Aber noch klebt an ihr das Erbe niedrer Geburt, die Freude am Grausigen, Lüsternen, am Stoff; die Klatschsucht, das Mitleid mit den früheren Knechtschaftsgenossen, den Armen und Elenden. Noch lebt sie dem Rechte des Schwächeren. Sklavenempfindung und niedere Weibheit haftet ihr an. Unedel blieb ihre Seele. Göttlich nennt Ihr die Kunst? Weibisch ist sie und doch zu wenig Weib.

Die Kunst der Männer starb ab, schon mit den Griechen brach ihre Blüte. Damals begann die unterirdische Kulturarbeit der Frauen, die langsam die Welt umgestaltet hat. Sie schenkten dem Menschen Seele und Herz, Gemüt und Güte. Und alle Kunst ist von ihrem Wesen durchtränkt. Wohl führt der Mann noch den Meißel, dichtet das Lied, aber den Gedanken gibt ihm das Weib. Alles was uns erschüttert und erhebt, was uns anwidert und ekelt, ist Weibeswerk. In hoffendem Bangen schaue ich das wachsende Geschlecht, das der Welt eine neue, tiefere Kunst bringen soll: die Kunst des Weibes.

Kunst und Literatur (1909)

Editorische Vorbemerkung

Erstveröffentlichung ohne Titel in: ›Hin zu Gottnatur‹ (1909), S. 28–56.
Nachdruck unter dem Titel ›Charakter und Typus‹ in: Groddeck (1964), S. 41–61.

›Ein Frauenproblem‹ (1902) war Groddecks Erstlingswerk als Literat und Kulturkritiker. Was er vorher geschrieben hatte, waren Beiträge zu medizinischen Fragen. 1905 folgte dann der zweibändige Roman ›Ein Kind der Erde‹, 1907 die epische Dichtung ›Die Hochzeit des Dionysos‹, 1909 schließlich der Essayband ›Hin zu Gottnatur‹. Hiermit versucht Groddeck ein erstes Resümee seines Denkens und Schaffens. In fünf Kapiteln (Überschriften fehlen, lassen sich aber aus dem Text ableiten) spricht er über die Sprache, Kunst und Literatur, Wissenschaft, Mythos, Philosophie und Geschichte, schließlich über die Frauenfrage, womit er an seine Schrift von 1902 anknüpft.
Das Buch ist aus Vorträgen in Baden-Baden entstanden. In seinem Sanatorium, das er sich dort um 1900 eingerichtet hatte, oder in Baden-Badener Vereinen hielt er wiederholt Vorträge über künstlerische, kulturelle und medizinische Fragen vor seinen Patienten, Freunden und anderen Interessierten.
In den Essays, die er unter dem Titel ›Hin zu Gottnatur‹ (1909) zusammenfaßt, erläutert Groddeck erstmals die für sein Denken grundlegenden Begriffe des Es, des Unbewußten, des Symbols und der ›Gottnatur‹; mit Gottnatur umschreibt Groddeck das Sich-Eins-Fühlen mit der Welt, das auch GOETHEs »Stirb und Werde« in der Einheit ihrer Gegensätzlichkeit umfaßt. Der Begriff Gottnatur geht übrigens auf GOETHE zurück und wird Anfang des 20. Jahrhunderts von den Monisten, vor allem von ERNST HAECKEL wieder aufgenommen.
Diese sowohl pantheistisch wie biologistisch empfundene ›Gottnatur‹ findet Groddeck in der Literatur, Musik und Kunst von GOETHE, BACH, RAFFAEL, LEONARDO und REMBRANDT; hier werden ›Typen‹, ›Repräsentanten der Menschheit‹ dargestellt, bei SHAKESPEARE, BEETHOVEN, MICHELANGELO, WAGNER und NIETZSCHE hingegen ›Charaktere‹, ›Persönlichkeiten‹, ›extreme Seelenzustände‹. In dieser »psychologischen Kunst, Seelenkunst« sucht Groddeck vergebens nach Spuren von Gottnatur.

———

Die Welt ist rund, und ich bin der Mittelpunkt, das ist Anfang und Ende alles menschlichen Wesens; daß er sich selbst am wichtigsten vorkommt, ist die Gabe, die dem Menschen von Natur geschenkt wurde und deren er sich nie ganz entäußern kann. Das Leben aber, soweit es ein Streben ist, bedeutet den Kampf mit dieser Gabe. Wie der Mensch mit seinen Sinnen und Gedanken die engen Grenzen des Körpers, der er doch ist, zu einer Welt erweitern muß, wie er wahrnehmen muß, was außer ihm ist und das Wahrgenommene je nach seinen Kräften sich zu eigen machen muß, so muß er, von seiner edlen Natur gezwungen, unausgesetzt nach dem einen Ziele ringen, seinen angeborenen Hang zur Überhebung zu überwinden und die Einsicht zu gewinnen, daß er ein Teil der Welt ist und nicht ihr Herr.

Wer dem Sprechen der Menschen oder gar sich selber glaubt, meint vielleicht, es gäbe auch solche, die stets das Herrenbewußtsein in sich tragen. Aber es ist ein Irrtum. Jeder weiß, daß er ein Stück Welt ist, nicht ihr Herr, sondern ihr Werkzeug und ihr Geschöpf, und wer es vergißt, den erinnert das Leben daran. Denn in jedem klopft ein Herz, das er mit seinem Willen nicht beherrschen kann, das der Natur gehorcht, jedes Lungen weiten und verengen sich, ohne bei dem kümmerlichen Ding anzufragen, das wir Willen nennen, sie gehorchen nur der Natur. Der Schlaf überfällt den Stärksten als Herr der Menschen, und Hunger und Durst knechten den Mächtigen wie den Geringen. Für jeden kommt die Stunde, in der er sich schwach fühlt; und aus diesem Gefühl der Schwäche, der Abhängigkeit entsprang aller Glaube und Aberglaube, entsprangen die Tempel und Kirchen, entsprang Gottesverehrung und Gott selbst. Das ist eine Wurzel alles menschlichen Schaffens und Fühlens und Denkens, das dunkle Bewußtsein der Schwäche, und die scheue Angst, die wahrlich eine große Schöpferin ist.

In gleicher Tiefe haftet die andere Wurzel, die Säfte und Kräfte in das menschliche Leben treibt. Das ist das Gefühl, eins zu sein mit der Natur, nicht ihr Sklave, nicht ihr Werkzeug, sondern eins mit ihr, unlösbar verschmolzen, mächtig wie sie, göttlich wie sie, ewig wie sie. Denken Sie zurück an Ihr Leben. Da gibt es Augenblicke, in denen Sie ruhig waren, ruhig und klar wie das Blau des Himmels, Augenblicke, in denen Sie eins waren mit der Natur, in denen alles an und in Ihnen in Harmonie war, in denen Ihnen das Märchen von der Sphärenmusik Wahrheit wurde. In jedes Menschen Leben kommt solch ein Augenblick der tiefsten Ruhe, der Einheit mit *Gottnatur*. Deshalb dünkt uns die Kindheit das Paradies, weil das Kind sich noch eins fühlt mit der Welt, weil ihm der

Hund oder der Puppenlumpen oder das Rinnsal am Straßenrande noch Freund ist, ebenso Freund wie die Mutter oder der Gespiele, ebenso Freund wie der Mensch. Und die Frau erlebt diese Stunde sicher noch einmal, wenn sie mit dem unsagbaren Lächeln, das nur bei ihr zu sehen ist, ihr neugebornes Kind grüßt, und der Mann erlebt sie, wenn er sein Weib bezwang oder ein wildes Pferd oder eine Tat oder einen Gedanken. Nur wenige wissen, was diese Ruhe bedeutet, diese Ruhe, die über Freud und Schmerzen steht und die der Tod nicht schreckt und weder Gold noch Liebe lockt, dieses Sichöffnen des wunsch- und furchtlosen Himmels. Es ist das Einssein mit Gottnatur, das Bewußtsein, selber zum schaffenden All zu gehören, das Aufgehen und Sichverschmelzen der Persönlichkeit des Menschen, des Ichs in Gottnatur.

Und auf einmal fällt es uns ein, sie sind nicht so selten, diese Augenblicke. Freilich nicht zum Hetzen und Suchen haben wir sie erlebt, denn Gewinn verschaffen sie uns nicht, sie sind nicht zu kaufen, auch nicht im Theater zu schauen oder in dem Weibe zu finden, das man begehrt, oder in dem Manne, den man liebt. Sie kamen plötzlich, unerwartet, vielleicht beim Hereinbrechen der Dämmerung oder beim Zwitschern der Vögel, als der Schlaf von uns wich. Vielleicht auch, als wir mitten im Wiesengrün unter den Blumen lagen und die Heupferdchen um uns sprangen und im Schweigen des Mittags die Welt von Leben zu summen begann; vor einer Birke, die jung ihr Grün zeigte, im winterlichen Walde, der auf den Zweigen den Rauhreif trug; vor dem Fenster, an dem das Eis Blätter und Farnwedel bildet. Vielleicht ist es auch der Jubellaut eines fremden Kindes oder das Schreiten eines Mädchens oder die Kraft eines Mannes, den wir nie vorher sahen und wohl nie wieder sehen werden. Oder am Meer. Wir sehen es wochen- und monatelang und steuern darüber, bewundern es, jubeln ihm zu, aber wir kennen es nicht. Und dann plötzlich kommt es, eine Sekunde lang nur: das ist es, das ist das Meer. Gegrüßt, du Freund! Das Meer bezwingt jeden Hochmut, das Meer gibt jedem Ruhe. Aus seinen Wassern stieg die Schönheit, seine Wellen rauschen in dem Menschheitsliede der Odyssee.

Wir denken zurück an all das und schütteln verwundert den Kopf. So reich ist das Leben, und ich wußte es nicht. So schön ist die Welt, und ich achtete ihrer nicht. Warum wohl? Warum? Da wird die Sehnsucht laut, das Herz schwillt, und wir schreiten stark ins Leben hinein, die Seele voll von Gottnatur, reich und freudig zu schenken und mitzuteilen.

Das also sind die Wurzeln der Menschenkraft, die die höchsten Güter schufen, die scheue Ehrfurcht vor dem Übermächtigen, dem wir nichts sind: Aus ihr wachsen die Götter empor und werden neue wachsen, solange der Mensch über die Erde geht. Und die andere, das Einssein mit Gottnatur, das da alles, Freud und Schmerzen stillet. Aus ihm blühte der Menschengeist auf, die Kraft, der tiefste Inhalt des Menschenlebens, ein Werk der Menschennatur, das Göttliche selbst, das Lied des Dichters.

Die höchsten Kunstwerke sind wie die Berge, Flüsse und Täler Werke der Natur. Wieder ist es *Goethe*, der das begriffen hat, der Mensch, in dem wahrlich Gottnatur lebte, einer, der den Jahrtausenden werden wird, was Homer ihnen ist, ein Dichter. Ich sagte es neulich schon, Goethe begriff das Geheimnis der Welt und suchte es zu leben, er war eins mit der Natur und war sich dessen bewußt. Deshalb, nur deshalb ist er uns zugleich fremd und vertraut, deshalb dünkt er uns kalt und erdenfern, der doch von Leben und Leidenschaft strotzte. Daß die Natur in ihm wirkte, das ist es, was die Toren an ihm als Kälte und Alter tadeln, und was die Einsichtigen, die, die auch dichten möchten, bewundern, beneiden, erstreben und nie erreichen, weil sie nicht haben, was er hatte: das Bewußtsein, eins zu sein mit dem All, ein Ganzes zu sein und doch ein Teil. Denn dies Bewußtsein ist der Boden, auf dem die Kunst wächst, das allein. Und diesen Boden haben wir nicht mehr. Goethe ist ein Wunder inmitten der Welt, noch mehr ein Wunder als der, der ihm unter den Menschen der Neuzeit einzig verwandt ist, Lionardo da Vinci.[1]

Kunstwerke sind Werke der Natur. Der Satz ist gewiß richtig, und keiner bezweifelt ihn. Freilich darf man dabei nicht denken, dem Dichter trage der Wind ein Lied zu, oder es falle nett und blank vom Baume. Wie die Natur nichts ohne Arbeit und Mühe schafft, wie sie den Baum seine weitausladende Krone nur mit vorausgehender Anstrengung und weiser, verständig wählender Seele aufbauen läßt, so schafft sie die Dichtung im Menschen langsam und umsichtig mühsam.

Das Kunstwerk ist ein Werk der Natur so gut wie der Baum. Da haben Sie ein vernichtendes Urteil über die Literatur der letzten Jahrhunderte. Gewiß hat Goethe es nicht so gemeint. Aber das Urteil bleibt deswegen doch bestehen; denn seit Jahrhunderten suchen die Schriftsteller ihr Werk nicht mehr aus dem Ganzen der Welt zu schöpfen, sondern sie studieren sich selbst und ihre Nächsten, sie vertiefen sich in die Betrachtung der Menschenseele und glauben daraus dichten zu können. Wie wölbt denn der Baum seine Krone? Schaut er hin auf die andren Bäume und saugt er nun

---

[1] Heute gebräuchlicher: Leonardo da Vinci.

aus diesem Anblick, aus diesem Studium meinetwegen, die Kraft, Äste und Zweige emporzutreiben und Blätter zu bilden? Findet er in sich oder im Verkehr mit der neben ihm stehenden Eiche geheimnisvollen Zauber, um seinen Wipfel zu bauen? Gewiß nicht. Weit in die Erde hinein greift er mit seinen Wurzeln, tausendfach den Boden durchwühlend nach dem, was ihm frommt, hoch in die Lüfte streckt er die grünen Arme, Atem zu haschen und geheimnisvoll in sich umzuwandeln in treibende Kraft, in Laub und Ast. Der Wind trägt ihm neue Lüfte zu, die Sonne kocht ihm den Wundersaft, der ihn nährt, am Boden arbeiten für ihn Millionen und Abermillionen von Tieren und Tierchen, Pflanzen und Pflänzchen und Pilzen und Pilzchen, das Laub, das er abschüttelte, in fette Erde zu wandeln, die Verwesung, den Tod in Holz und Rinde zu verzaubern. Der Regen fällt und bringt ihm Wasser und reißt aus den Himmeln die Salze nieder, die er zum Bau braucht; ferne Gebirge öffnen für ihn ihren Schoß und senden Quellen hinab, sich ihm zuliebe den felsigen Leib zernagen lassend vom sickernden Naß, das ihn erquicken soll. Niemals könnte der Baum sein Kleid sich überwerfen, wenn er nicht mit gewaltiger Kraft in das Weltall hinausgriffe, wenn er nicht mit weiser Erkenntnis sich einfügte in das Treiben der Natur, nichts verachtend, alles nutzend und der großen Mutter wiedergebend, was er empfing, und in Ehrfurcht ihr huldigend. Niemals würde er glauben, es genüge, seine Mitbäume zu studieren, um sein Kunstwerk zu schaffen.

Und so ist der Dichter, so ist das Volk der Kultur, die Hohes schaffende Menschheit. Aus dem Einssein mit der Natur lernt die Menschheit ihr höchstes Gut, die Dichtung, ganz gleich, ob sie in Worten, Tönen, Farben, Formen oder Linien dichtet. Eine Menschheit, die sich von der Natur wegwendet, die das Bewußtsein verloren hat, ein Glied zu sein, ein Teil und nicht ein Ganzes, deren einzige Liebe, Furcht, Ehrfurcht, Streben und Leben der Mensch geworden ist, die, wie die Bibel es vorschreibt, ihren Nächsten liebt, die ist nimmermehr einer Kultur fähig. Ein Mensch, der nur des Menschen Seele durchforscht und ihn in Leidenschaft, Streben, Schmerz, Härte und Weiche, in Freundschaft und Kampf mit andern Menschen darzustellen sucht, der ist nimmer ein Dichter, und wenn er das Menschenherz tiefer durchschaute und wahrer sein Wesen darzustellen vermöchte als *Shakespeare*. Er bleibt immer und ewig ein Psychologe, ein Charakterdarsteller, er ist, um es deutlich zu sagen, ein Schauspieler, der aus der Wahrheit ein Stück herauswählt und zur ganzen Wahrheit fälscht.

Da haben Sie den Grundzug unserer neueren Literatur, ja vielleicht unserer ganzen Zeit. Es ist Schauspielerei oder, wenn Ihnen das zu kraß klingt, Psychologie, Charakterdarstellung. Und es ist wahrlich ein seltsames Spiel des Geschehens, daß der größte dieser Psychologen, dieser Charakterdarsteller, eben Shakespeare, Schauspieler war.

Ich muß hier ein Wort zu meinen eigenen Gunsten einschieben, gewissermaßen meine Seele retten, sonst könnten Sie auf den Gedanken kommen, ich wolle Shakespeare angreifen. Das ist nicht der Fall. Er ist mir ein Freund von Kindheit an, und je älter ich werde, um so fester wird diese Freundschaft. Hier handelt es sich aber nicht um das, was mir gefällt oder nicht gefällt, sondern darum, so kaltblütig wie möglich die Strömungen der Zeit festzustellen. Da zeigt sich denn, daß allerdings die Nächstenliebe nicht vergeblich gepredigt worden ist, diese Nächstenliebe, die aus dem Menschen die Krone der Schöpfung gemacht hat und die ganze Welt als sein Ausnutzungsgebiet betrachtet. Das ausschließliche Interesse für den Menschen, den Nächsten, beherrscht die letzten Jahrhunderte, den Menschen kennenzulernen, seine Seele, wie man es so seltsam benennt, war das Streben. *Das eigentliche Studium des Menschen ist der Mensch*[2]. Daß man freilich durch die Betrachtung des Menschen niemals den Menschen kennenlernen kann, vergaß man, und so kam es, daß sich die Sünde wider den Zusammenhang des Alls, wider Gottnatur rächt. Zunächst in der Kunst. Die auf den Menschen zugeschnittene Psychologie, die Sucht zu charakterisieren, den Menschen aus seinen Zusammenhängen herauszureißen und als Ganzes zu betrachten, hat die Entwicklung der Kunst in unwegsame Bahnen gelenkt, und es ist sehr die Frage, ob sich unser europäisches Wesen da je wieder herausfindet. Wenn Sie nun bedenken, daß niemand unter allen Menschen sicherer und glaubwürdiger *Charaktere*, Persönlichkeiten, wie man jetzt sagt, belebt hat als Shakespeare, so werden Sie sich nicht wundern, wenn ich ihn zur Erläuterung dessen anführe, was ich meine. Nicht etwa, daß er die psychologische Dichtung, die Charakterdichtung, geschaffen hätte – sie ist bedingt vom Strom der Zeit –, aber er ist der gewaltigste Vertreter dieser Strömung, der moderne Dichter κατ εξοχην (katexochen)[3].

Vielleicht erinnern Sie sich noch an die Aufsätze Ihrer Schulzeit, welche Rolle da die Charakteristiken gespielt haben; und wie ich mit Rührung wahrnehme, ist das noch heutigentags so:

[2] GOETHE: Die Wahlverwandtschaften.
[3] katexochen: beispielhaft, schlechthin.

Charakterentwicklung der Jungfrau von Orleans oder des Herzogs von Alba im Egmont. Oder wenn Sie das vergessen haben, so haben Sie vielleicht einmal ein sogenanntes gutes Buch gelesen und sich darüber gefreut, wie scharf die Charaktere gezeichnet waren, wie lebendig diese oder jene Figur zur Geltung gebracht war. Und wenn Sie dazu zu vernünftig waren, so haben Sie doch jedenfalls oft Kritiken gelesen. Das erste ist dann immer: Der Dichter hat es verstanden, die Persönlichkeit des Helden gut zu charakterisieren, oder er hat es nicht verstanden. Als ob es darauf ankäme! Schlagen Sie den Homer auf! Ich glaube, es dürfte Ihnen schwerfallen, den Charakter des Odysseus oder des Achill zu beschreiben. Viel weiter, als daß der eine ab und zu das Haupt schüttelt und der andere die Stirn runzelt, wenn ihnen etwas nicht paßt, und daß der eine drauf losschlägt und der andere lügt wie kein zweiter, viel weiter werden Sie nicht kommen. Mit den andern Helden geht es Ihnen genauso, und doch gibt es keine Dichtung, die der Ilias und Odyssee an Wahrheit zu vergleichen wäre. Und doch sind es alles Menschen von Fleisch und Blut, die darin vorkommen, nur freilich keine Persönlichkeiten, keine Charaktere. Charaktere sind die Nebenpersonen, die gelegentlich auftreten, für die Erzählung aber keinen Belang haben, ein Thersites, ein Irus und, merkwürdig genug, die Götter. Für Homer war das Charakterisieren das scharfe Zeichnen, das plastische Gestalten ein Mittel zu bestimmten, klar erkennbaren Zwecken, das sich ab und zu nützlich verwenden ließ, etwa gleichwertig damit, daß er den Hexameter für sein Gedicht benutzte, oder daß er seinem Lied so bedeutende Worte voransetzte. Das Charakterisieren war ihm ein technischer Kunstgriff.

Ja, könnte man sagen, das sind Eigentümlichkeiten des Epos, das Drama muß andern Gesetzen folgen, es kann der Charakterdarstellung nicht entbehren. Das ist nun einfach nicht wahr. Was von Homer gilt, kann ebensogut von Äschylos gesagt werden, wenn auch nicht von den andern Tragikern. Aber nehmen wir einmal an, es wäre so. Dann folgt unsere Romanliteratur – Versepen haben wir ja kaum – mit wenigen Ausnahmen nicht epischen, sondern dramatischen Zwecken, mit andern Worten, sie taugt nichts. Es ist dann so, als ob man dem Baumeister den Auftrag zu einem Wohnhaus gäbe, und er errichtete statt dessen eine Bahnhofshalle und mutete uns zu, es uns darin bequem zu machen. Denn die erste Sorge unserer psychologisch denkenden Romanschriftsteller war immer, daß auch ja die Charaktere gut hervortreten und stimmen. Ich sage: »war«. Es ist nicht mehr ganz so. Neue Strömungen der Zeit zeigen sich, und ich werde auf sie zu sprechen kommen.

Vorläufig muß ich noch einmal auf das Drama zurückgreifen. Es ist gar nicht wahr, daß der dramatische Dichter charakterisieren müßte. Im Gegenteil, es ist ein Fehler, wenn er es tut, ein Fehler, den man einem Mann wie Shakespeare verzeiht, den man aber gerade ihm nicht verzeihen sollte, da er ein Fluch für alle Schriftsteller seit Shakespeare geworden ist. Weder im Wesen des Dramas noch des Epos noch gar der Lyrik liegt es, Persönlichkeiten zu gestalten – es ist nicht ihre Aufgabe, Charaktere zu schaffen, die Menschenseele zu behandeln. Wir verlangen das allerdings von unsern Schriftstellern, besonders von den Bühnendichtern, aber doch nur, weil unser Geschmack nun einmal in diese seltsame Richtung getrieben worden ist, unser Geschmack, der ein Produkt der hochmütigen Selbstüberschätzung des Menschen ist und der gewiß besser wäre, wenn wir lernten, uns für andere Dinge zu interessieren als für den lieben Nächsten. Hinter diesem Geschmack steckt schließlich ein Haufen ganz gewöhnlicher Klatschsucht, ein Stück Eitelkeit, das sich den ganz anders gemeinten Satz Goethes: »Höchstes Glück der Erdenkinder ist doch die Persönlichkeit« als bequemen Lebensgrundsatz zurechtgemacht hat.

Ja, Goethe, wieder Goethe. Da haben Sie den Beweis, daß weder der Dramatiker noch der Epiker noch der Lyriker es nötig hat, Persönlichkeiten zu schaffen, einzelne Menschen zu schildern. Oder ist etwa Faust ein Charakter? oder Egmont? oder Klärchen oder Gretchen? Als verständiger Mann lacht man über den Humbug, der in den Schulen und auch in den ästhetischen Büchern mit diesen Charakteren getrieben wird, die ja gar keine Charaktere sind, sondern *Typen*, oder, um ein bekanntes Wort auf sie zu verwenden, Repräsentanten der Menschheit. Ich gebe dabei gern zu, daß für die große und kleine Masse die Goetheschen Dramen mäßige Ware sind. Aber was will das sagen? Vom Goetheschen Epos brauche ich schon gar nichts zu erwähnen. Hermann und Dorothea reden eine deutliche Sprache. Ein Charakter ist im Grunde genommen nur der Apotheker. Alle übrigen sind stufenweise, je nach ihrer Wichtigkeit verwaschen gehalten, typisch gestaltet, bis schließlich in Dorothea alles Charakteristische wegfällt und nur der Mensch an sich übrigbleibt.

Es fragt sich nun, wie Goethe es gemacht hat, diese schönste aller modernen Dichtungen zustande zu bringen, in der die Richtung der Zeit auf Gestaltung des Einzelmenschen so ganz beiseite gelassen worden ist. Ob er das absichtlich so gemacht hat, weiß wohl niemand. Es könnte sein. Er war ein wunderlicher Heiliger, den ganz zu erraten wohl niemand von uns zeitgefesselten Menschen vermag. Eines ist aber klar, er mußte so dichten, es lag nicht in seiner Macht, anders zu dichten, eben weil er ein Dichter war, das heißt, weil er in einem Verhältnis zum Weltall stand wie kein anderer sonst seit Homer und wie überhaupt wenige Sterbliche, weil er sich als Teil eines Ganzen empfand und weil er, vielleicht die seltsamste Erscheinung der ganzen modernen Zeit, den Menschen nicht als Herrn der Welt betrachtete. Diese Eigentümlichkeit seines Wesens erklärt auch, warum er nicht Christ war; das müßte man einsehen, wenn von Goethe nichts weiter bekannt wäre als eben Hermann und Dorothea. Sein ganzes eigentliches Wesen als Teil des Ganzen, ich möchte sagen, seine symbolische Menschlichkeit, ist darin zu finden. In diesem Gedicht ist keine Grenze zwischen Mensch und Natur. Der Mensch ist darin ein Stück Natur und die Natur ein Stück Mensch. Die Gestalten lassen sich nicht herauslösen aus der Natur, vielmehr, sie sind nicht gestaltet. Von diesem Gedicht gilt wirklich das Wort: das Kunstwerk ist ebenso ein Werk der Natur wie der Berg. In Goethes späterem Epos, den Wahlverwandtschaften, tritt diese Selbstentäußerung des Dichters, diese Entmenschlichung ebenso deutlich hervor. Es sind im wesentlichen technische Gründe, derentwegen man das Werk nicht so hoch schätzen kann wie Hermann und Dorothea.

Ich weiß nicht, ob ich mich klar genug ausgedrückt habe. Da hier aber der Kern meiner Vorträge zum Vorschein kommt, möchte ich Sie bitten, sich auch noch einen Augenblick an Goethes Lyrik zu erinnern. An ihr wird Ihnen begreiflich werden, was ich meine. Denn so seltsam es klingt, die Lyrik Goethes, seine gute Lyrik wenigstens, ist ganz unpersönlich, ja, man könnte wieder sagen, sie ist Naturwerk, nicht Menschenwerk. Sie sieht nicht den Menschen als Ich, sondern als Teil. Hören Sie nur das eine Lied:

> Über allen Gipfeln
> Ist Ruh.
> In allen Wipfeln
> Spürest Du
> Kaum einen Hauch.
> Die Vöglein schweigen im Walde.
> Warte nur: balde
> Ruhest Du auch.

Da haben Sie, was ich meine, den Dichter als Künder des Weltalls, das im Menschen symbolisiert ist, da haben Sie die künstlerische Gestaltung des Goetheschen Wortes: Sieh im Ganzen den Teil, im Teil das Ganze.

Betrachten Sie nun im Gegensatz dazu Shakespeare. Da finden Sie nichts als Persönlichkeiten, scharf ausgeprägte Charaktere. Seine Menschen sind losgelöst aus dem Weltall, interessant an sich, Individuen, die eben nur Geschöpfe des Dichters sind. Sie sind gewiß nicht Repräsentanten der Menschheit; wenn man sie schon in eine Formel bringen will, so sind es Konzentrationen menschlicher Eigenschaften, jedenfalls aber so bestimmt umgrenzt, daß sie aus dem täglichen Leben genommen scheinen, bekannte Einzelwesen mit Theaterflitter behängt. Sie sind überall denkbar, gute Freunde und Bekannte von uns. Goethes Egmont, Homers Odysseus sind nirgends denkbar außer in der Dichtung. Shakespeare gestaltet wirkliche Menschen, Goethe wahre. Zum Teil war wohl Shakespeare zu diesem Loslösen seiner Menschen aus dem Weltall durch die Einrichtung seiner Bühne gezwungen. Sein Publikum wollte nur die Menschen in ihren Leidenschaften sehen. Den Zusammenhang mit dem Ganzen brauchte es nicht, infolgedessen verzichtete er auf die Dekoration. Um das zu verstehen, muß man bedenken, daß für den Engländer der damaligen Zeit alles hinter den kirchlichen und politischen Kämpfen zurücktrat und so gerade der Mensch und seine Seele der Mittelpunkt des Lebens war. Bei uns ist das schon lange nicht mehr der Fall. Andere Strömungen beherrschen unsere Zeit, und so brauchen wir auch wieder die Dekoration auf der Bühne.

Das Schicksal der Shakespeareschen Dramen ist lehrreich. Man versucht es auf jede Weise, sie der Bühne zu erhalten, Jahr für Jahr tauchen neue Vorschläge auf, wie man es machen müsse, um ein Publikum dafür zu finden. Aber es geht nicht, weder mit der reichsten Dekorationsbühne noch mit der einfachsten Shakespeare-Bühne. Noch vor fünfzig Jahren ging es ohne jede Mühe. Jetzt aber sind diese Stücke im Grunde Lesedramen geworden. Wer aus eigener Phantasie nachzubilden vermag, für den ist es der höchste Genuß, den Hamlet oder den Lear zu lesen, auf der Bühne lassen sie ihn kalt. Und wer durchaus den Dolmetscher braucht, hat eine tiefere Wirkung, wenn er die Dramen gut vorgelesen hört, als wenn er sie sieht. Das gibt zu denken. Nimmt man dazu, daß die Anziehungskraft des Schauspiels immer mehr nachläßt, so gewinnt man einen Einblick in unterirdische Strömungen, die gerade unsere Zeit so interessant machen. Man ahnt dann, daß der moderne Geist sich vom Studium der Menschenseele abwendet und Verständnis für die Zusammenhänge der Welt zu gewinnen sucht.

Ich muß Sie bitten, diesen Satz vorläufig als bewiesen hinzunehmen. Ich werde in der nächsten Zeit Gelegenheit haben, ihn zu begründen. Daß ich persönlich von dieser wiederkehrenden Neigung des Menschen zu Gottnatur überzeugt bin, wissen Sie ja. Diese Neigung gerade gibt mir den Mut, von einer kommenden Kultur zu sprechen. Vielleicht gelingt es mir aber schon heute, einigermaßen zu erklären, worauf es mir ankommt. Denn gerade in der Kunst zeigt es sich, daß wir suchen.

Ich brauchte oben den Ausdruck, daß unsere Literatur nicht dichte, sondern Psychologie treibe. Das muß ich jetzt ein wenig einschränken. Allerdings steht der Psychologe immer noch im Vordergrund. Die größten unserer Dramatiker sind Darsteller der Menschenseele, von Kleist über Hebbel bis zu Ibsen, der schon vor lauter Ziselierarbeit kaum noch Lösungen seiner Probleme findet. Bernard Shaw tut jetzt ein übriges darin. Seine Stücke machen fast den Eindruck, als ob er die menschliche Seele Seil tanzen lasse. In der epischen Poesie ist es nicht anders. Die Namen Kleist, Balzac, Byron, Dickens, Flaubert leiten hinüber zu dem Russen Dostojewskij, dessen Werke nichts anderes enthalten als Psychologie. Seine Leistungen darin sind geradezu erstaunlich. Von der Lyrik brauche ich nicht erst zu sprechen. Die Liebesliederei Geibelschen Genres ist bekannt bis zum Ekel, und der Nachwuchs betreibt dieselbe Art von Seelendichtung. Mit Ausnahmen. Ich komme noch darauf. Aber die großen Leute, Heine, Victor Hugo, Musset, Verlaine, Baudelaire, Nietzsche, es sind alles Leute mit psychologischen Neigungen, krank an Menschenliebe, Seelenforscher, die über den Nächsten nicht hinauskommen.

Das ist auch natürlich. Man kann das Interesse der Menschheit am Menschen genau erkennen in den philosophischen Systemen, die die Richtung des Stroms deutlich zeigen. Kant, Herder, Schiller, Fichte, das sind Zeitgenossen von Goethe. Aus dieser Namennennung sieht man sofort, wie weit ab er von seiner Zeit stand. Dann Hegel, Schopenhauer und gar Nietzsche. Welch eine Riesenarbeit von Gedanken, verschwendet, kann man fast sagen, auf ein Ding wie die menschliche Seele.

Oder nehmen Sie die Musik. Wir haben da auf anderm Gebiet und, man darf es wohl sagen, in engeren Grenzen die Parallelerscheinung zu Goethe, *Bach*. Man fühlt ganz gut, daß er andere Dinge gestaltete als Seelenzustände, selbst wenn sein merkwürdiges Verhältnis zu Natur und Welt nicht durch die Arbeit des Franzosen Schweitzer[4] aufgeklärt wäre. Er ist fremd und kalt für die Massen, er ist aber licht, klar und wahr. Den schärfsten Gegensatz dazu, den Vergleich mit Shakespeare geradezu herausfordernd,

---
[4] Gemeint ist: ALBERT SCHWEITZER, J. S. Bach (franz.: 1905; dtsch.: 1908).

bildet dann *Beethoven*, ein Seelenkünder, gewiß gleichwertig dem englischen Dichter. Er hat auch der Musik eine gleich unheilvolle Erbschaft hinterlassen, deren letzte Reste jetzt Richard Strauss ausmünzt. Der schöne Ausdruck persönliche Note, über den ich in Wut gerate, wo ich ihm begegne, stammt ja aus der Musiksprache, ein deutliches Zeichen, wie es in dieser Kunst menschelt.

Beethoven und Shakespeare, beide sind erdrückende Menschen, Genies, deren Einfluß, wenn er auch keine Kultur schaffen konnte, doch jede Regung zur Kultur auf Jahrhunderte hinaus, vielleicht für immer, im Keim ersticken kann. Denn beiden haftet, da sie einmal psychologische Kunst, Seelenkunst, treiben, eine Eigentümlichkeit an, die unvermeidlich dem Interesse für den Einzelmenschen folgt, sie sind Romantiker, das heißt, sie gestalten das Außergewöhnliche, sie dichten und komponieren die extremen Seelenzustände. Das ist ja begreiflich. Um den gewöhnlichen Seelenzustand des Menschen auch nur ertragen zu können, ohne zu gähnen, dazu gehört eine sehr dickflüssige Blutbeschaffenheit, künstlerisch gestalten läßt er sich aber nicht, wenigstens nicht auf dem Wege, den Shakespeare oder Beethoven nun einmal ihrer Natur nach einschlagen mußten. Das kann nur der Dichter, der im Menschen ein Stück Natur sieht, für den die Menschenseele interessant wird, weil sie Natur ist, nicht, weil sie Mensch ist. Das konnte Goethe, das konnte Bach. Wer aber nicht Gottnatur in sich hat – und die findet man heutzutage häufig nur bei dummen Menschen, so gut wie nie bei den Gebildeten –, der muß dem Menschen erst ellenhohe Socken unterschnallen, damit er etwas Anziehendes gewinnt, mit anderen Worten, er muß das Extrem aufsuchen, und wenn es nicht da ist, es in den Menschen hineinlegen, er muß romantisch werden. Die Versuchung ist hier für mich groß, abzuschweifen und auf die Schauspielerei im menschlichen Leben einzugehen, das ja in allen Äußerungen Bühne geworden ist, auf der wir für die Galerie Kulissen reißen. Aber ich bezwinge meinen Hang, was ich mir selbst sehr hoch anrechne, und bleibe bei der Kunst, die ja genug zu schwatzen gibt.

Fast könnte ich mir das allerdings sparen, denn Sie werden, auch ohne daß ich Sie darauf hinweise, sofort sehen, welchen Umfang die Darstellung seelischer Extreme und weiterhin erdichteter Seelenvorgänge in unserer Literatur gewonnen hat. Bezeichnend ist dafür, daß wir, wenn wir höflich sein wollen, für das Wort erlogen das Wort erdichtet gebrauchen. In der Sprache ist also Lüge und Dichtung ziemlich dasselbe, ein wahrhaft beschämendes Zeichen der niederen Kulturstufe, auf der wir stehen. Unter diese Literatur extremer Seelenzustände gehört nun fast alles, was wir aus dem letzten Jahrhundert an Dichtungen besitzen. Unter den so formulierten Begriff der Romantik, des Gegensatzes wirklicher Dichtung, gehören vor allem die Liebesgeschichten, die ja den Hauptbestandteil alles Geschriebenen ausmachen; dahin gehören fast alle Dramen; dahin gehören Schiller so gut wie Ibsen; dahin gehören Balzac und Zola ebenso wie Dumas; dahin gehört aus der neuesten Zeit der hervorragendste Schriftsteller, *Spitteler*; dahin gehören vor allem die beiden großen Feinde, *Wagner* und *Nietzsche*, wenn auch der eine wirklich Psychologie trieb, während der Gesamtkunstwerker Seelenmusik und Seelendrama nur erdichtete.

Ich habe den Namen Wagner absichtlich zwischen Nietzsche und Spitteler gestellt, den größten romantischen Bühnendichter zwischen den romantischen Psychologen und den Epiker, der absichtlich die Psychologie vermeidet, aber doch Romantiker ist. Wagner und Nietzsche sind Gipfel der künstlerischen Entwicklung, wie ich sie mir zu meinen Zwecken zurechtgelegt habe, und gehören eng zusammen. Spitteler bezeichnet schon den Übergang. Er sucht nach etwas Neuem. Freilich wohl ein seltsames Kleeblatt, zusammengeführt durch die scharfe und wohlbegründete Abneigung der beiden wahrhaft einsamen Menschen gegen den Bühnengott. Es ist ein Sinnbild der Verwirrung unserer Zeit, der Wirbel, in denen die Strömungen unserer Geistesgeschichte sich drehen. Jeder von ihnen stellt eine andere Richtung dar. Nietzsche ist noch ganz Anhänger der Menschenliebe, sehnsüchtig nach der Seele des Nächsten und Fernsten, Spitteler hat mit vollem Bewußtsein die psychologische Dichtung beiseite geschoben und versucht es, wieder auf den Pfad der wahren Dichtung zu gelangen, ein Verhältnis zum Weltall zu gewinnen. Wagner ist bisher der Mächtigste von allen, dessen Herrschaft aber doch zusammenzubrechen scheint, wenn auch sein Einfluß lange störend nachwirken wird; in ihm tritt die moderne Richtung, den Menschen durch erdichtete schöne Eigenschaften zu vergöttlichen, am schärfsten hervor, er ist am weitesten von Gottnatur entfernt, da er sich nicht einmal mehr um die Natur des Menschen kümmert, er ist aber wegen des großen Erfolgs, den er hat, doppelt interessant. Sein Erfolg verrät, wohin sich der Geist Europas verirrt hat.

Ich weiß, daß ich mit diesen scharfen Worten über unsern Lieblingsdichter und -musiker Anstoß errege, will auch kein Hehl daraus machen, daß ich von Zeit zu Zeit mit großem Genuß

Wagner höre, trotzdem halte ich aufrecht, was ich sagte. Ich trinke auch gern Champagner, obwohl ich weiß, daß es gefälschter Wein oder eigentlich gar kein Wein mehr ist. Übrigens der Wahrheit die Ehre. Weder Nietzsche noch Spitteler fehlt die schauspielerische Gebärde, wie es denn heutzutage kaum anders denkbar ist. Es fragt sich, ob es überhaupt noch Menschen gibt, die ohne solche Gebärde leben können. Ich glaube, man würde solche aus der Art geschlagene Menschen nicht dulden.

Ich habe versucht, in aller Kürze darzustellen, auf welchen Weg die Literatur geraten ist, seitdem der Mensch sich die zentrale Stellung im Weltall angemaßt hat. Und ich glaube, daß der Mensch immer wieder dieselbe traurige Erfahrung machen muß, wenn seine angeborne Sucht zur Überhebung nicht eingedämmt wird. Aus dem Hochmut, der in unserm Fall durch die Religion großgezogen worden ist und bei einer Lehre von Nächstenliebe unausbleiblich ist, entspringt das Interesse am Menschen, das rein psychologische Interesse, und da der Mensch im gewöhnlichen Leben das langweiligste Tier der Erde ist, ein rechtes Herdentier, ein Schaf, so flüchtet man zur Romantik und schließlich zur Schauspielerei. Ganz deutlich wird das in den beiden wahrhaften und strengen Künsten: der Architektur und Plastik. Nur ist der Entwicklungsgang bei beiden rapide gewesen, eben weil sie wahrhaft und streng sind und kein Schauspiel dulden. Bei der Baukunst ist der Bankrott sofort eingetreten, sobald sich der Mensch von der Natur abwandte, ihr Herr wurde. Die Gotik ist die letzte Schöpfung der Architektur, ein überwältigender Beweis, welche Höhe der Kunst erreicht werden kann, wenn der Mensch noch Ehrfurcht vor geheimen Kräften hat. Der gotische Dom ist, man könnte wieder sagen, ein Symbol des Weltalls. Jeder, der einmal in die geheimen Schauer des Doms eintritt, fühlt: hier ist Gott, nicht der Gott der Kirche, sondern das Einssein mit allem, der Friede, Gottnatur. Dann beginnt das Suchen der Renaissance, die auf dem Wege zu einem neuen Verhältnis zur Welt nahe daran war, ein neues Symbol zu finden. Die Unterströmung der Seelenleidenschaft ist aber schon da, Romantik und Schauspielerei folgen rasch im Barock, und das Ganze endet in einem wüsten Sklavendienst der Baukunst, die nur noch ein Mittel der Bequemlichkeit, des Protzentums und der Technik wird.

Schon in der Geschichte der Baukunst begegnen wir dem dritten verhängnisvollen Namen, *Michelangelo*. Shakespeares Hamlet, Beethovens Sinfonien und Michelangelos Peterskuppel, drei Taten der europäischen Kultur, gleichwertig und gleich furchtbar. Bei Michelangelo aber häuft sich der Fluch. In dieser einen Person vollzieht sich der Untergang der Plastik. In der Pietà (s. Abb. 10), in der Madonna von Brügge ist noch das Ringen der Renaissance nach Gottnatur zu erkennen. Der David aber ist ein psychologisches Kunstwerk, das ja längst durch Donatello vorbereitet war, und im Moses kommt schon die Romantik zur Geltung, die gewiß zum Schauspiel ausgeartet wäre, wenn Michelangelo das Juliusdenkmal vollendet hätte. Der Plan dazu ist Bühnenkunst, die beiden vollendeten Sklaven sind es sicher.

In der Malerei – Sie werden sehen, warum ich sie an den Schluß gestellt habe – hätte Michelangelo bald dieselbe Rolle gespielt. In einzelnen Bildern der Decke der Sixtinischen Kapelle (s. Abb. 8 und 9) waltet noch Gottnatur, während sie im großen und ganzen schon als ein Werk des Psychologen erscheint. Das Jüngste Gericht aber ist Romantik, ja, man kann darin den gewollten Effekt, das Theater nicht übersehen. Die Entwicklung der Malerei wurde jedoch durch sehr merkwürdige Umstände an den Gefahren vorübergeleitet, denen die anderen Künste zum Opfer fielen. Michelangelos gefährlicher Einfluß, um das zunächst zu erledigen, wurde gebrochen oder wenigstens abgeschwächt durch den Mann, in dem das Streben der Renaissance nach Gottnatur seinen Gipfel und sein Ende fand, durch *Raffael*. Ist er auch in seinen Fresken, von der Übermacht des Riesen Michelangelo bezwungen, seinem innern Genius untreu geworden, in seinen Madonnen (vgl. Abb. 11) lebt das echte Gottesgefühl rein und edel, in ihnen ist noch einmal die große Zeit der Antike wach geworden, sie sind die echte Renaissance, Geschöpfe der Liebe zu Gottnatur, die den Menschen als Symbol des Weltalls zeigen.

Raffaels Wirken war aber zeitlich begrenzt, eng an die Renaissance und an die damalige katholische Kirche gefesselt. Mit dem für die Kultur verhängnisvollen Auftreten des Protestantismus, der den Menschenhochmut sofort in die Höhe schraubte, wie es in der katholischen Kirche nie möglich gewesen wäre, und der den Bruch mit Gottnatur zur religiösen Pflicht machte, war Raffaels Leben bedeutungslos geworden. Dieselbe Zeit jedoch brachte den Mann hervor, der ähnlich wie Goethe über allen Religionen stand, der Gottnatur hatte, weil er Wissenschaft und Kunst besaß, *Lionardo da Vinci*. Ich sprach schon vorher von der auffallenden Ähnlichkeit zwischen diesen beiden Großen der christlichen Welt. Die Tragik im Geschick Lionardos, die doch wohl durch einen tiefen Riß in seinem Innern bedingt war und die seine Gestalt unstet und unheimlich macht, hat verhindert, daß er wie Goethe in seiner Person eine Kultur wurde, aber das eine hat er doch vermocht, die Malerei vor der Entartung zu bewahren. Wir besitzen fast nichts mehr von seinem Abendmahl (s. Abb. 7), aber schon die Nachbildungen zeigen, daß hier Gottnatur gewaltet hat. Alles individuell Menschliche ist in diesem Bilde verschwunden. Je mehr man sich in die Kopien des Bildes vertieft, um so mehr drängt sich das Gefühl auf, hier ist das größte Kunstwerk der Malerei zugrunde gegangen. Allerdings, es bleibt ein banges Gefühl übrig. Man weiß nicht, ob Lionardo den Kopf des Christus vollendet hat. Ist das wahr, dann wirft es ein Licht in die furchtbare Seele dieses Mannes, der, durchdrungen von Gottnatur, begabt mit allen Geschenken des Genius, doch von der religiösen Scheu gebändigt wurde. Doch zurück zu meinem Thema. Lionardo war es, der die Maler Gottnatur lehrte. In seinen Werken redet dieses Kulturgefühl aus den wunderbaren Landschaften; allen kommenden Zeiten war damit die Malerei an die Natur festgebannt. Sie konnte nicht wie die andern Künste sich schrankenlos der Menschenverehrung, der Menschenanbetung hingeben, sie konnte nie mehr ganz psychologische Kunst werden. Die Landschaftsmalerei war durch Lionardo zu einer Höhe gehoben worden, von der sie nicht mehr verdrängt werden konnte. Dazu lehrte er unermüdlich mit Worten sein Evangelium von der Natur. Und er war der erklärte Meister Italiens. Alle sind sie seine Schüler gewesen, Michelangelo, Raffael, Bramante, Dürer nicht zu vergessen, der Lionardos Lehre dem Protestantismus vermittelte und sie dadurch vor der Katastrophe Italiens rettete. Auch der merkwürdigste aller Maler, der ganz einzig dastehend in sich die Kunst der Psychologie und der Gottnatur vereinigte, der Holländer *Rembrandt*, ist im Grunde ein Schüler Lionardos. Sie erinnern sich, daß vor einigen Jahren das Langbehnsche Buch, »Rembrandt als Erzieher«, großes Aufsehen machte. Ich habe die Schrift nie gelesen, muß aber sagen, daß mir der Titel gefällt. Rembrandt ist wirklich ein Erzieher gewesen, im guten wie im schlechten Sinne, und wenn er Jahrhunderte hindurch nur den Malern ein Erzieher war, so hat sich in der letzten Zeit sein Einfluß bis in die verborgensten Strömungen des menschlichen Treibens geltend gemacht.

Ich sagte, Rembrandt vereinigte in sich die Kunst der Psychologie und die Kunst der Gottnatur. An der Tatsache ist nicht zu zweifeln. Keiner hat ihn darin übertroffen, Individuen, einzelne Menschen, darzustellen, zu charakterisieren. Kein Maler hat aber auch Bilder geschaffen, aus denen so Gottnatur spricht wie aus denen Rembrandts. Das Rembrandtsche Licht ist eine Offenbarung, eine unwiderstehliche Kundgebung der Gottnatur. Und in jedem Bilde finden Sie die andächtige Frömmigkeit für das scheinbar Geringe der Natur wieder, die nur bei Menschen zu finden ist, die eins sind mit dem All, die sich als Teil empfinden. Bei ihm hat sich die Eigentümlichkeit der holländischen Rasse, die bedingt ist durch den jahrhundertelangen Kampf mit dem Meer, mit dem Element – fast ganz Holland liegt ja unter dem Meeresspiegel und ist in Wahrheit Erde, vom Menschen geschaffen –, in Rembrandt hat sich die Ehrfurcht vor dem Weltall siegreich neben der Ichsucht der europäischen, speziell der protestantischen Entwicklung behauptet, zu einer Zeit behauptet, wo diese Ehrfurcht aus der übrigen Welt so gut wie verschwunden war. Wie gesagt, er war Holländer, und in Holland läßt sich noch jetzt eine Kultur nachweisen, wie sie das übrige Europa mit Ausnahme Italiens nie gekannt hat, und die die Holländer jetzt in ihrer Blindheit selbst als Chinesentum verspotten, sich versündigend an dem Besten, was Europa besitzt. Daß Rembrandt auf einmal bekannt geworden ist – es sind jetzt ein paar Jahrzehnte –, daß er gewürdigt wird, ist eins der sicheren Zeichen, daß vor uns die Möglichkeit einer Kultur liegt.

Die Möglichkeit, mehr nicht. Aber diese Möglichkeit ist eben in der Malerei bewiesen. Die Liebe zur Natur im Gegensatz zur ausschließlichen Menschenvergötterung ist der hohe Vorzug der Malerei all die Jahrhunderte hindurch gewesen. Zum Teil liegt das in der Aufgabe und in dem Mittel des Malers, der ja wie kein anderer Künstler das Auge gebrauchen muß und infolgedessen kaum instande ist, die Welt zugunsten des Menschen zu übersehen. Es hätte aber ohne Rembrandt und die Holländer ganz gut auch anders kommen können. Die Mehrzahl aller Maler trieb oder treibt unter dem Beifall der Menge Psychologie und empfindet nicht eine Spur von Hauch des Einheitsbewußtseins. Ja, das meiste, was bewundert wird, und was wir alle bewundern, ist psychologische, sogar romantische Kunst, mag man nun ein Verehrer von Böcklin oder von Watts oder von Manet oder von Liebermann sein. Sie sind alle Romantiker, vielleicht am wenigsten Millet, allenfalls auch Feuerbach in seinen guten Jahren. Nur freilich von einem hat sich keiner der Großen losmachen können, selbst Lenbach nicht, so sehr er dem Menschenkultus gefrönt hat, selbst Böcklin nicht, so sehr er Romantiker und Seelenmaler war, von der Landschaft. Sie ist überallhin gefolgt, in alle Biegungen und Wandlungen von Geschmack und Technik. Die Darstellung der

Landschaft ist zum Bande zwischen Natur und Mensch geworden, und es ist keine Frage, hier in der Malerei ist seit Jahrhunderten ein Weg gebahnt worden, der zu Gottnatur führen kann, zu einer Kultur.

Ich erwähnte vorher Millet. Die Verehrung der Schule von Barbizon spricht ebenso deutlich für Hoffnungen der Zukunft wie der Rembrandt-Kultus. Aber wir haben in der Kunst noch andere Zeichen. Auch in der Literatur kann man Strömungen erkennen, die wegführen vom Menschen zum All. Von Goethe will ich schweigen. Er ist eine Kultur für sich. Aber ebenso wie die Malerei auf den seltsamen Pfad geraten ist, bloß zu landschaftern, den Menschen ganz einfach wegzulassen, eine ganz merkwürdige Kühnheit, die Geheimnisse verrät, ebenso hat es die Poesie versucht, den Weg zum All zurückzufinden. Das plumpste Mittel, das dazu verwendet wird und das jeder handhabt bis zur Langeweile, ist die einfache Naturschilderung; ohne die geht es jetzt kaum noch. Selbst in den Dramen geben die Dichter Anweisungen darüber. Freilich von dieser ganz groben Schilderung ist noch eine weite Strecke bis zu der Kunst, Natur und Menschen zu verschmelzen, ja, man kann leicht beweisen, daß dieses Ziel so überhaupt nicht zu erreichen ist. Aber man hat es noch anders versucht. Da ist Keller, der merkwürdig helle Momente für das neue Kunstideal gehabt hat, da ist vor allem Tolstoi, dem die Verschmelzung von Mensch und Natur hie und da völlig gelungen ist, eine Parallelerscheinung zu Rembrandt, mit dem ihn noch dazu das starre Anhängen am Christentum verbindet. Ich möchte auch ein Buch nennen, dessen ästhetischen Wert man anzweifeln kann, das aber wie kaum ein anderes zeigt, was ich meine, das ist der Tor von Kellermann. So ließen sich die Beispiele aus deutscher und fremder Literatur häufen, wobei vor allem die Milieudichtung der Franzosen nicht vergessen werden darf, selbst wenn sie auf ein so seltsames Mittel gerät wie das Notizbuch, mit dem Zola die Dichtkunst bezwingen zu können glaubte. Auch Spitteler muß ich wieder nennen, der auf dem Wege der allegorischen Umgestaltung der Welt prachtvolle und vor ihm wohl nur von Dante erreichte Erfolge erzielt hat. Es fehlt nicht an Zeichen, das ist sicher. Man sagt ja auch – ich verstehe davon nichts, aber ich lese es ab und zu –, daß die tote Baukunst sich wieder rege, und daß wir auch von ihr ein neues Wunderwerk, eine Kulturtat erwarten dürfen. Für unmöglich halte ich es nicht und werde darin auch nicht irre gemacht, wenn ich die traurigste Kunst unserer Zeit, die Plastik, so ganz verdorben sehe. Gelingt es, den alten Europäer, diesen eitlen und von seiner Herrlichkeit so überzeugten Menschen, zum Wissen zu bringen, daß die Welt allerdings rund ist, aber er nicht der Mittelpunkt, dann, aber nur dann mag eine andere Zeit kommen, die Zeit, die des Lebens wert ist und der die Welt schön wird.

> Denn sofern Du das nicht hast
> Dieses Stirb und Werde,
> Bist Du nur ein trüber Gast
> Auf der dunklen Erde.

Nora (1910)

Editorische Vorbemerkung

Erstveröffentlichung in: ›Tragödie oder Komödie? Eine Frage an die Ibsenleser‹ (1910), S. 1–41.
Gekürzt nachgedruckt in: Groddeck (1964), S. 74–102.

Nach seiner Tätigkeit als Militärarzt kehrt Groddeck 1896 nach Berlin zurück. Die Dramen HENRIK IBSENs feiern in dieser Zeit auf den Berliner Bühnen große Erfolge. Im Jahre 1908 hält Groddeck dann in Baden-Baden Vorträge über IBSENs Dramen ›Nora oder ein Puppenheim‹ (im Kapitel ›Nora‹), ›Rosmersholm‹ (im Kapitel ›Rebekka West‹), ›Gregers Werle‹, ›Helene Alving‹, ›Hedda Gabler‹ und ›Baumeister Solneß‹. Das Kapitel ›Nora‹ sei hier wiedergegeben, weil gerade dieses Drama heutzutage wieder auf vielen Bühnen gespielt wird.
Groddeck bittet seine Zuhörer inständig, alles zu vergessen, was sie über IBSEN gelesen haben, sogar die unmittelbaren Theatererlebnisse: »Soll unser Meinungsaustausch sich lohnen, so müssen wir uns an das halten, was uns die Dichtung selbst gibt.« Groddeck hielt zeit seines Lebens nichts vom langatmigen Referieren der Sekundärliteratur, die er sowieso fast nie gelesen hat, wie er offen zugibt, sondern entwickelt seine Ideen – hierin einer guten Tradition folgend – unmittelbar aus den Quellen, aus dem Wortlaut der Dichtung.
Groddeck kennzeichnet IBSENS Arbeitsweise, wie er in einem späteren Kapitel sagt, als »impressionistisch«: »Der Impressionist gibt den Gestalten, die er malt, keine scharfen Umrisse, sie verschwimmen ineinander und in ihre Umgebung ... Infolgedessen kann man aus einem impressionistischen Gemälde keine einzelne Gestalt herauslösen ... Es wirkt nur im ganzen. Genau so hat IBSEN gedichtet. In keinem seiner reifen Stücke findet sich eine wirkliche Figur, eine Rolle, die für sich bestände ... Jede ist durch die andere und durch das ganze Stück bedingt.« (1910, S. 109)
Das hat zur Folge, daß die Frage »Tragödie oder Komödie?« nicht eindeutig zu entscheiden ist, wobei Groddeck mehr für Komödie plädiert. So schreibt er im November 1917 an SIGMUND FREUD, er glaube, daß IBSEN »nicht bürgerliche Dramen, sondern Komödien geschrieben hat. Ich halte es auch für wahrscheinlich, daß er das wußte und das stille Lachen des Ironikers sehr wohl kannte.« (Groddeck

1970 bzw. Groddeck/FREUD 1974, S. 24) Dies könnte fast FRIEDRICH
DÜRRENMATT gesagt haben, der sein Stück ›Der Besuch der alten
Dame‹ (1956) »eine tragische Komödie« nennt und meint: »Uns
kommt nur noch die Komödie bei.« (1955, S. 37)
Später, in seinen ›Lebenserinnerungen‹ (1926 l), schreibt dann Groddeck in kritischer Distanz zu seinem Ibsen-Buch: »Die Frage: ist es
ernst, ist es komisch, hat mich . . . nicht mehr verlassen . . . Jedesmal,
wenn man Ibsen wiederliest, hat man einen andern Eindruck von der
Dichtung und kommt sich dumm vor, weil man früher so viel übersehen hat . . . Und weil das so ist, konnte bei meinem Versuch nichts
Rechtes herauskommen. Nur ein bißchen besser lesen lernte ich, und
war dann mehr denn je von der Wahrheit überzeugt, daß man die
Dinge lachend und weinend betrachten kann und soll.« (1970, S.
320)
Bevor Groddeck die Psychoanalyse kennenlernte, beschäftigte er sich
intensiv mit den Dramen von IBSEN, dem bescheinigt wird, er habe
manche psychoanalytische Erkenntnis vorweggenommen. IBSEN
blieb ein Weggenosse von Groddeck: Einer seiner Berliner Vorträge
aus dem Jahre 1927 handelt von ›Peer Gynt‹ (vgl. unten S. 140–164).

Als Thema für unsere gewohnten Zusammenkünfte habe ich
dieses Jahr Ibsens Dramen gewählt. Zunächst möchte ich Sie
bitten, alles zu vergessen, was Sie über Ibsen und seine Werke
gehört oder gelesen haben, womöglich auch alle Eindrücke auszuschalten, die Sie durch Theatervorstellungen gewonnen haben.
Soll unser Meinungsaustausch sich lohnen, so müssen wir uns an
das halten, was uns die Dichtung selbst gibt. Ich werde versuchen,
sie zum Sprechen zu bringen. Ob mir das gelingt, ist eine andere
Sache. Jedenfalls aber werden Sie hören, was sie mir sagt, nur das,
da ich außer den Dramen höchstens noch Theaterzettel gelesen
habe, wenn ich das seltsame Vergnügen hatte, eins oder das andere
der Stücke auf der Bühne zu sehen.
Bei dem ersten Stück allerdings, mit dem ich mich beschäftigen
will, dem Puppenheim, wird es kaum möglich sein, alle Erinnerungen hintanzulassen. Die Gestalt der Nora steht in zu enger
Beziehung zu unserer Frauenbewegung. Um so schärfer werden
Sie mich überwachen, wenn ich etwa beweisen wollte, daß sich die
Frauenrechtlerinnen mit ihrer Begeisterung für Nora lächerlich
machen.
Vorerst hat unser Stück einen Namen: Ein Puppenheim heißt es.
Ich bitte Sie, das im Gedächtnis zu behalten. Wer selbst einmal
versucht hat, zu schreiben, weiß, was der Titel eines Werks

bedeutet. Bei dem Wort Puppenheim fällt Ihnen nun ein, daß Nora am Ende des Stücks davon spricht, wie sie von Vater und Mann als Puppe, als Spielzeug benutzt worden sei, und man fühlt sich versucht, den Ausdruck Puppenheim mit dieser Stelle in Zusammenhang zu bringen. Ein gewisser Zusammenhang besteht wohl auch, aber wir sind doch nicht ohne weiteres, ehe wir nicht alle anderen Möglichkeiten betrachtet haben, berechtigt, anzunehmen, daß der Titel des Stücks lediglich dazu da ist, um Noras Worte zu unterstreichen oder ein Ausrufungszeichen dahinter zu setzen. Eine solche Annahme wäre fast gleichbedeutend mit der Auffassung des Stücks als Tendenzstück. Das widerspricht aber, wie Sie sehen werden, dem Charakter der Dichtung. Vorläufig sagt uns das Wort Puppenheim nicht viel. Es weckt höchstens Erinnerungen an unsere Kindheit, im Grunde freundliche Erinnerungen, durchaus keine bitteren, Erinnerungen an Spiel, an ein gespieltes Leben.

Dieser Eindruck bleibt auch zunächst. Wir sehen uns in ein gemütliches, geschmackvoll eingerichtetes Zimmer versetzt. Alles ist niedlich darin. Kleine Möbel, Kupferstiche, Nippes, kleine Kunstgegenstände, ein kleiner Bücherschrank mit Büchern in Prachteinbänden, was so viel heißt, als daß sie nicht gelesen werden, ein Schaukelstuhl – nebenbei bemerkt, dieser Schaukelstuhl ist Noras Privateigentum; sie duldet niemand anders darauf, weiß vermutlich, wie gut sie da hineinpaßt – alles in allem heiter, nett und niedlich. Und auf einmal ist es, als ob das Sonnenlicht voll in dieses heitere Zimmer schiene. Nora tritt ein, lachend und lustig, beladen mit Paketen, gefolgt von einem Dienstmann, der weitere Pakete in einem Korbe trägt und einen Tannenbaum in der Hand hält. Es ist Weihnachten: Lichterglanz, Kinderjauchzen, Puppenspiel erwartet uns.

Ja, eitel Sonnenschein ist da auf der Bühne. Wie sollte sie nicht alle Herzen gewinnen, diese niedliche kleine Frau dort oben mit ihren von der Kälte geröteten Backen, geschmückt von ihrer eigenen Schönheit, wie sie geschäftig hin und her huscht, Hut und Mantel abwirft, singend und trällernd die Geschenke ordnet und zierlich von den Makronen nascht. Sie trägt sie in der Tasche bei sich recht wie ein Schulmädel. Ein richtiges Mädel ist sie, ein Eichkätzchen, wie Helmer sie nennt; man hätte keinen besseren Schmeichelnamen für sie finden können. Und man versuche nur, sich ihrem Zauber zu entziehen, es geht nicht. In den ersten drei Augenblicken hat sie das ganze Theater für sich gewonnen. Niemand kann ihr widerstehen.

Nora überzeugt sich davon, ob ihr Mann zu Hause ist, und ruft ihn dann. Als echter Mann sagt er zunächst: Stör mich nicht, erscheint aber im selben Augenblick in der Tür. Und nun fangen die beiden an zu sprechen. Torvald hält seiner Frau ihre Verschwendung vor. Ganz ernsthaft ist das nicht gemeint. Denn es vergehen keine zwei Minuten, so hat er der bösen Verschwenderin ein Päckchen Banknoten in die Hand gedrückt. Und ganz unrecht hat er nicht. Frau Linde, Noras Freundin, sagt von ihr, daß sie schon in der Schulzeit eine arge Verschwenderin gewesen sei. Uns fällt auch ein, daß Noras erste Handlung in dem Stück die ist, dem Dienstmann doppelt soviel zu bezahlen, als er gefordert hat. Nun, es ist ja ein froher Tag: Weihnachten, und wie wir hören, ist Torvald eben zum Direktor der Bank ernannt worden, hat also Aussicht auf reiche Einnahmen. Aber immerhin: Nora heißt doch wohl mit Recht Verschwenderin.

Ihre Auffassung von Schulden ist sehr merkwürdig, wie sie sie vorbringt, reizend; hier die Verzweiflung nur bei dem Gedanken an ein Unglück, das Torvalden zustoßen könnte, und dort die völlige Gleichgültigkeit dagegen, ob andere durch sie geschädigt werden. – Die, das sind ja fremde Menschen, sagt sie. – Nora, Nora, du bist ein Weib, erwidert Torvald lachend. – Ich will meinen Zuhörerinnen nicht zu nahe treten, aber mir persönlich scheint es so, als ob er mit diesem Worte: »Du bist ein Weib« recht hätte. Die Frau lebt den Ihren, dem Manne und den Kindern, alle andern sind fremde Menschen. Das ist einer der Grundunterschiede der beiden Geschlechter, eine Ursache zu tausend kleinen und großen Konflikten der Ehe. Die Frau begreift vielleicht, daß irgend etwas dem Manne näher stehen kann als sein Weib, das heißt, sie begreift es mit dem Verstande. Aber dieser Verstandesschluß geht nicht in ihr Inneres über. Im tiefsten ist sie davon überzeugt, daß sie die Welt des Mannes ist. Und der Mann? der kennt, wenn er sich mit der Frauenseele überhaupt befaßt, diesen Grundzug weiblichen Wesens, er hat die Ausdrücke dafür auch in seinen Wortschatz aufgenommen. Im Grunde aber glaubt er nicht, daß solch eine von seinem Standpunkte aus ungeheuerliche Forderung an ihn gestellt werden könnte. Jedenfalls wird er in zehn gegen einen Fall versagen, wenn er auf die Probe gestellt wird.

Hier ist der Punkt, an dem das Schauspiel des Puppenheims in das allgemein Menschliche gehoben wird. Denn auch das psychologische Kunstwerk muß einen allgemein menschlichen Zug haben, sonst ist es eine bloße Charakterstudie. Und daß Ibsens Puppenheim mehr ist, sehen Sie schon an der einen Tatsache, daß sich kein Mensch der Wirkung dieser Dichtung entziehen kann.

Es ist hier wohl am Platze, einen Blick auf die Handlung des Dramas zu werfen und sich den Konflikt deutlich vor Augen zu stellen. Nora hat als junge Ehefrau eine Unterschrift gefälscht, um ihrem todkranken Manne die Mittel zu seiner Rettung zu verschaffen. Sie erwartet, daß er, falls das Verbrechen entdeckt wird, sich für sie aufopfern wird. Als er sie in dieser Erwartung enttäuscht, verläßt sie ihn.

Vermutlich würde auch ein heroischer Mann eine solche Zumutung weit von sich weisen. Daß aber Helmer solchem Konflikt nicht gewachsen ist, weiß man schon nach seinen ersten Worten. Er ist kein Held, nicht eine Spur von Heldentum ist in ihm zu finden, und wenn ihn Nora für einen Helden halten kann, nach achtjähriger Ehe noch, so ist das ein beachtenswerter Zug, der die Lösung für viele Rätsel ihres Wesens bietet. Ihr Wesen ist Dichtung.

Das erklärt nun auch eine merkwürdige Eigenschaft, die im nächsten Moment nach ihrer naiven Äußerung über das Schuldenmachen zum Vorschein kommt. Nora lügt; sie lügt mit einer Leichtigkeit, mit einer Natürlichkeit, die man nur bei Menschen findet, denen die Phantasie Wirklichkeit ist. Es besteht für ihre dichterische Begabung keine Grenze zwischen Dichtung und Lüge. Eine Darstellerin der Nora kann keinen größeren Fehler begehen, als wenn sie Nora bei der Lüge verlegen sein läßt. Sie muß mit einer verblüffenden Sicherheit vorgebracht werden. Keiner der Mithandelnden ahnt die Bedeutung dieses wesentlichen Charakterzugs in Nora, auch der kluge Rank nicht, und auch der Zuschauer muß in diesem Moment vergessen, daß Nora Makronen gegessen hat, daß sie sich sorgfältig den Mund gewischt hat, damit Helmer es beim Küssen nicht merkt. Für Nora gibt es keine Lügen. Ihre Phantasie ist immer tätig. Ihr Wesen ist Traum und Dichtung.

Die Szene zwischen den Eheleuten wird durch Dr. Rank und Frau Linde unterbrochen. Helmer zieht sich mit dem Doktor zurück, und es folgt nun das erste Zusammensein der beiden Freundinnen. Auch hier tritt wieder der Sonnenschein in Noras Charakter hervor. Man muß das lesen, Wort für Wort, wie zart Nora zu sprechen und zu handeln weiß, wie gütig im schönsten Sinne des Worts sie ist. Auf die Bemerkung Kristinens, die übrigens, wenn denn das Stück durchaus etwas mit der Frauenbewegung zu tun haben soll, die Vertreterin moderner Frauenideen ist, die eine Fanatikerin der sogenannten Selbstaufopferung und steter Hilfsbereitschaft ist, sogar ausgestattet mit der altjüngferlichen Bitterkeit, auf ihre taktlose Bemerkung, daß sie keinen Vater habe, der ihr das Reisegeld schenken könne, erwidert sie nichts als: »Sei mir nicht böse.« Es ist eine Schönheit in Nora, die alles Schlechte in ihr aufwiegt. Wichtig ist die Szene deshalb, weil Nora hier zum erstenmal auf die Art zu sprechen kommt, wie sie sich das Geld zu der italienischen Reise verschafft hat. Sie müssen schon gestatten, daß ich dabei etwas länger verweile. Es ist zur Deutung dieses so oft mißverstandenen Charakters der Nora notwendig.

Nora hat eine Reihe von Versionen für diese Geschichte, erzählt sie aber niemals richtig, niemals, beachten Sie das bitte, auch am Schluß nicht. Sie dichtet fortwährend an dieser Sache herum, es kommt dabei allerhand von ihren Träumen zum Vorschein, mit denen sie ein zweites geheimnisvolles Leben, ihr wirkliches Leben, führt. Zunächst erzählt sie das alte Märchen, wie es Helmer, und vermutlich auch Rank, ja alle Welt zu hören bekommen haben. Helmer hat sich im ersten Jahre der Ehe überanstrengt. Er ist schwer erkrankt, die Ärzte erklären eine Reise nach dem Süden für nötig; das Geld dazu verschafft sich Nora von ihrem sterbenden Vater. Mit den Zeitangaben nimmt sie es dabei nicht so genau. Das eine Mal sagt sie, ihr ältestes Kind sei damals gerade geboren gewesen, und zwei Sekunden darauf, sie habe die Geburt täglich erwartet. Nun, solch ein Widerspruch hätte an sich keine Bedeutung. Bei Nora aber muß man ihn beachten. Er beweist, daß sich in ihrem Gehirn die ganze Angelegenheit in eine heilige Sage verwandelt hat. Sie weiß selbst nicht mehr Bescheid, wie ihr denn der Sinn für Tatsachen bei jeder Gelegenheit durch ihre Phantasie getrübt wird. Dann kommt die zweite Version der Geschichte, nur in Andeutungen zuerst: »Papa gab uns nicht einen Schilling, ich war's, die das Geld verschaffte.« »Ich habe auch etwas, das mich stolz und glücklich macht. Ich habe Torvald das Leben gerettet.« Beachten Sie bitte die Worte, mit denen sie dieses Geständnis einleitet. Sie sagt: »Das Große habe ich dir nicht erzählt.« Der Ausdruck: das Große, später: das Wunderbare ist wichtig. Ich sagte Ihnen vorhin, Nora führt ein Doppelleben, eines mit Helmer und den Kindern und eins für sich allein, ein Traumleben. Das Große, das ist der Inhalt ihres Vergangenheitstraums, er spricht sich in den Worten aus: »Ist es unbesonnen, seinem Gatten das Leben zu retten?« Das Wunderbare, das ist der Gegenstand ihrer Zukunftsträume. Sie arbeitet an diesen beiden Dingen beständig, um sie abzurunden und poetisch zu gestalten. Wie sie das tut, kommt sofort zum Vorschein. Auf den Einwand Kristines, Nora könne sich das Geld nicht geborgt haben, da dazu die Einwilligung des Gatten gehöre, erwidert sie erst: »Oh, wenn man nur ein bißchen Geschäftskenntnis hat« – man denke: Nora und Geschäftskenntnis – dann aber sagt sie plötzlich: »Ich kann es ja auch auf andere Weise bekommen haben. Von einem Anbeter. Wenn man leidlich hübsch aussieht –« Es klingt sehr nett, wie sie das vorbringt, wie ein etwas koketter, aber doch harmloser Scherz; aber wenige Minuten später kommt es heraus, daß mehr als ein Scherz dahintersteckt. Es ist ein immer und immer wiederkehrendes Spiel ihrer Phantasie: Ein alter reicher Herr verliebt sich in sie und hinterläßt ihr bei seinem Tode viel Geld. Sie denkt dabei an einen ganz bestimmten Herrn, an Dr. Rank, von dem sie weiß, daß er bald sterben wird, und einen Tag später versucht sie diesen Traum wirklich zu machen. Hier tritt ihr Phantasieleben für einen Augenblick hervor, die Phantasie über den Gang des Wunderbaren, der Zukunft, für die sie lebt.

Es ist hier an der Zeit, sich den Sachverhalt klarzumachen. Nora borgt sich das Geld von einem Wucherer, dem sie als Bürgschaft eine gefälschte Unterschrift ihres Vaters vorlegt, eine drei Tage nach dem Tode dieses Mannes gefälschte Unterschrift. Das Wichtige für Noras Beurteilung liegt in der Tatsache, daß sie die Unterschrift erst gefälscht hat, als sie von dem Tode ihres Vaters unterrichtet war. Sie werden später sehen, warum ich das so betone.

Vorläufig lege ich Ihnen vor, was sie Frau Linde weiter erzählt. Ehe sie sich zu dem Borgen entschlossen habe – von der Fälschung sagt sie noch nichts, obwohl die das eigentlich Große ist –, ehe sie sich dazu entschlossen habe, sei alles mögliche von ihr versucht worden, um Helmer dazu zu bringen, selbst eine Anleihe zu machen. Bei dieser Gelegenheit bringt sie allerlei zum Vorschein, was für sie charakteristisch ist. Hören Sie nur: »Ich sprach mit Torvald darüber, wie reizend es wäre, wenn ich ins Ausland reisen könnte, wie andere junge Frauen; ich weinte und flehte; ich sagte ihm, er solle doch in Betracht ziehen, in welchen Umständen ich sei, er solle doch gut sein und mir nachgeben, und dann schlug ich ihm vor, ein Darlehen aufzunehmen.« Was sagen Sie dazu? Ist Nora wirklich eine Puppe? Jedenfalls eine, die mit allen Mitteln weiblichen Wesens vertraut ist, und, wir werden das ja weiter sehen, eine, die mit ihrem Manne umzugehen versteht und ihn lenkt. Beachten Sie auch, wie Nora hier die Dinge gestaltet. Auf die wechselnden Angaben über das Kind, das das eine Mal schon geboren war, das andere Mal erwartet wurde, habe ich schon aufmerksam gemacht. Hier aber verschweigt sie auch, daß der Vater schon tot war, als der ganze Handel geschlossen wurde. Sie tut, als ob sie ihn hätte schonen müssen; sie tut nicht nur so, sondern nachdem sie sich alles jahrelang zurechtgelegt hat, glaubt sie halb und halb selbst an diesen rührenden Konflikt zwischen Kindes- und Gattenliebe. Wir werden sehen, daß sie in diesem Glauben sehr weit geht.

Vorläufig muß ich aber auf zwei Sätze eingehen, die ein merkwürdiges Licht auf Noras Puppeneigenschaften werfen. Frau Linde fragt, ob Nora sich ihrem Manne anvertraut hätte. »Was fällt dir ein«, erwidert Nora. »Torvald mit seinem männlichen Selbstbewußtsein – wie peinlich und demütigend wäre ihm der Gedanke, daß er mir etwas verdankt. Das würde unser gegenseitiges Verhältnis vollständig verschieben; unser schönes, glückliches Heim würde nicht mehr sein, was es jetzt ist.« Ein vornehmes Wort; aber zugleich auch ein Beweis der Klugheit Noras und ein Beweis, daß sie das Leben in diesem Puppenheim gestaltet. Das bestätigt sie gleich darauf. Frau Linde fragt: »Willst du es ihm niemals sagen?« »Doch vielleicht einmal«, lautet die Antwort, »nach vielen Jahren, wenn ich nicht mehr so hübsch bin wie jetzt; wenn es Torvald keine Freude mehr macht, daß ich ihm etwas vortanze und mich verkleide und deklamiere. Dann kann es vielleicht gut sein, etwas in der Hinterhand zu haben.« Sie sehen, Nora weiß ganz gut, warum sie die Singlerche spielt, sie hat den Ton im Hause angegeben, sie ist es, die im Puppenheim regiert. Sie ist es auch, die es eingerichtet hat. Das kann man schon von vornherein aus der Art der Möbel schließen. Es wird aber auch ausdrücklich gesagt. »Nun will ich dir erzählen, wie ich mir gedacht, daß wir uns einrichten könnten, Torvald«, das sind ihre eignen Worte. Ich denke, sie sind deutlich genug, und wenn Nora später in ihren großen Schlußreden zu ihrem Manne sagt, sie habe sich in allen Geschmacksfragen nach ihm gerichtet, so sagt sie nur sehr bedingt die Wahrheit. Sie kann auch gar nicht wahr sein. Ihr fehlt der Tatsachensinn. Das spricht sich nicht nur in der großen Fertigkeit des Umdichtens aus, die bei ihr Natur ist, ihr fehlt er überhaupt. Sie weiß zum Beispiel nicht, wieviel sie von ihren Schulden abgezahlt hat. Sie hat ein himmlisches Gottvertrauen, was einen bei einem Wesen, wie sie eins ist, nicht wundert. Sie denkt: Wenn etwas passiert, ich werde mich schon herauslügen, ich hab's ja hundertmal getan. »Ich fühlte mich beinahe wie ein Mann«, sagt Nora, als sie von ihren Arbeiten spricht. Das glaubt man ihr aufs Wort, denn sie herrscht im Hause, herrscht eben durch ihre Grazie und ihre Phantasie, sie erhält absichtlich das Kindliche im Ehewesen aufrecht. Wie sollte auch dieser Helmer, diese absolute Null, mit den schönen Gemeinplätzen irgendwie den Ton angeben? Der kurze Auftritt mit Krogstad, der mit Helmer über Geschäftssachen sprechen will, ist bemerkenswert. Nora ist in Verlegenheit,

zum erstenmal und zum einzigenmal. Sie macht sich am Ofen zu schaffen, um diese Verlegenheit zu verbergen; die Furcht und die Hoffnung – es ist beides –, daß nun das Schicksal über sie hereinbrechen könne, daß Krogstad den Schuldschein vorbringen werde, befällt sie. Es geht aber rasch vorüber, und zur Entschuldigung für die Anwandlung eines ihr sonst fremden Gefühls der Beschämung schließt sie die Unterhaltung über den Sachwalter mit einer handgreiflichen Lüge. Sie weiß nichts von seinen Geschäften, und bei dieser Lüge ist sie durchaus nicht verlegen.
Jetzt tritt Rank auf und läßt sich mit den beiden Frauen in ein Gespräch über Philanthropie ein. Hier zeigt es sich, daß nicht etwa Nora, sondern Frau Linde Frauenrechtlerin ist.
Rank: »Ich weiß nicht, ob Sie in Ihrer Gegend auch solche Menschen haben, die atemlos umherhuschen, um moralische Fäulnis aufzuspüren und dann die Betreffenden für irgendeine vorteilhafte Stellung in Vorschlag zu bringen. Die Gesunden müssen sich dann hübsch darein fügen, daß sie nur das Zusehen haben.«
Frau Linde: »Eigentlich sind es doch auch wohl die Kranken, die am meisten der Aufsicht bedürfen.«
Rank (zuckt die Achseln): »Na ja, da haben wir's. Gerade die Anschauung ist es, die die menschliche Gesellschaft zu einem Krankenhause macht.«
Hier sehen Sie Mann und Frau in ihren Grundansichten sich scharf gegenübergestellt. Frau Lindes Wesen wurzelt übrigens in dieser Philanthropie, sie ist fortwährend auf der Suche nach Menschen, die sie beglücken kann. Erst waren es Mutter und Bruder, dann ist es Krogstad.
Doch zurück zu Nora. Während des Gesprächs der beiden über so wichtige Dinge, wie es der Beruf, zu helfen, zu nützen, zu arbeiten, für jede echte Frauenrechtlerin ist, denkt sie an ganz etwas anderes, daran, daß Krogstad ja nun von ihr abhängig ist, Krogstad, den sie so fürchtet, und nun kommt wieder die echte Nora zum Vorschein. Sie ist übermütig, lustig, bietet Makronen an und ist in der besten Laune. Achten Sie bitte auf den Ton, den Nora mit Rank, mit dem alten Herrn, der bald sterben wird, anschlägt. Sie ist ganz aufrichtig ihm gegenüber, ganz Nora, aber doch eine andere als mit Torvald. Diese Frau hat viele Gesichter. Und dann mache ich Sie wieder darauf aufmerksam, daß Nora niemals um eine Ausrede, und wenn es die tollste ist, verlegen ist. Behalten Sie das bitte, es ist wichtig. Noch eins, Nora sagt: »Der Gedanke, daß wir so viel Einfluß haben, ist ergötzlich«; sie verbessert sich freilich sofort und setzt Torvald statt wir. Aber das

Wir steht da und ist nicht bloß ein Füllwort. Sie hat nicht umsonst zu Frau Linde gesagt, sie werde ihr die Stellung verschaffen. Gleich in der nächsten Szene zeigt sie, was sie darunter versteht, »wenn sie etwas fein einfädelt, wenn sie sich etwas recht Liebenswürdiges ausdenkt, um Helmer herumzubringen«. Helmer tritt ein, und nun geht es los. »Denk dir, Torvald, Kristine hat die weite Reise gemacht, um mit dir zu sprechen.« Es ist nicht wahr, aber wie muß das dem Helmer eingehen. »Kristine ist nämlich so außerordentlich geschickt in Kontorarbeiten« – Nora weiß darüber gar nichts – »und dann möchte sie so gern unter der Leitung eines tüchtigen Mannes« – wie geschickt gibt sie doch dem Affen Zucker – »noch mehr lernen, als sie schon kann.« »Und als sie nun hörte, daß du Bankdirektor geworden seiest – der Telegraph hatte es dort verkündet –«, und so weiter. Nicht wahr, diese Nora ist eine Puppe? nicht wahr? »Der Telegraph hatte es dort verkündet«, besser kann es die gewiegteste Intrigantin nicht machen. Und da gibt es wirklich noch Leute, die Nora für Helmers Spielzeug halten. Warum? Nun, sie sagt es doch selber, und ihr freilich kann man glauben.

Mitunter wenigstens kann man es; so in der folgenden Szene mit den Kindern. Da ist sie wahr, eine echte, grundehrliche, liebreizende Nora. Diese Szene ist mit die wichtigste des ganzen Stücks. Sie ist so schön, daß niemand sie vergißt. Um so merkwürdiger ist es, daß trotzdem niemand mehr beim Schluß des Stücks an diese Szene denkt.

Es wird Ihnen gleich klarwerden, was ich mit diesem Satze meine. Vorerst aber blicken Sie zurück! Schalten Sie bitte alles aus, was in den nächsten Akten kommt. Was haben Sie vor sich? Den Typus einer glückstrahlenden Frau, einer Frau, die Sonnenschein um sich verbreitet, die das weiß und die ihre Fähigkeit, zu beglücken, nach allen Seiten hin zur Geltung bringt, bewußt zur Geltung bringt, die sich jedem Menschen, jedem Verhältnis anzuschmiegen weiß, ein starker Mensch, der jedem gewachsen ist. Glück, sonniges Glück, das ist der Eindruck dieser Szenen. Wir, die wir das Stück kennen, wissen freilich, daß über dieser Frau ein Verhängnis schwebt. Aber ich fordere jeden heraus, ob er beim ersten Kennenlernen des Stücks in diesen Szenen auch nur die mindeste Andeutung finden kann, daß hier eine unglückliche Ehe vorliegt. Bisher muß man sogar Noras Sympathie für Helmer teilen, für den starken Arbeiter, für den charakterfesten Mann, der sich fast totgearbeitet hat, der warnend seine Stimme erhebt, daß man nichts Unfreies in das Leben bringen dürfe. Gewiß, es ist ein Puppenheim, wenn Sie wollen, aber nicht Helmer macht es dazu, sondern Nora, Nora, die dem Leben nicht nur gewachsen ist, sondern die damit spielt; sie spielt mit einer Natürlichkeit und Sicherheit damit, für die die Bewunderung von Akt zu Akt steigen muß. Sie können das ja Leichtsinn nennen, können es bitter tadeln, wie man denn immer recht behält, wenn man vom Standpunkt der Moral aus diese seltsame Frau prüft. Aber eines müssen Sie ihr zugestehen: Kraft. Nora eine Puppe? Nora hat eine solche Kraft, die Dinge, die Menschen, die Ereignisse umzugestalten, daß sie nicht nur Helmer, nein, den ganzen Zuschauerraum unter den Eindruck bringt, sie sei eine schwergekränkte, von Mann und Vater an der Seele geschädigte Frau, ja, daß sie jahrzehntelang Leser aller Klassen und Völker unter diesen Eindruck gebracht hat. Kein Mensch, der das Ende des Stücks sieht, denkt mehr an dieses Überquellen des Glücks im Anfang. Jeder glaubt: Hier ist eine Sünde an einer Menschenseele geschehen. Sie werden dieser Suggestionskraft, die Ibsensche Frauen haben, bald wieder begegnen. Aber wenn Sie die Augen aufmachen, werden Sie auch im Leben genug Menschen finden, auch Männer, aber mehr Frauen, die etwas von dieser Kraft haben. Es ist eine poetische Kraft. Die Figur der Nora hat in dieser Beziehung, soviel ich weiß, nur eine Nebenbuhlerin, das ist die Prinzessin im Tasso, die seit über einem Jahrhundert für das Muster einer edlen Frau gilt und in Wahrheit eine Kokette ist.

Es ist kaum zu ermessen, welche Herrschergewalt Ibsen dieser Frau mitgegeben hat. Werfen Sie mir nicht ein, daß sie in dem folgenden Konflikt unterliege, daß sie durchaus nicht die Dinge zu gestalten wisse, weder die Dinge noch die Menschen, da sie ja nicht verhindert, daß die Sache mit dem Schuldschein entdeckt wird, da es ihr auch nicht gelingt, bei Helmer die Wiederanstellung Krogstads durchzusetzen. Daß der Zusammenbruch kommt, liegt daran, daß sie ihn durchleben will. Sie will das Wunderbare erleben.

Das zeigt sich sofort bei der Verhandlung mit Krogstad. Auch jetzt tritt sie ihm unruhig und gespannt entgegen, genauso wie das erstemal verliert sie ihre Sicherheit; nicht etwa dem Manne gegenüber, durchaus nicht. Sie versucht es gar nicht, sich irgendwie mit ihm einzulassen. Er ist ihr ein verächtliches Gewürm. Nein, sie verliert ihre Sicherheit sich selbst gegenüber, weil sie vor dem Moment steht, wo das Wunderbare, der Inhalt ihres Traumlebens leibhaftig vor sie tritt. Zunächst lenkt Nora ab. Sie tut so, als ob Krogstad der Zinsen wegen gekommen sei. Dann sucht sie ihn einzuschüchtern. Dann sagt sie, als Krogstad darauf besteht, sie solle für ihn ihren Einfluß geltend machen, sie hätte gar keinen

Einfluß. Warum sagt sie das? Wir haben gesehen, wie leicht es ihr ist, Helmer zu irgend etwas zu bestimmen. Sie hat sich eben dieses Einflusses gerühmt, und Helmer ist auch so durchsichtig gezeichnet, daß es nicht erst Krogstads Versicherung bedarf, der Herr Bankdirektor sei nicht fester als andere Ehemänner. Wir wissen das, und Nora weiß es auch. Aber statt auch nur einen Augenblick zu stocken, sich zu überlegen, statt wenigstens nochmals zu sagen, sie habe keinen Einfluß, greift sie jetzt Krogstad an und droht, ihm die Türe zu weisen. Diese Augenblicke sind für Nora Augenblicke der höchsten Spannung, wenn Sie wollen des höchsten Genusses. Nora liebt die Aufregung, wie alle Frauen sie lieben. Sie sieht einen Kampf vor sich, einen wunderbaren Kampf. Einen Moment ist sie sogar von Krogstads Lage gerührt, als er ihr erzählt, daß er sich emporarbeiten wolle; ihre Worte werden weicher. Die Entscheidung kommt nun immer näher. Noch einmal gelingt es ihr, sie hinauszuschieben. Statt des Wunderbaren, auf das sie gefaßt ist, bringt sie die zweite Seite ihres Traumlebens zur Sprache, das Große, das Geheimnis, daß sie Torvald das Leben gerettet hat, dieses wundervolle Bewußtsein, daß er, der sie zu übersehen glaubt, ihr Geschöpf ist, ihr alles verdankt. Diese Seite ihres Poesielebens wirkt so mächtig, daß ihr die Tränen hervorstürzen, so stark, da sie von neuem angreift, statt sich zu verteidigen. Nach und nach kommt eine ganze Reihe ihrer Träume zum Vorschein, so jetzt der, daß ihr Mann das Geld bezahlen werde, und daß dann die Sache geordnet sei. Das ist so ein Traum, wie der von dem alten reichen Mann, den sie beerben möchte, ein Traum, der nebenherläuft. Bisher hat sie in langen Sätzen gesprochen; in dem Moment, wo Krogstad auf die Einzelheiten des Geldhandels eingeht, spricht sie abgebrochen, hastig. Die Unterhaltung ist lebenswahr. Es ist ein kleines Drama für sich. Nora ist sich klar darüber, daß jetzt ihr Traum in Erfüllung geht. Zunächst lügt sie einfach: Papa hat unterschrieben, obwohl sie schon ahnt, was nun kommen wird. Als das Datum erwähnt wird, an dem die Unterschrift gegeben worden ist, wird sie unsicher, sie weiß nicht, wo Krogstad hinauswill, da sie das falsch angegebene Datum vergessen hat. Statt des einfachen Ja antwortet sie: Ich glaube wohl. Dann kommt wieder eine ruhige, sicher abgegebene Lüge und schließlich ein letzter Versuch, abzulenken oder wenigstens die Stunde der schönen Aufregung zu verlängern. »Habe ich nicht pünktlich abgezahlt?« fragt sie. Krogstad geht nun auf einem Umweg weiter vor in seinem Angriff. Das hat er nicht nötig. Nora weiß längst, seit Jahren, was sie zu tun hat. Aber sie ahnt nicht, auf welche Weise Krogstad den Betrug entdeckt hat. Als ihr Gegner es ihr auseinandersetzt, ist sie überrascht, sie hat den Fehler, die Unterschrift drei Tage nach dem Tode zu fälschen, übersehen. Sie schweigt. Krogstad geht weiter vor. »Die Unterschrift ist doch echt, Frau Helmer? Es war wirklich Ihr Vater, der seinen Namen hierhergeschrieben hat?« fragt er. Und nun kommt etwas völlig Unerwartetes. Wir haben die Beweise zu Dutzenden in dem Stück, daß Nora unbedingte Meisterin im Lügen ist. Jeder muß annehmen, daß sie lügen wird. Sie kann es auch mit Leichtigkeit, Krogstad ist seiner Sache durchaus nicht sicher, hat auch selbst zu viel auf dem Kerbholz, um frei vorgehen zu können. Und was tut sie? Sie wirft den Kopf zurück und sagt: »Ich habe meines Vaters Namen unterschrieben.« Das ist der entscheidende Punkt des Stücks. Nora macht ihrem Traumleben entschlossen ein Ende, sie will nun die Wirklichkeit kosten, das Große, das Wunderbare sehen, sie will ein neues Spiel mit dem Leben treiben, ein Spiel mit dem höchsten Einsatz.

Merkwürdigerweise dauert das Gespräch noch eine Weile fort. Ich werde versuchen, auch das zu erklären. Vorläufig aber möchte ich die Sachlage feststellen. Aus den Tatsachen ergibt sich, daß Nora die Unterschrift nicht zu Lebzeiten ihres Vaters, sondern drei Tage nach seinem Tode gefälscht hat. Nora hat also zunächst gewartet, ob ihr Vater nicht wieder so weit zu Kräften kommen werde, um die Unterschrift oder wenigstens seinen Rat zu geben. Der Vater stirbt und damit die Hoffnung auf die Bürgschaft. Trotzdem schreitet Nora noch nicht zur Fälschung, obwohl sie sich sagen muß, daß es immer gefährlicher wird, je längere Zeit nach dem Tode vergangen ist. Sie zögert drei Tage. Man könnte vielleicht an innere Kämpfe denken. Aber das entspricht Noras Charakter und ihrer Auffassung von Gut und Böse nicht. Sie hält diese Fälschung nicht für etwas Schlechtes, sondern nur für etwas Verbotenes; im Gegenteil, sie ist felsenfest davon überzeugt, edel zu handeln. Der Satz: »Ist es unbesonnen, seinem Gatten das Leben zu retten« durchklingt ihr ganzes Wesen. Der Makel der Handlung hätte sie keinen Augenblick wankend gemacht. Dafür darf man wohl etwas anderes als Grund der Verzögerung annehmen. Nora hofft, daß der Vater etwas hinterlassen habe. Deshalb wartet sie diese drei Tage und unterschreibt dann. Da sie der Fälschung keine Wichtigkeit beilegt, sie für moralisch berechtigt hält, setzt sie ganz unbekümmert das verräterische Datum hinzu. So ungefähr muß die Sache verlaufen sein.

Nora legt der Fälschung keine Wichtigkeit bei. Das ist aber nicht so aufzufassen, als ob sie bei ihrer Tat nicht gewußt hätte, daß sie strafbar ist; das weiß sie ganz gut, wie sie denn durchaus nicht so unerfahren ist, wie sie es später darstellt. Sie kennt die Geschlechtskrankheiten und ihre Folgen, sie ist bis zu einem hohen Grade aufgeklärt, ihre Gespräche mit Rank beweisen das, sie versteht auch einiges vom Eherecht und vor allem, sie hat einen Mann, der gewohnheitsmäßig mit jedem Quark zu ihr kommt. Nora weiß, daß sie ein Verbrechen begangen hat. Die Verlegenheit, die sie in Krogstads Gegenwart befällt, läßt sich nur aus ihrem schlechten Gewissen erklären. Und dann nennt sie selbst die Fälschung eine mutige Tat. Was wäre wohl für Mut dabei, wenn sie sich nicht der Gefahr bewußt gewesen wäre. Vor allem aber – und das schlägt allen Zweifel nieder –, sie kennt nicht nur die Geschichte von Krogstads Urkundenfälschung, nein, sie weiß, daß ihr eigner Vater ähnliche Dinge begangen hat und nur durch Torvalds Dazwischentreten vor den gerichtlichen Folgen geschützt worden ist. Sie weiß aber auch aus eben dem Grunde, daß es zwischen Vergehen und gerichtlicher Sühne eine Menge Auswege gibt, Geld: der alte kranke Herr, dann die Schleichwege Krogstads, schließlich der Schutz Torvalds. Torvald hat den Vater gerettet, Torvald ist ihr Abgott, er kann alles, er wird auch sie schützen. Ja, er wird das in einer Weise tun, die nur zu denken furchtbar ist. Nora weiß schon, wie er sie schützen wird. Aber er darf es nicht tun, sie muß es verhindern.

Zweimal kommt man allerdings in Versuchung, an dem Schuldbewußtsein Noras zu zweifeln. Das eine Mal sagt sie: »Irgendwo muß im Gesetzbuch stehen, daß so etwas erlaubt ist«, und ein andermal, als Krogstad mit der Anzeige droht, spricht sie zu sich selber: »Ach was! Er will mir nur Angst machen; so einfältig bin ich doch nicht. Aber? Nein, nein, das ist unmöglich. Ich tat es doch aus Liebe.« Die erste Äußerung erledigt sich von selbst. Es ist einer der vielen Auswege, die sie sich zurechtgelegt hat. »Falls ich Unbequemlichkeiten bekomme, sage ich einfach: ›Ich habe es für meinen Vater und meinen Mann getan‹, dann kann mir nichts geschehen.« Wie gleichgültig ihr das ist, läßt sich daraus schließen, daß sie stets die Sorge um ihren Vater mit ins Treffen führt, während der ja im Moment des Verbrechens schon tot war. Wichtig ist ihr nicht, ob die Sache zur Anzeige kommt, sondern ob Torvald es erfährt und wie er sich dazu stellen wird. Darauf bezieht sich das »Aber?« und »Nein, nein. Ich tat es doch aus Liebe.« Sie stellt sich in Gedanken vor, Torvald könne sie, statt sie zu bewundern, schelten. Das geht aus dem Anfang des zweiten Akts hervor. Dort ist sie in lebhafter Angst davor, daß Krogstad kommen könne. Sie denkt nicht mehr an die Gefahr der Gerichtsverhandlungen, sondern ist ganz in den Phantasien befangen, was ihr Mann tun werde.

Ich sagte vorhin, und bewies es aus dem Verlauf des Stücks, daß Nora freiwillig aus eignem Entschluß sich in die Gefahr hineinstürzt; sie will erleben, was sie geträumt hat. Nach ihrem Geständnis ist sie wieder ruhig, vollkommen Herrin der Situation. Wir sehen sie in der weiteren Unterhaltung mit Krogstad bei der gewohnten Tätigkeit, die Dinge umzubilden. Zunächst bringt sie den einen Traumausgang: das Geld wird bezahlt, und damit ist alles abgetan. Krogstad lenkt ab, er will dazu noch nicht Stellung nehmen. Er weiß, daß er eine Waffe in der Hand hat, daß diese Waffe aber ebensogut ihn selbst verletzen kann, er hat Ursache, sich vor einer Anzeige, vor einer gerichtlichen Verhandlung zu scheuen. Nora bringt nun ihre Art, die Dinge zu schauen, vor, nicht vollständig, aber doch teilweise. Sie sagt nicht umsonst später, daß sie eigne moralische Ansichten habe. Die entwickelt sie nun. In den Mittelpunkt stellt sie den Satz: ich hatte das Leben meines Gatten zu retten. Daran reiht sich der zweite: Auf einen Betrug kam es dabei nicht an, denn er richtete sich gegen einen Fremden. »Sie gingen mich gar nichts an«, sagt sie und fügt hinzu: »Sie waren mir unleidlich geworden.«

Hier ist sie wieder bei einem entscheidenden Punkte ihres Denkens angelangt. Für Nora kommt in Betracht nur, was ihr nahe steht, ihr Mann, ihre Kinder, ihr Puppenheim. Die Welt ist ihr gleichgültig. Das beruht, wie ich schon sagte, nicht etwa auf Unkenntnis, sondern es ist der Kern ihrer Moral. Und was läßt sich schließlich viel gegen diese Moral einwenden? Es ist die aller Frauen und Mütter, wenn Sie wollen, die aller Menschen. Das Verbrechen ist kein Verbrechen mehr, wenn es die einzige Möglichkeit ist, ein nahverwandtes Leben zu retten. Es ist die Moral, die jedem angeboren ist, durchaus keine Puppenmoral, wie denn Nora überhaupt nicht die geringste Ähnlichkeit mit einer Puppe hat. Es ist geradezu komisch – die Ibsenschen Stücke sind alle im höheren Sinn Komödien –, es ist komisch, daß sie später sich selbst und dem Publikum weismacht, Helmer sei schuld an ihrer Weltanschauung, die doch ihrem natürlichen Heroismus und ihrer natürlichen Poesie entspringt. Der Konflikt des Stücks liegt nicht in dem elenden Zwist zwischen Helmer und Nora, es ist keine Ehetragödie, kein Stück von Frauenknechtschaft und Frauenrecht. Es handelt sich um ein zusammengesetztes Problem, einmal um den Zusammenstoß der menschlichen Moral mit der Gesellschaftsmoral, andererseits um den Zusammenstoß geträumter und erlebter Wirklichkeiten. Daß auf der einen Seite ein Mann steht, auf der andern ein Weib, erklärt sich aus Zweckmäßigkeitsgründen, ist wahrscheinlich auf den Grund zurückzuführen, den Goethe einmal für die Vorherrschaft weiblicher Charaktere in der modernen Kunst angab: Die Alten haben im Achill und Odysseus die großen Motive des männlichen Wesens erschöpft.

Nach jenem Gespräch mit Krogstad ist Nora wohl in Aufregung, aber nicht fassungslos. Sie fürchtet nur, daß Helmer bei seiner äußerlichen Rechtlichkeit – innerlich besitzt er keine, wie sie aus seinem Verhalten ihrem Vater gegenüber weiß –, daß er die Sache vielleicht nicht in dem glorreichen Lichte sehen werde wie sie selbst. Und darüber erhält sie sofort eine Belehrung, die sie ganz und gar niederwirft. Torvald sagt ihr, daß ein Vergehen immer durch eine Strafe gesühnt werden müsse, er sagt auch, daß, wer die Strafe nicht auf sich nehme, das Haus und die Kinder vergifte; ein körperliches Unbehagen befalle ihn in der Nähe solcher Menschen. Das ist ein furchtbarer Schlag für Nora, der rasch und verheerend auf sie einwirkt. »Unser Heim vergiften? Es ist nicht wahr. Es kann nie und nimmermehr wahr sein.« Das sind die Schlußworte des ersten Akts.

Der zweite hebt in derselben verzweifelten Stimmung an, wie ich Ihnen schon oben sagte. Noras Absicht ist jetzt, zu verhindern, daß Torvald irgend etwas erfährt, denn sie fürchtet seinen Opfermut, sie fürchtet für ihn. Diesen Mann hat sie vollkommen mit Poesie umgeben. Sie will die Kinder nicht vergiften. Sie will in Zukunft nicht mehr so viel mit ihnen sein wie früher. Ja, der Gedanke, ganz fortzugehen, spukt schon vor. Sie deutet es an, daß die Kinderwärterin die Kleinen übernehmen solle, wenn sie gar nicht mehr da sei. In dem folgenden Gespräch mit Frau Linde ist von Wichtigkeit, daß Nora sagt, sie sei mit Rank anders als mit Torvald. Sie ist sich also ihrer verschiedenen Gesichter bewußt. Und dann kommt durch dieses Gespräch der längsterwogene Plan, Rank um das Geld zu bitten, zur Entscheidung.

Die Zwiesprache mit Torvald, die nun folgt, zeigt den tieferen Grund für den hartnäckigen Widerstand, den Helmer allen Verführungskünsten seiner Frau entgegensetzt. Er sagt: »Krogstad nennt mich du; das verträgt sich mit meiner Stellung nicht.« Nora glaubt an diesen Grund nicht. »Das wäre kleinlich«, sagt sie, und kleinlich ist Torvald nicht. Zum Beweise dafür, daß er das nicht ist, schickt Torvald im Zorn über die kaum merkbare Rüge seiner Frau den Kündigungsbrief ab. Bis zu diesem Moment hat er ihn also noch zurückbehalten, und man kann wohl annehmen, daß Helmer trotz allem sehr bald dem Einfluß seiner Puppe erlegen wäre. Nora gerät in eine furchtbare Angst, sie bittet und fleht;

dann aber hört sie hingerissen die Prahlereien Helmers mit an, in denen er sich seiner Stärke und Tapferkeit rühmt. Daran glaubt sie unbedingt. Sie ist voll furchtbarer Spannung, was bei ihr gleichbedeutend mit Genuß ist, daß das entscheidende Wort fallen werde, das Wort, mit dem das Wunderbare in das Leben treten wird, und als es fällt: »Ich bin der Mann, der alles auf sich nimmt«, ist sie erst schreckensstarr, und dann, als er wiederholt: »Alles«, wird sie plötzlich ruhig. »Das sollst du nun und nimmermehr.« Im Grunde hat sie nur das eine Wort gehört: Ich werde alles auf mich nehmen, das Wort, das sie seit acht Jahren im Schlaf und Wachen sprechen hört, das sie mit süßer Sehnsucht erwartet, das der Inhalt ihres innern Lebens, ihrer Moral ist. Nora ist fest davon überzeugt, daß Torvald sich für sie opfern wird. Aber »eher alles andere«, sagt sie, was es auch sein mag.

Dieses andere, was es auch sein mag, ist der alte reiche Herr, Dr. Rank, der eben eintritt. In Wahrheit ist er gar nicht alt, und die Sache spielt sich nicht so ab, wie Nora es sich ausgemalt hatte. Sie ist noch ganz in ihrem Ideengang befangen. Sie sieht jetzt überall das Wunderbare, sie ist gespannt bis aufs äußerste. »Für Sie habe ich immer ein Weilchen übrig«, sagt sie. Als aber Rank erwidert: »Ich werde davon Gebrauch machen, solange ich kann«, erschrickt sie. Sie glaubt, Rank mache eine Anspielung darauf, daß sie nun bald sterben werde. Sie wird ruhig, sobald sie merkt, daß Rank von seinem eignen Tode spricht. »Sie sind es«, sagt sie erleichtert aufatmend. Rank ist ihr ein Fremder, etwas in der Art der Dienstmädchen zu Haus beim Vater, sein Tod geht sie nichts an. Wie gleichgültig er ihr ist, beweist das folgende, die anmutig kokette Szene, in der sie mit ihm ein echtes Verführungsspiel treibt. O, sie ist herzlos, diese kleine Frau. Es macht ihr keine Gewissensbisse, mit einem Sterbenden zu liebeln. Sie will den Traum mit dem Erbonkel wahr machen. Sie hat sich das oft ausgedacht. Rank wird edelmütig sein, ihr Geld geben, ganz wie es in den Romanen steht, sie wird ihn mit ihrer Schönheit rühren, und er wird alles gewähren, ohne etwas zu fordern. Ach, und dieser schöne Traum vom großmütigen Schenker wird ihr so verständnislos zerstört. Statt sie schweigend zu verstehen – denn so schickt es sich für den echten Ritter –, macht Rank ihr eine Liebeserklärung. Das hätte sie früher haben können. Dafür brauchte sie nicht ihre Strümpfe zu zeigen. Diesen Menschen, der so wenig Poesie besitzt, der so gar nicht in ihrem Herzen zu lesen versteht, den mag sie nicht um Hilfe bitten. Ibsen hat hier ein Meisterstück psychologischer Darstellung geliefert. Es ist so: Alle Frauen denken dem ungeliebten Manne gegenüber so: Ich darf es, denn ich bin Frau; du aber darfst es nicht, denn du bist Mann. Das ungefähr ist der tatsächliche Inhalt dieser Szene. Nun aber achten Sie darauf, wie der Dichter Nora mit Liebreiz ausgestattet hat. Man muß den Auftritt oft gelesen haben, ehe man die nackte Wahrheit erkennt; zunächst ist man von der Vornehmheit der Seele, die Nora zeigt, hingerissen. Bis zu einem gewissen Grade ist diese Vornehmheit auch da. Nora will es nicht dulden, nicht für einen Augenblick will sie es erlauben, daß ein anderer sich ein Opfer anmaßt, für das nur Helmer groß genug ist.

Zum Beweis dafür, daß Nora das Geständnis Krogstad gegenüber nicht etwa aus Wahrheitsliebe abgegeben hat, daß sie sehr wohl imstande ist, im Moment Ausreden zu finden, bringt sie nun eine ganze Kette von Lügen vor, um sich für die Unterredung mit Krogstad alle unliebsamen Überraschungen vom Halse zu schaffen. Diese Geschicklichkeit des Lügens allen möglichen Situationen gegenüber setzt die eine entscheidende Wahrheit, die sie gesagt hat, in ein besonderes Licht.

Krogstad tritt nun ein. Als er ihr sagt, daß er es vorläufig nicht zur Anzeige bringen werde, erwidert sie einfach: »Nein, nicht wahr? Ich wußte es wohl.« Sie hat das gar nicht ernsthaft in den Bereich ihrer Träume gezogen, es geht sie nichts an. Wenn sie an den Selbstmord denkt, von dem ihr eine so schauerliche Schilderung gemacht wird, so handelt es sich dabei nicht um Angst vor dem Gericht. Dagegen kommt nun, als Krogstad den Brief in den Kasten wirft, eine Andeutung darüber, was ihr Innerstes bewegt. »Wenn ich den Verstand verliere«, sagt sie zu Frau Linde. »Oder wenn mir etwas anderes zustoßen sollte. – Wenn dann jemand alles auf sich nehmen wollte, die ganze Schuld, begreifst du, dann sollst du bezeugen, daß es nicht wahr ist. Ich sage dir, daß kein anderer davon gewußt hat. Ich allein habe das Ganze getan.« Da nun Kristine eingesteht, daß sie nichts von alledem versteht, meint sie: »Wie solltest du es auch verstehen können. Jetzt wird ja das Wunderbare geschehen.« Und dann setzt sie hinzu: »Ja, das Wunderbare. Aber es ist so entsetzlich, Kristine; es darf nicht geschehen, um keinen Preis der Welt.« Man ahnt jetzt schon, was dieses Wunderbare ist, die Bestätigung ihres tiefsten Wesens, die große Selbstaufopferung. Nora schwelgt in dem Vorgefühl ihres höchsten Augenblicks.

Frau Linde will nun zu Krogstad, um ihn zur Zurücknahme des Briefs zu bewegen. In den nächsten Augenblicken zeigt sich Nora wieder als starke Herrin der Verhältnisse. Diese Stelle muß mit besonderer Vorsicht gelesen werden. Es sind eine Reihe versteckter Anspielungen darin; so, wenn Torvald von der Angst Noras vor der kommenden Gesellschaft spricht, und sie doppelsinnig bestätigt: »Ja, ich habe Angst.« Und dann das schaurige: »Nora, du tanzt ja, als ging es dir ans Leben«, mit der Antwort: »Das tut es auch.« Nora ist wie im Rausch, betäubt von Angst und überwältigendem Glück. Sie ist jetzt fest entschlossen, das Wunder herbeizuführen. »Du sollst nichts verhindern«, sagt sie zu Frau Linde. »Es ist ein jubelndes Glück, so das Wunderbare zu erwarten.« Und mit dem Jubelruf: »Hier ist die Lerche«, fliegt sie in Helmers Arme. Der Akt schließt jubelnd, in wildester Freude.

Was wird aus dieser jubelnden Lust? Wird Nora tapfer bis zu Ende aushalten? Wird Helmer groß sein, wie sie ihn träumt? Wird das Wunder geschehen? Das alles sind Fragen, die wir nicht mehr stellen, da wir das Stück kennen; aber man muß bedenken, daß es immer einen Augenblick gibt, wo eine Dichtung zum ersten Male bekannt wird, und mit den Augen dieser ersten Zuschauer muß man es sehen. Sie ahnen schon Helmers Schwäche, aber wie wird der Ausgang sein?

Zunächst steigert der dritte Akt die Spannung. Krogstad und Frau Linde sind zusammen und schließen ihren Bund fürs Leben. Wir lernen jetzt Frau Linde in ihrer ganzen Größe kennen. Nachdem sie sich dem Verbrecher aufgeopfert hat, um ihn zu retten, bringt sie der Reinheit des Lebens ein anderes Opfer. Diese edle Seele kann es nicht ertragen, daß die Lüge zwischen Helmer und Nora steht, das Böse mitten zwischen den Guten. Sie wird den Kampf damit aufnehmen, den Geist der Wahrheit in dieses Puppenheim bringen, auf daß alles hell und rein werde. Und so geht denn das Verhängnis seinen Gang, den ihm diese Dame mit dem Strickstrumpf anweist. Der Brief bleibt in dem Kasten und Nora wird das Wunderbare erleben.

Die Tarantella ist zu Ende. Nora ist erfüllt von dem Gedanken, daß sie nun Helmers Größe sehen wird, daß sie nun in Wahrheit ihn anbeten darf, daß sie nun vor sich selbst die Rechtfertigung finden wird für all die Vergötterung, die sie mit dem Manne getrieben hat. Er wird der Held sein, und sie wird für ihn sterben; hinuntergehen in das schwarze Wasser unter der Eisdecke, in das grundlose Wasser. Arme kleine Frau mit der poetischen Seele, dir steht ein arges Erwachen bevor.

Helmers und Noras Gespräch, das kurze Zeit durch den Todesbesuch Ranks unterbrochen wird, gipfelt in Helmers heißen Worten: »Manchmal wünsche ich, daß eine unmittelbare Gefahr dir drohen möchte, damit ich Leben und Blut und alles, alles für dich aufs Spiel setzen könnte.« Nora reißt sich von ihm los und sagt fest und entschlossen: »Jetzt mußt du deine Briefe lesen, Torvald.« Sie selbst gibt die Entscheidung, sie ruft das Wunder, und das Wunder versagt.

Ich werde hier einen Augenblick Ihre Geduld in Anspruch nehmen und den Schluß des Stücks vorlesen. Dieser Schluß muß unmittelbar auf Sie wirken. Helmer hat den Brief Krogstads gelesen. Er überschüttet seine Frau, die für ihn in den Tod gehen will, mit Vorwürfen; sie hört sie still und geduldig an. Dann kommt die Erlösung durch Krogstads zweiten Brief, in dem er den gefälschten Schuldschein zurückschickt, und Helmer jubelt sein Glück in die leere Luft, während Nora, der er gütig verzeiht, den Maskenanzug ablegt. »Ich lege den Maskenanzug ab«, sagt sie, und mit ihm streift sie die ganze Komödie von sich ab. Es folgt die große Abrechnung zwischen den beiden, Noras Flucht, und zuletzt beendet der dröhnende Schlag der Haustüre, der noch lange nachhallen wird, diese Tragödie.

Diese Ehetragödie, in der ein Weib Gatten und Kinder verläßt, um Mensch zu werden, um, durch das Leben gelehrt, Mensch zu werden. Denn Mensch sein ist höher als Gattin und Mutter sein, das ist der Inhalt der Tragödie Noras, so sagt man, dieser Tragödie mit dem seltsamen Namen Puppenheim. Denn es ist doch wohl eine Tragödie, nicht wahr? Oder nicht? Ist es etwa gar eine Komödie? So ist es. Es ist eine Komödie, in der die Götter lachen über die Menschen, die da im Puppenheim zusammensitzen.

Ich weiß nicht, ob es Ihnen aus meinen Äußerungen klargeworden ist, wie ich zu dieser Auffassung gekommen bin. Ich werde daher noch einmal kurz die wichtigsten Züge des Schauspiels wiederholen.

Zunächst ist da das famose Paar Krogstad und Frau Linde. Kristine Linde ist die gute Frau mit dem Mode gewordenen Helferberuf des Weibes, die Frau mit den edlen Gesinnungen, immer tätig am Werke der Menschenbeglückung. Es ist recht und billig, daß dieser schönen Seele das Schicksal günstig ist. Wie ist es doch mit ihr? Sie langweilt sich bei ihrer Schulmeisterarbeit in der kleinen Stadt. Sie macht sich auf den Weg, und siehe da, es geht ihr wie dem Manne, der einen Esel suchte und ein Königreich fand; der Himmel schenkt ihr nicht nur eine einträgliche Stelle, ohne daß sie den Finger zu rühren braucht, nein, sie kriegt sogar noch unversehens einen Mann; sogar einen, an dem sie ein Rettungswerk vollbringen kann. Wie glorreich steht sie da, wie rührend ist dieses Wiederfinden der alten Liebe. Freilich sie nimmt ihn nur aus Retterinnenbedürfnis, aber das tut ja der Liebe keinen Abbruch. Sie versteht auch gut, ihrem bißchen Gefühl Größe anzudichten, sie ist nicht Meisterin darin, wie Nora, aber sie versteht es doch, so gut sie es eben kann. Und Freund Krogstad, der Mann mit den schönen Verbrechertalenten, der noch eben vor Nora den großen Plan entwickelt hat, wie er Bankdirektor werden will, der einen so vielversprechenden Ansatz zur großen Laufbahn gemacht hatte, er freut sich jetzt, die abgebrauchten Reste seiner alten Geliebten zu genießen. Kaum ist der eine Traum von Ehrgeiz und Macht verflogen, so steht ein zweiter da von Liebe und Glück. Das ist Krogstad, der gefühlvolle Gauner, das ist Frau Linde mit der edlen Seele und dem Strickstrumpfe; Sie wissen ja, Ibsen hat ihr einen Strickstrumpf mit auf die Bühne gegeben. Ist das nun zum Weinen oder zum Lachen?

Dann kommt Herr Rank, der kaltblütige Arzt, der fest dem Tode ins Auge blickt, der gleichmütig wie Moltke in der Schlacht bei Königgrätz die gute Zigarre wählt, die ihn auf seinem letzten Gang begleiten soll. Kann man wirklich darüber lachen, wenn er von der großen Kappe spricht, die einem aufgesetzt wird, dann sieht einen niemand? Wenn er das Kreuz auf die Visitenkarten malt, das den Tod bedeutet? So dichtet denn Rank auch mit seiner trocknen Wissenschaftsseele? Armer Mann, du gehörst auch in das Puppenheim. Du verstehst wohl, kalt und zynisch zu scheinen, aber du erliegst auch der Versuchung, Komödie zu spielen, deinen Tod ins helle Licht zu setzen, aus deinem bißchen Sterben soviel herauszuschlagen wie möglich. Und der Tod im Nacken hindert dich nicht, menschliches Wohlgefallen an Nora zu finden und Liebesworte zu flüstern. So mußt du es dir gefallen lassen, daß die tragische Gebärde ein Lachen über des Menschen Schwäche hervorruft, über diesen Menschen im Puppenheim.

Und wie steht es mit Helmer? Er ist gewiß kein tragischer Held, auch nicht widerwärtig; nur dumme Schauspieler, die nichts von dem allen verstehen, karikieren ihn. Er braucht das nicht. Er ist ein ganz gewöhnlicher Mann, wie man ihn alle Tage trifft, ist der Mann mit den großen Worten und der kleinen Seele, eine Puppe in Noras und der Angst Händen, eine armselige Puppe; aber doch nur um Grade armseliger, als die Menschen sind. Und auch er versucht zu dichten. Nur ist das mit Gemeinplätzen schwer, und es gelingt ihm nie. Der Redeschwall ersetzt die Heldenpose nicht. Für ihn muß sein Weib dichten. Sie behängt ihn immer von neuem mit dem Königsmantel, und wenn sie ihm den Rücken wendet, schlottert er ihm doch um die klägliche Gestalt. Kein Mensch findet es tragisch, daß Nora ihn verläßt.

Und damit bin ich wieder bei Nora. Erinnern Sie sich bitte an das, was ich im Anfang sagte, daß Noras Heim glückstrahlend ist. Das alles vergißt man, ihren Jubel, ihre Freude, ihr Glück, ihre Liebe, alles vergißt man unter der Macht der Worte, die sie ihrem Manne zuschleudert. Nora bezaubert, sie ist eine große Künstlerin des Spiels, sie liebt dieses Spiel, die Aufregung dabei, sie ist eine wunderbare Frau, die unbedingt herrscht, wo sie auch steht. Aber auch sie erlebt keine Tragödie, durchaus nicht.

Nora dichtet das Leben um, so um, wie es ihr gefällt und wie es anderen gefällt, ein Mensch voll Duft und Poesie. Ihre Vergangenheit dichtet sie um: Aus ihrer Fälschung macht sie eine Heldentat, eine Heldentat begangen für den Mann und für den Vater, wobei zu bemerken ist, daß der Vater schon tot war; dieser Vater, den sie liebt – sie möchte recht viele von seinen Eigenschaften haben –, den sie aber in aufwallender Theaterbitterkeit im Grabe beschimpft: Er sei schuld, daß sie eine Puppe geblieben sei. Die Gegenwart dichtet sie um, in jedem Augenblick, mit Lüge und Kunst und Verstellung in bewundernswerter Meisterschaft. Die Zukunft erdichtet sie, den Traum mit den Kindern, die eine bessere Erziehung haben sollen, als sie gehabt hat, und die sie deswegen derselben Kindsmagd anvertraut, von der sie mit so glänzenden Resultaten erzogen worden ist, den Traum mit Rank, der Ritter sein soll, den Traum mit Helmer.

Sie spielt mit dem Leben, mit den Menschen und mit sich selbst. Aus Helmer macht sie einen Helden, aus Helmer, bis zum letzten Augenblick. Sie sieht, daß er betrunken ist; aber er soll Held sein, er soll Wunder tun. »Alles ist richtig, was du tust«, sagt sie und: »Ich weiß, daß alle deine Gedanken mir gehören.« Sie träumt bis zur letzten Minute, sie träumt selbst dann noch, als er ihr zuruft: »Komm mir nicht mit so elenden Ausflüchten!« Alle Kraft nimmt sie zusammen und bringt es selbst dann noch zu den Worten: »Du sollst nicht für mich büßen, du sollst die Schuld nicht auf dich nehmen.« Sie ist ganz versunken, ganz befangen in ihrem heiligen Traum des gegenseitigen Opfers: er für mich, ich für ihn, eine echte Frau. Und wie angstvoll weicht sie der Zärtlichkeit dieses Gatten aus, der durchaus den Helden spielen soll und doch nichts anderes denkt als Liebe und Wein. Wie mag es ihr in den Ohren geklungen haben, wenn sie die plumpen Worte Torvalds in dieser geweihten Stunde hört, sie, die Rank kaltblütig fallen läßt, weil er seine Rolle nicht so spielt, wie sie ihm angedichtet hatte. Und wie meisterhaft versteht sie es, Torvalden die Schuld zuzuschieben, daß sie so ist, wie sie ist, ihn in wenigen Augenblicken aus dem Helden in den Seelenmörder umzudichten; nicht nur sich, nicht nur die Zuschauer, nein, Helmer selbst weiß sie davon zu überzeugen, er glaubt es selbst: Ja, ich bin schuld, daß diese da eine Puppe ist, daß sie mit dem Leben spielt, daß sie lustig ist, statt ernst zu sein. Mehr noch, als der alte Traum zerflattert, steht sofort ein neuer vor ihr, einer vom Menschwerden, vom Freisein, vom Lebenlernen. Wahrhaftig, diese Frau tut Wunder, sie weiß sich immer mit dem Wunderbaren zu umgeben, sie hält es in ihrem Wesen gefangen, und wo sie auch hintritt, ruft sie das Wunder mit dem Zauber ihrer Phantasie hervor. Sogar Helmers jämmerliches Wesen weiß sie wieder zu verklären. Sie denkt's und spricht es aus, daß er ein anderer werden wird, wenn ihm die Puppe genommen ist, sie glaubt auch schon, daß dann, wenn sie nach langer Trennung wiederkehrt, das neue Phantasiebild Wirklichkeit wird, das neue Wunder, das Wunderbarste: eine wirkliche Ehe. Sie ist beneidenswert in ihrem Glauben und in ihrer Kraft, eine wahre Heldin.

Freilich ist sie nicht Heldin im Sinne der landläufigen Legende über Nora; gewiß nicht. Aber wer weiß, vielleicht glaubt doch einer von Ihnen, ich täte dieser Legende unrecht, wenn ich so ganz den Glanz des Martyriums bei Nora zerstöre. Dann bitte ich Sie doch, sich zu überlegen: Warum läuft Nora eigentlich fort? Aus demselben Grunde, aus dem sie Rank den Rücken kehrt, weil Helmer nicht so handelt, wie sie es erwartet hat.

Ich sagte Ihnen schon: Daß sie Heldentum von einem Manne wie Helmer erwartet, ist merkwürdig genug. Es kommt etwas anderes hinzu. Helmer weiß gar nicht, in welcher Zwangslage sich Nora zur Zeit der Fälschung befunden hat, er ahnt nicht, daß sie gefälscht hat, um ihm das Leben zu retten. Das hat sie ihm ja gerade verschwiegen, sorgfältig verschwiegen. Dieses Verschweigen ist noch in anderer Beziehung wichtig. Nora wirft ihrem Manne vor, daß er nie ernst über ernste Dinge mit ihr gesprochen habe. Ja, hat sie es denn getan? Nein, nie. Sie hat ihr Innenleben vor ihm versteckt, nicht einen Moment hat sie ihm Einblick in ihr wahres Dasein des Dichtens gewährt. Und wenn sie ihm in der Stunde der Abrechnung sagt: »Ich lebte davon, daß ich dir Kunststücke vormachte«, so lügt sie einfach, oder wenn Sie einen milderen Ausdruck haben wollen, sie dichtet wieder. Denn in Wahrheit hat sie von ihren Träumen gelebt. »Du wolltest es ja so haben«, fährt sie dann fort. Nein, nicht Torvald, sondern Nora hat es so gewollt. Er ist ein einfältiger Mann, der alles mit ihr teilt, selbst seine Büroangelegenheiten. Sie teilt nichts mit ihm, gar nichts. »Du hast mich nie verstanden«, sagt sie, eine echte Frau. Ja, wie wäre das möglich gewesen, da sie ihm fortwährend Komödie vorgespielt hat?

Aber sehen wir einmal von all diesen Dingen ab. Hätte jemand so handeln können, wie Nora es sich denkt? Selbst der größte Heros hätte es nicht getan, wenn er nicht zugleich der größte Schafskopf wäre. Es ist überhaupt nicht denkbar, daß sich Noras Traum verwirklichen ließe. Sie hat sich folgendes ausgemalt: Krogstad teilt ihrem Gatten die Fälschung mit; darauf wird Helmer erklären, nicht meine Frau, ich habe gefälscht, und sie selbst wird dann wiederum ins Wasser gehen, um Helmer zu retten. Es ist eine ganze Tragödie; aber Sie sehen sofort, daß sie sehr schlecht konstruiert ist. Es hat keinen Sinn, daß Helmer sagt: ich habe die Unterschrift gefälscht, da sich ja sofort herausstellen wird, daß das nicht wahr ist. Es hat ebensowenig Sinn, daß sie ins Wasser geht, denn damit ändert sie an Helmers Ruin nichts. Das weiß sie auch; Krogstad hat es ihr gesagt, und sie hat es mit Entsetzen begriffen. Trotzdem gibt sie ihren Traum nicht auf; er ist zu grausig schön.

Weiter aber: Ist denn in dieser Nacht, wo alles vor sich geht, überhaupt Raum für Heldentaten? Nein. Die beiden sind allein. Niemand ist da, dem gegenüber Helmer die Schuld auf sich nehmen könnte. Noras Erwartung des Wunders ist kindisch. Es kann in diesem Moment nur eine mehr oder weniger gerührte Szene erfolgen, weiter nichts. Und diese gerührte Szene erwartet sie, ja um der Hoffnung auf solch eine Rührszene willen hat sie acht Jahre lang ihren Mann und ihre Kinder der Gefahr ausgesetzt, daß sie eines Tages ihren ehrlichen Namen verlieren. Man mag es drehen und wenden, wie man will, in dem Moment, wo Helmer wieder gesund und arbeitsfähig aus Italien zurückkehrte, mußte Nora ihm ihr Geheimnis mitteilen. Daß sie es nicht getan hat, beweist eben: Ihr geht die Sucht nach dem Wunderbaren, nach der Aufregung über alles.

Es ist kein Platz für eine Heldentat da. Aber Nora weiß noch dazu, daß Helmer angetrunken ist. Sie könnte eine heldenhafte Anwandlung noch nicht einmal ernst nehmen. Keiner von den vielen Tausenden, die alljährlich von dieser Nora zum Mitleid hingerissen werden, würde auch nur einen Moment auf den Gedanken kommen, so zu handeln, wie sie es von Helmer voraussetzt.

Sie müssen mir zugeben, wenn man den Dingen auf den Grund geht, fallen alle Vorwürfe, die Nora gegen ihren Gatten erhebt, auf sie selber zurück, selbst der und der gerade mit doppeltem Gewicht, den sie mit den Worten ausspricht: »Ihr habt mich nie geliebt. Euch machte es nur Vergnügen, in mich verliebt zu sein.« So ist es mit Nora, genau so ist ihr Gemütszustand; ihr Verhältnis zu Helmer ist Verliebtheit. An dieser Frau sind in einer Beziehung die drei Kinder, die sie geboren hat, spurlos vorübergegangen. Diese drei Kinder sind noch nicht in ihr Traumleben hineingezo-

gen. Sie kommen für sie bei der Ausgestaltung der tragischen Szenen, die sie am Schluß schafft, nur als Statisten in Betracht.
Haben Sie nicht bemerkt, wie sie vor sich selbst eine ganze Tragödie spielt? Wie sie auf einmal, da das alte Wunderbare mißlungen ist, nun ein neues lebendig macht? Wie sie den Trauring zurückgibt, als ob damit die Ehe geschieden sei, das ist einfach köstlich, ein echter Norazug. Und dann diese Genugtuung innerer Seelenqual, daß sie acht Jahre mit einem fremden Manne gelebt habe, daß sie einem fremden Manne Kinder geboren habe, daß sie die Nacht nicht in den Räumen eines fremden Mannes zubringen könne, daß sie nichts von einem Fremden annehme.
Ich will Sie nicht ermüden, sonst könnte ich noch stundenlang über diese merkwürdige Frau sprechen, die so gut und so schlecht zu gleicher Zeit ist. Aber auf eins möchte ich noch hinweisen. Nora ist es ernst mit ihrem Fortgehen, daran ist nicht zu zweifeln, so ernst wie ihr nur etwas sein kann. Aber allerdings, ihr Ernst geht nie über den Traum hinaus, auch hierin nicht. Sie können ganz ruhig sein: Nora wird nicht für das Frauenrecht kämpfen. Nora wird im Gegenteil sehr bald in das Puppenheim zurückkehren und dort ihr altes Spiel wieder in neuer Form beginnen. Was sich an Aufregung aus diesem Konflikt herausschlagen ließ – und auf Aufregung kommt es ihr an –, das hat sie erreicht. Das Leben in der Fremde ohne die staunende Bewunderung ihres erheirateten Zuschauers hat keinen Reiz für sie. Sie hofft jetzt auf einen zweiten Akt, der ihr mit neuer Aufregung die Rückkehr ebnet. Sie hat diese Rückkehr schon längst vor sich selbst gerechtfertigt. Kurz ehe sie fortgeht, sagt Helmer: »Ich habe die Kraft, ein anderer zu werden«, und sie erwidert: »Vielleicht, wenn dir die Puppe genommen wird.« Sie nimmt diesen Gedanken, mit dem sie ihre Flucht vor sich selbst verschönert, am Schluß von neuem auf: »Es müßte das Wunderbarste geschehen«, daß sie sich beide umwandeln. Freilich sagt sie, sie glaube an nichts Wunderbares mehr, aber wer wird diesen Worten trauen? Nora lebt vom Wunderbaren. Auch dieses Wunderbarste wird geschehen, das liegt in dem Schlußwort Helmers, das hoffnungsvoll klingt: »Das Wunderbarste.«
Nebenbei bemerkt, läßt Ibsen in einer Variante Nora schon am Schluß des Stücks wieder im Haus des Gatten erscheinen, wohl ein deutlicher Wink, was man für die Zukunft zu erwarten hat. All das Grauen vor Noras furchtbarem Kampf mit dem Leben ist unnötig. Sie hat ganz einfach im Puppenheim einmal Durchgehen der Puppe gespielt.
Sie haben eine Komödie vor sich, glauben Sie mir. Noras Ehe ist keine unglückliche Ehe, sie wird auch ferner nicht unglücklich

werden. Von einem tragischen Kampf zwischen Mann und Weib ist hier keine Rede. In diesem Drama wird ein Stück Leben von oben betrachtet, aus einer sehr großen Höhe, und von dieser Höhe aus erscheinen die Worte und Handlungen der Menschen lächerlich. Aber es ist ein freundliches, väterliches Lachen, kein bitteres, über dieses Mühen und Sorgen, sich um jeden Preis unglücklich zu machen, wenn man glücklich ist, ein Auslegen des Worts, daß nichts so schwer zu ertragen ist wie eine Reihe von guten Tagen. Darin freilich liegt eine große Tragik. Denn man muß nicht glauben, daß eine Komödie keine Tragik besitzen könne. Im Gegenteil: Die große Komödie behandelt die Tragik der Welt ebenso wie die große Tragödie. Nur der Gesichtspunkt, von dem aus sie sieht, ist ein anderer. Sie sieht von oben herab. Gehen Sie das Stück noch einmal in Gedanken durch, so werden Sie finden, daß es an dem allgemein Menschlichen, dem allgemein Tragischen des Menschenwesens nicht fehlt, so scharf auch jeder einzelne der Handelnden charakterisiert und individualisiert ist. Mit erschreckender oder, wenn Sie wie ich denken, mit erheiternder Deutlichkeit tritt es zutage, daß der Mensch anders ist, als man nach seinem Sprechen und Handeln urteilen sollte, daß Wort und Gebärde, mögen sie noch so überzeugend und überzeugt vorgebracht werden, nichts über den Menschen aussagen, daß tief in ihm verborgen sein Wesen liegt, das nur an der langen Kette des Lebens wie der Eimer aus dem Brunnen hervorsteigt. Gefühle, Worte, Gebärden, alles kann erdichtet werden, alles kann man verstellen, aber das Wesen des Menschen bleibt, und Noras Wesen ist Glück und Spiel.

Der Symbolisierungszwang (1922)

Editorische Vorbemerkung

Erstveröffentlichung in: ›Imago‹ *8* (1922), S. 67–81.
Nachdruck in: Groddeck (1966), S. 114–130.

Eine der ersten psychoanalytischen Zeitschriften war die seit 1912 erscheinende ›Imago‹. In ihrem Untertitel ›Zeitschrift für Anwendung der Psychoanalyse auf die Geisteswissenschaften‹ zeigt sich deutlich der Anspruch der Psychoanalyse, mehr zu sein als nur eine medizinische Angelegenheit. So schrieben die Redakteure der ›Imago‹, OTTO RANK und HANNS SACHS, in ihrem Leitartikel ›Entwicklung und Ansprüche der Psychoanalyse‹: »Ursprünglich bloß im Dienste therapeutischer Interessen . . ., kam ihr bald eine Fülle von Bestätigungen und Anregungen von seiten jener Wissenschaften, die sich mit Gesamtheitsphänomenen beschäftigen . . . Doch beginnt das Verhältnis sich allmählich umzukehren, und alle jene Wissensgebiete erhalten nun von der Psychoanalyse ihrerseits eine neue Methode zur Lösung ihrer eigenen Probleme . . . Eine wirkliche Seelenkunde, die den aus den Tiefen des Unbewußten hervorsprudelnden Phantasien den ihnen gebührenden weiten Geltungsbereich zuweist und sie durch all ihre Schichtungen und Bedeutungswandlungen hindurch auf ihre eigentlichen Wurzeln zurückzuführen vermag, muß deshalb *alle* Geisteswissenschaften befruchten und ihnen neue Probleme und neue Lösungen bringen . . .« (RANK/SACHS 1912, S. 16).

Dieses Programm der ›Imago‹ war auch für Groddeck ein elementares Anliegen. Angesichts der Fülle seiner Arbeiten zur Literatur und Kunst ist es daher erstaunlich, daß der folgende Beitrag Groddecks einzige Veröffentlichung in der ›Imago‹ blieb. Das mag damit zusammenhängen, daß Groddeck als ein Außenseiter der psychoanalytischen Bewegung im Kreis um FREUD viele Gegner hatte, stieß doch auch die Veröffentlichung seiner Bücher im ›Internationalen Psychoanalytischen Verlag‹ (1921: ›Der Seelensucher‹; 1923: ›Das Buch vom Es‹; 1933: ›Der Mensch als Symbol‹) auf manchen Widerstand. Groddeck hatte häufig Schwierigkeiten, einen Verleger zu finden, und bis zum heutigen Tag sind viele seiner Vorträge unveröffentlicht.

Während die frühe Psychoanalyse eher vorsichtig mit dem Symbolbegriff umzugehen scheint, sieht Groddeck überall das Symbol am Werk: in Mythen, Märchen, Dichtungen, in der Sprache, bildenden

Kunst und Musik, in Wissenschaft und Religion, neurotischen und organischen Symptomen, so daß »das ganze menschliche Denken und Handeln unter dem Zwange dieses rätselhaften Dinges steht, das wir Unbewußtes nennen und dessen Äußerungen, mögen wir sie packen, wo wir wollen, stets symbolisch sind.« Das Symbol als »ein Mittel ..., mit dem das Unbewußte unser Bewußtsein lenkt«, ergibt für Groddeck »einen inneren Zwang des Symbolisierens« und den »Assoziationszwang«. Dies führt zum Problemkreis von Determinismus und Willensfreiheit, mit dem Groddeck sich wiederholt beschäftigt.

Trotz dieses »Symbolisierungszwanges« geht Groddeck in diesem Aufsatz, der »Symbole aufsucht, nichts erklärt«, deskriptiv und nicht kausal vor, wodurch manche Fragen, die beim Lesen auftauchen, offenbleiben.

Auffällig ist, daß Groddeck in dieser Arbeit den Begriff des ›Es‹ vermeidet, der ihm schon längst geläufig ist. Statt dessen spricht er hier meist vom ›Unbewußten‹. In seinem Spätwerk ›Der Mensch als Symbol‹ (1933 b, S. 6) heißt es dann: »Schließlich ist das Symbol, das alle menschlichen Lebensbeziehungen begleitet, Form des Es.« Und bereits 1920 (1920a, S. 57) schrieb er: »Es ist nicht anders: Was wir als Resultate menschlichen Denkens, menschlichen Verstandes anzusehen pflegen, ist in Wahrheit Schöpfung des Unbewußten, des Es, dessen Wirken sich uns im Symbol offenbart, vielleicht durch das Symbol schafft.«

———

In dieser Zeitschrift ist von anderer Seite die *Sage des Sündenfalls* mit Hilfe der Symbole gedeutet worden.[1] Die Schlange, von der Eva – und nach ihr jede Frau – verführt wird, ist als Phallus aufgefaßt, der lustige Baum, von dem gut zu essen und der lieblich anzusehen ist, bedeutet dasselbe, während seine Früchte Hoden und Eichel des Mannes und, vom Weibe gereicht, die Brüste oder Scheide sind. Daß diese Erklärung zutrifft, ergibt sich aus dem weiteren Verlauf der Erzählung, die berichtet, wie das Menschenpaar sich seiner Nacktheit schämt, sobald es vom Baum der Erkenntnis gegessen hat. Der Nacktheit schämt sich und kann sich nur schämen, wer von dem Schuldbewußtsein der Geschlechtssünde bedrängt ist.[2] Die Erzählung meint mit dem Sündenfall den Liebesverkehr von Mann und Weib, und der Ausdruck Erkenntnis ist in derselben Bedeutung gebraucht, die er häufig in der Bibel hat, als ein Erkennen, ein Beschatten, Beschlafen des Weibes.

---
[1] LEVY (1917–19).
[2] Merkwürdig ist, daß die Überlieferung nach und nach diese Frucht als einen Apfel aufgefaßt hat, der seit alters das Symbol der Brüste und der Hinterbacken ist. Man hat die Feige, die doch an derselben Stelle erwähnt ist, vermieden, obwohl oder vielleicht eben weil sie die Scheide symbolisiert. [Anmerkung von Groddeck]

Es wäre albern, bei dieser klaren Sachlage anzunehmen, die Symbolik von Schlange, Baum und Apfel sei von der Analyse willkürlich in die Erzählung hineingedeutet. Sie ist von vornherein darin, und wer verstehen kann, versteht sie. Noch schwieriger wird die Annahme der künstlerischen Absicht, wenn man die Erzählung weiter verfolgt. Gott spricht einen Fluch über Schlange, Weib und Mann aus, der seltsam vom Symbol durchsetzt ist. »Auf deinem Bauche sollst du gehen«, sagt er der Schlange, »und Erde essen dein Leben lang«; der Penis geht am Bauche hin und her bei jedem Schritt des Menschen und sein Mund ist nach der Erde gewendet. Und weiter: »Ich will Feindschaft setzen zwischen dir und dem Weibe und deinem Samen und ihrem Samen. Derselbe soll dir den Kopf zertreten und du wirst ihn in die Ferse stechen.« Das ist die Symbolik des Liebeskampfes, das Zertreten des Kopfes ist die Erschlaffung des Gliedes nach Erektion und Ejakulation und der Fersenstich, der in unsern Ammenmärchen als Storchenbiß fortlebt, die Entbindung; im Fluch des Weibes ist die Erläuterung dazu gegeben. Der Acker, den Adam im Schweiße seines Angesichts bebauen soll, der ihm Dornen und Disteln trägt, dieses Feld, davon er genommen ist, ist das Weib, dessen Stimme er gehorcht hat.

Eine solche Häufung der Symbole läßt sich kaum auf einen künstlerischen Plan zurückführen. Ich glaube schon hier sagen zu dürfen, daß die Symbole nicht willkürlich vom Dichter in sein Werk hineingelegt werden, wenigstens nicht immer. Wo aber stammen sie her, was sind sie, und wenn sie nicht ersonnene Arbeit des Menschen sind, wie kommen sie in sein Werk hinein? Eine Antwort läßt sich, wenn sie überhaupt möglich ist, nur finden, wenn man nachsieht, wie Symbole in der Dichtung verwendet werden. Ich wähle das *Märchen von Schneewittchen* als Beispiel und will versuchen, einfach die nackten Symbole nebeneinander zu stellen.

Eine Frau stirbt bei der Geburt einer Tochter. Die Tochter ist das Symbol der weiblichen Schamteile, auf die die Beschreibung von Schneewittchens Äußerem paßt; weiß wie Schnee ist der Leib, rot wie Blut der Geschlechtsteil selbst, schwarz wie Ebenholz die Behaarung; das Weiß betont außerdem die Unberührtheit des Organs. Die Geburt ist das Gebären der Geschlechtsreife, das Eintreten in das mannbare Alter, das Blut im Schnee die erste Periode, der Schnitt in den Finger deutet an, daß die Periode echt kindlich als Folge der Kastration aufgefaßt ist. Die Mannbarkeit bedingt, da sie eine Kastrationsstrafe ist, eine Veränderung des zärtlichen Verhältnisses zwischen Mutter und Tochter, Weib und

Geschlechtsteil, die Mutter wird zur Stiefmutter, die dem Schneewittchen – ihrem Schamteil – feindlich gegenübersteht, es aus doppeltem Grund, aus Begierde nach Entjungferung und aus Scham über diese Begierde mitsamt ihrer Unschuld und Schönheit töten lassen will. Das Beschauen im Spiegel ist wohl wörtlich zu nehmen; sich nackt im Spiegel zu betrachten und dabei die Geschlechtsteile anzusehen, ist eine überall geübte Gewohnheit des Mädchens. Das Beschauen im Spiegel ist aber gleichzeitig ein Symbol der Onanie, die den Wunsch nach dem wirklichen Verkehr mit dem Manne nahelegt. Schneewittchen wird mit dem Jäger, der den Mann darstellt, während sein Messer der Phallus ist, in den Wald – die Schamhaare – geschickt, um dort getötet zu werden, das heißt, das Verlangen nach der Brautnacht ist da. Es kommt jedoch nicht zum Verkehr, das Kind bleibt unberührt und der Jäger tötet an ihrer Stelle einen Frischling, was die Erschlaffung des Penis von dem Beischlaf andeutet. Schneewittchen lebt nun in Verborgenheit hinter den Bergen, als die die Hinterbacken gelten können, bei den sieben Zwergen. Der Zwerg ist ein bekanntes Symbol des schlaffen Gliedes. Die Zahl Sieben bezeichnet Kopf, Rumpf, Gliedmaßen und Glied; der Mann ist die heilige Sieben, während das Weib die böse, kastrierte Sieben ist.[3]

Die Wendung des Märchens, daß der siebente Zwerg, weil Schneewittchen sein Bett braucht, mit dem sechsten zusammenschlafen muß, also beseitigt wird, ist wiederum ein Kastrationssymbol. Die Stiefmutter macht nun einen neuen Mordversuch; sie schnürt die Begierde der Schamteile zu Tode, erstickt sie. Dieselben Zwerge – der Gedanke an den Mann – bringen die Geschlechtsregung wieder hervor. Der vergiftete Kamm ist ein Onanieakt, der Kamm steht für die Hand mit den Fingern. Der letzte Mordanschlag ist besonders kennzeichnend. Schneewittchen wird mit dem Apfel – wir kennen ihn vom Sündenfall her als Mannessymbol – vergiftet; die Stiefmutter ißt dabei die weiße Hälfte des Apfels, das heißt: sie spielt die kalte Frau während des Aktes, Schneewittchen die rote Hälfte; der Geschlechtsteil wird von dem Liebesspiel erregt. Zur Sprengung des Jungfernhäutchens kommt es jedoch nicht. Der Apfel bleibt im Munde stecken, das Liebesspiel ist auf den Vorhof beschränkt. Der gläserne Sarg ist die Gefahr, in der die Jungfernschaft bei diesem Spiel schwebt, der Königssohn der Mann, der ungeschickt stolpernde Diener,

---

[3] Das Wort Hexe hat allerdings eine andere Ableitung als sechs, wird aber in der Analyse oft mit der Sechs in Verbindung gebracht, und sechs ist die Sieben, der die Eins fehlt, der kastrierte Mann, das sechste Gebot gibt eine Verstärkung. Die Gleichung: Hexe – Frau – Mutter ist häufig. [Anmerkung von Groddeck]

der den entscheidenden Ruck gibt, das Glied. Die Wendung, daß der Apfel aus dem Munde herausspringt, ist neben der deutlichen Verkehrung von Herein in Heraus das Aufgeben der Befriedigung am Vorspiel zugunsten des Geschlechtsaktes selbst. Die böse Stiefmutter stirbt am Tanzen in glühenden Pantoffeln, das heißt: Das prüde verlogene kalte Weib wird sinnlich erregt, in ihrer Strafe ist ihr heißer Wunsch erfüllt.

Niemand wird wohl bei dieser Nebeneinanderstellung auf dem Gedanken beharren, daß der Dichter des Märchens die Symbole technisch willkürlich zur Erzählung zusammengesetzt habe. Das kann nur eine Kraft getan haben, die allerdings sein Eigen ist, über die er aber nicht herrscht. Und diese Kraft ist das Unbewußte. Das Unbewußte äußert sich in Symbolen, sendet sie in das Bewußtsein hinauf und gibt dem Dichter das Material, mit dem er seinen Bau formen muß. Er ist nicht völlig frei bei seinem Schaffen, muß den Weg gehen, der ihm vom Unbewußten durch das Auftauchen des Symbols vorgeschrieben wird. An dieses eine Symbol reihen sich durch den Assoziationszwang, der ebenfalls eine Eigentümlichkeit, eine Eigenschaft des Unbewußten ist, andre an, die den Gang der Dichtung in gewissem Grade bedingen.

Der Gedanke, daß Volksdichtungen, wie es *Sagen und Märchen* sind, geheimnisvoll schaffenden Kräften entspringen, befremdet nicht; und wer diese Kräfte unbewußt nennen will, wird nicht allzuviel Zorn auf sich laden. Wenn man aber behauptet, daß das *Kunstgedicht* auch in seinem wesentlichen Inhalt aus dem Unbewußten herstammt, daß die Symbole im Dichter sind und von ihm die eine ganz bestimmte Schöpfung erzwingen, der er letzten Endes nur die Form gibt, so wird das nicht leicht gebilligt werden, noch dazu, wenn es sich um *Goethes ›Fischer‹* handelt. »Das Wasser rauscht, das Wasser schwoll« – rauschendes Wasser ist das Symbol des Harnens, ein stark, man kann sagen körperlich wirkendes Symbol, wie jeder leicht beim Entlanggehen an rauschenden Bächen erproben kann; der Harndrang wird nicht lange auf sich warten lassen. Der Angel – man beachte die seltsam männliche Form, die Goethe gebraucht – ist als Symbol des Gliedes sofort kenntlich, und das ruhevoll Kühle des Fischers beweist, wie fern ihm jede Erregung ist. Nur der Ausdruck ›lauschen‹ deutet an, daß eine Sehnsucht nach Begierde da ist. Nun taucht aber aus den bewegten Wassern ein feuchtes Weib hervor. Das erotische Symbol, das in dem Wort ›feuchtes Weib‹ liegt, hat der Volkswitz begriffen. Wir wissen auch ohnehin, daß das Weib eines der zahlreichen Symbole für die weiblichen Genitalien ist. Die Feuchtigkeit zeigt die Erregung an, in die das Weib beim Anblick des

Angels gerät und unter deren Herrschaft die Drüsen und Schleimhäute sezernieren. Das Herauflocken in Todesglut knüpft an die Verwandtschaft von Tod und Liebe an, während der Ausdruck Brut in sich das männliche und weibliche Symbol birgt. Die gegenseitigen Beziehungen der Geschlechter stellen sich genauso dar wie bei der Erzählung vom Sündenfall. Der Anblick des Mannes, seiner Schlange, seiner Angel, weckt das Begehren des Weibes, macht sie feucht, und erst dadurch, daß ihre weiblichen Organe, ihre weibliche Brut zur Brunst emporgelockt werden, kommt sie in die Zwangslage, den Mann, der ja auch ihre Brut ist, emporzulocken, sein Glied zur Erektion zu bringen. Daß sie die Schuld des Begehrens dem Manne zuschiebt, ist die Wiederholung dessen, was Adam tut, als er dem Herrn antwortet: Das Weib, das du mir zugesellt, gab mir zu essen, oder was Eva tut, als sie die Schlange Adams für alles verantwortlich macht. An Stelle der Angel tritt nun das Fischlein, das sich wohlig im Grund, in der Tiefe des Frauenschoßes fühlt. Der Fisch ist aus den Träumen und Neurosen, aus dem täglichen Leben und aus der altchristlichen Religion als Symbol des Phallus bekannt; gleichzeitig bedeutet er das Kind, der Phallusfisch stirbt im Weibe, um als Kindfisch und als neuer Phallusfisch wieder gesund zu werden, aufzustehen. Die beiden nächsten Symbole Sonne und Mond führen in die tiefsten Schichten des kindlich Unbewußten, zu den Liebesbeziehungen von Vater und Mutter; sie sind einst vom Es des Kindes wahrgenommen, symbolisch erklärt und zu neuem Symbol umgestaltet worden, haben in der Tiefe gewirkt und werden als unbewußte Komplexe zur Aufreizung des Begehrens von jedem Menschen verwendet. Das ›wellenatmend‹, das in der nächsten Zeile gebraucht wird, entspricht diesen kindlichen Beobachtungen, die die wellenförmige Bewegung verbunden mit dem lauten Atmen der Lust aufgefaßt haben. Der tiefe Himmel ist wiederum das weibliche Organ, das – soll man sagen seltsamerweise oder selbstverständlicherweise – Himmel und Hölle gleichzeitig ist und in dessen Geheimnis die Religion und der Mythus wurzelt. In dem ›feuchtverklärt‹ klingt wieder die Erregung dieses Himmels an, während das Blau als Farbe der Hoffnung das Kind verheißt. Der Gedanke an das Kind, an das Ebenbild und Spiegelbild im Kinde wiederholt sich dann in dem Wort ›eignes Angesicht‹, das gleichzeitig Onaniesymbol ist, während der ›ewige Tau‹ das Meer als Muttersymbol alles Menschliche in ein Wort zusammendrängt. In den folgenden Zeilen reiht sich wieder Symbol an Symbol, der nackte Fuß, der genetzt wird, ist der Phallus, das Wachsen des Herzens das immer stärkere Anschwellen der Erektion, die schließlich im Tode, in dem Nicht-mehr-gesehen-Werden, endet. Die Doppelbedeutung aller Symbole wird von dem Unbewußten des Gedichtes besonders betont in dem: halb zog sie ihn, halb sank er hin.

Ich habe mit Vorbedacht den Ausdruck Unbewußtes des Gedichtes statt des Dichters gebraucht, weil ich damit sagen wollte, daß das Kunstwerk – wie vielleicht jede Handlung – sein eigenes Leben, seine eigene Seele hat, daß – um es anders auszudrücken – das Symbol, sobald es aufgetaucht ist, neue Symbole im Assoziationszwang anreiht, die das Material des Gedichtes werden. Es bleibt hier für die bewußte Tätigkeit des Dichters nur das Ausgestalten der Form. Wenigstens scheint er darin Freiheit zu haben. Bei tieferem Eingehen in die Untersuchung von Bewußtem und Unbewußtem zeigt sich freilich, daß es eine freie Tätigkeit und Wahl des Bewußtseins überhaupt nicht gibt. Die beiden Systeme des Bewußten und Unbewußten stehen sich nicht gleich mächtig gegenüber, sondern das Bewußte wird von dem Unbewußten beherrscht, womit allerdings nicht gesagt werden soll, daß das Unbewußte nicht auch von dem Bewußten beeinflußt wird. Die Bedingtheit des Bewußten anzudeuten – mehr kann man in diesen jenseits allen Begreifens liegenden Dingen nicht tun –, ist die Aufgabe dieser gedrängten Arbeit, die dadurch, daß sie Symbole aufsucht, nichts erklärt, wohl aber daran erinnert, daß alles Vergängliche nur ein Gleichnis ist.

Der Erwachsene quält sich mühsam zu einem Verständnis der Symbolik durch und zuweilen gelingt es ihm, irgendein Menschenwerk in seinen symbolischen Beziehungen zum Unbewußten zu begreifen. Dem Kinde ist dieses Verständnis ohne weiteres gegeben, eine Tatsache, die man sich gegenwärtig halten muß, wenn man theoretisch oder praktisch sich mit dem Wesen des Kindes befaßt. Diese Feinfühligkeit der ersten Lebensjahre geht rasch verloren und weicht dem, was man gesunden Menschenverstand nennt, was aber in Wahrheit nur durch Verdrängungen erworbene Dummheit ist. Daß dem Dichter die Kraft, Symbole zu verarbeiten, innewohnt, habe ich soeben zu beweisen versucht. Wie nun aber seine Verwandtschaft mit dem Kinde ist, zeigt am besten der *Struwwelpeter*, der noch den Vorzug hat, uns etwas vom Wesen des Arztes zu sagen – der Verfasser war Irrenarzt[4] – und der in seinen Illustrationen auf das Gebiet der Malerei überleitet. Ich wähle *Die Geschichte vom bösen Friederich*, bemerke aber,

---

[4] HEINRICH HOFFMANN, der 1844 den ›Struwwelpeter‹ für seinen dreijährigen Sohn zeichnete und dichtete (1. Aufl. 1845), war 1851–1888 Arzt an der Frankfurter ›Anstalt für Irre und Epileptische‹ (vgl. auch S. 195–219).

daß sich dieselbe Arbeit des Symbolaufsuchens bei den anderen Teilen des Werkes mit gleichem Erfolg durchführen läßt. Man kommt bei jedem Vers und jedem Bild zu der Überzeugung, daß ein bestimmtes Menschliches symbolisches Denken erzwingt und durch die eigentümliche Macht der Assoziation ein Symbol an das andere reiht und so Gedicht und Illustration schafft.

Zunächst fällt bei der Betrachtung der Bilder auf, daß in ihnen die Farbe Braun maßgebend ist, die ja die Farbe des Kotes ist; die enge Verbindung der Grausamkeit mit den analen Sexualneigungen ist darin betont, unbewußt, darf man wohl hinzufügen. Der anale Komplex spricht sich auch in dem hochgeschwungenen Stuhl aus, der das erste Bild krönt. Neben dem Braun tritt gelb am meisten hervor, die Urinfarbe. An die Harnentleerung erinnert die breitbeinige Stellung auf dem ersten Bilde, der Brunnen, an dem der Hund trinkt, und der Nachttopf vor dem halb geöffneten Nachttisch in Friedrichs Krankenzimmer. Entsprechend dieser Exkretionserotik dreht sich die Dichtung um die sadistischen Neigungen des Kindes. Die beigegebenen Bilder stecken voller Impotenzsymbole: ein leerer Vogelbauer, ein toter Hahn und ein toter Kanarienvogel, eine erschlagene Katze, auf der ein Stein liegt. Daß der Fliege die Flügel ausgerissen werden, leitet über zu dem Kastrationskomplex, der schon dadurch angedeutet ist, daß der Kanarienvogel zwischen den Beinen Friedrichs liegt, als ob er eben von ihm abgefallen wäre. Das Herausstrecken der Zunge während des Flügelausreißens ist für die Schlaglust bezeichnend. Die Analyse beweist es immer wieder, daß jedesmal, sobald im Gespräch oder bei irgendeiner Handlung die Zunge zwischen den Lippen zum Vorschein kommt, eine sexuelle Erregung mit Schlagneigungen aufsteigt. Der sexuelle Charakter der Dichtung erzwingt noch ein anderes Symbol: die Treppe. Sie ist auf allen Bildern in verschiedener Form und ohne jede Motivierung angebracht. Merkwürdig für die unbewußten Kräfte ist auch, daß die Hosenklappe bei Friedrich hervorgehoben wird, während sie auf keinem der anderen Bilder gemalt ist. Dann tritt als beherrschendes Symbol des männlichen Gliedes die Peitsche hervor, zunächst dem Kindermädchen gegenüber, die Stellvertreterin der Mutter und des Weibesorgans ist. Folgerichtig ist bei dem weiblichen Wesen das Rot der Periode, im Rock, betont, das nur unvollkommen von dem Unschuldsweiß der Schürze verdeckt wird. Außer dem Hahnenkamm, der ebenso wie die rote Zunge des Hundes die Eichel darstellt, ist die rote Farbe im Gegensatz zu den andern Struwwelpeterbildern nur für das Stuhlpolster und den Wein verwendet, die beide Frauen- und Menstruationssymbole sind.

Von diesem Angriff auf das weibliche Liebesobjekt geht die symbolische Darstellung über zu dem Interesse für den Mann. Friedrich steigt zwischen zwei Geländern, den Beinen, eine Treppe hoch, dem Brunnen, das heißt dem Penis zu, in der Hand die Peitsche und den Blick auf ein Kirchlein, das Beischlafsymbol, gerichtet. Der Onanietrieb meldet sich. Er schleicht sich zu dem Hund am Brunnen, was als Belauschen des Urinlassens beim Vater zu deuten ist. Dabei regen sich undeutlich die infantilen Sexualtheorien, die den Verkehr der Eltern als ein Harnen des Vaters in die Mutter auffassen, was durch die gelbe Brunnenröhre als Mann und das Becken als Weib angedeutet ist. Jetzt kommt der Haß gegen den Vater in dem Schlagen des Hundes zum Ausdruck. Dabei ist der tiefste Wunsch des Sohnes, den Vater impotent zu machen, bildlich dargestellt, der Schwanz des Vaterhundes ist eingeklemmt, kaum sichtbar, während Friedrichs Peitsche steil in die Höhe geschwungen und sein eines Bein ausgestreckt ist. Dann wird die Kastration gleichzeitig in mehrfacher Symbolik vor Augen geführt. Der Hund beißt ins Bein, die Mütze fällt vom Kopf und die Peitsche aus der Hand, die dann vom Hunde mit wehenden Ohren und stolz erhobenem Schwanz fortgeschleppt wird. Wie gründlich die Kastration gewirkt hat, zeigen die Symbole des Doktorbildes. Der Doktor selbst ist Vaterersatz, genauso auf dem Rot des Stuhles, des Weibes, thronend, wie der Hund der letzten Abbildung. Er hält Friedrichs Flasche in der Hand und gibt ihm den Löffel, die Höhlung, das Weibgewordene. Der böse Knabe zeigt nur eine Hand, die andere ist nicht zu sehen, und auch der Haarschopf, der noch im vorhergehenden Bilde zwischen den Hodensymbolen in die Höhe steht, ist verschwunden. Die Höhle ist weiter dargestellt in dem umgekehrten Hut des Arztes, in der halb offenen Nachttischtür, dem Nachttopf und der hohl gebauten Treppe. Zum Überfluß steht auch noch ein Stock neben dem Tischchen, während die Potenz des Vaters durch die große Nase des Doktors betont ist. Die Bäumchen neben der Treppe stellen je drei und drei die Sexualkraft des Vaters und die kastrierte Kraft Friedrichs dar. Im letzten Bild ist dann das leckere Mahl des Hundes bei der Mutter dargestellt; er genießt Kuchen und Wurst und hat den Wein ins Glas geschenkt. Dabei ist der Schwanz in voller Hebung.

Denselben Phänomenen wie beim Struwwelpeter, daß in der bildlichen Darstellung sich Symbole finden lassen, die mit dem vorgeführten Thema übereinstimmen und kaum der bewußten Absicht des Künstlers entstammen können, begegne ich bei dem berühmtesten Gemälde der Welt, der *Erschaffung Adams von*

Michelangelo[5]. Im freien Raum schwebend fliegt Gott Vater daher. Hinter ihm wölbt sich der Mantel zum Sack, in dem ein Gewimmel von Kindern sich drängt, während der Gott selbst unbedeckt sich zur vollen Länge dehnt und mit dem weit vorgereckten Arm und dem krampfhaft gestreckten Zeigefinger über das Gewand herausragt. Ihm gegenüber liegt, noch kraftlos zusammengesunken, Adam auf unfruchtbarer Erde; aber aus dem matten Körper, der wie an der Böschung hängend dargestellt ist, streckt sich das eine Bein mit beginnender Kraft, in das andere, völlig gekrümmte, fließt schon das Leben hinein; der Kopf und Rücken trachtet von dem Hügel hinweg und der Arm hebt sich halb schlaff langsam in den Raum empor. Der Trieb, die Idee des Menschenschaffens weckend und von ihr geweckt, hat sich, ganz unabhängig von der persönlichen Leistung des Künstlers, in allgemein menschlichen Symbolen des völlig erigierten Phallus gegenüber dem leise sich hebenden Gliede durchgesetzt.

Ich hoffe, dem Leser ist durch meine Beispiele verständlich geworden, wie ich durch das Aufsuchen von Symbolen in den Objekten zu der Vermutung genötigt worden bin, daß das Symbol ein Mittel ist, mit dem das Unbewußte unser Bewußtsein lenkt. Meine weiteren Betrachtungen verschiedener Lebensäußerungen, die weder den Anspruch der Vollständigkeit noch der absoluten Richtigkeit der Deutung erheben, sollen den einen oder anderen bewegen, diesen für mich merkwürdigen Problemen nachzugehen.

Die griechische Skulptur hat sich einen Kanon des männlichen Körpers zu schaffen gesucht, und man hat schon im Altertum als einen solchen Kanon den *Doryphoros* bezeichnet, den nackten Mann mit dem Speer, dem allbekannten Phallussymbol. Und wiederum drängt sich bei dem größten Bildhauer der Neuzeit, *Michelangelo*, das Symbol ganz ohne sein Bewußtsein durch, wenn er in seiner *Pietà*[6] den toten Körper Christi der Maria in den Schoß legt, der Mutter, die jung wie der Sohn gebildet ist, den Phallus, der in ihr erschlafft so ruht.

Daß das *Haus* ein Symbol des Menschen, im besonderen des Weibes ist, weiß ein jeder. Es muß aber ausdrücklich betont werden, daß der Mensch nur durch einen Zwang, einen inneren Zwang des Symbolisierens, auf die Idee der Behausung gekommen sein kann, daß er die befruchtete Gebärmutter im Hause symbolisch dargestellt hat. Es ist beim Menschen nicht anders zugegangen wie beim Nestlein des Vogels oder beim Höhlenbau

---

[5] Vgl. auch S. 225–228 und Abb. 8.
[6] Vgl. auch S. 116, 234f. und Abb. 10.

des Dachses. An primitiven Gebäuden läßt sich das ebenso nachweisen, bis in die Einzelheiten nachweisen, wie bei den herrlichsten Tempeln und Palästen oder den verwickeltsten Festungsanlagen. Das Symbol der Tür oder des Fensters ist nicht von außen hineingetragen, ist nicht nachträglich aus der Art des Hauses abgeleitet worden, sondern die Tatsache der Begattung und der Geburt haben mit Hilfe des Symbolisierens die Erfindung von Zimmer, Tür, Fenster, Schloß und Schlüssel erzwungen, haben Nischen geschaffen und Statuen hineingesetzt, Gräben gegraben und Wälle und Türme errichtet. Wer sich im Hause bewegt, begegnet bei jedem Schritt dem Symbol, ja er sieht deutlich, wie ein Symbol sich das andere erzwingt, sich auf dem Wege des Assoziierens neue Bilder des Menschseins schafft. Das Feuer, die flammende Leidenschaft, baut sich den Herd, die Muttergöttin, die das Feuer in sich schließt und im Symbol des Kochens das Kind wachsen läßt. Der Herd aber assoziiert sich den Topf, den Löffel, die Tasse, immer neue Bilder des fassenden Raumes im Weibe. Der wärmende Ofen entstand daraus, während das Leuchten des Feuers Öllampe, Kerze und Holzspan erfand, unter dem Druck der Phallusimago, die noch im elektrischen Leuchtkörper sich überall vordrängt. Das Messer, mit Dolch, Speer und jeder Waffe verwandt, versinnbildlicht das Stechen des Mannes und, begleitet von Schere und Gabel, dem Schenkel spreizenden Weibe, und der spielenden Hand der Onanie, wächst es aus dem Kastrationskomplex; der Tisch ist der säugenden Mutter nachgebildet, der Schrank ist unbewußte Nachahmung der Schwangeren, der Spiegel der Onaniefreude entwachsen, Vorhänge sind Schamlippen und Hymen, Teppiche weiche Schleimhaut, das Bett das Liebesspiel selbst, Weib als Lager, Mann als Decke zur Einheit verschmolzen und in sich das Kind bergend. Das fötale Leben erschuf sich das Bad mit Wanne, Hähnen, Dusche und Wasser, und nicht zu vergessen, der anale Komplex brachte den Stuhl und den Thron und das Klosett, wie der Phallus uns Stock, Zepter und Feder gab.
Genauso steht es mit der Zähmung, der Benützung und Auswahl unserer Haustiere. Der Mensch ist auf den Gedanken des Reitens nicht durch seinen Verstand gekommen, sondern hat, weil er als Mann das Weib ritt und weil das Kind auf dem Vater ritt und in der Mutter fuhr, das Symbol dafür gesucht und im Reiten des Pferdes, Kamels, Esels finden müssen. Er spannte das Zugtier vor den Wagen, um so die Schwangerschaft symbolisch darzustellen, und erfand das Schiff als Bild der Mutter und den Mast als Phallus, von einer Notwendigkeit getrieben.
Den *Ackerbau* aus dem Symbolisierungsdrang des Menschen

abzuleiten, liegt besonders nahe, wobei denn der Acker Schoß des Weibes, die Pflugschar der Mann ist, der der infantilen Theorie zufolge die Furche im Weibe aufreißt, um den Samen hineinzugießen, aus dem die Frucht wächst. Von dort führt es weiter zu dem Pfropfen und Okulieren der Bäume, zum Pflanzen in Erde und Blumentopf und weiterhin zum Gartenbau. Der Ziergarten, dessen Bild die Malereien des Paradieses gaben, birgt in sich Symbol neben Symbol vom beschatteten Baum in seiner Mitte bis zum springenden Brunnen, mit dem Gartenweg, der von Buchsbaum umsäumt ist, mit der Hecke, die den Garten umschließt, dem Bach, der hindurchläuft, den Rosenbeeten und der Laube, in der die Liebe kost. Der Rechen ist die spielende Hand, Grabscheit und Gießkanne Phallussymbole, während das Düngen, anknüpfend an die Kindphantasien, aus Geburt und Afterkomplex entstand.

Aus dem After kommt auch das Geld, und der Handel ist das Symbol für das Säuglingsleben, das die Nahrung und Pflege der Mutter mit seinen eigensten Schöpfungen, Stuhlgang und Urin bezahlt; parallel damit geht die Symbolisierung des Tauschverkehrs von Mann und Weib, wo der eine die Kraft seiner Lenden gibt, um sich den Sohn gebären zu lassen.

Es ist in dieser Zeitschrift schon vor Jahren der Gedanke ausgesprochen worden, daß die *menschliche Sprache* den erotischen Trieben des Unbewußten entstammt.[7] Im wesentlichen deckt sich das wohl mit meiner Auffassung, daß das Unbewußte den Laut der Stimme symbolisch verarbeitet, um bestimmte innere Vorgänge mit Hilfe des Kehlkopfes darzustellen, daß also im Sprechen Symbol an Symbol gereiht wird, daß jedes einzelne Wort eine Versinnbildlichung eines unbewußten Vorganges ist.

Ich begnüge mich damit, einige Andeutungen zu geben, wie sich der Symbolisierungszwang des Menschen im Sprachgebiet studieren läßt. Zunächst kommt da das Studieren der Kindessprache, vor allem der Säuglingslaute in Betracht. Dort wird sich vieles aufklären lassen, was bisher im Dunkel ist. Beim Erwachsenen sind mir Eigentümlichkeiten der Stimme aufgefallen. Sie ist bei denselben Menschen bald tief, bald hoch, bald laut, bald leise. Achtet man auf die für die Krankenbehandlung wichtigen Schwankungen, so erkennt man, daß sich in ihnen das Unbewußte symbolisch äußert, daß zum Beispiel ein Höherwerden des gewöhnlichen Tonfalls entsteht, weil der Sprecher plötzlich ein Kind geworden ist, während der tiefere Ton inmitten des hohen Sprechens die Verwandlung in den starken Mann beweist. Dabei

[7] BERNY (1913).

muß ich, um nicht mißverstanden zu werden, erwähnen, daß für das Unbewußte Altersunterschiede nicht existieren, wenigstens nicht in dem Sinne wie für das Bewußte. Daß in dem Leisewerden der Stimme, vor allem in der momentanen Heiserkeit, sich das Geheimnis symbolisiert, ist schon von anderer Seite hervorgehoben worden, während ja das Laute des Sprechens seit alters her als Mittel des Überzeugenwollens bekannt ist. Ebenso bezeichnend wird das Symbol des Stockens mitten im Satz vom Unbewußten als Äußerung der Unsicherheit und versteckter Bedenken unter sehnsüchtigem Verlangen nach der Nachhilfe durch Schläge benützt, wofür jede Schulstunde und jede Unterhaltung die Beweise liefert.

Deutlich tritt der Ursprung des Wortes aus dem Symbolisierungszwang bei allen den Wörtern hervor, die einen Laut nachahmen, und es ist zu verstehen, daß die Bezeichnungen der primitiven Geräusche des Menschen in einer ganzen Reihe von Sprachen dieselben sind, zum Beispiel kacken, pissen, furzen usw. Auf dem letzten psychoanalytischen Kongreß hat Frau Spielrein[8] die Vermutung ausgesprochen, daß der M-Laut und P-(F-)Laut bei Mutter und Vater von dem Säugen an der Brust abzuleiten ist, das M als Symbol der Gier und das P (F) als Symbol des Gesättigtseins, das sich nun unter Aufgeben der Mamma der weiteren Umwelt zuwendet. In der genitalen Sexualität hängen an einzelnen Wörtern Symbolkomplexe, in denen sich ganze Gebiete des Menschseins zusammendrängen, wie etwa in dem Worte »vögeln« oder »ficken«. Während das eine in den Mythos des Eros und der Engel hineingreift und in ihm der Ursprung der Flugmaschine und des Luftballons enthalten ist, erzählt das andere von der Entstehung der Taschen, des Sacks und Ranzens, vom Beladen der Güterwagen und der Handelsschiffe.

Man stößt auf seltsame Überraschungen, wenn man die einzelnen Wörter eines Satzes als Symbole nebeneinander betrachtet und den Zusammenhang dieser Symbole konstruiert, ein Verfahren, das, abgesehen von seiner theoretischen Bedeutung, deshalb beachtenswert ist, weil es von uns allen gelegentlich, von bestimmten Kranken häufig verwendet wird und so Mißverständnisse kleiner und großer Bedeutung herbeiführt.

Daß *Gesang und Musik* symbolisieren, hat wohl noch niemand bezweifelt. Man hat auch auf die merkwürdige Übereinstimmung, die zwischen dem Bau des Klaviers und des Ohres besteht, hingewiesen, und hie und da ist der Gedanke aufgetaucht, daß

---

[8] Vortrag auf dem 6. Internationalen Psychoanalytischen Kongreß im September 1920. – Vgl. SPIELREIN (1922).

dieses Instrument auf irgendeine rätselhafte Weise in unbewußter Nachahmung des Gehörorgans in die Außenwelt projiziert sei. Wenn man der Symbolik nachgeht, findet man, daß im Klavier ein Symbol neben dem andern steckt, vom Baß des Mannes über den Diskant des Weibes bis zu dem hohen Kinderstimmchen, daß das Geheimnis der Geburt, der Liebe und des Grabes darin ist, ebenso wie die Geige im Auf und Ab des Bogens das Entzücken der Wollust symbolisiert und dem Drang nach solcher Symbolisierung ihr Dasein verdankt. Die vier Zwischenräume der Notenlinien sind auch ein Muttersymbol, das ähnlich wie das Kreuz die vier Gliedmaßen des Weibes im Gegensatz zu den fünfen des Mannes kennzeichnet. Und an und in dieser Mutter klettern und kribbeln die Notenkinder, vom befruchtenden Samenfaden bis zur dickköpfig reifen Frucht.

Wie mit den Noten ist es auch mit der *Schrift*. Das moderne Schreiben selbst in seinem hastigen Auf und Ab, in der Verbindung von Feder und Tintenfaß und der ausströmenden Flüssigkeit verrät den symbolisch erotischen Ursprung, während die individuellen Schreibarten durch Abweichen von der geraden Linie nach oben oder unten Erregungs- oder Erschlaffungssymbole sind, durch Unterbrechungen inmitten der Wörter Lustverlängerungen andeuten und in ihren verschiedenen Charakteren das Kindliche, Erwachsene, Listige oder Verworrene im Menschen zeigen. Daß der einzelne Buchstabe, ähnlich wie die Ziffer, als Symbol historisch entstanden ist, weiß man, aber es ist erlaubt weiterzugehen und die kleinen Eigentümlichkeiten unserer eigenen Schriftzeichen aus dem Symbolisierungszwang abzuleiten, die Häkchen und Rundungen, die steilen Striche so gut wie die Interpunktionszeichen. Es würde nicht schwer sein, die *Erfindung* des Buchdrucks ebenso wie die der Dampfmaschine, des Telefons, des Zweirades oder des Automobils von gleichen Gesichtspunkten aus zu betrachten, wie ich es bisher getan habe. Wenn mir dann gesagt wird: das alles ist dummes Zeug, so muß ich es hinnehmen, glaube es aber ruhig weiter, sogar ohne Beweis, ja vielleicht, weil es sich nicht beweisen läßt; denn gegen Beweise wird man um so argwöhnischer, je länger man sich damit abgegeben hat. Wenn man mir aber sagt: du phantasierst, so erwidere ich: ja, Gott sei Dank, und wer es weit hergeholt findet, dem muß ich antworten: nein, im Gegenteil, alle diese Dinge liegen viel zu nahe, um ohne guten Willen gesehen zu werden.

Wir alle lesen in den Gesichtszügen unseres Nachbarn, ob er traurig oder heiter ist, wir wissen, daß sein Gesicht sich symbolisch verändert; wir erkennen seine Stimmung an seinem Schritt, seiner Haltung, dem Trällern einer Melodie. Er will uns vielleicht gar nicht zeigen, wie ihm zumute ist, aber das Unbewußte zwingt ihn zum Symbolisieren. So kreuzt die Frau, wenn sie in Gegenwart eines andern sich niederlegt, die Füße, im Symbol, unbewußt, drückt sie aus: Ich weiß, was mir jetzt droht; so richtet sich der Mann hoch auf, wenn er stark erscheinen will; so hält man den Daumen in der Höhlung der Faust, wenn man Glück zu bringen wünscht, so senkte die Römerin den Daumen nach unten, wenn der Gladiator ihre Begierden im Kampfe nicht reizte, und hob ihn steil für den, der ihr gefiel, ohne zu wissen, welch Begehren das ausdrückte. Unsere *Bewegungen* sind symbolisch, haben mit unserem Willen nur indirekt etwas zu tun und gehorchen in Wahrheit unserem Unbewußten. Wenn sie es aber sind, warum sollten unsere Erfindungen es nicht sein, die sich doch symbolisch empfinden lassen?

Das *Symptom der Neurose* – persönlich glaube ich, daß es mit dem *organischen Symptom* ebenso ist – drückt symbolisch eine Regung des Unbewußten aus. Ist es für den Menschen so unmöglich, das Fernrohr in derselben Weise zu erdenken, wie er den komplizierten Bau der Zwangsneurose oder des Krampfanfalls oder der Verrücktheit erdenkt? Und von den Lesern dieser Zeitschrift zweifelt wohl niemand mehr, daß *Religion* und *Wissenschaft*, ja das ganze menschliche Denken und Handeln unter dem Zwange dieses rätselhaften Dinges steht, das wir Unbewußtes nennen und dessen Äußerungen, mögen wir sie packen, wo wir wollen, stets symbolisch sind. So wäre denn diese Zusammenstellung überflüssig; aber mitunter ist es gut, Selbstverständliches, längst Bekanntes wiederum zu betrachten, als ob es neu sei. Und weil ich solches Wiederholen alter Gedanken für nützlich halte, möchte ich zum Schluß noch auf etwas aufmerksam machen, was wir alle kennen, aber meinem Gefühl nach zu wenig beachten, auf das *Symbolisieren des Kindes.*

Für uns Erwachsene ist – scheinbar – der Stuhl ein Stuhl, für das Kind aber ist er sehr viel anderes auch: eine Kutsche, ein Haus, ein Hund oder ein Kind. Für uns ist – scheinbar – der Wasserhahn ein Wasserhahn, für das Kind aber ist es ein pinkelndes Wesen. Der Erwachsene bemüht sich, die Symbolik zu verdrängen und zu verstecken, aber das Kind sieht ohne weiteres die Symbole, es kann nicht anders verfahren als deutlich symbolisch. Und auch bei dem Kind läßt sich für den, der sehen will, sehen, daß es nicht das Symbol von außen in die Dinge hineinlegt, sondern, daß es sie wahrnimmt, weil der Mensch symbolisch eingestellt ist, weil er ein symbolisierendes Wesen ist.

Ein Unmusikalischer in Mozarts
›Don Juan‹ (1925)

Editorische Vorbemerkung

Erstveröffentlichung in: ›Die Arche‹, Jg. 1, Nr. 9 vom 7. 9. 1925, S. 20–24.

Dieser amüsante Beitrag erschien in Groddecks Privatzeitschrift ›Die Arche‹, die er in den Jahren 1925 bis 1927 selbst herausgab, verlegte und weitgehend selbst schrieb. Sie ist ein Unikum in der Publizistik der zwanziger Jahre. ›Die Arche‹, so Groddeck in einer redaktionellen ›Notiz‹, »beansprucht weder ein literarisches noch ein wissenschaftliches Organ zu sein, sondern sie will Gelegenheit zum Aussprechen der Verdrängungen geben. Jeder, der Mühsale hat, möge sie in der Arche abladen ...« (Jg. 1, Nr. 8 vom 20. 8. 1925, S. 16). Groddecks therapeutischer Impetus wird an diesen Sätzen deutlich, aber auch sein Wunsch, unzensiert seine eigene, für andere oft unbequeme Meinung sagen zu können. So ist für ihn, seine Freunde und Leser (die Zahl der Abonnenten stieg bis auf 200) in den Zeiten einer allenthalben drohenden Sintflut »der Bau der Arche ... eine rettende Tat in höchster Not« (Jg. 1, Nr. 20 vom 12. 2. 1926, S. 18).
Viele Beiträge in der ›Arche‹ beziehen sich auf den ›jour fixe‹ im Sanatorium Groddeck, auf die Mittwoch- oder Samstagabende, an denen sich Patienten, Freunde und Wißbegierige trafen, um Groddeck zu hören und mit ihm zu diskutieren. »Es wird von Tod und Teufel geschwatzt«, so schreibt er am 13. 6. 1925 stolz an FREUD, »und die Menschen lernen es, nach und nach aus sich herauszugehen.« (Groddeck 1970 bzw. Groddeck/FREUD 1974, S. 79) Ein Spiegelbild der vielfältigen Thematik dieser Abende ist in den Jahren 1925–27 ›Die Arche‹, in der neben medizinischen, psychologischen und autobiographischen Aufsätzen Essays zu kulturellen und sozialen Fragen, Reiseberichte, Gedichte, Leserbriefe und manches andere abgedruckt sind.
Die nächsten neun Beiträge in diesem Sammelband sind ursprünglich in der ›Arche‹ erschienen. Die meisten von ihnen werden hier erstmals nachgedruckt, was um so mehr gerechtfertigt ist, als ›Die Arche‹ auf dem Antiquariatsmarkt ein Rarissimum ist. Der nun folgende Bericht über eine Opernaufführung gewährt uns einen unmittelbaren Einblick in Groddecks genußreichen, aber auch kritischen und streitbaren Lebensstil. Der Weltenbürger Groddeck, der sich der Figur des

DON JUAN verwandt fühlt, ist freilich nicht nur im Weltbad Baden-Baden zu Hause, sondern auch in einer Kleinstadt, die ihm spießbürgerlich vorkommt, wo man MOZARTs »naive Lebensfreude« zu einem »sentimentalen Wiener Schmarren« degradiert. Groddeck ärgert und freut sich zugleich über diese Zumutung.

———

Die Geschichte spielt sich in Baden-Badens kleinem Theater ab, in dem altmodisch lässigvornehmen Raum, der mit seinem Gold und Rot und den vielen nackten Weibern des Deckengemäldes an die längst vergangnen Zeiten erinnert, wo die Vornehmheit noch nicht nach der Größe des Geldbeutels, sondern nach der Begabung des Einzelnen zum Leben und Lebenlassen eingeschätzt wurde. Der Unmusikalische drängt sich in den viel zu engen Stuhlreihen an fremden Knien, gewölbten Bäuchen und Frauenbrüsten und an ärgerlich zornigen Augen vorbei, wobei ihn nur das Gefühl tröstet, daß er anständig angezogen ist, sich, wie es jeder erfahrene Mann tut, wenn er unter die prüfenden Augen der Damen tritt, von dem untadligen Schluß seiner Hosenknöpfe durch einen tastenden Griff der Hand überzeugt hat und daß er sich so dünn wie möglich macht. Dann setzt er sich hin, stellt mit Bedauern fest, daß der häßliche Speckwulst, den die jungen Mädchen und Frauen an Stelle der schönen Nackengrube modern gemacht haben, durch den Bubikopf noch mehr betont wird, bewundert einen schönen Arm auf der gegenüberliegenden Logenbrüstung, über dem leider ein gelangweiltes Mädchengesicht mit zänkischem Mund und harten Augen herabschaut, freut sich über zwei oder drei kluge Mannsköpfe und wundert sich, daß die Musiker des Orchesters trotz der angesagten Festvorstellung so alltäglich gekleidet sind, was er aber nach einem Blick auf den Theaterzettel sofort begreift: Heut dirigiert ja nicht der unvergleichliche Rother aus Wiesbaden, für dessen musikalische Seele Mozart seine Opern vorahnend geschrieben zu haben scheint, sondern Herr Stranski, der nur noch in London und Baden-Baden ein duldsames Publikum findet.

Don Giovanni wird gegeben werden, so verkündet der Zettel. Wie nett, so wird man die alten geliebten Arien einmal in italienischer Sprache hören. Und da ist auch endlich Herr Stranski; er wird nicht wie Rother neulich bei der Entführung aus dem Serail mit anheimelndem Klappern der Bögen auf den Violinböden vom Orchester empfangen und er sieht stolz und mißvergnügt aus. Der Zuschauerraum wird dunkel, der Taktstock schwebt hoch in der Luft und richtig, eins der Instrumente setzt falsch ein.

Ist die Ouvertüre wirklich so langweilig komponiert, als ob die Vorrede zur sechzehnten Auflage von Gegenbauers Lehrbuch der Anatomie instrumentiert wäre? Der Unmusikalische hatte sich auf Rokoko-Laune und Don Juan-Lebenslust eingestellt, auf Musik, die den Teufelskerl der Weiber zeigt, den Mann mit den 1003 Geliebten allein in Spanien. – Geduld, gleich geht der Vorhang hoch; wie einschmeichelnd werden die italienischen Laute klingen, sie werden dich schon heut in das Land deiner Sehnsucht führen, sechs Wochen, ehe du leibhaftig dorthin kommst.

»Keine Ruh bei Tag und Nacht.« Also doch deutsch. Aber wozu dann Don Giovanni, wenn es unser lieber, alter Don Juan ist? – Vor einigen Wochen sah ich das russische Kabarett »Der blaue Vogel«. Der lustige Conférencier behauptete, alle Sprachen der Welt zu beherrschen, und wenn man ihn aufforderte, chinesisch zu sprechen, sagte er: Li Hung Tschang, und schwedisch: Stockholm. Will der Intendant, um Leben in den vertrauerspielten Don Juan zu bringen, ähnlich spaßhaft seine Sprachkenntnisse betonen? Geduld! Leporello singt trotz des schläfrigen Tempos ganz brav, wenn man auch nicht in ihm so ohne weiteres den Erzschelm unter den Dienern wiedererkennt.

Da, der Schrei der Donna Anna, und plötzlich, Gott weiß weshalb, schießt dem Unmusikalischen eine Erinnerung an ein Mozartsches Liedchen durch den Kopf von einem Mädchen, das, weil es gewaltsam geküßt wird, zu schreien droht und wirklich schreit – aber lange, lange, lange, lange hinterher. Sollte Donna Anna – aber nein, sie singt so tugendhaft entrüstet, sieht so dumm aus; und der Kapellmeister, der doch die Musik studiert hat, schwingt den Taktstock so feierlich ernst, ganz wie einer, der in Amerika Sittlichkeit gelernt hat. Nein, Mozart hat gewiß nicht daran gedacht, daß Donna Anna erst lange hinterher geschrien haben könnte. Freilich, der Don Juan, ein stattlicher Kerl mit einer schönen Stimme und guten Manieren, dem man schon einige Eroberungen zutrauen kann, wenn auch nicht gerade 1003 in Spanien, benimmt sich sehr merkwürdig: Er tut so, als ob er sein Gesicht mit dem Mantel verstecken wolle, bringt ihn aber nicht höher als in Schulterhöhe; entweder spielt er seine Rolle sehr nachlässig – zu einer solchen Annahme liegt sonst keine Veranlassung vor – oder er ist wie der Unmusikalische der Ansicht, daß Donna Anna weiß, wer der Verführer ist. Mir will vorkommen, als ob Mozarts Instrumentierung dieselbe Meinung ausdrückte, als ob jetzt schon Geigen und Violinen lachten, nur Tempo und Dirigent trotten den sentimentalen Stranski-Takt, den ich von der

Zauberflöte und – horribile dictu – von Figaros Hochzeit her kenne; wer es fertig bringt, die heitere Weisheit Sarastros in die unnahbare Eselei eines examinierenden Konsistorialrats, die siegesfrohe Fanfare des Verzichts auf Rache in eine salbungsvolle Ansprache des Pastors an seine Konfirmandinnen umzudirigieren, wer den Gesang an Isis und Osiris wie einen Kirchenchoral in der Manier des Herrn Tetem aus Vischers ›Auch Einer‹ mit verhär-teee-teem Gemüte taktiert und nicht mit einer Faser seines Gehirns ahnt, daß die Zauberflöte einen sehr menschlich-männlichen Liebeszauber ausübt, wer das kokette Rosinchen ihre Arien wie eine den Wechseljahren nahestehende Hofdame singen läßt, der als einziger Reiz der Gräfinnentitel übrig geblieben ist, kurz, wer vergißt, daß Mozart die naive Lebensfreude des künstlerischen Göttersohnes besaß wie keiner vor ihm und keiner nach ihm, der mag wohl auch fähig sein, aus Mozarts Don Juan einen sentimentalen Wiener Schmarren mit grausiger Bestrafungssauce des Lasters zu machen. – Ich möchte wohl wissen, wie Rother über den Fall der Donna Anna denkt.

Nun wird der Komtur erstochen – Don Juan benimmt sich dabei ganz wie ein Kavalier, und man begreift, daß er sich später weigert, den unglücklichen Ausgang des Duells zu bereuen. Donna Anna erscheint wieder zusammen mit dem guten Ottavio, der so tapfer schwört, was er nie zu halten gedenkt, dem prächtigsten Ehekandidaten für eine Frau von Annas Temperament. Dem Unmusikalischen bleibt jetzt kein Zweifel mehr, Mozart läßt oben auf der Bühne sehr ernsthaft singen und schwören und unten das Orchester läßt er dazu lachen. Armer Dirigent! das ist freilich keine leichte Aufgabe, zumal wenn man gar nicht merkt, daß es so ist.

Was hat es für Zweck, sich noch weiter mit diesem Dirigenten zu beschäftigen, sich darüber zu ärgern, daß Donna Elvira bald deutsch, bald italienisch schmachtet, daß Zerline spielt und singt, als ob sie eine der freiwilligen Kriegsschwestern wäre, die den Seelenadel selbst dem Don Juan gegenüber und im Zwiegespräch mit dem betrognen Ehemann nicht aufgeben können, daß nicht ein einziges Paar einen Menuettschritt machen konnte, daß Don Juan es nicht für nötig hält, den Hut abzunehmen, wenn er seinen steinernen Gast einladet, daß er aus leerem Glase trinken muß und ein Diner vorgesetzt bekommt, von dem nicht ein Spatz satt werden könnte und das in krassem Gegensatz zu den Riesenbissen steht, von denen Leporello singt. Es ist auch unnötig, darüber etwas zu sagen, daß es sich für Don Juan nicht schickt, vor dem steinernen Gaste allzu deutlich zu erschrecken, länger als einen Achteltakt erschrocken zu bleiben, daß er das Nein, in dem das ganze Stück gipfelt, einfach, klar, fest und ohne Pose singen muß und daß er anständig als »Don Juan« unüberwunden das Feld zu räumen hat; der Einzige, den ich als Don Juan von Herzen gern gesehen habe, ist der Schwede Forsel. Nun möchte ich ihn noch von Rother dirigieren hören.

Es würde mich interessieren, ob er es dem Publikum mit Hilfe seines Orchesters – das Baden-Badener war unter seiner Leitung ausgezeichnet, die Musiker fühlten das auch, denn sie hatten sich ihm zu Ehren in ihren besten Staat geworfen –, ob er es dem Publikum begreiflich machen kann, daß Donna Anna ebenso wie Zerlinchen erst schreit, wenn alles vorüber ist; als unmaßgeblicher Unmusikalischer habe ich das Gefühl, daß die entscheidende Stelle in der Instrumentierung der großen Erzählung Donna Annas über ihre Verführung liegt und weiter in dem genialen Einfall Mozarts, der Bravourarie Ottavios solch seltsame Instrumentalbegleitung zu geben.

Meine Hoffnung ist trotz der großen Meisterschaft Rothers nicht groß. Unser deutsches Publikum verdaut mit Wonne die sentimentalen Gretchens, die ihm an Stelle der frischen glühenden Sinnlichkeit des Goetheschen Gretchens vorgesetzt werden; es wird sich mit Händen und Füßen dagegen wehren, zuzugeben, daß es diesem schändlichen Don Juan gelingen sollte, vor den Augen braver Philister zwei »unschuldige« Mädchen zu verführen, die es doch als Verlobte beide nicht nötig haben. Er soll sich mit seinen 1003 begnügen. Wenn man Leporellos Frau mitzählt und Elviras Kammerzofe auch, sind es gar vier. Schäme dich, Mozart: Wir hätten dich für anständiger gehalten.

Römische Impressionen (1925)

Editorische Vorbemerkung

Erstveröffentlichung ohne Titel in: ›Die Arche‹, Jg. 1, Nr. 15 vom 25. 11. 1925, S. 1–10. (Hier leicht gekürzt wiedergegeben.)

›Römische Impressionen‹ kann man die folgenden Seiten benennen. Groddeck freilich hat sie ohne Überschrift, wie er es häufig tat, in der ›Arche‹ abgedruckt. Warum auch nicht; denn ohne weitschweifige Prolegomena ist Groddeck mit dem ersten Satz mitten drin in dem, was er sagen will. Wozu dann eine Überschrift? Sie soll hier als kleiner Hinweis für den Leser von heute dessen Interesse und Neugier wecken.

Groddeck reiste gern und viel. Besonders Italien zog ihn immer wieder an. So bemühte er sich in immer wieder neuen Anläufen um ein Verständnis der Kunst der italienischen Renaissance und versuchte, ihrer lustvollen Diesseitigkeit auf die Spur zu kommen. Davon ist auf den folgenden Seiten jedoch wenig zu spüren, wo er davon berichtet, wie er »selig traurig« durch Rom läuft. Groddeck lebt, so hat es den Anschein, in den zwanziger Jahren in einer Übergangsphase, daher sein ambivalentes Verhältnis zur Kunst, von der er sich angezogen und abgestoßen zugleich fühlt. Er ist auf dem Wege zu einer ganz und gar subjektivistischen Betrachtungsweise der Kunst, in Abkehr von Klassifizierungsversuchen, um die er sich in ›Hin zu Gottnatur‹ (vgl. oben S. 19–37 ff) bemüht hat. Schmerzlich empfindet er sich als »lebende Kunstgeschichte«, und er wird sich bewußt, »wie fremd meinem Wesen Ästhetik ist«. Daher erlebt Groddeck Rom diesmal ganz anders: Er ist dem ›Zauber‹ dieser Stadt verfallen, und er findet ihn bei den Menschen, denen er zufällig begegnet, und in den verschütteten und verschüttenden Trümmern des antiken Rom, wo er sich eher geborgen fühlt als bei der hohen Kunst.

Archäologie und Renaissance: zwei Bereiche der Kunst, von denen sich auch SIGMUND FREUD, der ebenfalls häufig in Italien weilte, immer wieder anziehen ließ; man denke nur an seine Studien über JENSENS ›pompejanisches Phantasiestück‹ ›Gradiva‹ (1907), über LEONARDO (1910) und MICHELANGELO (1914). – Groddeck besuchte FREUD von Rom aus, allerdings auf dem Umweg über Budapest, wo er seinen Freund SANDOR FÉRENCZI traf; davon berichtet Groddeck im nächsten Heft der ›Arche‹ (Jg. 1, Nr. 16 vom 15. 12. 1925, S. 1–16; hier nicht abgedruckt).

Groddeck beginnt seine Reise-Impressionen mit einem Tagtraum, der ihn und die Leser in seine Kindheit führt und dem sich ganz zwanglos »Erinnerungsspuren« (FREUD) an seine Romreise anschließen.

———

Wenn ich die Augen schließe, tritt vor mich das unbestimmte Bild eines rot tapezierten Zimmers, und allmählich taucht an der einen Wand ein Kupferstich von Michelangelos lybischer Sibille in altmodischem goldenen Rahmen auf. Nach und nach, viel undeutlicher gesellen sich dazu die delphische und kumäische Sibille und ganz zuletzt der Daniel. Es ist ein Zimmer meines Elternhauses, das nur selten benutzt wurde: Weihnachten wurde darin gefeiert. Und da ich daran denke, kommt eine seltsam tiefe Ergriffenheit über mich.

Jetzt habe ich wieder, ich weiß nicht zum wievielten Male, in der Sixtinischen Kapelle (vgl. Abb. 8 und 9) gestanden und habe die Originale dieser Kupferstiche gesehen und auch diesmal wie jedesmal habe ich nichts dabei empfunden. Als ich die vielen, vielen Stufen hinaufstieg, klopfte mein Herz, wie früher immer, in froher Erwartung, und als ich eintrat, waren es Fresken, Gemälde, Kunst, etwas Fremdes, was mir nichts sagte, was nur zu dem fremden Menschen, den Bildung und Wissen aus mir gemacht haben, sprach. Eindringlich klar, wie so oft in den letzten zehn Jahren, wurde es mir, daß alle Begeisterung für Kunst, die mich mein Leben hindurch begleitet hat, für Dichtung, bildende Kunst, selbst für Musik, nur angelernt ist, mit meinem Wesen nichts zu tun hat, für mich nichts bedeutet, daß ich vielleicht eine Art von Verständnis dafür habe – was man so Verständnis nennt –, aber nicht eine Spur von Liebe.

Was soll das nun, daß ich viele, viele Jahre mit heißem Bemühen und in der Gewißheit, innerem Beruf zu folgen, Dichtung auf Dichtung gelesen und mir ein Urteil angeeignet habe, daß ich weite Reisen gemacht und fast alle Galerien der Welt gesehen habe und mich daran zu freuen glaubte, daß ich Radierungen und Bronzen sammelte und wie eine lebende Kunstgeschichte über allerlei zu sprechen liebte, daß ich Konzerte und Opern besuchte und hatte doch mehr Freude am Leierkasten und am Rattern eines Wagens über das Pflaster? Ja, daß ich selbst jetzt noch, wo ich mir bewußt bin, wie fremd meinem Wesen Ästhetik ist, vor Aufregung zittre, wenn ich an irgendein Bild denke – nicht wenn ich es sehe –, wenn ich über Mozart oder Bach spreche oder von Homer und Shakespeare und Goethe, daß ich immer noch mich wie ein

Kind freue, wenn mir eine Radierung geschenkt wird oder irgendeine Nachbildung eines Kunstwerks, mag sie noch so schlecht sein, in die Hände fällt?

Wenn ich zurückdenke, muß ich auch dieses falsche Leben, das doch durch lange Übung richtig geworden ist und einen Teil meines Wesens ausdrückt, mit der Trennung von meiner Mutter und dem Verlust meines Vaterhauses zusammenbringen. Ich besinne mich noch deutlich auf das erste Mal, wo ich ästhetisch schwatzte. Es war in dem Schulhof von Schulpforte während der Mittagspause, und ich stritt mit einem Freunde – er hieß Erich, Er–Ich, ein verhängnisvoller Name für mich, wie denn auch diese Freundschaft verhängnisvoll war – über den größeren Wert deutscher oder englischer Dichtung, wobei ich als Verteidiger der deutschen eine Menge Namen hervorsprudelte, die für mich nichts waren als Namen. Seitdem ist es mir geblieben, daß ich mir Interesse für Kunst und Schönheit andichte und es auch wirklich habe, ohne es zu haben. Seitdem verzerrt sich mein Gesicht – wer mich kennt, lächelt darüber –, sobald ich klug reden will, nicht etwa in feuriger Leidenschaft, sondern in Wut, und die Stimme wird scharf und die Worte höhnen; bei Gesprächen über das, was die Menschheit schön nennt und ich selber schön finde.

Allmählich, ganz langsam kehrt man in seine frühe Kindheit zurück, wird man, der man ist, wird man ehrlich. Das ist Gesetz für den Menschen, dem nur die Möglichkeiten gegeben sind, kindisch oder kindlich zu werden. Das rote Zimmer und der Stich der lybischen Sibille überschatten die gewaltigen Fresken, und das Auge vermag nicht den Genuß zu geben, den das Herz nicht will. Ich denke mir, meine Mutter mag wohl zuweilen so ähnlich wie die Sibille von ihrem großen Wirtschaftsbuch hinweg über die Schulter geschaut haben, während wir beide, meine Schwester und ich, zu ihren Füßen waren.

Was mich hier in Rom fesselt und wie in einem Rausch leben läßt, ist nicht die Kunst, auch nicht, wie ich mir eine Zeitlang einbildete, die Geschichte; das einzige Bild, dessen ich mich noch deutlich erinnere, ist das Wettschießen der Diana von Domenichino, das in der Galerie Borghese hängt: Im Vordergrund liegt eine von Dianas Gespielinnen wohlig nackt im Wasser, und im Gebüsch verborgen spähen zwei Männer nach ihr – und von Skulpturen hat sich mir nur eine aufgedrängt, ein kopf- und fußloser Torso eines Mädchens, dessen Formen das nasse, in wundersamen Falten angeklebte Hemd durchscheinen läßt, beides gewiß Eindrücke, die weitab von dem strengen Kunstverständnis liegen. Und die Geschichte? Weder Cäsar noch Cicero sind mir lebendig geworden, weder Romulus noch Remus, und sowohl Nero wie Trajan oder Marc Aurel sind mir Namen so gut wie Julius II. oder Alexander VI.

Zunächst sind es die Trümmer der Stadt. Der Palatin mit den düsteren Resten der Riesenbauten, die geheimnisvoll fordern, sie zu deuten, das Forum Romanum mit seinen klar geordneten und doch so verwirrenden Ausgrabungen, die Caracallathermen, die einsam daliegen und doch noch vom Jauchzen und Schwatzen froher Menschen, vom Geschrei der Streitenden und vom Wortwechsel der Geschäftemacher widerzuhallen scheinen, die Villa Adriana, zwischen deren hochragendem Gemäuer uralte Ölbäume ihre verschnörkelten Stämme recken, bald wie ein Weib, das eben in den Baum verwandelt, in süßem Schreck die Arme gen Himmel streckt, bald wie vierbeinige Riesen, die sich stürmender Gewalt entgegenstemmen. Ganz weit ab von allen anderen Ruinen der Villa, nicht zu sehen, bis man davorsteht, liegt ein runder, mächtiger Bau, anzusehen wie das Untergeschoß eines gewaltigen Turms – man sagt, es sei die Sternwarte des Kaisers Hadrian gewesen –, dort haben wir lange gesessen und in die milde, ernsttraurige Campagna hineingeträumt, an deren Ende die Kuppel der Peterskirche wie ein großer Maulwurfshügel daliegt, und haben auf den Sonnenuntergang gewartet, bis uns das Grausen der Einsamkeit unter den Trümmern der Vergangenheit ergriff, das Gefühl, nicht wieder aus dieser schönsten Welt der unbestimmten Erinnerung herauszufinden. Kein Wunsch hat sich dort in mir geregt. Alles war Ruhe und Frieden, Märchenstimmung mit dem holden: »Es war einmal« und mit dem Klang liebender Stimmen im Ohr, die erzählen.

Es war einmal und es soll nicht wieder sein. Es ist etwas Seltsames, hier oder dort an den nackten Ziegelmauern ein Stück Marmorbekleidung zu sehen, ein halb zerbrochenes Kapitell oder einen Säulenstumpf oder gar – welch herrlicher Fund – einen in Stein gehauenen Widderkopf, es ist herrlich, zu sehen, wie diese Menschen vor fast zweitausend Jahren alles wußten und alles taten, für jede Kleinigkeit sorgten, worauf wir selbst so stolz sind, worauf wir unsre absurde Idee vom Fortschritt der Menschheit gründen.

Es ist alles schon dagewesen, das ist das Herrliche. Wohin in aller Welt soll denn der Mensch fortschreiten? Es ist doch genug, daß er Mensch ist. Ist es denn nichts, Mensch zu sein? Man muß es nur auch sein wollen, es mit bewußtem Wissen und mit dem Glauben an das Wunder des Menschseins sein. Das »Von Ewigkeit zu Ewigkeit« und »Ehe denn Adam war, bin ich«, diese stolzen

Worte des Wesens, das als Mensch Gott ist, klangen aus der Stimmung des in tausend Farben dem Menschen lobsingenden Sonnenuntergangs am Rande der weithin lagernden Landschaft.

Es liegt für mich wie ein Zauber über Rom. Bei keiner Stadt der Welt habe ich je das Gefühl des lebenden Wesens, des Menschenwesens gehabt wie bei Rom. Immer wechselnd, schreiend und lachend und dann wieder grabesstill, hastig und ruhig, unermüdlich und faul zugleich, reich und arm, lahm, krank, bettelhaft und doch beweglich, strotzend vor Gesundheit und Kraft, bunt und einförmig, uralt und ewig jung, dreckig bis zum Erbrechen und strahlend vor Reinheit, abschreckend häßlich und wundersam schön, und immer, immer traurig, ein lebendiger, leidender und lebenbejahender Mensch, das ist Rom, eine ein wenig kindische Mutter der Welt.

Wenn ich jetzt beim Schreiben die Augen vom Papier wegwende und zum Fenster hinaussehe, fällt der Blick auf noch grüne Akazien und wilde Kastanienbäume, und wieder tritt mein Elternhaus in meine Erinnerung mit dem weiten Garten, den Bäumen und der nicht endenden Trümmerfülle der Kindesträume und Kindesspiele. Nirgends sah ich so schöne Bäume wie hier, nirgends werden sie so gepflegt. Die Fahrt zwischen Albano und Frascati, zwischen den uralten, weitausladenden Steineichen, deren hohle Stämme sorglich ausgemauert sind, unter deren vom Regen unterwühlten Wurzeln liebevoll Stützen gebaut wurden, wird mir unvergeßlich bleiben. In der Villa d'Este, die jetzt vom Staate übernommen ist, stehen Gruppen gewaltiger Zypressen; eine deren ist, vermutlich vor Jahren, vom Blitz zerschmettert worden, aber der kahle, trotzige Stamm steht noch, und ganz unten beginnt der alte Riese wieder auszuschlagen, neue Äste zu treiben; es ist, als ob hier nichts stürbe, alles von Ewigkeit zu Ewigkeit sei. Im Borghesegarten, zu dem mich der Weg in fünf Minuten führt, wölben sich die Kronen der Bäume zu Alleen, die keine ihresgleichen haben, die Pinien bilden mit ihren malerischen Kronen breite Dächer über den Wiesen, und dazwischen ragen einsam die Zypressen, diese Lebensbäume, die wir, ohne zu wissen, was wir tun, und ohne zu glauben, was wir damit sagen, an die Gräber der Toten setzen. Daß ein Baum hohl wird, stört hier niemanden, man scheint ihn dann nur mehr zu lieben, und das mit Recht; denn nur Leute mit geschäftsmäßigen, im Dienste des habgierigen Fiskus verdorbenen Försteraugen sehen nicht mehr, daß der Baum, der trotz Morschheit und Abgestandenheit lebt und grünt, der schönste von allen Bäumen ist. Wenn ich all das sehe, wenn ich, vom Monte Pincio kommend, an der Baumgruppe vor dem Palazzo Medici, der französischen Malerakademie, mit ihrem undurchdringlichen Laubdach und dem darunter springenden Brunnen vorbeigehe, um von der Höhe der Scala di Spagna, dieser schönsten Treppe der Welt, auf den blumen- und brunnengeschmückten Platz hinunterzuschauen, steigt der heiße Zorn in mir auf, daß bei uns zu Lande so gar nichts von Pietät gegen Bäume übriggeblieben ist. Als ich vor dreißig Jahren nach Baden-Baden kam, gab es dort die schönsten Bäume, die man sich denken konnte. Jetzt sind die Wälder gelichtet, die halbe Lichtentaler Allee hat man niedergehauen, den wunderbaren Tulpenbäumen an der Rumänischen Kapelle, die die schönsten in Europa waren, hat man erst die Kronen gestutzt und sie dann gefällt! Warum, das weiß nur Gott allein. Denn der Spruch, die Bäume seien krank gewesen, ist zu albern, um ihn zu glauben. Viel eher könnte man mutmaßen, daß das Morden den Menschen so zur Gewohnheit geworden ist, daß sie, seit das Leben des Nächsten wieder heilig wurde, wenigstens Bäume töten. Was nützt es mir, wenn nachgepflanzt wird? Bäume wachsen langsam, und ehe sie groß werden, modere ich längst unter der Erde als Speise für die Pflanzen- und Tierwelt. Und wer weiß, ob genügend gepflanzt wird. Mir kommt es nicht so vor. Könnte man nicht – in Schweden geschieht es, und ich bin dort durch Wälder gegangen, die nur so entstanden sind – könnte man nicht jährlich in den Schulen einen Pflanztag einrichten, einen Tag, an dem kein verblödender Unterricht gegeben wird, sondern an dem jeder Schüler ein Bäumchen in die Erde setzt? Wer selbst pflanzt, bekommt Ehrfurcht vor dem Werden und dem Gewachsenen.

Man sagt, daß die Italiener roh sind. Es mag sein; ich habe sie nicht genug kennengelernt, um zu urteilen. Gegen Bäume und Blumen sind sie es gewiß nicht; das unscheinbarste Muttergottesbild pflegt irgendwie mit Blumen geschmückt zu sein, und wenn es nur ein einzelnes Glockenblümchen oder sonst eine Feldblume ist. Und ich halte es für wahrscheinlich, daß ihre angebliche Roheit kindischer Egoismus ist, der nicht einsehen will und kann, daß ein Zugtier und Esel das Recht hat, müde zu sein. Es hat eben nicht müde zu sein, es hat zu ziehen. Genauso wenig sieht das Kind ein, daß die Mutter müde werden darf. Und der Offizier, der Beamte, der Lehrer dürfen, wenn sie etwas taugen, auch nicht an die Möglichkeit denken, daß der Soldat, der Untergebene, der Schüler mitten in der Arbeit müde werden können. Es ist mir bekannt, daß die Italiener die Singvögel wegschießen; aber das tat man bis vor kurzem in Deutschland auch, und da Italien alljährlich Überfluß

an den ziehenden Zugvögeln hat, wer darf da erwarten, daß der
Italiener an den Deutschen denken soll, der den Mangel daran in
seinem Lande spürt? Dem Italiener schmecken die kleinen Vögel.
Und es wird nicht mehr lange dauern, dann wird auch hierzulande
das Gesetz des Vogelschutzes praktische Bedeutung bekommen.

Ein kleines Erlebnis teile ich mit, das wir jüngst hatten. Wir gingen
an dem Gitter vorbei, mit dem das Forum des Augustus und die
dortigen Ausgrabungen abgesperrt sind. Hinter den Gitterstäben
lag ein Papier mit einem Haufen Makkaroni, und eine scheue,
verwilderte Katze fraß davon. Unsre Freundin, die lange in Rom
lebt, erzählt uns, daß überall in den Ruinen, namentlich in der
Gegend des Pantheon, verwilderte Katzen in Massen leben, die
von den vorbeigehenden Italienern gefüttert werden. Das wird
nicht hindern, daß man sie auch fängt und schlachtet, wenn man
ihr Fell haben will oder Lust auf Katzenbraten hat; aber das
geschieht bei uns auch, nur füttert man die herrenlosen Katzen
nicht.

Ich kann es nicht glauben, daß die Italiener roh sind; gewiß sind sie
anders als wir Nordländer, und oft, meist sogar geht mir gegen den
Geschmack, was sie tun. Daß sie sich an jede Staßenecke hinstellen
und pinkeln, ist gewiß nicht hübsch, daß die Männer immer und
überall an ihrem Hosenlatz herumhantieren, und daß Männlein
und Weiblein als Hauptbeschäftigung Klatsch und Zähnestochern betreiben, will mir auch nicht gefallen. Aber schließlich,
wenn es den Italienern Spaß macht, warum sollen sie es nicht tun,
und wenn sie sich im Dreck wohl fühlen, warum sollen sie nicht
dreckig sein – übrigens sind sie es nur in einigen Punkten; ihre
Wäsche waschen sie reiner als es je in Deutschland geschieht –, und
wenn sie an kleinen Gaunereien keinen Anstoß nehmen, warum
sollten wir sie tadeln, die wir doch ihr Land lieben und uns ihrer
Heimat und ihres Lebens freuen?

Roh sind die Italiener? Aber wo in aller Welt gibt es ein Volk, das
so zart mit Kindern umzugehen wüßte, das soviel Verständnis für
Kinder hätte? Man braucht bloß fünf Minuten auf einer Stelle
stehen zu bleiben, so sieht man Beweise dieses einzigartigen
Verhältnisses der Erwachsenen zu den Kindern. Vermutlich ist es
auch damit in Italien nicht überall so nett wie dort, wo der Fremde
hinkommt; aber ich bin in Venedig, in Orvieto, in Rom stundenlang durch entlegene armselige Gäßchen gewandert und habe nur
einmal gesehen, wie ein etwa zehnjähriger Junge eine Ohrfeige
von seinem Vater bekam, und das geschah, weil er den Esel seines
Vaters geneckt hatte. Ich bewundre die Geduld, mit der italieni-

sche Mütter die Unbändigkeit ihrer Kinder ertragen, ich bewundre noch mehr die Geduld und die unermüdliche Spiellust der Väter mit ihren Kindern und am meisten die Kindermädchen, deren weiche, liebende Art gar sehr von den heldenhaften Manieren unsrer Kindermädchen, dieser ständig scheltenden, verbietenden und keifenden weiblichen Rekrutenunteroffiziere, abstechen. [...]

Man kann nichts Neues von Rom erzählen, das ist wahr. Aber ich habe viel Neues dort erlebt, weil ich andre Augen und andres Denken habe als früher. Rom hat mich entzückt, es tut mir leid, es zu verlassen. Und etwas ganz Neues, für mich ganz Neues und über alles Erwarten Schönes habe ich diesmal gesehen, das ist die Villa d'Este in Tivoli! Mir war, als ob es nirgends in der Welt etwas Schöneres gäbe als diesen einsam herrlichen Garten mit den springenden, fließenden, hüpfenden, stürzenden Wassern. Dort bin ich selig traurig geworden, als ob ich ein echter Deutscher wäre und deutsch empfände. Und in Wahrheit bin ich das wohl, wenn ich mich auch für einen absoluten Preußen halte. Aber das ist ein weites Kapitel. Für heute mag es genug sein, daß ich erzähle, welch seltsames Spiel des Symbols wir in der Villa d'Este sahen. Ganz an die Mauer des Parks geschmiegt steht am Rande eines stillen Wasservierecks die Figur der ephesischen Artemis mit den hundert Brüsten, und rings um sie herum ist der Boden weißbedeckt von dem Mist kleiner Vögel, etwa 20 Quadratmeter weit. Tausende der kleinen Tiere trinken dort vom Wasser der fruchtbaren Göttin. Es hat uns nachdenklich gemacht.

Das Kreuz als Symbol (1926)

Editorische Vorbemerkung

Erstveröffentlichung unter dem Titel: ›Das Kreuz‹ in: Die Arche, Jg. 1, Nr. 19 vom 28. 1. 1926, S. 22–24.

Ausgangspunkt dieses kurzen Essays ist eine Krankengeschichte, die in Auszügen in demselben Heft der ›Arche‹ abgedruckt ist und in der das Kreuz als Symbol des christlichen Glaubens erwähnt wird. Daran anknüpfend, zerlegt nun Groddeck das Kreuz-Symbol in seine beiden formalen Bestandteile, den Längs- und den Querstrich, um auf diese einfache Weise dem elementaren Sinn des zusammengesetzten Symbols ›Kreuz‹ auf die Spur zu kommen.
Am Ende des Essays kommt Groddeck auf die als ›Kreuz‹ bezeichnete untere Rückenpartie des Menschen zu sprechen und auf das ›Kreuzbein‹, das ›Os sacrum‹ der anatomischen Nomenklatur. Der anatomische Fachausdruck ›Os sacrum‹ ist die lateinische Form eines bereits in der griechischen Antike geprägten Terminus und bedeutet, wörtlich übersetzt, ›heiliger Knochen‹. Die Ansicht Groddecks, daß »die medizinische Wissenschaft ... eine Benennung aufbewahrt, die ... Symbolik in einem Wort umschließt«, wird durch moderne philologische und religionsgeschichtliche Untersuchungen gestützt, die gezeigt haben, daß der Terminus ›Os sacrum‹ wahrscheinlich keine fehlerhafte oder ungenaue Übersetzung ist (etwa im Sinne ›großer Knochen‹, weil das griechische Wort für ›heilig‹ auch ›groß‹ bedeuten kann), sondern ein Beispiel dafür, daß vielfach Bezeichnungen »aus dem Bereich des Volksglaubens« in das medizinische »Fachvokabular« (KUDLIEN, S. 185) übernommen werden. Ähnliches dürfte für den deutschen Ausdruck ›Kreuzbein‹ gelten. Die Vermutung, er sei wegen der kreuzförmigen Erhabenheit dieses Knochens etwa beim Pferd aus der Tieranatomie in die menschliche Anatomie übernommen worden, ist wohl zu rationalistisch gedacht, sicherlich jedoch nicht der einzige Grund für diese Wortprägung.
Mit dem Symbolgehalt des Kreuzes hat sich Groddeck wiederholt beschäftigt, wobei meist ein praktisches Anliegen im Vordergrund steht, sei es die Interpretation von Kunstwerken, in denen dieses Symbol vorkommt, oder die ›Symptomanalyse‹ von Kreuzschmerzen. In seinem Aufsatz zur ›Symptomanalyse‹ (1920 b) bringt Groddeck Auszüge aus der Analyse eines Patienten; der Leser merkt an den

folgenden Sätzen, daß dieser Patient mit Groddecks Gedankenwelt vertraut war: »Haßlos und verhaßt ist Christus am Kreuz. Christus ist der Gesalbte, das Kreuz ein Mensch mit ausgebreiteten Armen, ein umfangendes Weib, an das der Mann, die Mutter, an die der Sohn genagelt ist. Der Gesalbte ist der Phallus, der in der Umarmung des Weibes erschlafft, stirbt; um den Phallus zu töten, bewegt das Weib das Kreuz, das Os sacrum. Das Kreuz ist das Leid, alles Leid kommt von dem Weibe, von der Mutter, vom dem Inzestwunsch des Sohnes ... Christus ist die Menschheit, die an der Mutter leidet, an dem Mutterproblem ... Meine Mutter ist das Kreuz meines Lebens.« (1920 b, S. 320 bzw. 92 f) Dazu Groddecks Kommentar: »Nimmt man an, daß das Kreuz das umarmende Weib ist, so ergibt sich das andere von selbst ... Die Kreuzabnahme ist die Trennung nach der Begattung, während das Begräbnis und das dreitägige Verweilen im Grabe Befruchtung und Schwangerschaft sind ... Das Niederfahren zur Hölle ist eine Verdoppelung des Beischlafsymbols; die Hölle ist ja nichts anderes als die Projizierung des weiblichen Genitals in die Religion. Die Auferstehung ist die Geburt und das neueinsetzende Geschlechtsvermögen, das in der Himmelfahrt die Erektion darstellt.« (1920 b, S. 325 bzw. 98)

Dies mag als ein Beispiel dafür stehen, daß die Beschäftigung mit dem Symbol für Groddeck keine theoretische Angelegenheit ist, auch nicht nur Zeichen seines Interesses für Kunst und Religion, sondern vor allem Bedeutung hat für seine praktische ärztliche Tätigkeit. Daher ist auch das, was nun folgt, keine systematische Abhandlung; vielmehr sagt Groddeck das, »was mir gerade einfällt«. Dies zeigt deutlich, daß der ›freie Einfall‹, die ›freie Assoziation‹, seit FREUD die ›Grundregel‹ der psychoanalytischen Therapie, bei Groddeck auch in seinen Essays und Vorträgen die entscheidende Methode ist, mit der er unbekanntes Neuland entdeckt und erstaunliche und dennoch fast selbstverständliche Zusammenhänge aufdeckt.

In der Unterhaltung mit meiner Patientin ist das Kreuz als Symbol erwähnt worden, der Gedankengang wurde aber nicht weiter verfolgt. Ich teile hier, auf die Gefahr hin zu sagen, was vielen bekannt ist, mit, was mir zur Symbolik des Kreuzes einfällt.

Es handelt sich um einen Querstrich, der von einem Längsstrich geschnitten wird, oder umgekehrt um einen Längsstrich, der von einem Querstrich geschnitten wird; ich überlasse es der Beobachtung der Leser, was für Menschen mit dem Querstrich und wer mit dem Längsstrich anzufangen pflegt, sie werden bald herausfinden, daß der verschiedene Anfang von verschiedener Symbolsetzung herrührt. Das eine Mal ist die Richtung von oben nach unten gekreuzt durch die von rechts nach links (links nach rechts ist bei den Europäern selten[1]), das andere Mal ist die Waagerechte zuerst da und wird von der Senkrechten durchschnitten. Das Kreuz wird aber beim Zeichnen so gut wie niemals aufgerichtet, gleichsam zur Kreuzigung; der naive Mensch beginnt oben oder an der Seite.

Die Mystik hat verschiedentlich die waagerechte Linie als das weibliche Prinzip gedeutet, die senkrechte als das männliche; danach wäre das Kreuz die Vereinigung von Mann und Weib. Man könnte denken, daß das genug wäre; der Mensch scheint aber nicht eher zufrieden zu sein, als bis er das Menschliche, also das Höchste, was es für uns gibt, das Einzige sogar, irgendwie in Dunst aufgelöst hat, es angeblich in höhere Sphären erhoben hat; man hat darum das senkrechte männliche Prinzip zum Seelischen, zum Höheren gemacht und das waagerechte weibliche zur Materie, zum Niederen. Besonders eifrig sind dabei die Weiber, die noch nicht einmal merken, wie sie ihrer selbst dabei spotten, wie es denn den Menschen überhaupt nichts ausmacht, ihre Mutter durch den verächtlichen Gebrauch des Wortes Materie (Mütterliches), Materialismus, materiell zu beschimpfen. Nach dieser mystischen Deutung würde also das Männliche sich, wenn es zum Weiblichen gelangen will, erniedrigen, herablassen müssen, während das Weibliche unerschüttert sein Niveau beibehält, ja, das Männliche würde sogar durch das Zusammentreffen mit dem Weibe unter das Niveau des Weibes sinken. Das entspricht den Vorgängen der Liebesvereinigung, bei der das erhobne männliche Glied zum kindlichen zusammensinkt, der Mann zum Kinde wird, während das Weib bleibt, was sie ist. Der letzte Sinn der Vereinigung ist ja auch der, daß der Mann zum Sohne des Weibes wird und das Weib zu seiner Mutter. Das und das allein ist der Sinn der Liebe, ihr Ziel durchaus nicht die Schwangerschaft, die vielmehr nur ein zeitweise hinzukommendes Ereignis ist, oder gar der Orgasmus, der nur der unwiderstehliche Antrieb zur Erreichung des Ziels, der Ruhe und des Schlafs, des Kind- und Mutterseins ist. Wenn man aber aus dem senkrechten Strich, dem Manne, das Seelische macht mit dem Nebengedanken, daß das Seelische das Edlere sei, so vernichtet man damit den Sinn des Symbols.

Übereinstimmend mit dieser symbolischen Deutung des Kreuzes als Wahrzeichen der Vereinigung ist der Gebrauch des Kreuzes als Additionszeichen und, in seiner schiefen Stellung, als Vervielfälti-

---

[1] Auf diese interessante ›Fehlleistung‹ (FREUD 1901) machte ein Leser der ›Arche‹ den Autor im übernächsten Heft (Nr. 21 vom 25. 2. 1926, S. 17) aufmerksam, ohne daß Groddeck seinen Fehler einsieht. Ist dies vielleicht ein Hinweis darauf, daß Groddeck mit der Rechts-Links-Problematik und -Symbolik, auf die er in seinen Schriften gelegentlich zu sprechen kommt, bei sich selbst nicht im klaren ist?

gungszeichen (Schwangerschaft). Die Symbolik greift hier tief in das tägliche Leben ein, weil ja das Rechnen fast mit allen Lebensgewohnheiten verknüpft ist, und Erkrankungen oder Ungeschicklichkeiten lehren oft genug, daß die Symbolik des Kreuzes und der Rechenzeichen dem Unbewußten sehr wohl bekannt sind, und daß es auf Grund dieser Kenntnis selbst den Erhabnen allerlei Streiche spielt. Allerdings ist die Mathematik, diese angeblich reinste Wissenschaft so vollgepfropft mit Sexualsymbolen, daß es kaum eines andern Beweises für die Allmacht des Triebes benötigte als einer kurzen Beschäftigung mit den Formen, Arten und Zeichen der Mathematik. Gymnasiallehrer sollten so etwas wissen. Daß der senkrechte Strich, der männliche als Zeichen der Division gilt, ist verständlich, da der Mann sich ja bei der Vereinigung teilt, etwas Wesentliches abstößt, und ebenso, daß sich im Minuszeichen das Verlangende, das Minderwertige im weiblichen Gefühl ausspricht.

Mit alledem ist über die Symbolik des römischen Kreuzes, von dem unsre Unterhaltung handelte, nichts gesagt, die Form des römischen Kreuzes weist direkt auf die Kreuzigung hin. Fragt man jemanden, was er, wenn er die christliche Anschauung ausschalte, in der Kreuzform sähe, so erhält man fast regelmäßig die Antwort: Es ist ein Mensch mit ausgebreiteten Armen, und wenn man weiter fragt, wozu der Mensch die Arme ausbreite, so lautet die Antwort: um zu umarmen. Das also, der Mensch, der umarmen will, wäre eine Deutung des Symbols Kreuz. Es fragt sich aber, ob sich der Mensch, der umarmen will, nicht näher bestimmen läßt. Da zeigt sich, daß dieser Mensch umarmen will, aber nicht umarmen kann, denn die Arme sind unbeweglich; das Verlangen nach der Umarmung ist aber so stark, daß es nie aufhört, daß es zur Natur, zum Wesentlichen dieses Symbols gehört. Würde das Verlangen gestillt werden, so würde das Kreuz vernichtet.

Vielleicht kommt man dem Problem näher, wenn man sucht, wen das Kreuz zu umarmen wünscht. Die Antwort ist klar: Es kann nur Christus sein. Christus hängt an dem Kreuz, er ist dem Kreuz am nächsten, für ihn sind die Arme des Kreuzes ausgebreitet: Christus aber ist der Sohn, des Menschen Sohn, wie er sich selbst nennt, der Mensch als Sohn. Damit ist für mich bewiesen, daß die verlangenden Arme, die nicht umarmen dürfen, die Arme der Mutter sind.

So steht denn im Mittelpunkt der christlichen Religion das eine, ewige Menschenproblem – soweit meine Kenntnisse reichen, weiß ich kein andres Lebewesen, das dieses Problem hat –, daß

Mutter und Sohn mit Nägeln aneinander genagelt sind, ohne je sich nahe kommen zu können: Der Mutter bleibt kein andrer Weg, dem Verlangen zu entfliehen, als lebloses Holz, unempfindende Materie zu werden, der Sohn aber, dessen Wort: »Weib, was habe ich mit dir zu schaffen« das tiefste Geheimnis der Menschenwelt kundgibt, stirbt freiwillig mit vollem Bewußtsein dessen, was er tut – er gibt dem Judas den Bissen, der die Entscheidung bringt –, stirbt, langenden Armen festgenagelt, nah und unnahbar getrennt, an der Mutter und erlöst damit die Welt.

Die medizinische Wissenschaft hat aus der Zeit, da sie noch nicht exakt geworden war, da sie der Phantasie, dem schauenden Blick in das Geheimnis noch gab, was ihm gehört, da sie sich noch nicht schämte, unwissend gleich dem Kinde zu sein, da sie noch Wissen schuf[2], eine Benennung aufbewahrt, die all diese Symbolik in einem Wort umschließt: Sie nennt den Knochen, in dem das Weh der gebärenden Mutter empfunden wird, Kreuz, Os sacrum.

---

[2] Das Wortspiel ›Wissenschaft‹ – ›Wissen schaffen‹ kommt bereits in Groddecks populärmedizinischem Frühwerk ›Nasamecu‹ (1913) vor: »Wenn man die Wissenschaft als eine Tätigkeit betrachtet, die Wissen schafft, so läßt sich damit auf ärztlichem Gebiet arbeiten.« (1913, S. 32 bzw. 48)

Unbewußtes und Sprache (1926)

Editorische Vorbemerkung

Erstveröffentlichung in: ›Die Arche‹, Jg. 2, Nr. 3/4 vom 4. 6. 1926, S. 33–40.

»Spiel mit der Sprache[1], weiter nichts«, so lautet Groddecks eigener Kommentar zu den folgenden Seiten. In der Tat: Wenn man anfängt, das Unbewußte mit der Sprache spielen, sich in der Sprache ausdrükken zu lassen, was ja die Psychoanalyse gezielt als therapeutisches Instrument einsetzt, dann kann dies ein gefährliches Spiel werden. Manch ein exakter Sprachforscher wird sich die Haare raufen, wenn er Groddecks kühne Assoziationsketten liest, von denen es dann in seinem Spätwerk ›Der Mensch als Symbol‹ (1933 b) nur so wimmelt. Nun will aber Groddeck keine ›objektive‹ Sprachforschung treiben, sondern – und das ist extrem ›subjektiv‹ – das Unbewußte mit Hilfe der Sprache zur Sprache bringen.
Groddecks Beispiele für das ›Verlesen‹ und ›Verschreiben‹ sind brillante Beispiele einer ›Psychopathologie des Alltagslebens‹ (FREUD 1901). Es folgen kritische Bemerkungen zu zwei psychoanalytischen Grundbegriffen, der ›Sublimierung‹ und den ›Kastrationskomplex‹, die manchen orthodoxen Analytiker verschrecken mögen, da Groddeck aufzeigt, daß der Abwehrmechanismus der Verdrängung bis hin in die ›unbewußte Sprachbildung‹ am Werke ist, was bei der Psychoanalyse um so mehr erstaunen muß, »die es sich zur Aufgabe gemacht hat, gegen diese Macht anzukämpfen«. ». . . was für ein seltsam Ding (ist) unsere Sprache«, so sagte Groddeck im selben Jahr in einem seiner Berliner Vorträge (1926e, S. 14 bzw. S. 185 bzw. S. 61), »daß sie Dinge sagt, die wir nicht beabsichtigen zu sagen, daß wir ebensowenig wissen, was wir reden, wie was wir tun.« Dies könnte als Motto über den folgenden »assoziativ betriebenen Sprachstudien« stehen, über deren »Fruchtbarkeit« sich jeder selbst sein eigenes Urteil bilden möge.

[1] Leider erwähnen GOEPPERT (1973) und LORENZER (zuletzt 1977) in ihren Ausführungen über das ›Sprachspiel‹ (der Terminus stammt von LUDWIG WITTGENSTEIN) Groddeck nicht.

Mir kommt es vor, als ob ›Die Arche‹ auf diesem Gebiet Handel treiben könnte; vielleicht beteiligen sich einige Mitreisende an der Unternehmung. Die Benennung ist gewählt worden, weil sich viel darin unterbringen läßt. Ich lege aber keinen Wert auf den Namen, wenn nur ein Gewinn bei der Sache erzielt wird. Vorläufig gebe ich einige Beispiele, nicht um das Gebiet zu bestimmen oder abzugrenzen, sondern um einige seltsame Produkte der fremden Meere zu zeigen und so die Abenteuerlust anzuregen.

Da ist zunächst die vergleichende Sprachforschung des Kindes: »Porzellan heißt es, weil es so leicht purzelt und dann zerbricht.«

Ein Satz aus dem Unbewußten des Dienstmädchens, die eine Tasse zerbrochen hat: »Die Tasse ist mir heruntergefallen und kaputtgegangen.« Sie wird zum absichtlich handelnden Wesen gemacht.

Das Unbewußte der Mutter sagt, wenn sie selber gekleckert hat, zum Dienstmädchen: »Da ist ein Fleck auf das Tischtuch gekommen.« Wenn eins der Kinder der Sünder war, heißt es: »Du hast wieder einen Fleck auf das reine Tischtuch gemacht.« Liebevolle Erziehung.

Das Unbewußte des Mannes sagt, wenn der Mann einen Schnupfen hat: »Ich habe mir dort und dort einen Schnupfen geholt«; wenn er einen Tripper hat, sagt das Unbewußte: »Das verdammte Frauenzimmer hat mich angesteckt.«[2]

Das Unbewußte einer Bekannten von mir bildete das Wort Trittoar für Trottoir, Fettschrank für Buffet, Vornerande für Veranda.

Bis in das volle Mannesalter hinein – ich war über 40 Jahre alt, ehe ich meinen Irrtum bemerkte – hat mein Unbewußtes an der Umbildung des Wortes *Sarkophag* in ›Sakrophag‹ festgehalten, trotzdem ich auf dem Gymnasium leidlich gut Lateinisch und Griechisch gelernt hatte, trotzdem ich mich reichlich mit Kunstgeschichte beschäftigt und so das Wort tausend und abertausendmal gelesen hatte, trotzdem ich in Italien so und so viele Sarkophage interessiert angesehen hatte; ich besinne mich noch genau meines Erstaunens und meiner Beschämung, als ich von einer Dame, auf deren Bildungsniveau ich hochmütig herabzublicken pflegte, auf meinen Irrtum aufmerksam gemacht wurde. Das

---

[2] Vgl. hierzu Groddecks Essay ›Ich erkälte mich‹ (1933) und den Beginn seines ersten Berliner Vortrages von 1926; über Redewendungen mit ›sich ...‹ sagt er da: »Immerhin liegt in den Worten der Sinn, daß der Mensch sich absichtlich krank macht, daß er eine sich ihm bietende Gelegenheit ergreift, um sich zu schädigen. Dem Sinne nach ist das ›Ich erkälte mich‹ dem ›Ich schneide mir den Hals ab‹ ähnlich.« (1926e, S. 14 bzw. S. 185 bzw. S. 61)

Besondere dabei ist, daß ich zu wissen glaube, was mich zu dem Irrtum gebracht hat. Im Moment der Berichtigung schoß mir das Wort ›Mutter‹ durch den Kopf. ›Sarko‹ ist wohl wegen der Ähnlichkeit mit Sarg abgelehnt worden; dabei kann ich es unentschieden lassen, wessen Tod ich nicht wahrhaben wollte. Dagegen kann ich auf Grund der mir wohl erinnerlichen Assoziationen, die gewiß noch nicht von Kenntnissen angekränkelt waren, da sich die Sache vor meiner Beschäftigung mit Psychoanalyse abspielte, bestimmt sagen, daß das ›Sacer‹, das Heilige des ›Sakrophags‹ mit meiner Mutter in Verbindung steht. Sie ist der Sarg, die Esserin des Heiligen. Jetzt neige ich zu der Ansicht, daß dieses Heilige, das von ihr gegessen wird, der Kindskeim ist, daß das von mir verdrängte Sarko- (Sarx = Fleisch) das männliche Glied war, im besondren mein eignes, daß also die Wortbildung aus dem Ödipuskomplex, dem Begehren nach der geschlechtlichen Vereinigung mit der Mutter, und aus dem damit untrennbaren Kastrationskomplex, der Angst vor dem Verlust der Männlichkeit, entstanden ist; die Vorstellung war dabei, daß der Geschlechtsteil des Mannes von dem Weibe abgebissen und verzehrt wird und daß aus solcher Mahlzeit das Kind entsteht. Ich halte es für wahrscheinlich, daß der ungeheure Eindruck, den der Anfang des Johannesevangeliums[3] auf mich von jeher gemacht hat – der Name dieser Zeitschrift[4] zeugt von der Größe dieses Eindrucks, und ich weiß, daß einige, speziell einer der Taufpaten der Zeitschrift im Moment der Namensgebung unter dem Einfluß des Johannesevangeliums standen –, ich halte es für wahrscheinlich, sage ich, daß dieser Eindruck im Zusammenhang und wesentlich abhängig ist von meinem Verhältnis zu meiner Mutter und von der Vorstel-

---

[3] Vgl. hierzu Kap. 1, v. a. Vers 1, 3–4, 11–14.
»Im Anfang war das Wort, und das Wort war bei Gott, und Gott war das Wort ... Alle Dinge sind durch dasselbe gemacht, und ohne dasselbe ist nichts gemacht, was gemacht ist. In ihm war das Leben, und das Leben war das Licht der Menschen ... Er kam in sein Eigentum, und die Seinen nahmen ihn nicht auf. Wie viele ihn aber aufnahmen, denen gab er Macht, Gottes Kinder zu werden, die an seinen Namen glauben; welche nicht von dem Geblüt noch von dem Willen des Fleisches noch von dem Willen eines Mannes, sondern von Gott geboren sind. Und das Wort ward Fleisch (griech.: sarx) und wohnte unter uns, und wir sahen seine Herrlichkeit, eine Herrlichkeit als des eingeborenen Sohnes vom Vater, voller Gnade und Wahrheit.«
(Übersetzung von MARTIN LUTHER)
Groddeck hat sich dazu jedoch später entgegen der hier formulierten Absicht nicht konkreter geäußert.
[4] ›Anfang‹ heißt im Griechischen ›arché‹; dies hat aber etymologisch nichts mit der ›Arche‹ zu tun, nach der Groddecks Zeitschrift genannt ist, was aber Groddeck nicht daran hindert, beides miteinander in Verbindung zu bringen: »Die Arche bedeutet Anfang. Sie vollendet nicht, sie soll stets wieder anfangen, soll jung sein.« (In einigen Nummern der ›Arche‹ als redaktionelle Schlußbemerkung angefügt, das erste Mal im Jg. 2, Nr. 1 vom 12. 4. 1926, S. 32.)

lung, daß das Kind durch Abbeißen und Aufessen des Gliedes entsteht. Vielleicht findet sich später eine Gelegenheit, die assoziativen Beziehungen meiner kindlichen Zeugungstheorie zu dem Essen und dem Heiligen weiter auszuführen. Ich möchte zu der Sprachbildung zurückkehren.

Dunkel, munkeln, funkeln fällt mir ein, die beiden Worte im Anfang und am Ende als Gegensätze, das mittlere als Verbindungsglied. Arm, umarmen, barma, erbarmen, arm bilden für mich wiederum eine Kette. Besonders interessant ist für mein Empfinden das Wort ›ein‹ mit seinen Abwandlungen – so möchte ich es nennen – nein, kein, mein, dein, sein, wobei ich es dahingestellt sein lasse, ob das Wichtigste nicht etwa das in ›ein‹ enthaltene ›in‹ ist; ›ein‹ birgt in sich auch das ›Ei‹, den Anfang der Welt. Haben ›ich‹ und ›nicht‹ dieselben Wurzeln im Unbewußten? Unmöglich scheint mir das nicht; das lateinische ›non‹ könnte entsprechend die durch das ›n‹ charakterisierte Verneinung des Ich-Endbuchstabens ›o‹ sein. Und dann: ego, nego[5]. Je, nie, jemals, niemals, jemand, niemand. Oder: sprechen, erbrechen, husten, pusten, prusten, leise, laut, lallen, lachen usw.

Zum Schluß möchte ich noch auf zwei Wortbildungen oder vielmehr seltsame Verwendungen zweier Wörter in der Psychoanalyse aufmerksam machen. Bei dem einen handelt es sich um eine Spielerei, die man mir hoffentlich nicht übelnehmen wird, weil sie mir Gelegenheit gibt, mich mit einer wichtigen Lebensfrage auseinanderzusetzen. Es ist das Wort *Sublimieren*. Die Psychoanalyse drückt mit dem Wort ihre Ansicht aus, daß »die Sexualstrebung ihr auf Partiallust oder Fortpflanzungslust gerichtetes Ziel aufgibt und ein anderes annimmt, welches genetisch mit dem aufgegebenen zusammenhängt, aber selbst nicht mehr sexuell, sondern sozial genannt werden muß. Die Psychoanalyse fügt sich dabei der allgemeinen Schätzung, welche soziale Ziele höher stellt, als die im Grunde selbstsüchtigen sexuellen.« (Freud: Einführung in die Psychoanalyse[6]) Wenn ich Freud nicht sowieso anbetete, würde ich es für diese Stelle tun. Ich kenne niemanden, der das hätte schreiben können, der in vier Zeilen eine ganze Welt aufrichten und in drei weiteren so göttlich ironisch über die eigne Schöpfung lachen kann. Er wird es verstehen, wenn ich ein wenig über sein Wort »Sublimieren« spotte, selbst wenn es nur auf die Weise geschehen kann, daß meine Spottlust seiner unbewußten Sprachbildung Deutungen unterschiebt, die sich nicht auf seine Aussagen stützen. In einer Anmerkung – ich weiß im Augenblick

---

[5] ›ego‹ heißt im Lateinischen ›ich‹, ›nego‹ ›ich verneine‹.
[6] Gemeint ist FREUD (1916/17), S. 339.

nicht, in welcher seiner Schriften sie steht[7] – sagt er einmal, es sei nicht ausgeschlossen, daß alle Neurosen in irgendeiner Abhängigkeit von der Syphilis ständen; Syphilis wurde zu der Zeit, in der wir beide noch jung waren, nicht mit dem alleinseligmachenden Salvarsan, sondern mit dem alleinseligmachenden Sublimat behandelt, sie wurde sublimiert. Aus meiner seelensucherischen[8] Geistesverfassung heraus behaupte ich nun, daß die seltsame Überschätzung der Syphilis bei der Namenswahl Sublimieren entschieden hat. Vom Lächerlichen zum Sublimen ist nur ein Schritt.

Die zweite Wortbildung in dem Sprachgebrauch der Psychoanalyse, die für mich eine Quelle stiller Heiterkeit ist, obwohl ich weiß, daß diese Wortbildung des psychoanalytischen Unbewußten noch viel Unheil anrichten wird, weil sie nicht durch Ironie unschädlich gemacht worden ist, dieses zweite Wort ist *Kastrationskomplex*. Man versteht darunter die Masse der Assoziationen, die sich um die kindliche Idee bilden, das Männliche werde gewaltsam dem Menschen fortgenommen oder könne fortgenommen werden. Nun ist der Ausdruck Kastration längst vor der Einführung der Psychoanalyse für einen ganz andern Vorgang festgelegt worden, für die Entfernung der Hoden; das Glied selbst wird bei der Kastration nicht mit entfernt. Es lohnt sich, ich habe es schon bei früherer Gelegenheit gesagt, sich mit den Gründen zu beschäftigen, die hier mitgewirkt haben. Dabei wird sich, wenigstens für mich, herausstellen, daß die Gewalt des Verdrängenden schon in den Grundlagen der Wissenschaft übermächtig ist, die es sich zur Aufgabe gemacht hat, gegen diese Macht anzukämpfen.

Am besten wird es sein, durch ein paar Erzählungen klarzumachen, was ich meine und warum ich bei dem Wort Kastrationskomplex zuweilen lache. Vor einigen Jahren behandelte ich einen Homosexuellen, für den nur das männliche Geschlecht und speziell das männliche Genitale Interesse hatte. Er besaß einen Hund, den er zärtlich liebte, weil er ihm von seinem Freunde geschenkt worden war. Bei irgendeiner Gelegenheit behauptete er, daß man bei den Hunden nicht ohne weiteres entscheiden könne, ob es ein männlicher oder weiblicher Hund sei. Als ich darüber lachte, wurde er böse, und als ich ihm sagte, kein Tier trage so offen seine Testikel zur Schau wie der Hund, wollte er es nicht glauben, pfiff seinen Hund herbei und war sehr erstaunt, die strotzenden Hoden

---

[7] Groddeck bezieht sich vermutlich auf FREUD (1898), S. 21.
[8] Groddeck spielt hier auf seinen psychoanalytischen Roman ›Der Seelensucher‹ (1921) an.

des Tieres so augenfällig vor sich zu sehen; er habe das noch nie bemerkt. – Dieselbe eigenartige Verdrängung fand sich bei einem andern Homosexuellen, den ich zum nächsten Droschkenstand schicken mußte, damit er sich davon überzeuge, wie leicht man einen Wallach von einer Stute und von einem Hengste unterscheiden könne. Er war Offizier und Sohn eines Kavalleriegenerals. Ich erzähle nur diese beiden Tatsachen, weil man annehmen sollte, daß Menschen, deren Hauptinteresse die männlichen Geschlechtsteile sind und die sie täglich eingehend betrachteten und betasteten, damit Bescheid wissen müßten. Aber selbst bei ihnen waltet die Macht des Kastrationskomplexes, des echten Kastrationskomplexes, der sich zunächst gar nicht auf das Glied bezieht, sondern auf die Hoden. Die Angst des Kindes ist nicht, daß das Glied weggenommen wird, die Angst ist, daß die Testikel fortgenommen werden. Und diese Angst hat ihre Begründung neben vielen andern Dingen in der ungeheuren physiologischen Bedeutung der Hoden, die dem Bewußten unbekannt sein mag, das Unbewußte aber – das versteht sich von selber – fühlt und kennt diese Bedeutung. Verstärkt wird diese Angst durch kindliche anatomische Experimente, bei denen es dem Knaben gelingt, den einen oder andern Hoden aus dem Beutelchen in den Leistenkanal zu drücken; der Knabe kennt das Verschwinden der Hoden aus eigner Erfahrung.

Daß dies wirklich so ist, daß für das Unbewußte nicht der Penis die Männlichkeit beweist, sondern die Zeugen dafür die Testikel – auf deutsch ›kleine Zeugen‹ – sind, beweist die Erfahrung täglich, bei Männern und bei Frauen. Für die Männer gab ich eben zwei charakteristische Beispiele, könnte sie aber aus Erfahrungen des üblichen Geschlechtslebens – das man mit dem Ausdruck ›normal‹ zu bezeichnen pflegt, damit nur ja nicht der Gedanke aufkommt, die Homosexualität sei auch normal, was sie doch an und für sich gewiß ist – in weitestem Maße ergänzen. Für die Frauen ist der Beweis leicht zu führen. Die Frauenseele verehrt die Hoden als unverletzliches Heiligtum: Niemals wird es einer Frau einfallen, selbst nicht, wenn sie in Gefahr ist, von einem Strolch vergewaltigt zu werden, die Eier des übermächtigen Gegners zu zerquetschen, womit sie ja jeder Gefahr enthoben wäre. Die Zeugen sind nicht nur vor Gericht sakrosankt. – Entschieden wird aber die Frage, ob es sich bei der vielberufenen Kastrationsangst um das Glied des Menschen oder um den Beutel mit den beiden Eiern handelt, durch das Verhalten des Kindes: Läßt man das Kind einen nackten Menschen zeichnen, so zeichnet es wohl den Penis, meist sehr deutlich, den Hodensack aber läßt es fort. Ihm gilt, scheint es, die erste und wichtigste Verdrängung. Vielleicht erklärt sich daraus auch, warum die Bedeutung der Hoden in ihrer ganzen physiologischen Wichtigkeit erst neuerdings anerkannt wird, warum, obwohl seit Jahrtausenden die Folgen der Kastration jedem Menschen bekannt waren, dem nie eine wissenschaftliche Forschung oder gar das praktische Experiment Rechnung getragen hat. – Nebenbei möchte ich nur, anknüpfend an das, was ich über das Ei in ›ein‹ gesagt habe, nochmals auf die Fruchtbarkeit assoziativ betriebener Sprachstudien hinweisen: Hoden, Zeuge, Ei, ein; es gibt zwei Hoden, und: Eines Mannes Rede ist keines Mannes Rede, man soll sie hören alle beede. –

Für mich unterliegt es keinem Zweifel: Die Kastrationsangst bezieht sich auf die Eier und den Sack, in dem sie liegen, und die so viel besprochne Penisangst und der bis zum Überdruß erörterte Penisneid entstehen erst sekundär und sind nur dazu da, die eigentliche Angst zu verstecken. Daraus würde hervorgehen, daß das Wort »Kastrationskomplex« richtig gewählt worden ist, allerdings unbewußt richtig, denn wer heute von Kastrationsangst spricht, meint die Angst um den Penis, nicht die um die Eier. Dabei heben alle Psychoanalytiker einstimmig hervor – ich habe natürlich dieselbe Verdrängung jahrelang ausgeübt, bin erst langsam dahinter gekommen, was der Kastrationskomplex ist –, alle sagen, der Kitzler gelte dem kleinen Mädchen als Wurzel des Penis, aus der sich mit der Zeit der prachtvolle Schmuck des Menschenschwanzes entwickeln werde.

Ich weiß nicht, ob es durch mein langes Geschreibsel, trotz meines langen Geschreibsels klar geworden ist, was ich meine, daß nämlich entgegen aller Verdrängungsmächte der Angst um die Eier die unbewußte Sprachbildung doch recht mit dem Wort »Kastrationskomplex« hat; wenn außerdem der eine oder der andre durch meine Behauptungen angeregt würde, sich nochmals mit dem Penisneid auseinanderzusetzen, so wird das kein Schade für die Psychoanalyse sein. Um die Vorteile solcher Nachprüfung anschaulich zu machen, teile ich hier noch ein Assoziationsspielchen eigner Erfindung mit.

Seit langer Zeit ist es üblich, die Abneigung vieler Menschen gegen die *Haut auf der Milch* auf die Entwöhnung des Kindes zurückzuführen; man behauptet – vielleicht behauptet man es schon nicht mehr, dann bitte ich, gütigst meine Unwissenheit zu entschuldigen –, die Haut auf der Milch korrespondiere mit der Haut der mütterlichen Brust, und die unbewußte Erinnerung an die Qualen des Absetzens von dieser geliebten Quelle aller Lust verbittre den Genuß der Milchhaut. Ich habe nie eine Bestätigung dieser Annahme in meiner Praxis erlebt. Dagegen ist mir von Kranken auf dem Wege der freien Assoziation das Ei in Verbindung mit der Milchhaut genannt worden, und tatsächlich ist den Kindern die Eihaut, sobald sie sich am Gaumen festsetzt, im höchsten Grade unangenehm, schon zu einer Zeit unangenehm, wo ihnen die Brust noch nicht entzogen ist. Damit wäre die Möglichkeit gegeben, daß sich die Abneigung gegen die Milchhaut nicht auf die Verbindung Milch und Haut bezieht, sondern auf das Häutchen an sich in Verbindung mit dem Worte Ei. Es enthielte diese Abneigung dann Bestandteile des echten Kastrationskomplexes und einer Reihe andrer seltsamer und wichtiger Erlebnisse. Ganz abgesehen von der Assoziation Ei – Hoden bringt der Genuß des Eis in der Form des Hühnereis die ersten Grundlagen der kindlichen Geburtstheorien; denn das weiß ein jedes Kind, daß aus dem Ei das Hühnchen auskriecht, weiß es schon sehr frühzeitig und knüpft daran allerhand dumpfes Denken. Dieses dumpfe Denken aber, so könnte man es sich vorstellen, weckt Erinnerungen an das Paradies des Mutterleibs, als man selbst noch im Ei steckte, und an die Austreibung aus diesem Paradiese, die damit begann, daß die Eihaut platzte. Das war allerdings eine Kastration, eine so gründliche, wie sie nur wieder beim Tode, bei dem Eingehen in den symbolischen Mutterleib des Sarkophags vorkommt. Und das, so wagt ein übermütiges Gehirn wie das meine zu spekulieren, führt noch weiter zurück zu der ersten Kastration des Samenfadens aus dem Ei des Vaters heraus, die vielleicht dem Samentierchen, so angenehm sie dem kastrierenden Vater im Wollusttaumel sein mag, sehr unangenehm ist. Wer kann das wissen? Und wiederum macht dann der Samenfaden eine seltsame Erfahrung mit einem Ei, in das er eindringt, und dieses Ei umgibt sich dann gar mit einer Haut, die den Verlust der Freiheit, das Sterben und Auferstehen im Weibe unwiderruflich macht. Dann wäre die Milchhaut freilich ein wunderlich vielfältiges Symbol, da ja nun auch noch in ihr das Weib enthalten wäre, Begattung, Befruchtung, Geburt, ja gar auch noch Menstruation und Abstoßen des weiblichen Eis von dem Eierstock.

Spiel mit der Sprache, weiter nichts. Verzeihung!

Industrie, Wissenschaft und Kunst (1926)

Editorische Vorbemerkung

Erstveröffentlichung in: Die Arche, Jg. 2, Nr. 17 vom 17. 12. 1926, S. 15–26.

Immer wieder zog es Groddeck nach Berlin, der Stadt seiner Jugend- und Studienzeit. In den Jahren 1924, 1926, 1927 und 1929 hielt er an der Berliner Lessing-Hochschule, einer volkshochschulartigen Bildungseinrichtung, Vorträge. Es ist bezeichnend, daß Groddeck nicht vor einer akademischen Zuhörerschaft spricht, sondern populäre Vorträge für jedermann hält, »mit viel Vergnügen und gutem Erfolge«, wie er am 18. 12. 1924 an SIGMUND FREUD schreibt (Groddeck 1970 bzw. Groddeck/FREUD 1974, S. 74).

Im Jahre 1923 waren kurz nacheinander Groddecks ›Das Buch vom Es‹ und FREUDS ›Das Ich und das Es‹ erschienen. Mit dem ›Es‹ hatten beide, FREUD und Groddeck, eines ihrer entscheidenden Konzepte gefunden, so unterschiedlich das ›Es‹ bei beiden im einzelnen auch sein mag. So ist es einsichtig, daß das ›Es‹ das Thema von Groddecks Berliner Vorträgen der Jahre 1924 und 1926 ist. Die Vorträge von 1924 sind nicht erhalten, weder im Druck noch als Manuskript, die von 1926 erschienen noch im selben Jahr in der ›Arche‹. Ihre Thematik ist bezeichnend für Groddeck: ›Das Es und die Psychoanalyse‹, ›Der Alltag‹, ›Krankheit‹, ›Behandlung‹, ›Industrie, Wissenschaft und Kunst‹ und ›Das Es und die Evangelien‹. Der weite Bogen spannt sich von der Medizin bis hin zur Kunst und Religion: »Der Wille des Es, sich die Welt untertan zu machen, tritt da deutlich zu Tage«, so Groddeck, nicht nur äußerlich in Anlehnung in NIETZSCHE.

Die vier ersten Vorträge vom Herbst 1926 liegen bereits im Nachdruck vor (1926 e–h.). In unserem Zusammenhang ist vor allem der fünfte über ›Industrie, Wissenschaft und Kunst‹ von Interesse. Groddeck versucht hier, einzelne Lebensbereiche in ihrer Beziehung zum Es zu untersuchen. Nun ist das systematische Vorgehen nicht Groddecks starke Seite; daher bleibt hier manches kursorisch und etwas farblos, abgesehen vom Schluß, wo er mit seiner Deutung von MICHELANGELOs Pietà wieder ganz konkret wird.

Wenn meine Behauptung, daß nicht das Ich des Menschen sein Leben beherrscht, sondern ein Unbekanntes, ein Es, für Arbeitszwecke brauchbar ist, darf man annehmen, daß sich die Wirksamkeit dieses Es auch in den breiten Lebenserscheinungen, der Industrie, der Wissenschaft und der Kunst nachweisen läßt. Betrachtet man daraufhin den menschlichen Organismus, der ja nach der von mir vertretenen Hypothese eine Schöpfung des Es ist, so kann man wohl sagen, daß das Es menschliches Handwerk und menschliche Industrie in erstaunlichem Maße und mit vollendetem Geschick ausübt. Nimmt man z. B. ein so wichtiges Gewerbe wie die *Industrie der Bekleidung*, so sieht man auf den ersten Blick, daß das Es in solcher Tätigkeit Meister ist und, so nehme ich an, dem Unbewußten des Erfinders zunächst und weiterhin seinem Verstande sehr wohl eingeben kann, wie am besten gearbeitet wird. Irgendwie muß das wohl die medizinische Wissenschaft auch fühlen: Sie spricht in der Anatomie von Körpergeweben – Bindegewebe, Epithelgewebe, Knochengewebe –, ist also wohl, wenn sie es sich auch nicht immer klarmacht, von der Fähigkeit des Es zu weben überzeugt; freilich ist es bisher der Industrie noch nicht gelungen, Gewebe herzustellen, wie sie die organisierende Kraft des aufbauenden Es im Körper anfertigt. Die kostbarste Seide kann neben der Haut des Menschen nicht bestehen, jeder Sammet verliert, wenn man seinen Zauber mit der Schönheit einer Kinderwange vergleicht oder mit dem Berühren lebendiger Lippen. Als Schutz und als Schmuck trägt der Mensch seine Kleidung, allenfalls auch, um zu verbergen, was er an sich häßlich und beschämend findet. Aber wo ist das Gewebe, das in sich solche Anpassungsfähigkeit an Schwankungen der Wärme hat wie die Haut, das zugleich so wasserdicht und so durchlässig ist, das sich jeder Bewegung so anschmiegt und so fest ist, dessen Farben und Formen so schmücken und das bei alledem den Schmutz und Gestank des Inneren so dicht verhüllt? Und das, wenn es reißt, sich selbst wieder flickt?

Man braucht darüber nicht zu reden, nie wird menschliche Industrie imstande sein, Ähnliches zu schaffen. – Aber das wollte ich nicht besprechen, als ich mein Thema wählte. Mir schwebte dabei das vor, was der Sprachgebrauch Industrie nennt. Mehr oder weniger hängt jede Technik des Menschen mit der Tatsache zusammen, daß er das *Feuer* zu benutzen weiß. Wie ist er dazu gekommen? Eine ganze Reihe von Antworten sind erdacht worden; ein jeder kann darüber denken, wie er will, es fragt sich nur, ob man nicht am besten bei solchem Rätselraten tut, die Logik beiseite zu lassen und das Unbewußte des Menschen zu fragen;

und das gibt eine Art Antwort: In der menschlichen Sprache scheinen sich Vorgänge der fernsten Vergangenheit lebendig zu erhalten, längst nachdem die bewußte Erinnerung vernichtet ist. Die Sprache aber braucht das Wort Feuer in einem doppelten Sinn, sie kennt neben dem Feuer des Herdes das der inneren Leidenschaft des Menschen. Die Sprache legt den Gedanken nahe, daß eine enge Verwandtschaft zwischen der wärmenden Flamme, durch die der Mensch die Welt beherrscht, und dem flammenden Herzen besteht, und der Gedanke, daß die Bändigung des Feuers unmittelbare Folge der dunklen Vorgänge im Triebleben des Menschen war, ist jedenfalls ansprechender als die Idee, der Zufall habe die Menschen auf diese für alles Menschliche so charakteristische Entdeckung gebracht. Es gibt dafür noch eine andre Tatsache in dem Leben der Sprache. Wie Sie wissen, entfachen primitive Volksstämme – Sie kennen das ja aus der Lektüre des Robinson – die Flamme dadurch, daß sie in ein weiches Stück Holz ein Loch bohren, in das stecken sie ein mit Werg und dürrem Gras umwundenes hartes Holz und drehen es so lange in dem Loch des weichen Holzes, bis das dürre Gras durch die Reibungshitze Feuer fängt. Seltsam und im höchsten Grade überraschend ist es, daß sie vielfach das weiche Holz Weib nennen, das harte Mann. Liegt es so fern, anzunehmen, daß der Liebesakt mit seinem Entflammen der Leidenschaft dem Unbewußten den Antrieb zur Erfindung des Feuers gab? – Das Feuer ist wohl vielen Lebewesen bekannt, aber nur der Mensch weiß es zu nutzen; und – wenigstens nach meinem Wissen ist es so – auch nur der Mensch führt den Kampf mit seiner größten Leidenschaft, mit der Liebe zu seiner Mutter bis zu dem absoluten Verbot des Liebesakts zwischen Mutter und Sohn; man ist geneigt, aus diesem einen nur dem Menschen eigentümlichen Sittengesetz, das zu allen Zeiten und bei allen Völkern gilt und das in seiner Allgemeingültigkeit das einzige absolute Gesetz zu sein scheint, vieles abzuleiten, was den Menschen in seinem Wirken und Leben von allen andern Wesen unterscheidet. Warum sollte man nicht die Entdeckung der Feuerskraft auch mit dem vom Menschen durchkämpften Seelenleid zusammenbringen?

Vielleicht bringt die Betrachtung eines andern Industriezweigs, des *Bergbaus*, ähnliche Folgerungen. Auch da gibt die Sprache einige aufklärende Lichter. Der Gedanke, daß die Erde die Mutter des Menschengeschlechts ist, findet sich in allen Sagen und in tausend Redewendungen der Sprache. In die Tiefe dieses Schoßes der Mutter Erde sehnt sich der Mensch, dorthin geht sein Streben all sein Leben lang, bis ihn der Tod endlich in der Mutter Leib bettet. Wie voll von diesem Gleichnis, das Liebe, Nacht und Tod, Mutterleib und Schoß der Erde in geheimnisvolle Zusammenhänge bringt, die Menschenseele ist, bekundet das seherische Wort, mit dem im Faust vom Reich der Mütter gesprochen wird, dem unbetretenen, unbetretbaren, wo weder Raum noch Zeit ist; ein jeder, der diese Worte auf der Bühne hört, wird von dem Schauer ergriffen. Den Bergmann treibt es wie Faust in das Reich der Mütter, sein Beruf wurzelt in dieser ewigen unstillbaren Sehnsucht nach dem Mutterleibe, in dessen Tiefen der Schacht unheimlich lockend führt, in dessen Tiefen alle Kostbarkeit und alle Freude des Lebens und alle Liebe ruht, dessen dunkel und unbewußt erinnerte Seligkeit die Sagen vom verlorenen Paradies und die Hoffnung auf das Himmelreich und ewig frohes Leben schuf, ebenso wie die Angst vor dem unstillbaren Feuer der Hölle. In dem Bergbau ist die Symbolik der Liebesleidenschaft des Sohnes zur Mutter, des Mannes zum Weibe Tat geworden, ähnlich wie in der Sitte, die Toten als Samen dem Gottesacker, dem Frauenleib anzuvertrauen, damit der Mensch von neuem geboren werde; ebenso wie das Pflanzen und Graben im Garten, dessen phantastisches Vorbild wiederum das Paradies ist. Eine etwas ungezogene Geschichte erzählt diese Zusammenhänge so frisch und deutlich, daß ich sie trotz ihrer Ungezogenheit mitteile. Eine Tänzerin oder eine Sängerin oder Gott weiß wer es gewesen sein mag, jedenfalls eine gefeierte Schöne wird von einem ihrer Anbeter zu einem Diner ihr zu Ehren eingeladen. Zu ihrem Erstaunen findet sie nur Herren als Gäste; und nun geschieht etwas, was eine andre wohl in Verwirrung gebracht hätte: der Gastgeber bringt einen Toast aus.

> »Das Gärtchen, das Busch umhegt,« sagt er,
> »Das jeden Monat Rosen trägt,
> Das gern den Gärtner in sich schließt,
> Der es besamt, besät, begießt,
> Das lebe hoch!«

Alles ist gespannt, was die Schöne tun wird, und alles lauscht gespannt, als sie sich sofort nach dem letzten Wort erhebt und den Trinkspruch erwidert:

> »Der Bergmann, der in dunkler Nacht,
> Hinabsteigt in den tiefen Schacht,
> Der drinnen wirkt und drinnen schafft,
> Bis er erlahmt, bis er erschlafft,
> Der lebe hoch!«

Gewiß, es ist eine ungezogene Geschichte, aber sie deutet in wenig Worten ein Geheimnis.

Ich kann bei der Breite des Themas nur Andeutungen geben, aber, wenn sie anregend sind, sind Andeutungen manchmal mehr wert als erschöpfende Auseinandersetzungen. So will ich denn auch aus dem Gebiete der *Wissenschaft* nur ein und das andre Beispiel geben. Daß das schaffende Es ein hervorragender Wissenschaftler ist, der Wissenschaftler im wahrsten Sinne des Worts, das Wesen, das auf allen Feldern Unerhörtes weiß und leistet, habe ich schon oft erwähnt, von seinen mathematischen, physikalischen, chemischen, medizinischen Kenntnissen und Fähigkeiten, seiner juristischen Urteilskraft und Urteilsunbestechlichkeit gesprochen. Wer könnte das, was das Es in der Schaffung und Leitung des Menschen tut, nachahmen? – Für meine Zwecke genügt jedoch solche Betrachtung nicht. Ich wünsche, den Zuhörern die Ansicht allenfalls annehmbar zu machen, daß das Es des Menschen die Wissenschaft leitet, wissenschaftliche Entdeckungen macht und sie dann zur logischen Ausarbeitung und zur verstandesgemäßen nachträglichen Begründung dem Bewußtsein überläßt; es sieht dann so aus, als ob irgendein besonders begnadetes Ich, ein geniales Ich der Wissenschaft vorwärts geholfen hätte. Ich bitte nicht mißzuverstehen: Für mich ist die Verehrung der großen Menschen eine Lebensnotwendigkeit, genau wie für jeden Menschen; ohne solche Verehrung kann man nicht Mensch sein. Aber das hindert mich nicht, mir zuweilen einzugestehen, daß diese Verehrung nicht gerechtfertigt ist, das man nicht den Einzelnen preisen sollte, noch dazu unter dem Vorgeben, daß seine Leistungen ein Verdienst seiner Gehirntätigkeit seien, sondern daß man auch den großen Menschen dem Sein und Werden des Alls einzureihen und sich daran zu gewöhnen hat, den Grashalm oder den Sperling oder den Stinkpilz mit gleicher Ehrfurcht zu betrachten. Es wird allerdings nur für kurze Zeit gelingen: Der Mensch ist so an den Menschen gebunden, daß er trotz aller objektiven Gerechtigkeit doch immer wieder den Dingen, dem Grashalm, dem Sperling, dem Himmel und allen, allen Dingen menschliche Qualitäten andichtet, sie aus dem Zusammenhang des Alls herausreißt und als Persönlichkeiten behandelt, die unsers persönlichen Ichs wegen vorhanden sind. Der Mensch ist eben nicht ein Geschöpf der Umwelt, im Gegenteil, er schafft sich seine Welt selbst; was außerhalb seiner Persönlichkeit liegt, ist nicht vorhanden, und was innerhalb ihrer liegt, wird umgestaltet, bis es unserm Es entspricht. –

Ich greife eine aus dem Kreise der Wissenschaften heraus, deren objektive Untersuchungsmethode und vorsichtige Logik besonders gerühmt wird, die *Astronomie*. Zwei große Systeme haben, so scheint es, von jeher die Betrachtung der Welt geleitet, das sogenannte Ptolemäische, das die Erde als Mittelpunkt des Weltalls annimmt, und das Kopernikanische, für das die Erde ein um die Sonne kreisender Stern ist. Ich sage absichtlich, daß diese beiden Systeme von jeher Geltung gehabt haben und immer behalten werden. Die Ansicht, daß die Erde um die Sonne kreist, war der Antike bekannt, erst nach und nach gewann der Gedanke die Oberhand, daß die Sonne um die Erde sich drehe. Ähnlich ist es bei uns: Wir lernen allerdings, daß die Erde sich um die Sonne drehe, glauben es aber trotzdem nicht, können es gar nicht glauben, denn damit würden wir uns selber aus der zentralen Stellung herausdrängen, die wir nun einmal, weil wir Menschen sind, beibehalten müssen. Mit seinem Denken kann der Mensch davon überzeugt sein, daß sich die Erde um die Sonne dreht, auf sein Wesen hat das aber keinen Einfluß. Alle, auch die Astronomen, leben den Glauben, daß die Erde, und mit ihr der Mensch, Mittelpunkt der Welt ist. – Die Leser der Arche wissen aus den Gesprächen über Innen und Außen, die Egenolf von Röder gedichtet hat[1], woher das kommt und warum es nicht anders sein kann: Solange der Mensch im Mutterleibe lebt, ist sein ganzes Wesen auf das Ptolemäische System eingestellt; er ist der Mittelpunkt, das Weltzentrum, um das sich alles dreht; sobald er geboren ist, lebt er gemäß dem Kopernikanischen System, ist er Planet geworden. Beide Systeme sind unvermeidliche Gedanken des Unbewußten, beide bleiben nebeneinander bestehen, beide sind Grundlagen alles Wissens und Forschens. Das Es hat die wissenschaftliche Astronomie erdacht, nicht der Verstand. Das wird noch deutlicher, wenn man das Wesen der Wissenschaft, die vor allen andern für sich den Namen Wissenschaft beansprucht, der *Mathematik*, prüft. Ehrliche Mathematiker – und wie sollte ein richtiger Mathematiker nicht ehrlich durch seinen Beruf werden – gestehen es ohne weiteres zu, daß ihre Wissenschaft phantasiegeboren ist. Ja, sie begreifen leichter als andere, warum die Ausdrücke dieser Wissenschaft dem Gebiete des Eros offen und versteckt entnommen sind; sie haben auch wohl Verständnis dafür, daß Menschen durch Verdrängungen des Eros unfähig für das mathematische Denken werden, auch wohl dafür, daß der Idiot nicht so gar selten mathematische Fragen zu beantworten weiß.

---

[1] Groddeck bezieht sich auf die von EGENOLF ROEDER VON DIERSBURG in Gesprächsform abgefaßten Beiträge »Vom Außen und Innen«, die in der ›Arche‹ erschienen sind.

Am seltsamsten offenbart sich das vom Ich unabhängige wissenschaftliche Denken des Es in der königlichen Wissenschaft, der *Philosophie*. Alte Zeiten verstanden unter Philosophie Weltweisheit, der Philosoph war der, der Sein und Werden zu erfassen suchte. Der Wille des Es, sich die Welt untertan zu machen, tritt da deutlich zutage: Alle antike Philosophie läßt sich auf den Zwang zurückführen, unter dem das Es sich mit sich selbst und mit seinem Ursprung, seiner Mutter, vielleicht auch seinem Erzeuger, beschäftigen muß. In der modernen Philosophie ist Erkenntnislehre, Erkenntnisphilosophie Mittelpunkt der Wissenschaft geworden mit dem etwas trübseligen Ergebnis, daß Erkenntnis letzten Endes nicht möglich ist. Wer Lust hat, mit dem Wort Erkennen sich ein wenig zu beschäftigen, wird nicht lange brauchen, um zu finden, daß das Wort ›Erkennen‹ eine Doppelbedeutung hat, daß es auch ein Erkennen des Weibes gibt neben jeder andern Erkenntnis. Und das hat einen tiefen und schönen Sinn, dieser biblische Ausdruck; man kann nur bedauern, daß er dem täglichen Leben verlorengegangen ist. Denn wie sollte man das Weib wohl kennenlernen, wenn nicht in der Liebe? Was ist das überhaupt für eine Erkenntnis, die nicht aus der Liebe kommt? Die antiken Menschen wußten es, ebenso wie es die modernen wissen, wenn dieses Wissen bei uns auch nur noch im Unbewußten lebt; die Sprache, diese seltsam wahrhaftige, für den, der zu hören versteht, wahrhaftige Offenbarung des Es beweist es, überall ist der Wortstamm, der Erkenntnis anzeigt, mit den Wortstämmen des Liebeslebens innig verwandt. – Was aber ist der Gegenstand des Erkenntniswunsches? Das sind wir selbst, unsre Welt. Wir haben aber eine doppelte Welt: eine, in der wir leben, und eine, in der wir gelebt haben; beide treibt es uns zu erkennen und vielleicht ist der Wunsch, das verlorene Paradies, die Mutter zu erkennen, in doppeltem Sinne zu erkennen, noch stärker als der der Selbsterkenntnis? Beides aber, die Erkenntnis der Mutter sowohl wie die Selbsterkenntnis, sind, wenn auch nicht unmöglich, so doch verboten, so scharf verboten, das das Resultat dasselbe ist wie Unmöglichkeit. – Die moderne Erkenntnisphilosophie ist uns vom Es befohlen, ist das Resultat des Verdrängens unsers tiefsten Triebes. Die Antike wandelte den unentrinnbaren Trieb nach dem Reich der Mütter in Weltweisheit um, in den Erkenntniswunsch des Makrokosmos; diese Aufgabe hat bei uns die wissenschaftliche Erforschung übernommen, und der Philosophie ist nichts geblieben, als den Beweis zu führen, daß die Erkenntnis der Mutter der Verdrängung verfällt. Die Philosophie ist leider nicht mehr die königliche Wissenschaft. Das Es erlaubt es nicht.

Geringem Zweifel wird die Annahme begegnen, daß die *Kunst* in engen Beziehungen zum Es steht, in unmittelbaren Beziehungen, bei denen es sich viel weniger als auf andern Gebieten der Vermittlung des Verstandes bedient. Wenn man die einzelnen Künste durchgeht, so springt das ja in die Augen. *Plastische Werke*, die sich mit dem unmittelbar vom Es geschaffenen menschlichen Körper messen könnten, existieren nicht. Schon bei der Plastik fällt aber der seltsame Gebrauch auf, den das Es von dem Liebesleben zur Gestaltung der Schönheit macht: Es häuft alle Kunstfertigkeit, die es besitzt, an, um den reifen Mann und das reife Weib zu schmücken, ja es gibt den Werkzeugen, die es zur Ausführung dessen benutzt, was wir als Kunst aufzufassen pflegen, den Künstlern, meist nur die Zeit der Liebesmöglichkeit als Zeit des Schaffens, stattet sie mit Leidenschaftlichkeit aus, die andern fremd ist. – Was von der Plastik gilt, trifft für die *Malerei* in gleichem Maße zu: Die Farbenpracht und Formvollendung, die es auf seine Gemälde menschlicher Lebendigkeit verwendet, sind schon deshalb außerhalb jedes Vergleichs, weil diese Werke des Es sich in ihrer Erscheinung dem wechselnden Leben in tausend und abertausend Nuancen anpassen, nicht starr sind wie das Bildwerk. Besonders auffallend ist den Gelehrten stets der Bau des Auges gewesen, dieses wichtigsten Instruments der Malerei. Man sagt – ich habe nicht genug Kenntnisse, um die Beweise eines solchen Sagens zu prüfen –, das Auge sei der photographischen Kammer ähnlich gebaut. Das bringt auf den Gedanken, daß die Erfindungen des Menschen, auf die er mit Recht stolz ist, erzwungene Nachbildungen unmittelbarer Werke des Es sind, daß sich das Es ab und zu des Gehirns bedient, um Dinge nachbilden zu formen, die es sehr wohl ohne Gehirntätigkeit bilden kann; denn die Anlage und der Plan des Auges wird ohne Hilfe des Gehirns entworfen, zu einer Zeit, wo das Gehirn noch nicht arbeitsfähig zu sein scheint. – Nicht so deutlich wie bei Malerei und Plastik liegen die Beziehungen des Es zur *Architektur*, dafür steigen aber Gedanken auf, die über das Wesen des Es, über das, was es beim Menschen wichtig nimmt, allerlei zu phantasieren wissen. Man kann wohl annehmen, daß die Architektur von der Menschenwohnung ausgegangen ist, daß das Haus der erste Gegenstand für die Baukunst war. Sollte es zu kühn sein, anzunehmen, daß dieses erste Haus, das der Mensch baute, dem Hause nachgebildet ist, das ein jeder neun Monate in Frieden bewohnt, dem Frauenleibe? Es gibt merkwürdige Ähnlichkeiten in den Bezeichnungen der weiblichen Geschlechtsteile und des antiken Hauses, Ähnlichkeiten, die sich in tausend Sprachwendungen wiederholen und die die Aufmerksamkeit unwillkürlich auf die Ähnlichkeit jedes Bauwerks mit dem Menschen und seinem Aufbau lenken. Auch in der Architektur will man entdeckt haben, daß der moderne Eisenbau bei Brücken nach denselben mathematischen, mechanischen Gesetzen ausgeführt wird, die das Es beim Aufbau der Knochen befolgt. – *Dichtkunst, Musik?* Wiederum ist es die Zeit der Liebe, in der beide Künste vom Es dem menschlichen Gehirn zur Ausarbeitung übergeben werden, wiederum ist der Eros der eigentliche Künstler, der Dichter und Sänger. Wiederum fällt es denen, die es verstehen, auf, daß das innere Ohr, das Werkzeug aller Musik, nach den Grundsätzen konstruiert ist, nach denen Jahrmillionen später das Klavier gebaut wird, daß die zweite Grundlage des Dichtens und Singens, der Kehlkopf, Ähnlichkeit mit der Orgel besitzt.

Vor Jahren habe ich Gelegenheit gehabt, mit einem unsrer Dichter über die Vorgänge in ihm während des Dichtens zu sprechen, mit Karl Spitteler, dem Dichter des ›Olympischen Frühlings‹. Er erzählte mir, die eigentliche Arbeit seines Dichtens sei, die Masse der Einfälle und Ideen einzudämmen und gewaltsam zurückzudrängen. Dann müsse er, was übrig bleibe, ordnen. Das sei sein Dichten. Er verglich es mit einem Spaziergang in einem Tal, in das von allen Seiten reichliche Quellen ihr Wasser ergössen, so daß der Wanderer in Gefahr sei zu ertrinken, wenn er nicht die Flucht ergriffe oder wenn er nicht als geborener Riese imstande sei, die strömenden Quellen sofort abzuleiten, ihnen Bahnen fern von dem Tal zu geben. Ich wußte damals noch nichts von Freuds Begriff der Verdrängung, kann mir aber nicht leicht eine klarere Darstellung der dichterischen Tätigkeit denken. Spitteler gab mir noch einen andern Aufschluß über sein dichterisches Schaffen; er sagte: »Der Reim und das Versmaß sind für mich Mittel, um den Strom der Ideen zu ordnen; wenn ich am Schreibtisch sitze, schreibe ich auf einem großen Bogen eine Masse von sich reimenden Wörtern an das rechte Ende des Papiers, der Gedanke, der hingeschrieben werden soll, kommt dann, vom Versmaß gemodelt, von selbst; ich dichte nicht, es dichtet in mir.« – Es fragt sich, was dieses Dichtende ist. Das Es, das ist für mich klar. Aber es läßt sich doch noch etwas mehr darüber sagen, wenn auch die Hauptsache im dunkeln bleibt. Mir will scheinen, daß man zwei Werkzeuge des Es deutlich im Arbeiten des Dichtens verfolgen kann, stets verfolgen kann: das Kind im Menschen – es ist ein Irrtum, daß man je aus dem Kindesalter herauskommt, erwachsen wird nur ein ganz kleiner Bruchteil des Menschen, alles andre bleibt selbst beim Greise Kind – und der Liebestrieb. Daß das Kind hervorragend dichterisch begabt ist, und zwar ausnahmslos jedes Kind, braucht nicht erst gesagt zu werden, wie denn im Kinde alle künstlerischen Talente vorhanden zu sein scheinen; sie werden erst im Laufe der Zeit aus irgendwelchen inneren Notwendigkeiten verdrängt. Und daß die Liebe mitarbeitet, wird bloß der leugnen, der im Eros nichts anderes sieht als Brunst. Aber auch er kann sich der Tatsache nicht verschließen, daß auch sein Eros, der brünstige Eros, ein gewaltiger Dichter ist, der imstande ist, ein Gänschen in eine Königin umzudichten. – Mit der Musik brauche ich mich nicht lange aufzuhalten; ihre Abhängigkeit von dem Triebleben, von Lust und lustvollem Leid ist zu bekannt. Und das eine Wort: »Ich liebe dich« enthält alle Modulationen, deren menschliche Musik fähig ist. Aber eine andre Sache muß ich erwähnen, obwohl sie vom menschlichen Es ein wenig wegführt. Die Musik der Tiere, der Vogelgesang, ist eng mit dem Liebesleben verbunden, mit dem Nestbau, der Eheschließung und dem Kinde. Es ist bei den Menschen nicht anders. – Vom Nestbau ist der Weg zur *Architektur* nicht weit, und wenn man von der Wohnung des Menschen absieht, ist es erlaubt, sich das Wohnhaus anzusehen, das dem Gotte erbaut wird, im besondern unsre Kirchenbauten. Im allgemeinen kann man sagen, daß das wesentliche der Kirche das Haus selbst und der Turm ist; der Turm ist aber ein uraltes Symbol des Mannes, wie das Haus ein Symbol des Weibes ist; danach wäre das Kirchengebäude die Vereinigung von Mann und Weib im Symbol, eine Auffassung, die sich gut mit der Idee verträgt, die die Kirche als Braut Christi auffaßt, auch mit der andern, der die Kirche Mutter ist, in deren Schoß die Gemeinde ruht. Eines der Vorbilder, nach denen die Kirchen gebaut werden, ist der jüdische Tempel; in ihm gab es den Vorhof und das Heilige und durch einen Vorhang getrennt das Allerheiligste, in das nur der Hohepriester treten durfte und in dem die Gottheit weilte. Die Ähnlichkeit mit den Verhältnissen des Mutterseins ist nicht zu verkennen und kommt auch bei den antiken Tempeln und den indischen, soweit ich über letztere unterrichtet bin, zum Ausdruck. Danach wäre das Kind der Gott, zum mindesten symbolisch.

Der Vogel baut das Nest, wenn die Zeit der Liebe kommt; er bereitet in seiner Weise den Kindern die Wohnung. Für das Menschenkind wird die Wohnung, sicher nicht unter Leitung des Verstandes, im Mutterleibe gebaut, mit Hilfe von Kräften, die wir nicht kennen und die unter der Bezeichnung ›das Es‹ zusammengefaßt werden mögen. Ist es mit der *Malerei* anders? – Wer je beobachtet hat, wie die Brust des Buchfinken sich in der Zeit der

Liebe rot malt, wie der Fisch sein Hochzeitsgewand in schillernden Farben webt, wer den Schmetterling ansieht und die künstlerische Zeichnung und Farbenharmonie, mit der die Pflanze ihre Blüte, dies Werkzeug der Liebe, ausstattet, dem ist der Gedanke, daß Eros der größte Künstler ist, nicht allzu verwunderlich, und wenn er einmal den Gedanken geprüft hat, ob es denn solch großer Unterschied ist, eine Leinwand oder eine Feder, ein Blütenblatt zu bemalen, der kommt wohl von selbst zu der Einsicht, daß Gehirn und Verstand nur wenig mit der Kunst zu tun haben; er gibt dem Gehirn, was des Gehirns ist – und das Gehirn scheint oft nichts mit dem Verstande zu tun zu haben, sondern unbewußte, zum großen Teil bewußtseinsunfähige Arbeit zu tun, Arbeit in den sogenannten vegetativen Vorgängen im Organismus, daneben noch die mühselige Aufgabe des Verdrängens zu erfüllen –, und er gibt dem Es, was des Es ist: alles; auch das Gehirn und seine Tätigkeit.

Was malt der Mensch? Nur was sein Wesen ihm zu malen erlaubt, was seine Augen sehen oder sein Inneres schaut. Er malt immer, kann gar nicht anders malen, was menschlich geworden ist, was Eigentum seines Es ist, was zu ihm gehört. Die gemalte Landschaft ist nicht die Landschaft der Außenwelt, sie ist die Landschaft, die sich das Es gebaut hat. Und wer gemalte Landschaften, Tiere, Stilleben aufmerksam prüft, nicht von dem Standpunkt der Ästhetik aus, sondern mit dem Wesen des Kindes, der sieht in jedem Bilde die Liebe, die uns zwingt, in allem, was wir tun und denken, Liebe zum Menschen darzustellen, seine vorborgenen oder verdrängten oder offenen oder ihm ganz unbekannten Regungen; auch das Bild wird ihm zu Zeiten, wenn er nicht erwachsen sein will, sondern harmlos wie der Wilde oder das Kind lebt, eine Offenbarung dafür sein, daß der Mensch nur zweierlei erlebt, Liebe und Haß und daß beides ein und dasselbe ist.

Jahrhundertelang sind diese Dinge offen zutage gelegen. Jahrhundertelang hat man unermüdlich das Geheimnis der Mutter und des Kindes gemalt, und daß es jetzt nicht mehr so ist, erklärt sich wohl oder findet wenigstens seine Analogie in der Veränderung, die die Welt mit Weib, Mutter und Kind vorgenommen hat, in der Verdrängung des Naiven zugunsten des eitlen Wunsches, erwachsen zu sein, verständig, brauchbar, sozial. Auch das gehört in den Weltplan, auch das ist notwendig, auch das wird seinerzeit wieder verdrängt werden, vielleicht früher, als wir es ahnen. Die Sehnsucht nach Inhalt geht durch die Welt, Inhalt hat aber nur das Kind, vor allem den einen Inhalt, von dem so viele Frohes erhoffen: Religion.

Ist es zu viel, ein Wort über die *Bildhauerkunst* zu sagen? Vor

Jahresfrist sah ich wieder einmal in Rom in der Peterskirche die *Pietà* (s. Abb. 10) des *Michelangelo*, ein seltsames Bild: eine junge Mutter, die ihren toten Sohn im Schoße liegen hat, und der Sohn ist dem Ansehen nach ebenso alt wie die Mutter. Niemand, der nicht über den Gegenstand unterrichtet ist, wird den Toten für den Sohn der jungen Frau halten, dem Ungelehrten ist es der Geliebte der Frau. Es bedeutet für mich nichts, ob der Künstler wußte, was er im Stein für Jahrhunderte schuf, das Geheimnis der Mutterliebe; für mich bedeutet es etwas, daß der Künstler so dauernd im Stein festhielt, was Freud gelehrt hat: daß nur der Tod den Sohn dem Schoße der Mutter wiedergibt, im Kunstwerk wie im Grabe, und auch der Tod vermag das Menschengebot, das Mutter und Sohn trennt, nicht aufzuheben: nur mit abgewendetem Gesicht und Leib, nur auf dem Rückend liegend, darf er im Schoße der Mutter den Tod genießen.

Antwort auf einen Leserbrief (1927)

Editorische Vorbemerkung

Erstveröffentlichung unter dem Titel: ›Eine Frage‹ in: Die Arche, Jg. 2, Nr. 23/24 vom 28. 3. 1927, S. 28-30.

Häufig waren es Leserbriefe in der ›Arche‹, die Groddeck den Anstoß dazu gaben, seine eigenen Gedanken zu einem zur Diskussion gestellten Problem zu entwickeln.
Fragen der Gestaltpsychologie werden in dieser Anfrage aus dem Leserkreis angeschnitten, vor allem sogenannte ›Vexierbilder‹. Daß Wahrnehmungen die Tendenz haben, das Gesehene gestalthaft zu strukturieren, und daß diese Gestalten dann oft als bedeutungsvoll erlebt werden, schreibt Groddeck der aktiven Tätigkeit des ›Es‹ zu. Dabei vermutet er, daß ›das persönliche Es des Kunstwerks‹ in Beziehung steht zum ›Es des Schöpfers‹, also des Künstlers, und zum ›Es aller Menschen‹, in diesem Fall der Betrachter eines Kunstwerks oder auch von Naturerscheinungen, an denen sich das ›Hineinsehen unbeabsichtigter Erscheinungen‹ abspielt. Es wäre reizvoll, diese Differenzierung Groddecks mit C. G. JUNGs ›persönlichem Unbewußten‹, ›kollektivem Unbewußten‹ und mit seinem Konzept von ›Archetypen‹ zu kontrastieren (vgl. JUNG 1934).
Erinnert sei daran, daß FREUD sich in der zweiten Auflage seiner Arbeit über LEONARDO (1910, 1919², S. 138-140), anknüpfend an OSKAR PFISTER, mit dem ›unbewußten Vexierbild‹ in LEONARDOs ›Heiliger Anna Selbdritt‹ beschäftigt.
Für Groddeck ist dieses ›Phänomen‹ ein Musterbeispiel für »allgemeinere Forschungsmethoden für das Unbewußte«, gerade auch in ihrer Bedeutung für Ästhetik und Kunstgeschichte. Mit Recht wehrt er sich deshalb dagegen, die Psychoanalyse als »eine medizinische Angelegenheit« mißzuverstehen.

Die Frage:

In meinem Zimmer liegt ein Teppich, dessen Muster für jedermann deutlich nach den Bildern eines Kaleidoskops gezeichnet sind.

Ruht das Auge *unabsichtlich* auf diesem Teppich, so sieht es lauter menschliche Gesichter, teilweise auch den übrigen Körper, Arme oder Beine, wenn auch weniger deutlich und scheinbar mehr als Ergänzungen hinzugefügt. Als kürzlich eine junge Zeichenlehrerin in einem Gespräch mit mir auf den Teppich sah, fuhr sie sich plötzlich ganz verwirrt mit der Hand über die Augen und rief – unser Gespräch unterbrechend – aus: »Ja, was haben Sie denn für einen Teppich! Das sind ja lauter menschliche Gesichter!« Diese Äußerung interessierte mich, weil ich nun sah, daß ich es mir nicht einbildete, sondern ein anderer den gleichen Eindruck hatte. Später hat man mir es dann noch öfter bestätigt.

Wissen möchte ich nun wohl, ob der Künstler, der das Teppichmuster zeichnete, aus den Bildern des Kaleidoskops diese menschlichen Gesichter bildete, oder ob jedes menschliche Auge in den Bildern des Kaleidoskops menschliche Gesichter sehen muß; oder vielleicht ist nur ein Künstler imstande, sie zu sehen.

–ng

Die Antwort:

Ein jeder kennt wohl die Erscheinung, von der hier die Rede ist, wenn nicht von Teppichen her, so von Gemälden oder Radierungen. Ich glaube, daß es kaum ein Bild in der Welt gibt, aus dem sich nicht beim genauen Hinsehen plötzlich menschliche Gesichter abheben, zuweilen so deutlich, zuweilen in so massenhafter Zahl, daß man kaum umhin kann, anzunehmen, der Künstler habe absichtlich diese Gesichter hineingeheimnist. Ich besinne mich, daß mir das Phänomen schon als kleiner Junge aufgefallen ist und daß ich nicht begriff, warum Erwachsene nicht gleich mir diese Bilder im Bilde sahen. Und doch glaube ich, daß höchstens in Ausnahmefällen der Künstler weiß, was für komische Dinge er malt. – Man könnte ja auch annehmen, daß der Beschauer aus seinem Unbewußten heraus diese Menschengesichter hineinsieht, etwa wie wir alle zwischen den Zweigen und Blättern der Bäume solche Gesichter konstruieren oder wie wir in den Wolken Landschaften, Tiere, Riesen, Fratzen und alles Mögliche sonst noch erblicken, *scheinbar willkürlich, in Wahrheit zwangsmäßig*. Von dieser Annahme aus ließe sich dann der Schluß ziehen, daß beide Teile, der Künstler wie der Beschauer, gleichmäßig an dem Phänomen beteiligt sind, denn im Gegensatz zu dem Hineinmalen in Naturdinge, Wolken, Bäume usw., bei denen jeder einzelne sieht, was seiner augenblicklichen Stimmung entspricht, erscheinen beim Kunstwerk allen Beschauern dieselben Gesichter, was sich doch nur so erklären läßt, daß diese Gesichter wirklich in dem Kunstwerk dargestellt sind. Es wäre dann anzunehmen, daß in dem persönlichen Es des Kunstwerks etwas enthalten ist, was dem Es des Schöpfers gleich menschlich entspricht wie dem Es aller Menschen. Vielleicht liegen da menschliche Notwendigkeiten in ihrer Gesetzmäßigkeit sichtbar zutage und wir geben uns nur nicht die Mühe, sie zu enträtseln. Die Erforschung, das wissenschaftliche Studium des Phänomens wäre dann eine dringende Aufgabe für alle Kunstgeschichte, ja es ließe sich hoffen, daß ein allerdings armseliger Lichtschein die neblige Dunkelheit der Ästhetik erhellte. Und von dort aus ließen sich wiederum allgemeinere Forschungsmethoden für das Unbewußte finden, da ja das Phänomen nicht bloß eines der Kunst ist, sondern ein menschliches. Voraussetzung wäre allerdings, daß alle Beschauer dieselben Gesichter in dem Bilde fänden; so weit ich die Sache verfolgt habe, ist das regelmäßig der Fall.

Für die Psychoanalyse, wie ich sie verstehe und wie sie wohl auch Freud versteht, läge hier eine Aufgabe vor, deren Erfüllung mit einem Male dem Irrtum ein Ende machen würde, daß dieses Verfahren der Erforschung des Unbewußten eine medizinische Angelegenheit sei; ein verhängnisvoller Irrtum der Berufseitelkeit, der leicht mit dem Absterben der Forschung enden kann.

Gelingt es, an diesem scheinbar spielerischen Hineinarbeiten und Hineinsehen unbeabsichtigter Erscheinungen irgendeine Gesetzmäßigkeit zu finden, so läßt sich von dort aus wohl eine Arbeitshypothese wesentlicher Art aufbauen, um das merkwürdige Verfahren des menschlichen Es der Wissenschaft zugänglich zu machen, daß nämlich das Es gezwungen zu sein scheint, Naturerscheinungen – Auge, Ohr, Knochen, aber auch Formationen der Rädertiere, der Vögel, der Insekten, Ameisen – im Erfinden des Menschen nachzubilden.

Wann kommt der, der die Entdeckung Freuds einigermaßen zu würdigen und sie so zu verwerten weiß, wie sie es verdient?

Groddeck

Vier Lehrbücher der Psychoanalyse (1927)

Editorische Vorbemerkung

Erstveröffentlichung und Nachdruck:
(a) ›Der Ring des Nibelungen‹: ›Die Arche‹, Jg. 3, Nr. 11 vom 11. 11. 1927, S. 11–31. – Nachdruck in: Groddeck (1964), S. 135–156.
(b) ›Peer Gynt‹: ›Die Arche‹, Jg. 3, Nr. 12 vom 30. 11. 1927, S. 1–25. – Nachdruck in: Groddeck (1964), S. 163–191.
(c) ›Faust‹: ›Die Arche‹, Jg. 3, Nr. 13/14 vom 14. 12. 1927, S. 1–32. – Nachdruck in: Groddeck (1964), S. 192–228.
(d) ›Der Struwwelpeter‹ (s. S. 195 f).

Im November 1927 ist Groddeck schon wieder in Berlin, um an der Lessing-Hochschule Vorträge zu halten. Das Thema lautet diesmal: ›Vier Lehrbücher der Psychoanalyse‹. Groddeck bringt jedoch nicht, wie man vermuten könnte, eine allgemeinverständliche Einführung in die Schriften von SIGMUND FREUD, sondern spricht über WAGNERs ›Ring des Nibelungen‹, IBSENs ›Peer Gynt‹, GOETHEs ›Faust‹ und den ›Struwwelpeter‹ des Frankfurter Psychiaters HEINRICH HOFFMANN; mit diesen vier Autoren hat sich Groddeck zeit seines Lebens beschäftigt.
Diese Literatur als ›Lehrbücher der Psychoanalyse‹ zu kennzeichnen, ist erst einmal irreführend. Verständlicher wird dies, wenn ROBERT FLIESS in der ›Vossischen Zeitung‹ mit Recht betont, hier werde nicht Psychoanalyse des Kunstwerks geboten, sondern »umgekehrt aus der Dichtung die Analyse gelehrt«. Ähnliches hatte ja Groddeck mit seinem ›psychoanalytischen Roman‹ ›Der Seelensucher‹ (1921) versucht, der vom psychoanalytischen Standpunkt wohl von größerem Interesse ist als vom literarischen. Groddeck meint nun, man solle nicht Lehrbücher schreiben, »anstatt in denen zu lesen, die schon da sind« (hier S. 147). Er bietet aber keine »Exegese« dieser Dichtungen, über die »schon viel zu viel geschrieben worden ist, ich werde vielmehr ziemlich wahllos dieses und jenes mitteilen, was mir gerade einfällt.« (hier S. 122)
Wie so oft bei Groddeck ist es auch hier die Methode des ›freien Einfalls‹, die er benutzt, um »mir selber und vielleicht auch meinen Hörern Einsicht zu verschaffen« (hier S. 165) in psychoanalytische Grundtatsachen wie Ödipuskomplex, Traum und Tagtraum, Ver-

drängung, psychisches Trauma, Ambivalenz, kindliche Sexualität, um einige der Themen zu nennen, die Groddeck anhand der vier Dichtungen erläutert. Dazu wäre im einzelnen sehr viel zu sagen; abgesehen vom ›Struwwelpeter‹ (s. S. 195–219) sei jedoch darauf verzichtet, getreu dem Prinzip Groddecks: »In medias res, mitten hinein, so heißt die goldene Regel.« (hier S. 122)

Der Ring des Nibelungen

Der Titel, den ich meinen diesjährigen Vorträgen gegeben habe, klingt mir selber so aufdringlich, daß ich ein paar Worte zu seiner Erklärung sagen möchte. Zunächst kam es mir darauf an, ein Thema zu wählen, das weitab von aller Medizin liegt. Von Jahr zu Jahr mehr verbreitet sich der Glaube – man könnte es ruhig Aberglaube nennen –, die Psychoanalyse sei eine Angelegenheit der Ärzte, sei eine Art psychischer Behandlung, die zum Besten von Kranken verwendet werden müsse. Gegen diesen Irrtum in Wort und Schrift anzukämpfen, halte ich für eine notwendige Pflicht; denn sollte diese Ansicht sich durchsetzen – und leider sind deren viele, die sich in den Dienst solcher Irrlehre gestellt haben –, so würde die Welt um das köstlichste Gut, das ihr Freud schenkte, betrogen. Das *Studium des Unbewußten* – so kann man *Psychoanalyse* übersetzen – ist eine Angelegenheit der Menschheit, und ihre Verwendung in der Medizin ist nur ein kleiner Bruchteil dessen, was solches Studium bedeutet. Um das klarzumachen, nahm ich die vier Dichtungen, von denen die Ankündigung spricht: den Ring des Nibelungen, Peer Gynt, Faust und den Struwwelpeter zum Gegenstand meiner Besprechungen; und damit niemand auf den Gedanken käme, ich wolle hier Ästhetik treiben, nannte ich diese vier Dichtungen *Lehrbücher*. Damit habe ich aber nicht sagen wollen, daß ich aus diesen Lehrbüchern Unterricht in Psychoanalyse geben will. Psychoanalyse läßt sich nicht lehren, aus dem einfachen Grunde nicht, weil sie einem jeden eingeboren ist, weil sie eine Eigenschaft des Menschen ist, wie etwa Sehen oder Hören. Ich komme mir eher wie ein Buchhändler vor, der um Rat gefragt wird, was man lesen solle, um sich über den oder jenen Gegenstand zu unterrichten, eine Frage, die in Wahrheit recht häufig an mich gestellt wird, gerade des Interesses für Psychoanalyse wegen. Und da kann ich nur sagen, leichter, angenehmer und gründlicher als in den vier vorhin genannten Dichtungen werden Sie das Wesen der Psychoanalyse in keinem

der üblichen Handbücher erforschen können. Selber aber lehren: »Bilde mir nicht ein, was Rechts zu wissen, bilde mir nicht ein, ich könnte was lehren, die Menschen zu bessern und zu bekehren.«
Gestatten Sie mir nun, hier und da etwas aus dem Ring des Nibelungen herauszugreifen – natürlich denke ich nicht daran, Ihnen eine Exegese eines Werks zu geben, über das schon viel zu viel geschrieben worden ist, ich werde vielmehr ziemlich wahllos dieses oder jenes mitteilen, was mir gerade einfällt.
In medias res, mitten hinein, so heißt die goldne Regel. Die Mitte, das ist der Siegfried, und im Siegfried ist die entscheidende Szene die mit Brünnhilde. Sooft ich sie gesehen habe, habe ich eine unangenehme Empfindung gehabt, die sich zu Zeiten bis zum Unerträglichen steigerte, so daß ich die Vorstellung verließ. Ich habe mir das so zu erklären versucht, daß ein Gefühl des Unkeuschen durch das lange Hinziehen der Liebesszene entstehe, manchmal wünschte ich auch das Singen der Liebesworte lächerlich zu finden, was mir aber nicht gelang, ebensowenig, wie ich in den langen Erzählungen der beiden mitten in ihrem Liebesrausch Ursache zu echtem mich befreiendem Spott fand. Irgend etwas andres war, was mich abstieß, und es hat lange gedauert, ehe ich fand, was mich störte.
Erinnern Sie sich bitte: Siegfried findet Brünnhilde im vollen Waffenschmuck schlafend; er hat noch nie ein Weib gesehen und hält sie zunächst für einen Helden, er löst den Helm und zerschneidet die Brünne, und plötzlich kommt ihm die Erkenntnis:

>»Das ist kein Mann! –
>Brennender Zauber
>zückt mir ins Herz;
>feurige Angst
>faßt meine Augen;
>mir schwankt und schwindelt der Sinn! –
>Wen ruf ich zum Heil, daß er mir helfe? –
>Mutter! Mutter!
>Gedenke mein! –«

Mit diesen Worten sinkt er an Brünnhildes Busen und bleibt eine Weile schweigend und regungslos liegen.
Zu irgendeiner Zeit – wann ist ja gleichgültig – kam mir der Gedanke: Es ist nicht die Geliebte, die Siegfried findet, es ist die Mutter. Und von dem Moment an, wo ich das begriffen hatte, schwand aller Widerstand gegen die Liebesszene, und mehr noch: Ein neues, vielleicht nicht richtiges, aber jedenfalls erschütterndes

Verständnis für den Sinn der ganzen Dichtung ging mir auf: Ich sah, längst ehe ich etwas von der Psychoanalyse wußte, den tiefsten Inhalt unsrer Kenntnis vom Unbewußten, das leidenschaftliche Lieben zwischen Mutter und Sohn und das furchtbare Verhängnis, das dieser Leidenschaft folgt; das, was man mit Freud, dem Entdecker, Ödipuskomplex nennt, trat mir in voller Deutlichkeit entgegen, ohne daß ich freilich imstande gewesen wäre, Konsequenzen daraus zu ziehen; das habe ich erst von Freud gelernt. – Jetzt ist es vielleicht begreiflich, warum ich den Ring des Nibelungen ein Lehrbuch der Psychoanalyse nenne.

Ich sagte, vielleicht sei meine Annahme, daß es sich bei der Liebe zwischen Siegfried und Brünnhilde um die Leidenschaft von Mutter und Sohn handle, unrichtig, muß also zu beweisen suchen, was nicht ohne weiteres jeder versteht. Eins allerdings muß ich bei meinen Hörern als bekannt voraussetzen, ja ich nehme an, daß ihnen diese Kenntnis so ganz in Fleisch und Blut übergegangen ist, daß sie durch kein moralisches oder sittliches Bedenken mehr getrübt werden kann, nämlich das Wissen darum, daß die Grundlage der Mutterliebe und der Sohnesliebe Leidenschaft ist, glühende Leidenschaft von einer Stärke der Empfindung, wie sie sonst nie und unter keinen Umständen im Leben des Menschen vorkommt. Diese Leidenschaft, derengleichen es nicht gibt, ist das Maß aller späteren Empfindungen, sie reicht aus, mit ihrem Feuer alle späteren Herzens- und Sinneserlebnisse zu nähren, und es bleibt trotz aller Verschwendung, wie wir sie im Lauf unsres Lebens in unglaublichem Maße treiben, genug übrig, um uns als letztes wertvollstes Ziel das Sterben und im Schoße der Mutter Erde Begrabenwerden lebendig zu erhalten. Das Leben – Leben ist, was einer für seine Mutter empfindet, ob es ihm gelingt, die Leidenschaft so weit zu klären, daß sie ihn nicht zerbricht. Und wahrlich, Siegfried hat recht mit seiner bangen Frage:

> »So starb meine Mutter an mir?«

die sich nochmals schmerzlich wiederholt:

> »Sterben die Menschenmütter
> an ihren Söhnen alle dahin?
> Traurig wäre das, traun!«

Traurig ist es fürwahr. Denn die Menschenmutter stirbt wirklich am Kind. Nicht so wie Siegfried es meint und wie Gevatterinnenklatsch es immer wieder sich zuraunt, daß die Frau der Gefahr ausgesetzt sei, bei der Entbindung zu sterben; die Gefahr ist

gering, nur wenige gehen an dem Gebären zugrunde; und wenn es
gelänge, dem Weibe die Angst vor einem Ereignis, das ihm als
schrecklich dargestellt wird, während es in Wahrheit das lustvolle
Erlebnis des Frauenlebens ist, diese Angst zu nehmen, so würde
der Tod das Wochenzimmer nicht mehr betreten. – In anderm,
übertragnem Sinne aber sterben die Mütter wirklich an ihren
Söhnen. Es dauert etwa ein Jahr nach der Entbindung, da ist von
der Mutter so gut wie nichts mehr übrig, es ist aus ihr eine
Erzieherin geworden und ein kleines Mädchen, das mit dem
Kinde wie mit einer Puppe spielt, und wenn das Verhängnis es so
fügt, wachsen in dem Weibe, das längst vergaß, was es während der
Schwangerschaft empfand, die Leidenschaften und die Ansprüche des Besitzes heran, dann ist die Mutter tot, und nur das
grausige Schicksal waltet noch, um so grausiger, je alltäglicher es
sich gestaltet, das Mutter und Sohn hinmordet, das Siegfried-
Brünnhilden-Schicksal. – Es ist schwer, Mutter zu sein, aber die
Schwierigkeit liegt nicht in der Verantwortung, die auf der Mutter
lastet, die Schwierigkeit liegt darin, daß sie kaum je Distanz zu
halten versteht, daß sie sich verantwortlich fühlt, während die
Gottheit allein die Verantwortung hat. –
Daran ist nichts zu ändern, es liegt einmal in der menschlichen
Natur, ist menschlich, daß ein jeder sich für Gott selber hält, und
davon machen Mütter keine Ausnahme.
Stimmt es nun, daß Brünnhilde Siegfrieds Mutter ist? Den Tatsachen nach ist sie es nicht, Siegfried ist von Siegelinde geboren,
Siegelinde ist seine Mutter. Aber Brünnhilde empfindet sich schon
ehe Siegfried geboren ist, ja schon als er empfangen wurde, als
seine Mutter.

> »O wüßtest du, Lust der Welt,
> wie ich dich je geliebt!
> Du warst mein Sinnen
> mein Sorgen du!
> Dich Zarten nährt ich, noch eh du gezeugt;
> noch eh du geboren, barg dich mein Schild;
> so lang lieb ich dich, Siegfried!«

Da ist kein Zweifel, Brünnhilde empfindet den Helden als eigenen
Sohn. Und Siegfried? Nach jenem Geständnis Brünnhildes
spricht er leise und schüchtern die Worte:

> »So starb nicht meine Mutter?
> schlief die Minnige nur?«

Er hält sie ohne Bedenken für seine Mutter. Und das ist verständlich, die ganze Zeit über hat er, sobald er sich in sich selbst versenkte, an seine Mutter gedacht, nach ihr sich gesehnt; seine ganze Seele ist ausgefüllt von dem Gedanken an seine Mutter. Schon bei seinem ersten Auftreten klingt das Thema an, er fragt nach Vater und Mutter, aber die Frage gilt nicht dem Vater, sie gilt, soweit sie der Liebessehnsucht entspringt, nur der Mutter. Er erzählt, was er an den Tieren des Waldes gesehen hat:

> »Nahrung brachte
> zum Nest das Männchen,«

damit tut er den Vater ab –

> »das Weibchen säugte die Welpen.
> Da lernt ich wohl, was Liebe sei;
> der Mutter entwandt ich
> die Welpen nie. –«

Für Siegfried gibt es keine andre Liebe als Mutterliebe, und wenn wir alle uns darüber klarwürden, daß es in Wahrheit keine andre Liebe als Mutterliebe gibt, hätte niemand es nötig, Psychoanalyse zu erlernen. Man hat es auch nicht nötig, sie ist, ich wiederhole es, uns eingeboren; wir wollen nur nichts von ihr wissen. Denn mit jedem Wort und mit jedem Gedanken, der das Unbewußte aufdeckt, schwindet etwas von dem, was Volk und Knecht und Überwinder das höchste Glück nennen, von der Persönlichkeit. Ist es denn aber so herrlich, zu begehren, was Volk und Knecht und Überwinder begehren? Nur wer sich selbst verliert, wird sich selbst finden. Stirb und Werde!

Als Siegfried allein vor der Neidhöhle liegt und durch die Baumwipfel emporschaut und dem Waldleben lauscht, fragt er sich selbst:

> »Wie sah
> meine Mutter wohl aus?
> Das – kann ich
> nun gar nicht mir denken! –
> Der Rehhindin gleich
> glänzten gewiß
> ihr hellschimmernde Augen, –
> nur noch viel schöner! – –
> Da bang sie mich geboren,
> warum aber starb sie da?
> Sterben die Menschenmütter
> an ihren Söhnen
> alle dahin?

> Traurig wäre das, traun! – –
> Ach, möcht ich Sohn
> meine Mutter sehn! – –
> meine – Mutter! –
> ein Menschenweib! –«

Da ist es, die Mutter ist das Menschenweib, ein Weib, es gibt für Siegfried kein andres als die Mutter. Und für uns andre? Da ist es dasselbe: Das Weib, das Menschenweib ist immer unsre Mutter, wir kennen kein andres, wollen kein andres – wenn einer nicht zufällig ein Alberich ist, ein Nibelung – der Mutter gilt unsre Liebe, und was wir sonst lieben, lieben wir nur, weil es der Mutter, ihrer Imago gleicht.

Siegfried hört nun den Vogel singen, dessen Stimme er noch nie vernahm, und ein Wunsch steigt in ihm auf:

> »Verstünd ich sein süßes Stammeln!
> Gewiß sagt es mir was, –
> vielleicht – von der lieben Mutter? –«

Da ist sie wieder, die nimmer sterbende Sehnsucht nach der Einen. Und wirklich singt ihm das Vöglein von einem Weibe, von einem schlafenden Weibe; und als Siegfried zum erstenmal von der Gegenwart des Weibes ergriffen wird, ist es wieder der Muttergedanke: Er sinkt nieder auf Brünnhilds Brüste und dann fragt er: Schlief die minnige Mutter nur?

So also ist es: Siegfried Brünnhildes Sohn, Brünnhilde Siegfrieds Mutter. Das ist Verhängnis, beide sterben daran.

Sterben die Menschenmütter an ihren Söhnen alle dahin? Brünnhilde stirbt rasch. Wie sang sie doch, als sie eins ward mit Siegfried?

> »Lachend muß ich dich lieben;
> lachend will ich erblinden;
> lachend laß uns verderben – lachend zugrunde gehn!
> Leuchtende Liebe, lachender Tod!«

Was ist von all dem übrig, als Siegfried in die Welt zieht? Was ist nun Brünnhildes Liebe?

> »Zu wenig
> Gewann dir mein Wert!
> Was Götter mir wiesen
> gab ich dir: heiliger Runen
> reichen Hort;

> doch meiner Stärke
> magdlichen Stamm nahm mir der Held,
> dem ich nun mich neige.«

Da ist es, das Grauenvolle, das Alltägliche, notwendig Tägliche: Brünnhilde wurde das, was man so gewöhnlich Mutter nennt, worauf die Frauen besonders stolz sind: Erzieherin, und schlimmer als schlimm: Sie schielt nach ihrer verlornen Göttlichkeit, sie wirft dem Knaben sein Liebestun vor. Das ist Verhängnis des Weibes. Alle sind so, müssen so sein, es gibt keine Ausnahme. Mit dem Sterben des Mädchenseins fängt das Bedauern an, daß nicht noch einmal erlebt werden kann, was einzig des Erlebens wert ist, was man dem Manne geopfert hat, der – das zeigte sich deutlich – selten nur Mann ist, der in Wahrheit ein der Erziehung bedürftiger Knabe ist, in der Tiefe der Weibesseele glimmt die Rachsucht auf und schwelt bis ans Ende. Es ist das Schicksal der Frauen, daß sie ein falsches Heldenideal haben, daß sie das Beste des Helden, sein Knabenhaftes nicht verstehen, nicht aufrichtig Ja dazu sagen. Immer wieder weckt das Weib den Helden im Manne, daß der Held aber in ihr und durch sie stirbt und sterben muß, das wirft sie ihm vor. Wo sollte es auch hinkommen, wenn die Frau einsähe, daß nur das Knabenhafte im Manne anbetungswürdig ist, daß das Kindliche seine einzige Stärke ist, sie, für die das Kind im Grunde nichts weiter ist als ein Spiel und eine Aufgabe, der das Kind eine Hoffnung ist, nicht eine Erfüllung.

Mit dem Sterben der Mutter und dem Werden der Verantwortung erwacht das Begehren nach dem Besitzen des Mannes: Der Mann gehört dem Weibe, genauso, wie das Kind von dem Augenblick der Geburt an, also von dem Augenblick an, wo das Weib eigentlich aufhört, Mutter zu sein, der Mutter gehört; denn es ist eine seltsame Sache, daß erst wenn das Kind geboren ist, wenn also die Mutter nicht mehr unentbehrlich ist, der Gedanke kommt, das dort, das Kindchen gehört mir.

Was weiß Brünnhilde dem scheidenden Siegfried zu sagen?

> »Gedenk der Eide,
> die uns einen;
> gedenk der Treue,
> die wir tragen;
> gedenk der Liebe,
> der wir leben:
> Brünnhilde brennt dann ewig
> heilig dir in der Brust! –«

Das ist Brünnhildes leuchtende Liebe, Brünnhildes lachender Tod!

> »Lachend muß ich dich lieben;
> lachend muß ich erblinden;
> lachend laß uns verderben;
> lachend zugrunde gehn!«

An den Ring hängt sie ihr Herz. Siegfrieds Liebespfand nennt sie ihn, und er ist ihr mehr als der Geber:

> »Selig aus ihm
> leuchtet mir Siegfrieds Liebe.
> Mehr als der Ewigen Ruhm
> ist mir der Ring.
> Siegfrieds Liebe
> wahrt mir der Reif.
> Raune den Göttern zu:
> die Liebe ließe ich nie,
> mir nehmen nie sie die Liebe.«

Das bedeutet Brünnhilden der Ring. Und was bedeutet er Siegfried? Eine Erinnerung an ein Abenteuer, weiter nichts. Niemals, nicht ein einziges Mal kümmert er sich um den Ring als um etwas Besonderes – man erinnere sich nur, daß er, als er von den Rheintöchtern darum gebeten wird, ihn vom Finger zieht, um ihn den Wasserjünferlein zu schenken, und daß er es nur deshalb nicht tut, weil sie ihm drohen, weil sie durch Furcht von ihm zu erlangen suchen, was er gern für einen Zeitvertreib gäbe. Beim Abschied gibt er ihn Brünnhilden:

> »Zum Tausche deiner Runen
> reich ich dir diesen Ring.
> Was der Taten je ich schuf,
> des Tugend schließt er ein;
> ich erschlug einen wilden Wurm,
> der grimmig lang ihn bewacht.
> Nun wahre du seine Kraft
> als Weihegruß meiner Treu!«

Ihm ist der Ring ein Andenken, als ein Andenken gibt er ihn Brünnhilde. Und dabei weiß er, daß der Ring die Herrschaft der Welt in sich birgt; aber was liegt dem Knaben an der Herrschaft der Welt?

> »Der Welt Erbe
> gewann mir ein Ring;
> für der Minne Gunst
> miß ich ihn gern –
> ich geb ihn euch, gönnt ihr mir Lust.«

Ist das nun ein Mann, ein Held? Der der Welt Herrschaft für eine Schäferstunde wegschenkt? Ich denke wohl, er ist es. Aber wer, der ihm im Leben begegnete, würde ihn für etwas anderes als einen Narren halten? Ich kann mir denken, daß zahllose Frauen sich in ihn verlieben würden, ihn über die Maßen preisen würden; aber würde eine einzige ihr Lebensglück ihm anvertrauen? Vielleicht auch das. Aber würde sie nicht versuchen, das große Kind zu belehren, wie es Brünnhilde versucht? Und würde sie glauben, daß er nichts lernen kann, und sich bescheiden, nicht wie Brünnhilde in den tiefen Schlaf des Irrtums versinken, daß ein Held etwas andres sein könne als ein unzuverlässiger Knabe? Vielleicht drücke ich mich nicht verständlich genug aus; so will ich denn nochmals Siegfried selbst sprechen lassen. Beim Abschied von Brünnhilde, als sie ihm zum letztenmal sagt: vergiß nicht, was ich dir für Lehren gab, antwortet er in vollem Ernst:

> »Mehr gabst du, Wunderfrau,
> als ich zu wahren weiß;
> nicht zürne, wenn dein Lehren
> mich unbelehret ließ!«

Wie gesagt, er meint es ganz ernsthaft, und der Mann, wenn ihm seine Eitelkeit gestattet, so tiefe Wahrheit über sich selber auszusprechen, wird ihm glauben; denn jeder Mann ist so geartet. Aber Brünnhilde glaubt ihm nicht. Sie begreift seine Eigenart nicht. Sie ist ja seine Mutter, wie sollte sie begreifen, daß ihr Mühen und Lehren ganz überflüssig, ganz vergebens ist? Das duldet ihr Weibsein nicht. Der Held, das ist für sie der denkende, sorgende, fürsorgliche, vertrauenswürdige Mann. Der Held, das ist für sie vor allem der Mann, der die Macht will, bewußt will, der des Ringes Zauber braucht, der Mann ist, kein Kind. Held ist für Brünnhilde der, dessen Wunschbraut sie ist, Wotan. Dessen Gedanken denkt sie, dessen Wunsches Wunschmaid ist sie. Und Wotan lebt in ihrer unbewußten Erinnerung als der, der von sich sagt:

> »Als junger Liebe Lust mir verblich,
> verlangte nach Macht mein Mut.«

Der liebende Mann ist für das Weib niemals Held; kann es nicht sein, da er ihr stets unterliegt. Die Dichtung weiß das, das zeigt ein Wort Siegmunds: »Wenn Siegmund Sieglinden liebend erlag.« – – Ja, ich wüßte kaum ein analytisches Lehrbuch, in dem Sie mehr über das Unbewußte von Mann, Weib und Mutter finden könnten als im Ring des Nibelungen.
Oder nehmen Sie die Szene mit den Rheintöchtern noch einmal!

> »Bedroht ihr mir Leben und Leib
> – – sollt ohne Lieb
> in der Furcht Bande
> bang ich sie fesseln –
> Leben und Leib –
> seht – so werf ich sie weit von mir!«

Das ruft er den Rheintöchtern zu und wirft gleichzeitig eine Erdscholle verächtlich über seine Schulter.
Was schwatzt er da? Leben und Leib will er wegwerfen, wenn er ohne Liebe in der Furcht Banden leben soll? Sind die Männer so? Können sie nicht Furcht ertragen und ohne Liebe leben? Dann wären all die Unzähligen, die in Sorgen ihr Leben hinbringen, all die Unzähligen, denen das Lieben rasch verlorengeht und die der Arbeit und der Pflicht leben, keine Männer? Es scheint fast so. Aber es ist wohl schwer zu verstehen, wenigstens die Rheintöchter verstehen nichts davon. Sie glauben ihm nicht. Für der Minne Gunst wird er den Ring geben? Das lügt er, kein Weib wird es ihm glauben. Machtgierig ist jeder Mensch, und der Mann sollte es nicht sein? Die Rheintöchter hören etwas ganz andres aus seinen Worten heraus. Einen Toren nennen sie ihn:

> »So stark und weise
> wähnt er sich,
> als gebunden und blind er ist,
> den Reif nur will er sich wahren!«

So also versteht das Weib den Mann. Sie glaubt es nicht, daß er dumm ist, sie glaubt, daß er listig ist, und daß er sich für weise hält. So wenig kennt die Frau den Mann, daß sie nicht einmal ahnt, wie gering er von dem Denken denkt und wie hoch er das Gefühl, die Wärme der Liebe und die Sorglosigkeit und Heiterkeit schätzt. Immer und immer wieder sagt es Siegfried: »Ich bin dumm und unbelehrbar«, ganz ehrlich sagt er dieses Gefühl aller Männer heraus – denn noch nie hat ein Mann sich für weise ausgegeben, als

wenn er Lust zum Prahlen hatte –, noch nie hat er etwas andres von sich gesagt als: ich will in Freude leben, aber niemand von den Frauen glaubt es ihm, am wenigsten die weise Brünnhilde. Ja, wenn das Weib das Tiefste im Manne nicht kennt oder nicht anerkennt, nicht mit Freuden bejaht, seine Verdrußscheu, seine bis zum Sterbenwollen große Sehnsucht nach Liebe und Frohsinn, was versteht sie denn dann von ihm?
Und der Mann versteht ebensowenig vom Weib. Siegfried weiß nicht das mindeste mit der Warnung der Rheintöchter anzufangen. Er weiß nichts Besseres über das Weib zu sagen, als was der Mann immer sagt, wenn er das Weib nicht versteht:

>»Im Wasser wie am Lande
>lernt ich nun Weiberart;
>wer nicht ihrem Schmeicheln traut,
>den schrecken sie mit Drohn;
>wer dann nun kühnlich trotzt,
>dem kommt denn ihr Keifen dran.«

Und auch darin ist er echt Mann, daß er trotz dieser Überzeugung von Weiberart sich gern eine der zieren Frauen frisch gezähmt hätte,

>»trüg ich nicht Gutrun Treu.«

Trüg ich nicht Treu. Was ist nun das? Ist es ihm Ernst? Es soll ja wohl dem Manne Ernst sein mit der Treue. Aber leider, dem Helden Siegfried, dem großen Kinde geht das Verständnis für das, was Frauen Treue nennen, ganz ab; er ist zu wahrhaftig dazu.
Als er Brünnhilde die Treue bricht, weiß er nicht, was er tut, er ist verzaubert, der Vergessenstrank nahm ihm die Erinnerung daran, daß er durch Eide gefesselt war. Aber es kommt der Augenblick, wo er sich erinnert, daß Brünnhilde sein angetrautes Weib ist; wenn es wahr wäre, daß der Mann denselben Begriff von Treue hat wie die Frau, so müßte er bereuen, zum mindesten verstehen, daß Brünnhilde im Recht ist, wenn sie ihn für meineidig hält. Bereut er? Billigt er der Geliebten zu, daß sie recht handelte? Nein, er begreift sie nicht, selbst im Tode nicht. Nicht ein Gedanke daran kommt ihm, daß er ihr die Treue gebrochen habe, nicht ein Gedanke daran, daß er Unrecht tat. Nur das eine begreift er, daß Brünnhilde nicht sie selbst mehr ist:

> »Brünnhilde –
> heilige Braut –
> wach auf! öffne dein Auge!
> Wer verschloß dich
> wieder in Schlaf?
> wer band dich in Schlummer so bang? –«

Siegfried versteht nichts von all dem, was in dem Weibe vorging, er begreift seine Schuld nicht. Aber etwas andres begreift er, eine tiefe Wahrheit, vielleicht die tiefste, die begriffen werden kann, daß das Weib nur durch den Tod des Mannes aus ihrem Verzauberungsschlaf erwacht:

> »Der Wecker kam;
> er küßt dich wach,
> und aber der Braut
> bricht er die Bande: –
> da lacht ihm Brünnhildes Lust! –«

Es ist allerlei tiefverborgene Kenntnis des Unbewußten in diesem Lehrbuch enthalten, was man so leicht nirgends sonst findet. Denn wo findet man wohl in der psychoanalytischen Literatur etwas davon, daß die Frau erst Liebe empfindet, aus den Banden des Wotansschlummers aufwacht, wenn der Mann stirbt; daß nur der Tod sie zur Liebe weckt? – Der Mann, das ist der männliche Mensch nur in der Erregung, nur dann, wenn seine Männlichkeit Tatsache wird, im Liebesrausch; das Weib erwacht erst, wenn der Mann starb, wenn sein Liebesrausch vorüber ist, wenn er wieder Kind ist und wenn sie sich als seine Mutter fühlt und er ihr Sohn geworden ist, der in ihrem Schoße ruht. Wer das begreifen und immer gegenwärtig haben könnte, daß Liebe Mutter- und Kindesliebe ist, daß alles andre Spiel und unwesentlich ist, daß die Liebe nie im Geschlechtsakt selber da ist und die Treue nie im Geschlechtsakt gebrochen wird, daß alles in der Tiefe des Unbewußten, nie Gewußten geschieht, der hätte ein gut Teil Leben und Selbst erkannt. Aber kein Sterblicher wird es je begreifen und das Begriffne leben. Brünnhilde erlebt es, aber erst, als Siegfried tot ist. Es ist eine alltägliche Erfahrung, daß erst die Witwe wissend, frei und glücklich ist.

> »Nicht Gut, nicht Gold,
> noch göttliche Pracht;
> nicht trüber Verträge
> trügender Bund,

> noch heuchelnder Sitte
> hartes Gesetz:
> selig in Lust und Leid
> läßt – die Liebe nur sein! –«

Brünnhilde ist wach.
Nun habe ich Ihnen allerhand von Siegfried und Brünnhilde erzählt, aber so gut wie nichts von dem sonstigen Inhalt der Dichtung. Aber allzuviel Zeit ist nicht mehr übrig, und so will ich mich denn begnügen, noch ein wenig von Dingen zu reden, die nicht so ohne weiteres mit der dichterischen Absicht zu tun haben, sondern ihre Bedeutung durch unbewußte, jahrtausendalte Inhalte haben.
Da sind zunächst die verwickelten Verwandtschaftsverhältnisse. Ich behauptete, Brünnhilde empfände Siegfried als ihren Sohn, Siegfried Brünnhilden als seine Mutter. Ganz aus der Luft gegriffen ist das nicht: Siegfried ist von beiden Eltern her der Neffe Brünnhildes; sie ist die Halbschwester seines Vaters und seiner Mutter. Die Verwandtschaft ist also sehr nah. Für manch einen mag es sehr interessant sein zu wissen, wie weit Wagner absichtlich dabei vorgegangen ist, daß er Siegfried aus einem Liebesbund zwischen Schwester und Bruder entstehen läßt. Für das Studium des Unbewußten ist nur wichtig, daß die Seele des Menschen den Helden mit Vorliebe seltsamen Liebesleidenschaften entstammen läßt. In erster Linie gehört dazu, daß der Held vom Gott gezeugt wird. Die Sage bietet dafür Tausende von Beispielen: Ich erinnere nur an die Helden der griechischen Sage, an Herakles und Achilleus, an Kastor und Pollux, und wie sie sonst heißen mögen. – Das Außergewöhnliche wird weiter durch das Bastardtum des Helden betont, er ist ein Kind der leidenschaftlichen Liebe, die Gesetz und Sitte nicht achtet. – Wie Siegmund und Siegelinde Geschwister, Zwillingsgeschwister sogar, sind, so sind auch Zeus und Hera, von denen die Götter stammen, Bruder und Schwester. – Man sieht, der Seele des Dichtens und Sagens gilt das schwerste Verbrechen gegen Sitte und Recht nicht ohne weiteres als Schande, im Gegenteil hebt solch Handeln gegen Menschengesetz das Ansehen in Sage und Dichtung. – Daß er ein Findelkind ist, gibt dem Helden noch mehr die Sonderstellung; doppelt wird der Eindruck des Außergewöhnlichen, wenn der Vater vor der Geburt stirbt – man findet bei nachgeborenen Söhnen immer seltsame Eigenheiten, weil der Vater dem Kind unvorstellbar ist, weil das Rätsel über der Zeugung schwebt, weil er der Sohn der Jungfrau zu sein scheint, gezeugt ohne Vater. Dreifach wird das Außergewöhnliche durch

den Tod der Mutter bei der Geburt; Blutschuld lastet dann auf dem Sohne: Wer Blut vergießt, des Blut soll wieder vergossen werden. – Einzig auf sich gestellt ist der Held, im wilden Wald wächst er auf, mit Bär und Wolf als Spielgefährten, lebend im Trotz, Ekel und Haß gegen das einzige menschenähnliche Wesen, mit dem er zusammengepfercht ist, tief verfeindet jedem Gefühl der Dankbarkeit. Nur die freie Natur ist ihm heilig und das eigene Selbst. Aus eigner Kraft schafft er sich alles, er schafft sich in Wahrheit die Welt. Selbst das liebende Weib erschafft er sich selber, weckt es sich aus dem Schlaf. –

Das alles ist Gemeingut aller Dichtung, stammt aus dem Unbewußten des Menschen, nicht des Dichters. Es ist Zwang des Unbewußten, und wer darüber nachsinnt, wird in seltsame dunkle Tiefen schauen. –

Als ich noch jung war – es ging damals in der Welt noch moralischer zu –, gestattete man dem jungen siebzehnjährigen Mädchen noch nicht, eine Aufführung des Faust zu sehen oder Kellers ›Romeo und Julia auf dem Dorfe‹ zu lesen, die Walküre Wagners aber, in deren Mittelpunkt der Ehebruch und die Blutschande stehen, durfte ohne Bedenken beschaut und beschwärmt werden. Wenn die Dinge heroisch frisiert sind, hören sie auf, unsittlich zu sein, das lernt sich aus dem analytischen Lehrbuch Wagners.

Da das so ist, daß im heroischen Kleide der Sage ›sittlich‹ und ›unsittlich‹ dieselbe Berechtigung haben, darf man, selbst auf die Gefahr hin, auf seltsame Dinge zu stoßen, die Träger der Handlung und das, was geschieht, mit andern Augen als denen des täglichen Erfahrens betrachten, man kann verstehen zu raten, was hinter der Sage steckt. Und das will ich wenigstens bei einzelnen Bestandteilen des Sagenstoffs tun; nur gebe ich zu bedenken, daß gerade Sagen und Einzelheiten der Sagen tausendfältig deutbar sind und auch tausendfältig gedeutet werden müssen. Was ich mitteile, ist, wie ich weiß, einseitig, es sind aber Dinge, die in den Kommentaren zum Ring des Nibelungen nicht erwähnt sind und die heut, wo wir das Walten des Unbewußten kennen, notwendig zu wissen sind.

Dreierlei Wesen treten im Vorspiel zum Ring auf: Zwerge, Riesen und Götter. In der Tiefe der Erde, in Nifelheim hausen die Zwerge, kundig aller Goldschätze der Felsen und Berge, kundig, das Gold zu Schmuck und Tand zu schmieden. Dunkel und ewige Finsternis herrschen dort, tiefes Geheimnis. Der Zwerg der Sage und des Märchens ist alt und runzlig, klein und häßlich anzuschauen, aber irgend etwas besitzt er, was ihm unter Umständen eine Stärke verleiht, die Menschen und Riesen, selbst Götter überwindet. Was bedeutet der Zwerg?

Der Riese ist stark, tölpisch und dumm, roh und grausam, keines Wesens Freund, allen Feind und allen verhaßt, und so stark er ist, stets unterliegt er im Kampf. Was ist der Riese?

Strahlend in Helle, Schönheit und Glanz leben die Götter, die Asen. Ewige Jugend wird ihnen durch das Genießen goldner Äpfel zuteil. Sie beherrscht Wotans Speer, den er von der Weltesche nahm, für den er sein eines Auge opferte, in dessen Schaft die heiligen Runen der Verträge eingegraben sind. Was sind die Götter, was bedeuten Speer, Verlust des einen Auges, die Äpfel der Jugend? Der Apfel spielt, wie jeder weiß, eine große Rolle in allen Sagen; am bekanntesten und am deutlichsten zeigt die Paradiessage, was damit gemeint ist. Dabei ist es gleichgültig, daß in der Bibel nur von einer Frucht, nicht vom Apfel die Rede ist, das Volksdenken hat daraus einen Apfel gemacht. Es ist der Apfel der Erkenntnis. Erkennen aber bedeutet in der Sprache der Bibel – und in vielen andern Sprachen – den Liebesverkehr zweier Menschen. Aus dem Liebesverkehr entsproßt das Kind, in seinem Kinde erhält der Mensch eine neue Jugend, der Verjüngungsapfel ist der Liebesapfel, Liebe von Mann und Weib. – Der Speer, den Wotan von der Weltesche nimmt, von dem Baum, aus dem alles stammt, der Speer, der das Zeichen der Herrschaft ist, gehört dem Manne, ist sein Abzeichen, ist das, was ihn zum Manne und Herrscher macht, sein Geschlecht kennzeichnet, ist sein Glied. Der Walter des Speers aber bindet sich selbst durch Verträge, er bändigt sich selbst und alle Geschlechtswesen durch die Gesetze, die in Runen in den Schaft gegraben sind. Und um diese Runen eingraben zu können, um den Trieb zu bändigen, opfert Wotan, der Stifter der Ehe, sein eines Auge; das Auge ist seit alters her das Symbol der Zeugungskraft, das Symbol des männlichen Vermögens. Wotan opfert freiwillig die Hälfte seiner Kraft, seines Begehrens und seines Triebes, nur so vermag er der Welt Gesetz zu geben.

Ist Walvater der Mensch, der seinen eignen Trieb und den aller Menschen durch Verträge bändigt, so sind seine Gegner, die Riesen und Zwerge, Triebkräfte, die nur der Kraft der Runen gehorchen, die nur durch das Opfern des Auges unterworfen sind. Dann ist der Riese, der rohe tölpische Kraftmensch, der Trieb in Tätigkeit, mit andern Worten der aufgerichtete begehrende Geschlechtsteil, der im Kampf stets unterliegt, der im Kampf stirbt. – Dann ist der tückische Zwerg, der listig lauert und zuzeiten stärker als Gott und Riese wird, der sich in den Riesenwurm verwandeln kann und gleich darauf in die kleinste Kröte, dann ist er der nicht erregte, aber erregbare Geschlechtstrieb, Symbol des möglichen Geschlechtstriebes, in der Tiefe des Inneren, des Bauches hausend, kundig alles Lebens und Schmiedens, was im Bauch der Erde, im Bauch des Menschen vor sich geht.

In der Erde Bauch schmiedet Alberich den Ring, Mime den Tarnhelm, die Zwerge Schmuck und Geschmeide den Weibern; Siegfried aber schmiedet am Herd Nothung, das neidliche Schwert. Was ist Nothung, das Schwert? – Brünnhild selber gibt Antwort:

>»Wohl kenn ich die Schärfe,
doch kenn auch die Scheide,
darin so wonnig
ruht an der Wand
Nothung, der treue Freund, als die Traute
  sein Herr gefreit.«

Das Schwert ist wohl mit das älteste Symbol des Manneszeichens, alle Waffen sind es, das Schwert besonders, wie der Gegensatz Scheide als weibliches Symbol deutlich beweist. Und hier öffnen sich wieder Wege in dunkle Tiefen, in das Unbewußte. Wotan stößt dieses Schwert in den Eschenstamm des Hundingschen Hauses für Siegmund, den Sohn. Siegmund empfängt es vom Vater, und am Speer desselben Vaters zerbricht das Schwert. – Siegfried läßt sich das Schwert nicht schenken, nicht geben, er schafft es sich selbst; er zerfeilt die Stücke, behält nur das Eisen, aus dem glüht und schmiedet er sich Nothung, das einzige Schwert, dem Fafner verfallen muß. Siegfried ist Mann durch sich selbst, auch als Geschlechtswesen Mann aus eigener Kraft. – Was ist's mit dem Schwert? Das Schwert des Mannes, das Natur ihm gab, ist doppelt symbolisch: Waffe, nur Waffe, kann es nur dem sein, der frei von aller Überlieferung ist, der nicht an die zeugende Kraft des Schwerts denkt, für den es nichts mit dem Vaterbegriff zu tun hat – denn der Vater, das ist der andre Sinn des Mannesschwerts, es dient als zeugender Vater. Aber nur der kann den Wurm zerschlagen, dem das Schwert Schwert, Waffe im Liebeskampf ist, der sich vor dem Kinde nicht fürchtet und es auch nicht begehrt, wenn er das Weib liebt; der das nicht ist, was Wotan – und deshalb auch Siegmund – ist:

>»der durch Verträge ich Herr,
den Verträgen bin ich nun Knecht.«

Weder Wotan noch Siegmund sind Liebende, sie haben Nebengedanken, sie wollen zeugen, das Geschlecht erhalten:

>»So blühe denn Wälsungen Blut!«

ruft Siegmund, als er sich die Schwester freit. Dann kann er freilich den Riesenwurm, der in der Neidhöhle ruht, nicht erlegen; denn zwischen Vater und Sohn muß Neid sein: Es ist Jugend und Alter. – Das ist anders bei Siegfried, er liebt das Weib, das er sich schuf, ganz, ohne Furcht und ohne Hoffnung, Brünnhilde ist ihm alles: Mutter, Geliebte und Tochter, sein Geschöpf so gut wie seine Mutter; er weckt die Maid für sich, nicht für die Zukunft eines kommendes Kindes, nicht für das Wälsungenblut. Sie lieben alle nicht echt, wie denn heutigen Tages der Mann kaum je ohne den Gedanken an das Kind liebt, fürchtend oder hoffend, wie der Mann im Liebeskampf fast nie ganz dem Schwerte sich zu eigen gibt, sondern das Schwert zugleich als zeugenden Vater in seinem Bewußtsein trägt. – Das sind auch Dinge, die Sie vergeblich in den Lehrbüchern suchen werden, die aber die Dichtung unbewußt darstellt. Der Mann denkt allzuoft an die Entstehung des Kindes, das Weib ist nur Weib im Liebeskampf. Wie soll er für sie Held sein, wenn er nicht ganz zu lieben versteht?
Und noch ein andres, Rätselhaftes, etwas, was sich nie enträtseln läßt: Wer liebt zuerst, das Weib oder der Mann? Siegfried weckt das schlafende Weib, so ist er wohl der, der zur Liebe zwingt. Die Dichtung gibt eine seltsame Antwort. Siegfried kniet vor der schlafenden Brünnhilde, aber noch ist er das Kind, das sich fürchtet:

>»Wie end ich die Furcht?
>wie faß ich Mut?
>Daß ich selbst erwache,
>muß die Maid ich erwecken!«

Es ist dasselbe Rätsel wie in der Paradiessage; dort scheint Eva den Trieb zu wecken, sie ißt zuerst von dem Apfel, aber die Schlange, die sie dazu verführt, ist Adam, denn die Schlange ist das Symbol des Männlichen. Es bleibt Geheimnis und soll Geheimnis sein, denn was würde aus der Welt, wenn die Liebe vom einen Geschlecht ausginge und nicht in beiden zugleich erwachte; damit ich erwache, muß ich sie wecken.
Siegfried schmiedet sich seine Liebe aus eigner Kraft, aus seiner Natur heraus liebt er, muß er lieben, ohne Lehre und ohne

Nebengedanken an Vater und Sohn. Er zerschlägt das Vorrecht des Vaters, Wotans Speer, er lacht über die Anmaßung des Alten, der aus seinem Alter Rechte ableitet.

>»Dünk ich dich alt,
>so sollst du mir Achtung bieten!«

ruft Wotan ihm zu.

>»Das wär nicht übel!
>Solang ich lebe,
>stand mir ein Alter
>stets im Wege!
>Den hab ich nun fortgefegt.« –

Freiwerden von aller Pietät, wer das könnte! Freilich, er müßte auch jung sterben wie Siegfried. Wotan lernt es erst spät, und als er es lernt, muß auch er sterben.

>»Bist du der Welt
>weisestes Weib,
>sage mir nun,
>wie besiegt die Sorge der Gott?«

so fragt Wotan die Wala; und er gibt selbst die Antwort:

>»Um der Götter Ende
>grämt mich die Angst nicht,
>seit mein Wunsch es – will.«

Das ist freilich der einzige Weg, die Sorge zu bändigen, wenn man sie als Schöpfung des eignen Es betrachtet. Damit hört sie auf. Das Unbewußte bewußt machen!
Was endlich ist der Ring? Das ist die Liebe zum Weibe, so sollte man denken; er gilt als altes Symbol des liebenden und geliebten Weibes, der Finger der Mann, der Ring das Weib.
Und

>»des Ringes Herr
>des Ringes Knecht.«

So ist es ja zwischen Mann und Weib. Der Ring aber bringt dem, der ihn besitzt, den Tod: Wer den Reif am Finger trägt, stirbt, der Mann stirbt erschlaffend in der Umarmung des Weibes; die Maid stirbt, sich zum Weibe wandelnd, in der Umarmung des Mannes.

Aus dem Gold des Rheins wird der Ring geschmiedet, nur der vermag es zum Ringe zu fügen, der der Liebe flucht, nur der erlangt Macht, der auf Liebe verzichtet. Soweit ist die Sache klar und tausendmal gedeutet worden. Aber warum ruht das Gold im Wasser und warum kann nicht einer der Besitzer des Rings seine Macht ausüben, selbst der nicht, der der Liebe flucht, und warum kehrt das Gold in das Wasser zurück?

Im Wasser ruht das Gold; aber es ist kein totes Gold: Wie ein Kind wird es von den Rheintöchtern gehütet, es schläft und wird von der Weckerin Sonne geweckt, es ist lebendig. Ein Kind im Wasser? Aber das kann nur das Kind vor der Geburt sein, da ist kein Zweifel. Loge sagt einmal:

> »Ein Tand ist's
> in des Wassers Tiefe,
> doch ward es zum runden
> Reif geschmiedet,
> gewinnt es dem Manne die Welt.«

Sollte es möglich sein, daß hier im Ring des Nibelungen leise und vielleicht vom Dichter selber nicht bewußt gewollt, ein Motiv anklingt, das in einem andern Lehrbuch, im Faust, eine so seltsame Rolle spielt, das Motiv des Homunkulus, des Menschen, der ohne Weib und Weibesliebe erzeugt wird? Ich beantworte die Frage nicht, ich stelle sie nur auf.

Nur wer das Fürchten nicht kennt, vermag Fafner zu töten, Nothung zu schmieden, das Feuer – das wäre das Verbot der Verbote, daß der Sohn die Mutter nicht in Liebe umarmen darf – das Feuer zu durchschreiten, Brünnhilde zu gewinnen. Wir kennen alle das Märchen von dem, der auszog, das Gruseln zu lernen: er lernt es vom Weibe. Und Siegfried auch. Ist es so, muß es so sein. Müssen wir Männer, wir Helden, uns vor dem Weibe fürchten? »Sehnend verlang ich der Lust!« sagt Siegfried von der Furcht. Und

> »Mutter! Mutter! Dein mutiges Kind! –
> Im Schlafe liegt eine Frau! –
> Die hat ihn das Fürchten gelehrt.«

Furcht ist dem Manne Lust.
Das ist kein rechter Mann, der sich nicht vor dem Weibe fürchtet; nicht freilich wie sich Mime fürchtet, auch nicht so wie Wotan, der um die Macht bangt. Der Mann empfindet, und je mehr er Mann ist, um so mehr Furcht, die man Ehrfurcht nennt.
Mehr weiß ich heut nicht zu sagen.

Peer Gynt

Der Ertrag für das Erlernen psychoanalytischen Forschens ist, scheint mir, beim Ring des Nibelungen nicht gering gewesen. Hoffentlich bringt uns das Peer-Gynt-Lehrbuch noch ein Stück weiter. Allerdings haben wir Deutschen nicht die Dichtung selbst vor uns, sondern eine Übersetzung; in ihr gehen eine Menge Feinheiten des Unbewußten verloren, solche, auf die es gerade uns ankommt, weil sie, dem Dichter unbewußt, in Sprache, Wortwahl, Satzbau und so weiter sich dem Dichten dienstbar machen – Unwägbares, was der Norweger ohne nachzudenken genießt, während uns kein Nachdenken und auch kein Kennen der Sprache dazu verhilft. Dazu hat Ibsen auch noch eine an sich reizvolle Art, allerlei in seine Dramen hineinzugeheimnissen; daraus erklärt sich die seltsame Tatsache, daß man, so oft man Ibsensche Dichtungen liest, Neues, bisher Übersehenes findet. Für ein Lehrbuch ist so etwas aber nicht recht geeignet. Die Tatsache, daß solches Geheimnissen – der Faust zeigt es am deutlichsten – Leben darstellt, das sonst undarstellbar ist, dem Verstande kaum faßbares Leben, das aber in Wahrheit erst Leben ist, Leben, das wir mit Freud unbewußtes Leben nennen – diese Tatsache bringt für das analytische Forschen reiches, aber schwer erkennbares Material. – Ein weiteres Hemmnis – auch ein Vorteil für das Kunstwerk, aber ein Nachteil für ein Lehrbuch – ist die göttliche Ironie, mit der Ibsen Menschen und Dinge ausstattet. – Und schließlich: Ibsen kannte das Unbewußte wie kaum ein andrer, er arbeitete damit, als ob er analytisch vorgebildete Leser hätte. Seine Dramen haben dadurch ewiges Leben. Aber um das Unbewußte leicht zu erfassen, geht man besser als zu einem Wissenden zu jemandem, der davon nichts weiß, sondern das Unbewußte harmlos lebt, wenigstens für den Anfang. Wagner war harmlos, Ibsen wissend. Wir werden bei

Ibsen sehr viel Neues finden. Zunächst aber treten uns Dinge entgegen, die uns vom Ring her bekannt sind; nur sind sie in Peer Gynt schärfer ausgearbeitet.

Ich habe versucht zu beweisen, daß Siegfried in Brünnhilde seine Mutter sieht und Brünnhilde in Siegfried ihren Sohn, und aufgrund dieser Annahme habe ich auf die überall geltende Tatsache aufmerksam gemacht, daß der Mensch durch das Unbewußte gezwungen wird, immer und unter allen Umständen an seiner Mutter festzuhalten, nur das zu lieben, was irgendwelche Ähnlichkeit mit der Mutter hat. Das ist in Peer Gynt deutlich dargestellt.

Das Stück beginnt, wie Sie sich erinnern werden, mit einer Szene zwischen Peer Gynt und seiner Mutter Aase, einer sehr eigentümlichen Szene. Beide benehmen sich nicht so, wie es zwischen einem erwachsenen Sohn und seiner Mutter zuzugehen pflegt, vielmehr ist es wie eine Spielerei zwischen einer jungen Mutter mit ihrem unmündigen Knaben: Sie schilt über seine zerrissenen Hosen und über seine Faulheit, und er renommiert ihr etwas vor, wie er auf einem Rentierbock über einen Berggrat schmal wie ein Sensenrücken geritten sei, zu beiden Seiten schwindelnde Abgründe, und wie er dann auf dem Tiere reitend in den See tief unten gesprungen sei. Sie glaubt es, wie eben eine junge Mutter glaubt, was der Bube ihr vorschwindelt: Was er denkt und träumt, sind ihr, wie jeder echten Mutter, Wirklichkeiten. Und als sie den Schwindel merkt, weiß sie nicht, ob sie weinen oder lachen soll. Das Ganze endet damit, daß er sie hochschwingt und mit ihr, wie in seinem Märchen der Rentierbock es mit ihm tat, davongaloppiert, quer durch den schäumenden Bach hindurch. Dort am andern Ufer setzt er sie auf das Dach einer alten Mühle, von dem sie allein nicht herunterkommen kann, und reißt aus. Übermut, Knabenübermut. Und Aase sieht auch in ihm nichts andres als einen nichtsnutzigen kleinen Bengel: Sie läuft mit dem Stock hinter ihm her, um ihn zu verprügeln. Es ist kein Zweifel: Für Aase ist Peer noch immer der kleine Junge, als der er sich gibt, und für Peer ist sie die nie alternde Mutter, die geliebte Gespielin. Sie spielen miteinander; für beide existiert im Grund die übrige Welt nicht, sie haben ihre eigne Welt, an der niemand Anteil hat, Anteil haben soll; wie Peer es in der Sterbeszene Aases ausdrückt:

»So, Mutter, nun laß uns plaudern,
Doch alleine von Mein und Dein,
Und nicht von alledem kaudern,
was quer ging und quält obendrein.«

Er wiederholt sogar dieselben Worte, als Aase die Sprache auf Solvejg zu bringen sucht. Er mit der Mutter, das ist eine Welt für sich: Es wäre nach der ersten Szene gut denkbar, daß sie ihr ganzes Leben so im Spiel zubrächten. Tatsächlich kommt ja auch Peer Gynt erst nach langen Umwegen dazu, einem andern Weibe die Gunst zuzugestehen, seine Mutter zu sein. Diese Mutter, man braucht es kaum zu sagen, ist Solvejg, sie ist die neue Verkörperung Aases, die wiedergefundene Mutter. Und Peer Gynt fühlt das von vornherein. Das und das allein hindert ihn, bei ihr zu bleiben, sie ist ihm heilig, wie eben die Mutter dem Sohn heilig ist. Sie ist nie Weib für ihn: Als er sie in seine Hütte trägt – das Troll mit dem Vorwurf seiner schmählichen Vergangenheit hat sich noch nicht zwischen ihn und Solvejg gedrängt –, als er sie trägt, streckt er die Arme, auf denen sie sitzt, so weit wie möglich von sich:

>»Rein vor mir her, mit gestreckten Armen,
> Will ich dich tragen.«

Er flieht die körperliche Berührung, verkennt völlig die Situation und die Empfindung des Mädchens, sie ist für ihn Mutterimago.

>»Bieg ab, gib's auf! sprach der Krumme. –
> Gib's auf, bieg ab! Und wär dein Arm lang
> Wie die rankeste Hochtann am Bergeshang, –
> Du hieltest sie doch noch zu dicht an dir,
> Als daß sie danach wär noch schadlos und schier. –
> 's ist der Abend vorm Fest – Weihnachten – heut.
> Sie jetzt mit den Händen anrühren,
> Hieß alles Heilige schänden.«

Er sucht nach Gründen zur Flucht, und er flieht – zur Mutter Aase. Und als die stirbt, eilt er über Lande und Meere, ruhelos. Bis der Tod an ihn herantritt und die Angst vor dem Umgegossenwerden im Löffel des Knopfgießers. Da spricht er sein Geheimnis, das Geheimnis, um das er selbst nicht gewußt hat, das nur in seinem Unbewußten lebte, aber sein ganzes Leben bestimmt hat, aus:

»Sag, was du weißt«, –

fragt er die wiedergefundene, die altgewordene Geliebte –

>»Wo war ich, in der Brust den göttlichen Geist,
> Auf der Stirn den Namenszug, den Er geschrieben?«

und als Solvejg antwortet:

»In meinem Glauben, in meinem Hoffen, in meinem Lieben«,
fährt er zurück und sagt:

»Schweig! Das sind schreckliche Worte (*göglende ord*).
Für den Knaben, den du in dir trägst, bist du Mutter.«

Ich habe Ihnen da die wörtliche Übersetzung von dem gegeben, was Ibsen geschrieben hat. Es ist ein Beispiel für die Schwierigkeiten, Unbewußtes in der Dichtung zu übersetzen. Die übliche Übersetzung lautet:

»Schweig! Machs Herz mir nicht schwer!
Eine Mutter hat in ihr Kind sich verliebt.«

Es ist kaum möglich, daraus den Sinn zu finden, den Sinn, daß diese Liebe von Mutter zu Sohn, von Sohn zu Mutter Gynts Leben gestaltet hat, daß diese Liebe ihn benötigte, »drum herum« zu gehen, wie der Krumme es nennt, immer drum herum, und daß er deshalb nicht zu sich selbst fand. Die eine Mutter war ihm genommen, sie lockte ihn auch nicht als Mann, die andre lockte ihn, aber als Weib, nicht als Mutter, und die Mutter darf nicht Weib werden. Nur mit gestreckten Armen darf man sie tragen.
Das alles ist bei Solvejg ganz anders. Peer tritt ihr bei dem Hochzeitsfest auf Hägstad entgegen und fordert sie zum Tanz auf. Was tut sie? Etwas aus dem Unbewußten heraus: Ihr Blick geht, seltsam zu sehen, rasch – *skotte* steht im Norwegischen, darin liegt das Plötzliche, Wilde, Unbewußt-Auffordernde – nieder zu ihren Schuhen und zu ihrem Brusttuch, sie zeigt, ohne es selbst zu wollen, so wie es ein jedes Weib tut, das verdient Weib zu sein, die Wege, die zu ihr führen. Und um den Eindruck zu verdoppeln, lockert sich ihr Strumpfband, als sie nun zum Tanzen herantritt. Solvejg ist ganz Weib und in zwei Zügen als solches gezeichnet. Wir werden den gleichen Kunstgriff, das Unbewußte zur Darstellung der Gefühle heranzuziehen, fast mit denselben Worten im Faust wiederfinden. Da ist es Faust, der sagt:

»Gib mir ein Halstuch von ihrer Brust!
Ein Strumpfband meiner Liebeslust!«

Wer nur ein wenig das Unbewußte des Frauenwesens kennt, weiß, daß jede ihr Kleid nach unten zieht, wenn sie sich dem Manne gegenüber niedersetzt, daß jede Blumen an der Brust trägt, wenn sie umworben werden will. Und Solvejg will umworben sein, sie folgt ihm, dem Peer nach, wohin er auch geht, wie schlimm er auch ist. Sie liebt ihn, wie eben ein Weib zu lieben versteht, nicht allzu sinnlich, was Männer sich merken sollten: Wartet sie doch geduldig Jahr um Jahr und ist glücklich, warten zu dürfen, ist glücklich, ihn als alten gebrochnen Mann zu haben, als ihr Kind. Ach, die Sinnlichkeit der Frau ist ein seltsames Ding, das ein Mann kaum auf Augenblicke versteht. Denn zugleich ist Solvejg voll der glühendsten Sinnlichkeit, sie versteht nicht, daß sie sich fürchten soll vor etwas, was ihr selbstverständlich ist wie Atmen und Leben. Sie, das Kind von Stillen im Lande, selbst noch an Psalmbuch – Psalmbuch mit Spangen – und an der Mutter Rock gebunden, bricht mit aller Sitte und rennt dem Manne nach, den sie kaum kennt, der betrunken ist, als sie ihn zum erstenmal sieht, der vor ihren Augen die Braut dem Bräutigam raubt. Sie hat das Ahnungsvermögen des echten Weibes, sie errät, daß Peer Gynt wirklich ein Kaiser ist, einer, der durch die Luft reiten kann. Und unermüdlich lauscht sie Aases Erzählungen vom Vesle-Peer, weil Aase in ihm auch den Kaiser erkannt hat.

Es ist immer noch der einfachste Weg, bei den großen Dichtern anzufragen, wie Weibesart ist. Gewiß ist sie nicht so, wie das Gerede über sie geht.

Es findet sich in Ibsens Stück eine Stelle, die klar beleuchtet, wie es zwischen den beiden ist. Solvejg hat ihn oben an seiner Zufluchtsstätte aufgesucht, um ihm einen Korb mit Essen zu bringen, wie ihre kleine Schwester verrät. In Wahrheit ist das aber nicht der Grund; denn ohne jede Veranlassung sagt sie als erstes:

»Kommst du mir nah, so nehm ich Reißaus.«

Und als Peer Gynt antwortet:

»Meinst wohl, du liefst hier bei mir Gefahr?«

wirft sie ihm nur das Wort zu:

»Schäm dich!«

Warum soll er sich schämen? Weil er das ausspricht, was sie wünscht. Denn zum Schluß reißt sie doch aus – um wiederzukommen. Sie kommt wieder, und da fragt Peer noch einmal:

»Und du fürchtest dich nicht? Und du kommst mir nah?«

Warum denn diese dumme Frage? Er weiß doch, sieht doch, daß sie bei ihm bleiben will. Weil er sich fürchtet, nur deshalb; das ist ein bekannter Kniff derer, die Angst haben, sie sagen nicht: ich habe Angst, sondern: du da hast Angst. Und sollte er keine Angst haben, da sie doch jung und schön ist, sie, die seine Mutter ist und die er nicht begehren darf? Er hat Furcht, er flieht.

Das also ist es auch hier wieder: Mutter und Kind. Peer irrt durch die Welt, außen herum – *udenom* –, und daheim wartet eine, die

ABBILDUNGEN

Nachweis der Abbildungen

(Die Abbildungen wurden für diesen Band erneut zusammengestellt.)

1. Hagesandros, Polydoros und Athanadoros: *Laokoon* (um 50 v. Chr.), Marmor. Rom, Vatikanische Museen (Nachlaß Georg Groddeck)
2. Hans Memling: *Thronende Mutter Gottes mit dem Kinde und Engeln* (Ende 15. Jht.), Öl auf Holz. Florenz, Galleria degli Uffizi Alinari, Florenz)
3. Albrecht Dürer: *Der Sündenfall* (1504), Kupferstich (Foto Marburg)
4. Albrecht Dürer: *Madonna mit Sternenkrone* (1508), Kupferstich (Foto Marburg)
5. Albrecht Dürer: *Melencolia I* (1514), Kupferstich (Foto Marburg)
6. Lucas Cranach d. Ä.: *Venus und Amor* (1509), Öl auf Holz. Rom, Galleria della Villa Borghese (Alinari, Forenz)
7. Leonardo da Vinci: *Abendmahl* (um 1595/98), Fresko. Mailand, Santa Maria delle Grazie (Alinari, Forenz)
8. Michelangelo Buonarroti: *Die Erschaffung des Mannes* (1508/12), Fresko. Rom, Sixtinische Kapelle (Alinari, Florenz)
9. Michelangelo Buonarroti: *Die Erschaffung der Frau* (1508/12), Fresko. Rom, Sixtinische Kapelle (Alinari, Florenz)
10. Michelangelo Buonarroti: *Pietà* (1498/1500), Marmor. Rom, Petersdom (Alinari, Florenz)
11. Raffaello Santi: *Sixtinische Madonna* (1512/13), Öl auf Leinwand, Dresden, Gemäldegalerie (Alinari, Florenz)
12. Andrea del Sarto: *Die Enthauptung Johannes des Täufers* (1523), Fresko. Florenz, Chiostro dello Scalzo (Nachlaß Georg Groddeck)
13. Giambattista Salvi, genannt il Sassoferrato: *Die drei Lebensalter* (um 1650), Öl auf Leinwand. Florenz, Galleria della Villa Borghese (Alinari, Florenz)
14. Adolph von Menzel: *Wohnzimmer mit Schwester des Künstlers* (1847), Öl auf Pappe. München, Bayerische Staatsgemäldesammlungen (Museumsarchiv)

Abb. 1: Hagesandros, Polydoros und Athanadoros: *Laokoon*

Abb. 2: Hans Memling: *Thronende Mutter Gottes mit dem Kinde und Engeln*

Abb. 3: Albrecht Dürer: *Der Sündenfall*

Abb. 4: Albrecht Dürer: *Madonna mit Sternenkrone*

Abb. 5: Albrecht Dürer: *Melencolia I*

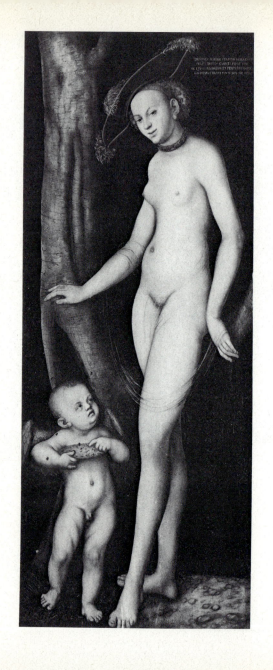

Abb. 7: Leonardo da Vinci: *Abendmahl*
Abb. 6: Lucas Cranach d. Ä.: *Venus und Amor* (links)

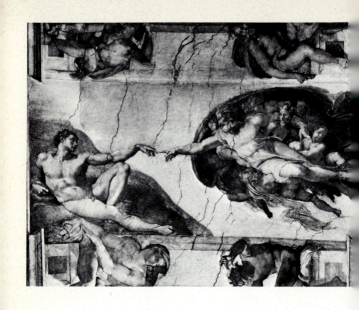

Abb. 8: Michelangelo Buonarroti: *Die Erschaffung des Mannes*

Abb. 9: Michelangelo Buonarroti: *Die Erschaffung der Frau*

Abb. 10: Michelangelo Buonarroti: *Pietà*

Abb. 11: Raffaello Santi: *Sixtinische Madonna*

Abb. 12: Andrea del Sarto: *Die Enthauptung Johannes des Täufers* (△) – Abb. 13: Giambattista Salvi, genannt il Sassoferrato: *Die drei Lebensalter* (▽)

Abb. 14: Adolph von Menzel: *Wohnzimmer mit Schwester des Künstlers*

Mutter, Frau, Weib zugleich ist: Das ist des Lebens Inhalt. Nur daß der Mensch nicht immer die Solvejg trifft, die ihm Mutter und Weib ist. Gewöhnlich findet der Mensch die zweite Mutter, die ewige Mutter nur in dem nebligen Land, in dem wir alle untergehen, das unser aller Heimat ist. Peer weiß das:

> »Sag, wo Peer Gynt all die Zeit her war!
> Kannst du das sagen? – Wo nicht, muß ich heim, –
> und untergehen in den nebligen Landen.«

Heimgehen nennt er es. Geburt und Grab, es ist ein und dasselbe. Der Erdgeist sagt es dem Faust in seiner Weise, wie Peer Gynt es in der seinen sagt:

> »Zurück und vor, ist dieselbe Länge.
> Hinein und hinaus ist dieselbe Enge.«

Aus dem Dunkel der Mutter kommen wir, ins Dunkel der Mutter gehen wir. Und das Leben? Wozu lebt man? Was ist das Ende? Immer dasselbe: Wir werden Kinder. Wer alt wird, wird Kind, in allem, in allem. Besser freilich er wird kindlich, als daß er kindisch wird. Am besten, wem von dem Weibe das Wiegenlied im Tagesglanze wieder klingt:

> »Ich werde dich wiegen, ich werde wachen.
> Schlafe und träume, mein lieber Junge!«

Es ist nicht meine Sache, hat auch nichts mit meinem Thema zu tun, aber ich kann es mir doch nicht versagen, ein Wort über Aufführungen des Peer Gynt zu sagen. Wenn dem Zuschauer nicht beim ersten Sehen Solvejgs ihre Ähnlichkeit mit der alten Aase auffällt – sie braucht nicht groß zu sein, muß aber so betont werden, daß nicht nur der Peer Gynt Ibsens sie bemerkt –, ist dem Stück das Herz ausgebrochen. Und diese ursprünglich angedeutete Ähnlichkeit muß sich mit jedem Auftreten Solvejgs steigern, so daß zum Schluß Solvejg die Züge Aases angenommen hat. Nur so kann dem Zuschauer klarwerden, was vor sich geht; nur dann erkennt er die innere Berechtigung des Wiegenlieds, mit dem das Stück schließt; geschieht das nicht, so hat das Stück keine Klangfarbe, weder die Obertöne noch die Untertöne klingen mit, es wird an dem tiefsten Problem Peer Gynts vorbeigespielt. Dann ist Peer Gynt nichts weiter als ein abenteuernder Phantast und Halb-und-halb-Mensch, der als verarmter kraftloser Greis in

höchster Not bei seiner ehemaligen Geliebten einen Unterschlupf findet und sie Mütterchen nennt, um anzudeuten, daß sie nicht mehr von ihm zu erwarten hat. – Pfui Teufel!
Ich habe Gelegenheit gehabt, auch hier in Berlin eine Aufführung des Stückes zu sehen. Sie war nach dem gewöhnlichen Rezept hergerichtet; das heißt: Kein Mensch kann bei solcher Gestaltung der handelnden Personen auf die Idee kommen, daß er die erschütternde Darstellung des Menschenschicksals, wie es sich aus der menschlichen Natur heraus entwickeln muß, vor sich sieht. – Aase ist bei Beginn des Stückes etwa vierzig Jahre alt; es ist nicht in der Ordnung, sie mit weißem Haar auftreten zu lassen. Bei ihrem Tode – es vergeht eine lange Zeit bis dahin –, der Dichter betont das, denn die ersten Szenen spielen im Sommer, die Sterbeszene im tiefen Winter zur Weihnachtszeit; außerdem hat Peer Gynt in der Zwischenzeit sein Häuschen gebaut, das geht aber nicht von heut auf morgen –, bei ihrem Tode mag sie, die früh im Kummer altert, dünnes weißes Haar haben, das ist in der Ordnung; im Beginn des Stückes ist sie noch ansehnlich genug, der Altersunterschied mit Solvejg beträgt nicht mehr als zweiundzwanzig bis dreiundzwanzig Jahre. Im vierten Akt, als Solvejg ihr Lied singt, muß sie ungefähr so alt aussehen wie Aase in der ersten Szene, am Schluß soll sie weißhaarig und wie Aase gekleidet sein. Man kann in der Ähnlichkeit nicht weit genug gehen.
Gradezu vernichtend ist es, Peer Gynt auf der Bühne sterben zu lassen, wie es hier üblich ist. Solvejg deklamiert dann ihr Wiegenlied »im Tagesglanze« einem Toten vor. Das ist sinnlos und geschmacklos.

>»Wir sehen uns am letzten Kreuzweg, Peer,
>Und dann wird sich zeigen, ich sage nicht mehr!«

ertönt die Stimme des Knopfgießers hämisch und feindlich am Schluß des Liedes. Solvejg antwortet mit der Sicherheit der Mutter, die ihr Kind im Schoße hegt:

>»Ich wiege dich und ich wache,
>Schlaf und träum, lieber Junge mein!«

Wie ist es möglich, so viel zarte Schönheit absichtlich zu vernichten! Peer Gynt ist nicht fertig mit dem Leben, er fängt noch einmal an. Ihn als zitternden Schnapsbruder enden zu lassen entspricht weder der Dichtung noch der Absicht des Dichters, Ibsen beschreibt ihn bei dem Sturm, er nennt ihn einen kräftigen Mann.

»Schlafe und träume« singt Solvejg ihrem großen Kinde zu. Das wird er, der Junge, daran braucht Mütterlein nicht zu zweifeln. Er hat sein Leben lang nichts andres getan als träumen. Und er braucht nicht einmal dazu zu schlafen, er träumt am Tage, er träumt unablässig – genau wie ein jeder, genau wie ich es tue, wie Sie es tun, wie ein jeder es tut. Nur, wir wissen es nicht, wollen es nicht wissen. Es widerstreitet dem ›Realitätsprinzip‹, der ›neuen Sachlichkeit‹. Tatsachen! Tatsachen! Mit dem, was ist, soll man rechnen. Ja, aber die Träume, die *Tagträume* sind eben auch Tatsachen, und wer sachlich sein will, sollte sich mit diesen Tatsachen in erster Linie beschäftigen; denn wenn er es nicht tut, versteht er von der Welt und dem Leben so gut wie nichts.

Was wäre die Welt, wenn wir Menschen nicht ohne Unterlaß träumten? Die Psychoanalyse hat sich viel Mühe gegeben, Wissenschaft und Leben mit der Wichtigkeit der *Träume* bekannt zu machen. Daß ihr das nicht gelungen ist, wenigstens nur zu einem sehr geringen Teil gelungen ist, liegt eben daran, daß man Lehrbücher schreibt, anstatt in denen zu lesen, die schon da sind. Hätte man darauf die Mühe verwendet, wir wären weiter; denn zu den Lehrbüchern gehört das Leben, nicht bloß medizinische Krankenerforschung, und das Leben ist nicht denkbar ohne Wachträume. Es ist nicht gut, daß man, um Menschen zu analysieren, erst darauf wartet, daß sie schlafen und träumen. Das wußte Ibsen besser, genauso, wie es Freud auch besser weiß, ja wie es jeder besser weiß, der sich andächtig und aufmerksam mit dem Unbewußten beschäftigt. Die *Erkrankung* selbst ist ganz gewiß kein Schlaftraum, man hat aber ein gewisses Recht, sie einen Wachtraum zu nennen, einen Traum des *Unbewußten*, der *Organisches* so gut wie *Psychisches* hierhin und dorthin leitet, ja der das ganze *Leben gestaltet*. Sie werden gleich sehen, was ich meine, wenn Sie Ibsens Peer-Gynt-Lehrbuch nachschlagen. Sie werden da Dinge ausgeführt sehen, die Sie im Ring des Nibelungen nur *angedeutet* finden, die Sie hineinlesen müßten, während sie bei Peer Gynt Ihnen überall und in jeder Szene entgegentreten.

Schon in der ersten Szene kommt der leitende Traum Peer Gynts hervor. Aase schilt ihn. Es tut ihm weh, daß sie traurig ist seinetwegen, und er gibt ihr das Beste, was er hat:

> »Kleine, böse süße Mu,
> Trau mir nur und wart nur zu,
> Bis dich's ganze Dorf noch ehrt;
> Wart nur, bis ich was getan,
> Recht was Großes, gibt nur acht!«

worauf Aase erwidert:

> »Würd dir doch nur eins bewußt,
> Daß du mal den Riß in deiner
> Eignen Hose stopfen mußt.«

Da kommt es hitzig aus ihm heraus:

> »König, Kaiser will ich werden!
> Laß mir Zeit nur und ich bin's.«

Kaiser will er sein, und nicht etwa ein gewöhnlicher Kaiser, nein einer, der auf goldhufigem Rosse durch die Lüfte reitet:

> »Alle gewahren
> Kaiser Peer Gynt durch die Lüfte fahren.
> Nickel und Silber, ein buntes Geriesel
> Streut er hinunter wie Hände voll Kiesel.
> Allen im Dorf geht's von nun an am besten.
> Engellands Prinz steht und wartet am Strande,
> Mit ihm alle Schönen aus Engellande.
> Engellands Kaiser und Engellands Barone
> Steigen die Stufen herab vom Throne –«

Es ist nicht Ehrgeiz, was sich hier äußert: In Peer Gynt ist nicht eine Spur Ehrgeiz, ja nicht einmal eine Spur Freude daran, etwas bei den Leuten zu gelten, ebensowenig, wie er sich viel aus der Verachtung der Menschen oder aus ihrem Hohn macht. Darin ist er er selbst, bleibt es auch bis an sein Lebensende; nicht einmal an Solvejgs Urteil liegt ihm etwas, nicht einmal dann, als ihn der Knopfgießer umgießen will. Das was ihn frei macht, ist weder Solvejgs Treue noch ihr Glaube noch ihre Hoffnung, sondern die plötzlich auftauchende Überzeugung, daß sie ihn »in ihrer Seele zu bergen« vermag, daß sie gleichzeitig »Mutter, Frau, Weib« ist, daß sie nicht richtet.

Peer Gynt – wer es nicht sieht, sieht es eben nicht, aber deshalb bleibt es doch wahr – ist so wie wir Menschen alle sind, nur daß leider so viele sich vorzumachen suchen, daß sie anders seien; er ist wirklich er selbst, braucht es nicht erst zu werden. Er träumt, aber er weiß ganz genau, daß er träumt und phantasiert. Die Menschen – seine eigne Mutter voran, das erste Wort, das auf der Bühne gesprochen wird, kommt aus ihrem Munde, sie ruft ihm zu: »Du lügst!« –, die Menschen schelten ihn Lügner, Lügenprinz; wie dumm das doch ist ihm gegenüber, der so wahrhaft ist. – Dem Menschen ist von der Natur – einem jeden Menschen – die Kraft und der Zwang des wachen Träumens, des Phantasierens gegeben; aber diese Phantasie ist »sich selbst genug«, sie hat Trollnatur, muß sich selbst genug sein; der Mensch, in dem der Wunsch, der Traum solle Wirklichkeit, oder auch nur der Gedanke, er könne Wirklichkeit werden, lebt, der ist der Lügner, der ist nicht er selbst. Peer aber – es kommt ihm gar nicht in den Sinn, irgend etwas von dem auszuführen, was er sich zusammenträumt; er hat das säuberlich getrennt, seine Phantasien werden ihm nie Ziel, er erlebt sie innerlich und damit sind sie für ihn abgetan. Er ist er selbst, wenn er phantasiert, er ist es auch, wenn er ißt und trinkt und eine Zwiebel schält. Niemals verliert er sich in seine Träume, niemals macht er den schwächlichen Kompromiß, der sonst üblich ist, ein Stückchen von dem Traumleben in Wirklichkeit umzusetzen. Er ist immer Kaiser Peer Gynt. Freilich, besonders brauchbar für den Staat und die Wohlfahrt des Volks ist er damit nicht, und es gilt von ihm das, was der Pfarrer in der Begräbnisszene des Mannes mit dem abgehauenen Finger von dem sagt:

> »Ein Brecher des Gesetzes? Mag es sein!
> Doch etwas leuchtet über dem Gesetze
> Wie dort des Berghaupts starrend Felsgestein
> Noch überkrönen lichte Wolkennetze.
> Ein schlechter Bürger war er, unfruchtbar
> Für Staat und Kirche.
> Doch war er groß, weil er er selber war,
> Weil der ihm eingeborne Klang nie schwieg,
> Ein Klang wie Geigen seufzen unterm Dämpfer.«

Peer Gynt fühlt es, daß dies seine eigene Leichenrede ist:

> »Ich hörte gar gern einst auch mein Geschick
> Jenen würdigen Hirten dem Volk einschärfen.«

Und vergessen Sie nicht, daß nun schon seit Jahrzehnten die Besten der Menschen sich an ihm erquicken, vielfach ohne zu wissen weshalb, möglicherweise mit völliger Verkennung der Gründe, die ihn so sympathisch machen. Unser Entzücken über ihn ist auch etwas wert. Ich zweifle nicht daran, daß eine ganze Menge Menschen, die das Stück lesen oder sehen, sich einbilden, Solvejg sei die Erlösung des verlorenen und verkommenen Peer. Aber Solvejg ist ja nicht anders als Peer, auch sie ist sie selbst, nur weiß sie davon nichts, kann auch nichts davon wissen, da sie Weib ist. Aber bedenken Sie doch, für den Philister – und es ist sehr schwer, das Philistertum aufzugeben –, für den Philister vertrödelt Peer Gynt sein Leben mit Nichtigkeiten, frevelt er mit dem Waten im Morast, das nicht einmal echte Sünde ist, so schwer, daß er vom Philister Knopfgießer umgegossen werden soll, daß er nicht einmal wert ist, in die Hölle zu kommen. Aber was tut denn Solvejg anders? Ist es bei ihr kein Vertrödeln des Lebens, daß sie in den Bergen sitzt und auf einen Mann wartet, den sie dreimal gesprochen hat, der von allen ein Lügner gescholten wird – was er ja wohl auch nach der gewöhnlichen Annahme ist –, der der Sohn eines Trunkenbolds und einer Verrückten ist, der selber trinkt, dem nichts heilig ist, der als Sklavenhändler und falscher Prophet sich in der Welt herumtreibt, der den Trollen verfallen ist und der selbst dem Teufel noch ein Schnippchen schlägt, ihn ans Kap der guten Hoffnung hetzt? Hat sie nichts Besseres zu tun, als Ziegen zu hüten? Ist sie dafür entschuldigt, daß sie ihren braven Eltern davongelaufen ist, weil sie sich einem Unbekannten, einem notorischen Schwindler an den Hals wirft? Watet sie denn nicht im Morast, und ist sie besser, nur weil das Wörtchen Treue über ihrem Leben steht? Wem ist sie denn treu? Nur sich selbst. Peer Gynt gewiß nicht, den kennt sie ja nicht. Sich selbst. Wie Peer immer er selbst ist, so ist auch Solvejg sie selbst, nur eben ist sie ein weibliches Selbst und er ein männliches. Beide träumen ehrlich, beide leben ihr Leben unabhängig von dem, was sie träumen. Beiden ist das Phantasieren Trollwesen, beide sind auffallend wahrhafte Menschen, denen der Teufel nichts anhaben kann.

Ich halte es für möglich, daß trotz allem, was ich angeführt habe, Zweifel daran bestehen, daß Solvejg und Aase für Peer und für den Zuschauer dasselbe bedeuten; so will ich noch ein paar Worte darüber sagen. Als Peer Gynt zum erstenmal in tiefster Not ist, im Rondane-Schloß, ruft er nach Aase, kurz darauf, als er nahe daran ist, dem Krummen zu erliegen – der Krumme erkennt die Zusammengehörigkeit der beiden; er sagt »Weiber stehen hinter ihm« –, ruft er nach Solvejg. Als er Solvejg verläßt, geht er zu Aase. Als er zurückkehrt, sucht er zuerst Aases Haus, dann geht er zu Solvejg. Solvejgs Liebe entflammt sofort, aber sie nährt sie an Aases Liebe. Was Aase ihr aus ihrem vollen Herzen über Peer erzählt, damit füllt sie ihr Herz. Sie übernimmt Aases Gedanken. – Der dritte Akt ist besonders bezeichnend. Der zweite schließt damit, daß Solvejg ihm Nahrung bringt, aber vor ihm Reißaus nimmt, der dritte beginnt damit, daß Peer Gynt an seine Mutter denkt:

»Friedlos bist du. Kein haushälterisch
Mütterlein deckt und bestellt dir den Tisch.«

Die nächste Szene spielt bei Aase; sie sucht in den Trümmern ihres Besitztums Kleider für ihren Jungen. Wieder in der nächsten kommt Solvejg zu Peer, und wieder in der nächsten geht Peer zu Aase. Deutlicher kann es die Dichtung nicht machen, daß Aase die Mutter und Geliebte, Solvejg die Geliebte und Mutter ist.

Und zum Schluß noch ein Beweis, der stärkste, der dichterisch stärkste, weil er in den Tiefen des Unbewußten wurzelt. Als Peer ein Kind war, an Jahren ein Kind, ist Aase mit ihm ins Märchenland gefahren, in Eis und Schnee zum Moria-Soria-Schloß mit Grane, der starken Mähre. Als Aase Kind wird, wird Peer die Mutter, er hüllt sie in Decken und fährt sie über den Fjord dem Himmelstor zu. Er nimmt seinen Dank für die Fahrt von den Lippen der Toten, wie einst die Mutter den Dank des Kindes nahm. Wer alt genug wird, wird immer das Kind seines Kindes. Für jeden kommt die Zeit, wo Sohn oder Tochter ihn für leitungsbedürftig hält, und ein jeder von uns segnet die Hände der jüngeren Eltern. – Das ist Peer und Aase. Und mit Solvejg und Peer ist es dasselbe in der Umkehrung. Zunächst ist Solvejg das Kind, für dessen Heil Peer Schwerstes in seiner Flucht vollbringt; in den endlosen Jahren des Wartens wird Solvejg Mutter, in dem endlosen Jammer der Flucht wird Peer Kind. Wir lernen viel in diesem Buch, ich kann nur wenig davon mitteilen. –

Zwischen Aase und Solvejg steht der Grüngekleidete, das Dovrekind, das Troll, das Negativ der Mutterimago.

Dreimal kurz hintereinander versucht es Peer, von der Muttergeliebten loszukommen, mit Ingrid, der geraubten Braut, mit den drei Sennerinnen und mit dem Trollweib; es ist eine furchtbare Steigerung, in der sich das Ankämpfen gegen sein Verhängnis ausspricht, erst eine, dann drei und schließlich ein Gespenst. Er will dem Verbrechen entfliehen und verfällt dem Verbrechen. Und das Schlimmste ist das letzte, das Begehren in Gedanken. Ist es nicht ein gewaltig lebendiges Verkünden psychoanalytischer Lehre, daß der Inzestwunsch, das Begehren nach der Mutter, den Menschen in den Sumpf treibt, das *Verdrängen des Inzestwunsches*, müßte ich sagen.

»*Djävlen sta i alt som minder*«, sagt Peer, »Erinnerung ist der Teufel selbst.« –

Mit diesem Dovretroll zeugt Peer sein Kind, ein Kind der zur Wirklichkeit gewordenen Phantasie. Und dieser Sohn, der zu unheimlicher Größe sofort heranwächst – Gedanken sind das Böse, Peer, Gedanken, Begehren, Wünsche –, spuckt nach dem Vater, will ihn mit der Axt erschlagen. – Hast du den Wunsch des Mordens dem eigenen Vater gegenüber auch verdrängt, Peer

Gynt, wenn er in der Trunkenheit nach der Mutter schlagen wollte? So ist es wohl. Und welch eine tiefe Kenntnis des Unbewußten verrät dieses Weib. Als Peer vom Schreck halb vernichtet den Mund aufsperrt, sagt sie zu dem Trolljungen:

»Gib Vater zu trinken, sein Mund steht offen.«

Da haben Sie die Entstehung der Trunksucht in einem Satz: Flucht vor der Angst. Aase sagt dasselbe:

»Man will die bösen Gedanken von Zeit zu Zeit loswerden,
Da braucht der eine Branntwein, der andere Lügen.«

Es gibt noch mehr solch merkwürdige Einblicke in das Unbewußte. Da ist der Todeswunsch der Mutter gegen ihren Sohn. Beim Brautraub, als Peer die Felsen emporklettert, ruft sie in Wut:

»Oh, daß du herabfielst!« –

und sofort aus dem Gefühl der Allmacht der Gedanken schreit sie:

»Tritt vorsichtig auf!« –

Gedanken, Gedanken, sie müssen verdrängt werden,
gib's auf! bieg ab!, sagt der Krumme.

»Ich muß drum herumkommen in meinem Sinn.
Man muß sowas abschütteln, bis man's vergißt«, sagt Peer, als er Solvejg verläßt, und er schüttelt es ab, nicht einen Gedanken widmet er der Geliebten. Er verdrängt und vergißt.

»Eine, die Treue hielt, und einer, der vergaß.«

Wie verdrängt man? Der eine mit Branntwein, der andere mit Lügen oder mit Träumen, »träume liebster Junge mein!«
Noch andere Träume träumt Peer, zahllose Träume. Zwei Dinge mischen sich immer hinein: Reiten und Frauen. Gehören sie zusammen? Gewiß, wir wissen das alle, das Menschenvolk weiß es schon längst, ehe das Wort aufkam, daß man Pferde und Frauen mit Zucker und Peitsche regiert. Das Reiten – man kann nicht daran zweifeln – ist ein Symbol des Liebens, ja man kann kaum daran zweifeln, daß es eine Form des Liebens ist, geschaffen von der treibenden Kraft des Eros. Und wie sagt Peer Gynt:

»Am Zaumzeug erkennt man den fürnehmen Herrn!«

Fürnehmer als er in Gedanken seine Solvejg aufzäumt, von der sagt, man werde heilig, wenn man sie anschaue, fürnehmer wurde nie eine Frau vom Traum des Mannes ausgestattet. Er wagt nicht, sie anzutasten, der Reiter betet Solvejg an:

> »Magd ohne Schuld und Fehle,
> Birg mich denn in deiner Seele.«

Es wird Ihnen bekannt sein, daß des Menschen erstes Pferd der Mutterleib ist. In dem Pferd sitzt er wie angegossen, ein wahrer Kaiser von Engelland.
Peer hat die Liebe zur Mutter zu verdrängen gesucht, und das ist ihm nur halb gelungen. Sie steht zwischen ihm und den Weibern, sie steht zwischen ihm und Solvejg, sie steht als Begriff der Gebärerin auch zwischen ihm und den Kindern. Wie Siegfried bleibt er kinderlos, es sei denn, daß Sie den Homunkulus seiner Trollträume als Kind rechnen wollten. Ist Ihnen nicht aufgefallen, wie er tobt, als er auf dem Schiff an Ehe und Kinder denkt. Selbst will er Kinder gebären, selbst Mutter sein wie Siegfried, wie Faust, wie ein jeder Mann, der Mensch ist. Der Homunkulus, da ist er wieder. Haß und Sehnsucht. »Mutter, Mutter, es klingt so wunderlich.« Faust tötet seine Kinder. –
Kaiser sein, das ist Peers Hauptraum: Kaiser der Lüfte, Kaiser der Wüste, des neuen Reiches Gyntiana, Kaiser aller Vergangenheit, und als er schließlich vom Hohn des Schicksals durch den verrückten Irrenarzt zum Kaiser mit dem Strohkranz gekrönt wird, bricht er wohl im Augenblick überwältigt zusammen, aber später, als er die Zwiebel schält, ist es ihm ebenso gleichgültig wie alles andere. Er ist ja in sich Kaiser, was braucht er es noch zu werden? Nur ist er während des Stückes noch befangen von etwas, was er ein paarmal mit dem Ehrentitel Teufel belegt.

»Djävlen sta i alt som minder«

sagt er. Das hat man in der Übersetzung ganz fallenlassen, und es ist doch mit der Schlüssel zu dem ganzen Stück. »Daß die Pest auf all dies falle!« ist es übersetzt; »all das?« »*som minder*« steht da, das heißt: »was erinnert.«
Peer Gynt sagt hier etwas, was mit andern Worten ausgedrückt ist in dem tiefsinnigen Satz: Nur wer sich selbst verliert, wird sich finden; oder in dem andern: Es sei denn, daß ihr neu geboren werdet, so werdet ihr nicht in das Himmelreich kommen. Das ist Peer Gynts – und aller Menschen, leider, leider! – Verhängnis, daß die Dinge der Welt und des Lebens Dinge sind, »*som minder*«, die erinnern.
Ein psychoanalytisches Lehrbuch nannte ich den Peer Gynt.

Hatte ich nicht recht? Was lehrt denn die Psychoanalyse andres, als daß verdrängt, nicht etwa vernichtet, sondern verdrängt, in das lebende, unheimlich mächtige Unbewußte, in das Reich des Teufels, des »*Djävlen*« verdrängt wird, von wannen es wiederkommt in der und der Gestalt, als Krankheit, Verbrechen, Torheit – oder auch als Kunstwerk und Größe des Menschen. Denn Sie müssen nicht denken, daß die Verdrängung, das »*som minder*« immer oder auch nur oft Böses schafft. Der Teufel – Sie wissen das ja alle aus dem Faust – will stets das Böse und schafft stets das Gute. Und so ist es auch mit dem »*som minder*«.

Und auch mit dem, was Peer im selben Atemzug zum Teufel wünscht:

»*Djävlen sta i alle kvinder!*«
(Hol die Pest euch Weiber alle!)

Die Weiber hängen eben mit dem zusammen, »*som minder*«, wenigstens das eine, wichtigste Weib, die Mutter.

Wir wissen es, das ganze Stück dreht sich darum, daß Peer Gynt an seiner Mutter Aase und weiter an dem Muttergedanken überhaupt festhält, daß er nie aufhört, Kind seiner Mutter zu sein. Das ist sein Verhängnis, aber wie alles Böse immer das Gute schafft, ist es auch sein Glück. Weil er immer Kind bleibt, immer er selbst, braucht er nicht kindisch zu werden, kann er es mit Trollen, mit fremden Passagieren, mit dem Teufel und dem Knopfgießer, mit dem Krummen und sogar mit Solvejg aufnehmen: Er hat es nicht nötig, kindisch zu werden, denn er ist immer kindlich. Aber trotzdem: er hat nicht so unrecht, wenn er die Weiber zum Teufel wünscht. Woher hat er das, was die Leute Lügen nennen? Wer hat ihm das Träumen angewöhnt? Oder besser, wer gab ihm den Stoff zum Träumen; denn das Träumen gehört zum Menschen, ein Mensch ohne Phantasie ist nicht denkbar, selbst der Blödsinnige hat seine Tagträume. Wer also gab ihm den Stoff zu seinen Träumen? Seine Kindheit. Und wer leitete diese Kindheit, wer flößte ihm ein, was so seltsam bös und gut in ihm aufging? Aase, seine Mutter. Während der Vater saufend und prassend im Land umherfuhr – erzählt sie der Solvejg:

»Sind wir zwei denn daheimgesessen
Und haben gesucht, den Jammer zu vergessen;
Denn Widerstand leisten, das konnt ich nie recht.
Dem Schicksal ins Aug schaun, das ist kein Vergnügen;
Und man will doch auch mal seiner Sorgen bloß werden
Und die bösen Gedanken von Zeit zu Zeit loswerden.

>Der eine braucht Branntwein, der andre braucht Lügen.
>Na ja! Und so verfielen denn wir
>Auf Prinzen und Trollspuk und allerhand Getier.
>Auch Brautraub kam vor. Doch frag ich, wer denkt,
>Daß so was in solch einem Burschen festhängt.«

Oho! das denken viele. Und die ganz Weisen suchen den Kindern all solche Dinge zu versperren und glauben, recht daran zu tun. Gibt es doch Leute genug, die so sorgfältige, gewissenhafte Eltern sind – es ist das beneidenswerte Vorrecht der Eltern, sich gewissenhaft vorzukommen –, daß sie den Söhnen die Indianergeschichten nicht gönnen und den Töchtern die Liebesgeschichten – daß Gott erbarm! –, ja selbst die Märchen könnten schlimm wirken, und nun gar aus dem bösen Struwwelpeter dürften vielleicht Unarten erlernt werden, die sonst dem guten Kinde nicht in den Sinn kämen. Aber Kinder sind nicht gut. Gott bewahre uns vor guten Kindern, sie sind die bösesten. Und ich leugne nicht, daß ich den Struwwelpeter für ein gutes Kinderbuch halte und für noch besser für Erwachsene, denn es ist, man könnte fast sagen, das wichtigste Lehrbuch über das Unbewußte.

Nun also, von Mutter Aase hat Peer den Stoff zu seinen Träumen. Habe ich nicht recht, das Stück allen denen zu empfehlen, die Psychoanalyse treiben wollen? Ist das nicht dasselbe, was kürzer ausgedrückt lautet: Der Mensch ist das Kind seiner Kindheit? Und soll es auch sein. Denn Gott sei Dank, es ist ein veraltetes Lehrbuch, es verkündet noch nicht, daß man durch psychoanalytisch angekränkelte Erziehungsversuche die Menschen bessern könnte; es läßt trotz Troll- und Kaisertraum, trotz Wolkenreiten und Schlösserbauen aus nebelumwallten Bergen Peer Gynt zur Heimat im Sonnenglanz finden. Ja wohl gerade deswegen findet Peer dorthin, weil seine Mutter ihn phantasieren lehrte; denn Phantasieren ist ja eben Nicht-Verdrängen. Verdrängung entsteht erst aus dem elenden Kompromiß, der die Phantasie in die Wirklichkeit umsetzen will und zu diesem Zweck den Herzschlag der Phantasie real regelt. Realitätsprinzip nennt man's.

Es gibt eine andre Realität, und auch das lehrt im Gegensatz zu allem, was in den wissenschaftlichen Büchern gelehrt wird, Ibsens Peer Gynt. Peer erlebt seine Träume, unmögliche, unreale Träume, so real, daß sie wirklich werden. Er kommt wirklich ins Rondeschloß, er soll wirklich Troll werden, er spricht wirklich mit dem fremden Passagier, dem öden Moralisten, über seinen Kadaver, er begegnet dem Krummen, er verhandelt mit dem

Knopfgießer, er betrügt den Teufel, er fährt wirklich mit seiner Mutter in den Himmel. Unsereins bringt das nur mit Hilfe von Trinken oder mit Morphium zustande oder allenfalls im Schlaftraum. Aber dann ist es nur eine klägliche Realität gegenüber der, die Peer Gynt sich schafft. Wirklichkeit? Ja, wer seine Phantasie so weit realisiert, daß er ein wahrhaftig existierendes Kind zeugt, nur durch seine Phantasie, so wahrhaft existierend, daß es auf der Bühne auftreten kann und sofort seinen Vaterkomplex abreagiert, gegen den sind wir doch alle erbärmliche Schwächlinge. Peer Gynt ist uns über, Kaiser Peer Gynt.

Aber das eine bleibt Tatsache: Mit *erschütterndem Ernst* lehrt Peer Gynts Traumstoff, daß wir *von den Kindheitserlebnissen abhängig* sind. Auch muß es nicht immer die Mutter sein, die solche gestaltenden Kräfte für unsern späteren Lebensgang lebendig macht. Aase erzählt:

> »Weißt du noch, wie jener Pfaff, –
> Der aus Kopenhagen, weißt du,
> Dazumal dich frug: Wie heißt du?
> Und, ob deiner Antwort baff,
> Sich verschwor, die schiene wert ihm
> Eines Prinzen –«

Da ist ja das Trauma, das *psychische Trauma*. Es hat freilich nicht mehr so viel vor der Wissenschaft zu bedeuten wie einst, solch ein Trauma; aber immerhin, es muß doch auf einen kleinen Jungen einen ungeheuren Eindruck machen, wenn ein Pfarrer, noch dazu ein ausländischer, ihn einen Prinzen nennt. Für einen Knaben ist wahr, was der Pfarrer sagt. Es ist eben nicht alles Aases Schuld. Und seien wir ihr gerecht: Wenn sie ihrem kleinen Peer nicht das wundervolle Träumen beigebracht hätte, würde ihr Sohn sie nicht durch Schnee und Eis und über den zugefrornen Sund zum Schloß Soria-Moria kutschiert haben, und Alt-Aase wär' nicht geehrt und geachtet,

> »Wie's billig für Leut ihres Schlags«

und sie hätte nicht von Gott-Vater selbst gehört:

> »Alt-Aase hat freien Paß.«

Möchten Sie diese Szene aus dem Gedächtnis der Menschheit gestrichen sehen? Sie wäre nicht möglich, nicht in der Weise möglich, wenn Peer Gynt nicht er selbst wäre, der Sohn seiner Mutter.

Er selbst? Aber es ist doch tausendfach in dem Stück versichert, daß er eben nicht er selbst ist, daß er die Trollweisheit lebt:

»Mensch, sei dir selbst genug!«

nicht die des Menschen:

»Mensch, sei du selbst!«

Da bin ich wieder bei der unglücklichen Tatsache, daß Ibsen Norweger war und wir Deutsche sind. Hier erhebt sich ein unüberwindliches Hindernis: denn wir sagen wohl: »Sei du selbst«, der Norweger aber sagt: »*Vaer dig selv*«; das ist unübersetzbar und für uns sogar unverstehbar; denn wörtlich übertragen heißt es »sei dich – oder dir – selbst«. Die beiden Nationen denken verschieden, da ist nichts zu machen.

Wir müssen von der deutschen Denkart ausgehen, und da ist keine Frage, daß Peer Gynt von allen – »außer einer« – das Zeugnis bekommt, daß er »sich-selbst-genug« war, ein Trollmensch, ein Egoist. Einer, der nicht wert ist, in der Hölle bestraft zu werden, der in den Schmelzlöffel des Knopfgießers muß, weil er nur als Rohstoff zu gebrauchen ist, weil ihm die Öse fehlt. Und wenn Sie sich sein Leben, wie er es führt, und die Resultate dieses Lebens ansehen, so kann auch unsereins auf den Gedanken kommen: Peer Gynt ist Egoist, er ist sich selbst genug. Nur stört dabei der Schluß des Stückes. Peer Gynt geht frei aus, der Knopfgießer wagt es nicht, ihn umzuschmelzen. Und vom Schluß aus, vom Resultat, von den Tatsachen aus, muß man sich die Dinge ansehen. –

Ich gehe zurück zu der Szene, in der zuerst der Gegensatz: »sei du« und »sei dir selbst genug« aufgestellt wird. Es sind Worte des Dovre-Alten im Rondaneschloß; er spricht von dem Unterschied zwischen Mensch und Troll.

»Draußen im Sonnenstrahl ruft man sich zu
Als heimlichste Weisheit: ›Mensch sei du!‹
Hier aber unter uns Trollen heißt klug
Geredet: ›Troll sei du – dir genug!‹
›Genug‹ mein Sohn, dies mächtige Scheid'wort
Werde fortan dein Leib- und Leitwort!«

Die Trollweisheit: »sei dir genug!« ist ohne weiteres verständlich. Die Menschenweisheit aber ist durch das unglückliche Übersetzen ganz entstellt. Es steht nicht einfach: »sei du!« da, sondern: »vaer dig selv!« In der Übersetzung soll der Mensch ein subjektives Du sein, im Original aber soll er ein objektives Du sein. Ich weiß nicht, ob das so klar ausgedrückt ist, wie ich es gern möchte. Ich habe nach einer Möglichkeit des Klarmachens gesucht, finde aber nichts anderes als einen Umweg. »Uden om«, sagt der Krumme zu Peer Gynt, »auf Umwegen, außen herum«. Nun also: Wenn ein kleines Kind etwas von sich erzählt, sagt es nicht: Ich habe das und das getan, sondern: Hans – oder wie er oder sie nun heißen mag – hat es getan. Das Kind steht – oder kann sich selbst wie einem Fremden gegenüberstehen, es ist sich selbst Objekt; es sieht sich als ein Selbst an, aber nicht als ein Ich. Es denkt und spricht norwegisch oder schwedisch, englisch, französisch, wie Sie wollen – aber nicht deutsch. Ich will mich, trotzdem es mancherlei Verlockendes hat, nicht bei dieser Eigentümlichkeit des Deutschen, daß er sich nur als Ich empfindet, daß er das »Selbst« ganz verdrängt, aufhalten: Sie gestattet allerdings einen tiefen Blick in deutsches Wesen, aber ich habe es hier mit Peer Gynt zu tun. Peer Gynt kann sich, sein Selbst als Objekt betrachten, er kann: »vaere sig selv«; er kann auch: »vaere sig selv nok.« Wenn wir das »vaer dig selv« übersetzen wollen, so darf es nicht heißen: »Mensch sei du!« sondern: »Mensch sei ein Du, ein Du für dich selbst«, oder meinetwegen: »Sei dir ein Selbst! Höre auf, ein ›Ich‹ zu sein. Versuche deinem Selbst gegenüberzutreten wie ein Kind! Mache dein Selbst zu einem Teil des Ganzen, des Alls! Behandle dich von der Einsicht aus, daß du nicht ein Ich bist, sondern ein Du.« Wenn Sie die häufig wiederholten Worte: »dig selv« in diesem Sinne übersetzen, wenn Sie – wie Ibsen es tut – Peer Gynt statt von dem Gyntschen Ich von dem Gyntschen Selbst – oder etwa vom Gyntschen Du – wiewohl das nicht dasselbe ist – sprechen lassen, fallen alle Schwierigkeiten fort. Nur freilich auf der Bühne läßt sich das nicht machen, es würde zu schwerfällig werden; aber man kann es sich zu Hause klarmachen, dann wird man durch die Aufführung nicht irregemacht. So aber, wie es jetzt ist, geht die Sache einfach nicht; man kann das Stück so nicht verstehen.

Es sollte ohne weiteres jedem Menschen klar sein, daß das Selbst etwas anderes ist als das Ich. Es sollte, sage ich, und es ist wohl auch, nämlich dann, wenn man ein wenig nachdenkt; denn das Ich ist ja etwas ganz Persönliches, im Grunde genommen Illusorisches, etwas, was nur in unserer Einbildung existiert. Es wird darin nur ein Teil, noch dazu ein kleiner winziger Teil vom Menschen erfaßt. Das Ganze des Menschen aber ist sein Selbst. Man weiß das ganz gut, ein jeder weiß es. Aber niemand lebt es: Wir sind alle verzaubert durch die Idee des ›Ich‹. Für uns alle gilt es, daß wir Trolle sind, das Trollwesen ist menschlich. Wir sind alle in Gefahr, den Ritz auf dem linken Auge zu bekomen, und das rechte kann uns gar leicht verlorengehen. Dann kommen wir dahin, daß wir mitten im Geröll in einem Schloß zu sein meinen und mitten im Schloß uns im Geröll glauben.

»Alles beim Rondevolk hat zwei Seiten«

sagt der Grüngekleidete. –

»Sei du dir genug«

das ist die Weisheit, die in uns allen steckt, Trollweisheit. Sie gehört zum Menschen. Er ist ambivalent.

»Schwarz, das scheint weiß, und grob, das scheint fein,
Groß, das scheint klein, und schmutzig, das scheint rein.«

Peer und wir alle sind nicht halb, wir sind doppelt. Wir leben und denken alle so, als ob wir Ich und Persönlichkeit wären. Trotzdem wir genau wissen, daß wir keine Persönlichkeit sind. Knecht und Volk und Überwinder suchen das zu glauben, das heißt, so oft wir Knecht sind oder Volk sind oder Überwinder sind, dünken wir uns Persönlichkeit, Ich zu sein. Und da wir nur sehr selten nicht Knecht, nicht Volk, nicht Überwinder sind, ist die Selbsterkenntnis so selten. Selbsterkenntnis ist nicht Erkenntnis des Ich, sondern des Selbst. Nur der kindliche Mensch – das ist man sehr selten, aber man ist es doch zuweilen –, nur der, der wieder wie das Kind sagt: »Hans hat es getan«, anstatt: »ich habe es getan«, nur der hat Selbsterkenntnis, hat die Grundlage dazu, sich selbst zu erkennen, sich selbst zu sein.
Und diese Grundlage hat Peer Gynt. Und Ibsen hat das sehr stark immer und immer wieder betont. Mit dem einfachen Mittel hat er es zustande gebracht, das die Menschennatur ihm bot. Peer Gynt spricht von sich meist mit dem Wort: Peer Gynt; selten braucht er das Wort: Ich. Er spricht immer von seinem Selbst, seinem Peer-Gynt-Selbst. Nur ein einziges Mal, wenn ich mich recht erinnere – Sie müssen sich nicht an die Übersetzung halten, die ist schlecht, sondern an das Original –, nur einmal sagt er »jeget« = mein Ich, anstatt »selvet« = mein Selbst. Und das tut er – es ist sehr charakteristisch – bei seinem zweiten Zusammentreffen mit dem Dovre-Alten. Da sagt er: »Mein prinzliches Ich habe ich aufs Leihhaus gebracht, andere mögen es einlösen.«
Ich möchte, um das alles noch klarer zu machen, auf eine Begebenheit aufmerksam machen, die auf der Bühne ungeheuer wirksam

ist, aber ein Bühneneffekt bleibt, wenn man diese Dinge vom Ich und Selbst sich nicht gegenwärtig hält; das ist die Irrenhausszene. Der Dr. Begriffenfeldt – der Name ist ausgezeichnet gewählt, allerdings so wie das »*lucus a non lucendo*«[1], die Begriffe sind bei ihm nicht klar, das Begreifen fehlt oder liegt in weitem Felde – erkennt Peer Gynt als Kaiser des Selbst an; er krönt ihn sogar als solchen Kaiser. Aber gleichzeitig führt er ihm als Repräsentanten solche Leute, die »sie selbst« sind, Geisteskranke, vor, einen nach dem anderen. Das heißt, er verwechselt ›Selbst‹ und ›Ich‹, denn der Geisteskranke hat ein übertriebenes Ichgefühl, sein Selbstgefühl ist verlorengegangen, das Ich ist übriggeblieben. Ibsen hat auf die Wichtigkeit des Wortes – er kann nichts andres meinen als *Ich* und *Selbst* – ganz besonders aufmerksam gemacht; er läßt mehrmals den Dr. Begriffenfeldt sagen, Peer Gynt sei der größte der Wortdeuter, der Dolmetscher. Und vielleicht war es Absicht von ihm, zur Figur des Begriffverwechslers den Deutschen zu wählen, weil ja der Deutsche die beiden Wörter Ich und Selbst nebeneinandersetzt, als ob ›Ich‹ und ›Selbst‹ dasselbe wäre. ›Ich selbst‹, ist deutsch, ›mich selbst‹ in den anderen Sprachen.

Zum Kaiser des Selbst krönt er Peer Gynt, als er im Staube liegt; mit vollem Recht tut er es, denn die letzten Worte, die Peer vor seiner Krönung spricht, sind ein Aufgeben seines Ichs.

»Was soll ich? Was bin ich? Du Großer – halt fest!
Ich bin alles, was du willst, ein Türk', ein Verbrecher,
Ein Bergtroll.«

Er gibt das Ich auf, für einen Moment natürlich nur, und erkennt das Namenlose, das Selbst an, das Abhängige, nicht Persönliche. Er gibt sein Ich auf; er spricht das aus, wonach er immer handelt, dumpf und unbewußt gewiß, aber was sein Leben bestimmt und ihn durch die Welt jagt, immer in Eile, denn sein Ich ist stark, stärker als es sonst wohl bei andern Menschen ist. Peer Gynt ist wirklich so, wie es der Knopfgießer verlangt:

»Du selbst sein heißt: Dich selbst ertöten,
Doch du brauchst vielleicht noch ein deutlicher Bild?
Des Meisters Willen als wie ein Schild
An seines Lebensschwertes Griff sich löten.«

---

[1] Das schwer übersetzbare Wortspiel weist auf eine Stelle bei QUINTILIAN (35–95 n. Chr.) hin und bedeutet so viel wie: Der Wald wird ›lucus‹ genannt, obwohl es darin nicht ›leuchtet‹ (a non lucendo).

»Und wenn man nun niemals erfährt, was der Meister mit einem gewollt hat«, fragt Peer Gynt.
»Das soll man ahnen!«
Peer Gynt ahnt es, er ahnt es, er weiß es nicht, und das Hetzen durch die Welt ist nicht nur Fliehen vor seiner Angst, das ist nur das Negative, er sucht auch, was des Meisters Wille ist. Peer Gynt gibt auch einmal eine Definition vom Selbst:

> »Das Gyntsche Selbst, das ist das Heer
> Von Wünschen, Lüsten und Begehr,
> Das Gyntsche Selbst, das ist der Reihn
> Von Forderungen, Phantaseien, –
> Was macht, daß Gynt als solcher lebt.«

Das sagt er, als er noch reich und »nur Maul« ist. Aber er hat immer schon andere Erkenntnisse. Und die kommen in einer der schönsten Szenen des Stückes hervor, als er die Zwiebel schält.

> »Du bist kein Kaiser, du bist eine Zwiebel,
> Jetzt will ich dich einmal schälen, mein Peer!«

Und er schält und schält, und dann kommt er zu dem Resultat:

> »Das hört ja nicht auf, immer Schicht noch um Schicht,
> Kommt denn der Kern nun nicht endlich ans Licht
> Bis zum innersten Innern – da schau mir einer,
> Bloß Häute – nur immer kleiner und kleiner –,
> Die Natur ist witzig!« –

Freilich ist sie das. Wir bilden uns alle ein, es müßte ein Kern in unserm Innern sein, etwas, was nicht nur Schale ist, wünschen, einen besonders schmackhaften Inhalt in uns zu bergen, wollen eine Nuß sein, in deren Gehäuse das Ewige, Heilige aufbewahrt ist. Und begreifen nicht, können nicht begreifen, daß wir keinen Kern haben, sondern von der äußersten Schale bis zum innersten kleinsten Blättchen wir selbst sind, daß das schalige Wesen unser Selbst ist, daß wir Zwiebeln sind. Aber die Zwiebel birgt in jedem ihrer Blätter ihr ganzes Wesen. Sie ist echt, würde nur unecht, schlecht, wenn sie sich mit Erfolg bemühte, einen Kern in sich abzusondern, die Schalen zu töten, wenn sie etwas Falsches, etwas außerhalb ihrer Zwiebelnatur werden wollte. Peer begreift das alles zunächst nur mit seinem Verstand. Sein Herz will verzweifeln daran, sein Herz hängt daran, ein ganzer Mensch zu sein, ein Mensch mit Kern. Genau wie wir alle sind. Kurz vorher hat er sich noch einen Kaiser des Tierreiches genannt, kurz nachher will er als Grabschrift haben:

>»Hier ist Niemand begraben.«

Niemand, das ist doch immer noch ein Kern, denn Niemand ist doch nicht bloß Schale, nicht bloß Zwiebel, ist doch etwas Ganzes. – Aber das ist die Zwiebel auch, sie ist nur eben ein Schalenwesen. Ein halber Mensch, ein Dilettant. Der Knopfgießer spricht es aus, der Philister.

>»Fordere Peer Gynt! Seine Seele
>Bot ihrer Bestimmung Trotz, bis zum Schluß.
>In den Löffel mit ihm als mißratenem Guß.«

Und Peer Gynt glaubt es ihm.

>»Ich bin ausgestoßen aus dem Selbsteigner-Adel.«

Das ist es ja eben, er glaubt wie alle öden Moralisten, daß es solch Selbsteigner-Adel gäbe, muß es glauben, weil er Mensch ist, und weil, wie Mephistopheles sagt:

>»Der Mensch die kleine Narrenwelt
>Gewöhnlich für ein Ganzes hält.«

Aber der Mensch ist kein Ganzes, er ist auch kein Halbes, er ist ambivalent. Auch das klingt rauh wider in des Teufels Sprache im Faust:

>»Dieses Ganze
>Ist nur für einen Gott gemacht,
>Er findet sich in einem ew'gen Glanze
>Uns hat er in die Finsternis gebracht
>Und Euch taugt einzig Tag und Nacht.«

Eine Zwiebel sein, das will kein Mensch. Und wir sind es doch. Alles ist Schale, aber in jeder Schale ist Würze, jede ist unserm Wesen gemäß. Wir sind bestimmt zu diesem Sein, das Selbst ist das Zwiebelsein, die Ambivalenz. Und nur im andern, in seinem Glauben, in seinem Hoffen und in seinem Lieben werden wir ganz, ein Kind in der Mutter, ein kindliches Ganzes, ein mütterliches Ganzes.

» Birg mich denn in deiner Seele. «

Man kann auch noch auf einem andern Wege dieselben Schlußfolgerungen aus der Irrenhausszene ziehen. Ibsen hat drei Irre auftreten lassen, einen, der die Sprache abschaffen will und die Welt zum Brummen der Ursprache zurückzubringen sucht, das heißt, er sucht das Kennzeichen menschlicher Persönlichkeit, menschlichen Ichs zu vernichten. – Der zweite vernichtet das Ich dadurch, daß er gleichzeitig ein Fellah und der König Apis ist, letzteres weil dieser König einmal mit seiner Notdurft des Fellahs Acker gedüngt und der Fellah aus dem daraus wachsenden Korn sich genährt, sich aufgebaut hat; er hebt auf diese Weise sehr gründlich jede Persönlichkeit auf, ähnlich wie Hamlet in der Kirchhofsszene oder der Prinz Heinz beim Tode Percys. – Der dritte glaubt eine Feder zu sein, besitzt also am gründlichsten das Ich. Das ist wohl auch für den Dr. Begriffenfeldt der Grund, sie als Selbst-Menschen hinzustellen; nur – weil er ja auch verrückt ist – übersieht er, daß das Wesen dieses Ichvernichtungswillens ein übersteigertes Ichgefühl ist, ein verrücktes, von der Stelle gerücktes Ichgefühl, absolut aber nicht Selbstgefühl.

Gestatten Sie mir nun nochmals, über die Übersetzungskünste gallig zu werden. Begriffenfeldt ruft: »Leve selvets kejser!« Das heißt: »Es lebe der Kaiser des Selbst.« – Was macht die Übersetzung daraus? »Der Kaiser der Selbstsucht lebe lange!« Da hört alles auf! Damit ist das Verständnis unmöglich gemacht. Selbstsucht, das bedeutet im Deutschen: sei dir selbst genug! Das aber ist gerade nicht bei Peer Gynt der Fall. Er ist nicht süchtig, ist in einem unheimlichen Maße objektiv sich selbst gegenüber, empfindet sein Ich als Objekt, hat gewiß wie jeder Subjektivität, auch das in einem unheimlich großen Maße, aber das Subjekt verdrängt nie das Objekt, das Ich nie das Selbst. – Peer Gynt ist in einem erstaunlichen Maße demütig und – gestatten Sie mir, diesen Ausdruck naiv zu brauchen – selbstbewußt. Das ist nämlich dasselbe wie demütig.

»Demut, Demut war in diesem Mann«, sagt der Pfarrer, den sich Peer als Verkünder seines Lebens wünscht.

Es gibt in dem Ibsenschen Stück jemanden, der sich zu dem Selbst bekennt, der kein Ich ist; der, als ihn Peer fragt »wer bist du« antwortet: »mig selv«, »mir bin ich ein Selbst«. Dreimal wiederholt er es, und erst als ihn Peer fragt: »was bist du?« antwortet er mit dem Namen: »den stone Bojgen«; »der große Krumme« übersetzt man es, auch eine Übersetzung! Bojge heißt beugen, das Substantiv davon ist aber nicht der Krumme, sondern der Beuger, der, der sich beugt und andre beugt. Der Krumme ist ganz dumm übersetzt. Bojgen, das Selbst, das, was in seinem Ich das Du sieht, was dem Ich objektiv gegenübersteht, ist der Beuger. Und was das Merkwürdige ist, dieser Beuger, der sich und alle beugt, ist überall, ist nicht zu überwinden, man kann nicht durch ihn hindurch, man muß, wenn man das Ich retten will, »uden om« gehen, außen herum. Bojgen ist nicht totzuschlagen – das ist ja verständlich, wir können wohl unser Ich verlieren, Kind werden, aber nicht unser Selbst. Oder verlieren wir es doch? Wer weiß es? Bojgen ist die Sphinx, Löwe und Weib zugleich. Und Bojgen kann dem Peer Gynt nichts anhaben, weil »Weiber hinter ihm stehen«. Wer sind die Weiber? Aase und Solvejg.

Peer Gynt hat ein schweres Gefühl dem Bojgen gegenüber. Er empfindet Angst. Und er sagt ein merkwürdiges Wort, das er mehrmals braucht, während er mit dem Bojgen kämpft.

>»Zurück und vor ist dieselbe Länge
> Hinaus und hinein ist dieselbe Enge.«

Was meint er damit? Man kann sich vieles darunter vorstellen, unter anderem den Weg zwischen Ich und Selbst. Aber – vielleicht ist noch eine andere Lösung da, vielleicht erlebt Peer diese Länge und Enge. Vielleicht lebt sie ein jeder. Aus der Mutter wird man geboren, zur Mutter kehrt man zurück, »uden om«, außen herum. Eng ist der Weg der Geburt, eng der des Todes und Grabes. Geburt und Grab und immer die Mutter. Weiber stehen hinter uns. Mutter und Braut und Weib. Im Sonnenglanz:

> »Schlaf du liebster Junge mein,
> Ich wiege dich und ich wache,
> Auf meinem Schoß hat mein Junge gescherzt,
> Hat ihn seine Mutter sein Lebtag geherzt.
> An Mutters Brust hat mein Junge geruht
> Sein Lebtag. Gott segne dich, mein einzigstes Gut.
> An meinem Herzen zunächst war sein Platz
> Sein Lebtag. Jetzt ist er so müd' mein Schatz.
> Schlaf denn teuerster Junge mein!
> Ich wiege dich und ich wache!«

Und nochmal im Tagesglanz:

> »Ich wiege dich und ich wache;
> Schlaf und träum, lieber Junge mein!«

Faust

In den letzten Jahren meiner Schulzeit versuchten sich eine Reihe von Leuten daran, mich zu einem brauchbaren Menschen zu machen; einer war darunter, der großen Einfluß auf mich hatte. Eines Tages erhielt ich von ihm einen Brief, in dem er, wohl mit der Absicht, meine ästhetischen Neigungen der guten Sache dienstbar zu machen, mir schrieb: »Im Faust gibt es ein Wort, das Berthold Auerbach das erlösende Wort des Jahrhunderts nennt – *Wer immer strebend sich bemüht, den können wir erlösen.* – Es wäre gut, wenn du darüber nachdächtest und dich danach richtetest.« Ich habe schon damals, mit geringem Erfolg, versucht, mir über den Sinn dieses seltsamen Worts klarzuwerden, es ist mir nicht gelungen, und ganz verstehe ich es auch jetzt nicht, obwohl ich weiß, daß mir das Rätselwort im tiefsten gegenwärtig blieb. Das Thema meiner Vorträge habe ich im wesentlichen in der Absicht gewählt, mir selber und vielleicht auch meinen Hörern Einsicht zu verschaffen, was es bedeuten soll, daß erlöst werden kann, wer immer strebend sich bemüht.

So, wie es sich der Berater meiner Jugend dachte, war es nicht gemeint, das erkannte ich bald. Das Faustische Streben hat nichts mit dem Gutsein zu tun, Faust hat nicht das mindeste Verlangen, »edel, hilfreich und gut« zu sein, sein Streben ist nicht nach oben gerichtet, er hat nichts übrig für höhere Menschen. – Man ist bei einem Werk, wie es der Faust ist, immer ein wenig befangen, man liest ihn in einer ähnlichen Stimmung, wie die eines Provinzbeamten ist, wenn er bei seinem Ressortminister zum Diner eingeladen ist. Über diese Verlegenheit muß man hinwegkommen, sonst lernt man den Menschen Faust nicht kennen. Wer fest zupackt, seiner selbst sicher ist, sieht bald, daß das ganze Gerede von »Faustnaturen« dummes Zeug ist: *Faust* ist kein Ausnahmemensch, sondern *der alltägliche Mensch*, er stellt das menschlich Wesentliche dar, das, was wir alle haben und haben müssen, in uns tragen, was den Mann ausmacht. Faustisches Streben gibt es nicht, denn Faust strebt nicht. Sein Übermenschentum ist nichts andres als Menschentum. Der Erdgeist lächelt darüber, ein Beweis, daß er Fausten ebensowenig versteht wie Faust ihn, beide sind inkommensurabel, da der eine zu bestimmten Zwecken, ewig und an seine Arbeit gefesselt, der Gottheit lebendiges Kleid wirken muß, während der andre aus der Dumpfheit des Unbewußten heraus ohne klares Ziel und ohne erkennbares Resultat rastlos tätig ist, da der eine Geist, der andre Mensch ist, kindlicher Mensch. Denn das ist das Besondere am kindlichen Menschen, daß er die Sorge nicht kennt und sich um das Jenseits nicht kümmert, daß er rastlos durch die Welt rennt, unbefriedigt jeden Augenblick, daß er dort Fuß faßt, wo »des Lebens Bilder, die um der Mütter Häupter regsam ohne Leben schweben, Wirklichkeiten sind, wo der Menschengeist sich das Doppelreich bereiten kann, in das die Mütter, was ewig sein will, verteilen, zum Zelt des Tages, zum Gewölb der Nächte«, daß er den Schlüssel zum Reich der Wirklichkeiten hat. Beide sind ruhelos tätig. Aber der Erdgeist schafft. Was schafft denn Faust? Nichts. Wenn es wahr ist, daß er sich immer strebend bemühte, was erreichte er mit seinem strebenden Bemühen? Nichts. Wenigstens nichts, was wir gut nennen, viel aber, was wir böse, schlecht nennen. In seinem Leben, soweit es der Dichter darstellt, reiht sich ein schweres Verbrechen an das andre. Faust begeht Dinge, vor denen der Gerechte schaudert, er begeht sie ohne eine Spur von Gewissensbedenken, und nie, nicht einen Augenblick, empfindet er Reue; er gehört nicht zu den ›Poenentes‹, er tut nichts für seine Erlösung, er strebt nicht danach, und dennoch wird er erlöst, weil er sich strebend bemühte. Wie soll man da herausfinden?

Man muß sich wundern, daß sonst brave Leute, korrekte Leute sogar, von Faust und seinem Streben sprechen, als sei sein Wesen für den Menschen höchst nachahmenswertes Ideal. So jemand macht sich nicht klar, daß er dem »strebenden« Zögling einen vielfachen Mörder, Fälscher, Betrüger, Zauberer, Verführer, Nichtstuer und Phantasten – so ungefähr würde man über Faust urteilen müssen, wenn er plötzlich unter uns erschiene – als Muster hinstellt; all das, was Faust ist und will, ist gerade das nicht, was wir für recht und erstrebenswert halten. An dieser Tatsache, daß Faust in jedem Sinne menschlicher Gerechtigkeit ein schlechter Mensch ist – so schlecht, daß er, schon den Tod im Herzen, ein altes freundlich gütiges Ehepaar von Haus und Hof jagt und den Mord der beiden, der seine Schuld ist, mit den Worten von sich abschüttelt: »Geboten schnell, zu schnell getan« –, an dieser Tatsache ändert es nichts, daß er in seinen letzten Worten von einem freien Volk auf freiem Grunde spricht, in Worten, wie sie ein tüchtiger Volksredner nicht passender erdenken könnte. Denn es folgt der entscheidende, für Fausts Wesen charakteristische Nachsatz: »Es kann die Spur von meinen Erdentagen nicht in Äonen untergehen.« Das ist Faust: Ich, Ebenbild der Gottheit! Ich, Faust, werde vielen Millionen Räume eröffnen, »nicht sicher zwar, doch tätig frei zu wohnen«. Das Wohl des Volks? – Wenige Bäume, nicht sein eigen, verderben ihm den Weltbesitz.

>»Des Herren Wort, es gibt allein Gewicht.
Vom Lager auf, ihr Knechte! Mann für Mann!
>»Ein Geist genügt für tausend Hände.«

So spricht kein Volksbeglücker, aber so spricht Faust. Und aus seinen tiefsten Tiefen klingt es, was für ihn gilt, nicht für die andern:

>»Diesem Sinne bin ich ganz ergeben:
Nur der verdient sich Freiheit wie das Leben,
Der täglich sie erobern muß.«

Da ist sein Bekenntnis, das Bekenntnis tiefster und erwünschter Einsamkeit:

>»Stünd ich, Natur, vor dir ein Mann allein,
Da wär's der Mühe wert, ein Mensch zu sein.«

Dieser Mensch kennt nur sich, liebt nur sein eignes Selbst. Die Sorge und das Sorgen sind ihm fremd. Wie ist es möglich, daß er erlöst wird?
Auch Gretchen wird erlöst. Aber mit ihr steht es doch anders. Ihre Schuld ist winzig an Fausts Untaten gemessen, ihr Wesen menschlich gut, verglichen mit Fausts gänzlichem Mangel an Achtung vor dem Nächsten. Und sie bereut, sagt sich von dem Bösen los, ist *una poenitentium*. Daß sie ein Jahrhundert lang als das Ideal des jungen Mädchens verhimmelt wurde, sie, die Hure, die Kinds- und Brudermörderin, die Muttermörderin, ist komisch, aber ohne weiteres versteht man, daß sie trotz allem gerettet wird. Aber Faust?
Man hat mir erzählt, es sei die Gewohnheit des Kritikers, Anfang und Ende eines Werks zu lesen und dann in der Mitte sich irgend etwas herauszusuchen: danach bilde er sein Urteil. Früher kam mir das seltsam und gewissenlos vor; aber es ist kein schlechtes Verfahren: Die Aufmerksamkeit richtet sich von selbst auf bestimmte Dinge, sie ist nicht von der Masse der Geschehnisse beunruhigt. Wie uns alle das erste Begegnen mit einem Menschen tief beeinflußt und wie wir das letzte Zusammentreffen mit ihm benutzen, um ein abschließendes Urteil zu gewinnen, so mag es auch mit einer Dichtung sein. Tatsächlich gibt die erste Erwähnung Fausts – noch ehe er selbst auftritt, im Prolog im Himmel – Aufschluß über die Frage, wie Faust erlöst werden kann.

»Kennst du den Faust?
                    Den Doktor?
                        Meinen Knecht!«

läßt sich der Herr dem Mephistopheles gegenüber vernehmen. Des Herren Knecht, das ist es: Faust handelt nicht frei, er steht im Dienst. Der Herr trägt die Verantwortung für die Taten des Knechts, es sei denn, er entließe ihn aus seinen Diensten. Und wem, wie dem Mephistopheles selber, nicht genügt, daß der Herr selbst billigt und vertritt, was Faust, der Knecht, tut, dem tönt ein zweites ruhiges Wort aus dem Munde des Weltenlenkers entgegen:

»Wenn er mir jetzt auch nur verworren dient,
So werd ich ihn bald in die Klarheit führen.«

Bald? – Solang Faust auf der Erde lebt, überläßt der Herr dem Geist, der stets das Böse will und stets das Gute schafft, den Knecht Faust, »ihn seine Straße sacht zu führen«. Für den Herrn ist es unwesentlich, was der Mensch auf Erden tut, nur »die unbedingte Ruh« soll er »sich nicht lieben«, dann wird der Schalk Mephistopheles am Ende bekennen müssen, daß sich ein guter Mensch, in seinem dunkeln Drange, des rechten Weges bewußt ist. Streben und Irren gehören zusammen, bedingen sich gegenseitig, wer strebt, muß irren, das weiß der Herr so gut, wie es der Teufel weiß. Es dreht sich im Faust nicht um Gut und Böse, sondern um Tun und Dienen und Werden oder Erschlaffen und Fertigsein. Damit er nicht erschlaffe, gibt der Herr dem Faust den Gesellen zu:

»Der reizt und wirkt und muß als Teufel schaffen.«

So geht denn eines mit voller Gewißheit aus diesem merkwürdigen Zwiegespräch des Herrn mit dem verneinenden Schalk hervor, daß die Gefahr des Menschen in dem Sichlieben der Ruhe liegt und daß der Gute nur deshalb gut ist, weil er den dunklen Drang hat und weil der ihm das Bewußtsein des rechten Weges gibt. Der dunkle Drang ist das Entscheidende. Dunkler Drang aber – ist es zu kühn zu sagen, das sei das Unbewußte? das Rätselhafte, das Menschliche, das irrt, solang es strebt, das der Herr erst nach dem Tode zur Klarheit führt?

Wenn so die Bezeichnung, »ein guter Mensch« irgendwie mit dem Vorhandensein des dunklen Drangs verknüpft ist, was ist denn das »Böse«? – Das wage ich kaum auszusprechen, aber es steht deutlich und klar im Text des Faust, das heißt nur für den, der Augen hat zu sehen: das Böse ist der Gedanke:

> »Wer immer strebend sich bemüht,
> Den können wir erlösen.«

Die Hoffnung, erlöst zu werden, weil man sich strebend bemüht, ist böse.
Wann wäre wohl eine schroffere Absage an das, was der Mensch »gut« zu nennen beliebt, gewagt worden als hier im Faust? Nur Christus spricht noch kühner und sicherer davon, was eigentlich böse ist, oft und immer wieder spricht er davon, von dem bewußten Streben des Pharisäers. Goethe mag wohl selbst den dunklen Drang als wesentlich empfunden haben, als das, was gilt. Im Tiefsten fühlen es alle, daß nicht das Bewußte entscheidet, aber es ist schwer, sich zu verlieren, selbst wenn man weiß, daß man sich nur durch dieses Verlieren gewinnen kann.
Ich kann nicht erwarten, daß meine Hörer und Leser ohne weiteres, entgegen allen Kommentaren und der zitierenden Welt zum Hohn, sich damit einverstanden erklären, daß Goethe das Strebend-sich-Bemühen böse genannt hat. So lasse ich denn hier den Text folgen. Die Engel sprechen:

> »Gerettet ist das edle Glied
> Der Geisterwelt vom Bösen« –

Und nun kommt das Seltsame, hinter dem Wort ›Bösen‹ kommt ein Doppelpunkt, und es folgen Anführungszeichen, das heißt, der Begriff Böses wird erklärt:

> »Wer immer strebend sich bemüht,
> Den können wir erlösen.«

Das ist zweifellos ein Zwischensatz, eine Definition, die mit dem Abschlußzeichen endet; der Gedanke der Engel geht erst im folgenden weiter:

> »Und hat an ihm die Liebe gar
> Von oben teilgenommen,
> Begegnet ihm die selige Schar
> Mit herzlichem Willkommen.«

Faust wird nicht erlöst, er wird gerettet, genau wie Gretchen »gerettet« wird. Die Rettung ist nur der Beginn eines andern Geschehens, in dem kein Streben mehr gewertet wird, in dem es nur Wachsen und Steigen gibt und Hinanziehen durch das Ewig-Weibliche.

>»Er überwächst uns schon
An mächtigen Gliedern«,

singen die seligen Knaben, und die eine der Büßerinnen (sonst Gretchen genannt) spricht:

>»Sieh! wie er jedem Erdenbande
Der alten Hülle sich entrafft,
Und aus ätherischem Gewande
Hervortritt erste Jugendkraft!«
>»Komm!«,

sagt Mater gloriosa,

>»Hebe dich zu höhern Sphären,
Wenn er dich ahnet, folgt er nach.«

So wäre denn alles anders im Faust, als man es zu lesen gewohnt ist? Ja, es ist alles anders, ich glaube, daß alles anders ist; ich muß es glauben, weil ich jetzt, seit ich nicht mehr mit fremden Augen sehe, ahne, was Goethe mit den Worten meinte, mit denen der Faust beginnt:

>»Ihr naht euch wieder, schwankende Gestalten,
Die früh sich einst dem trüben Blick gezeigt.«

Warum spricht er vom trüben Blick? Und warum fährt er fort:

>»Ihr drängt euch zu! nun gut so mögt ihr walten,
Wie ihr aus Dunst und Nebel um mich steigt?«

Warum sagt er:

>»Es schwebet nun in unbestimmten Tönen
Mein lispelnd Lied, der Äolsharfe gleich?«

Sollte er nicht gewußt haben, daß es ihm gedichtet wurde, dies Lied, von seinem dunklen Drange? Ist es nur Phrase, daß er sagt:

>»Was ich besitze, seh ich wie im Weiten,
Und was verschwand, wird mir zu Wirklichkeiten?«

Oder wußte er um die Kraft des Verdrängten? Was im Unbewußten verschwand, wird Wirklichkeit.
Faust ist kein Übermensch, in allem, was er tut und denkt und fühlt, ist er, wie jeder von uns ist, er wagt es, Mensch zu sein, was ja so wenige wagen. Er versteht das Wort seines Gesellen, daß der

Mensch ist, was er ist, Mensch. Und tief im Innern kennt er die Wahrheit, die den Menschen ausmacht, daß für ihn andre Wirklichkeit noch da ist als die der Realität. Einmal in seinem Leben, als er den Schlüssel in der Hand hält, den er mit eigner Kraft, ohne Hilfe des Teufels, durch Graus und Wog und Welle der Einsamkeiten sich ganz zu eigen gemacht hat, spricht er es aus:

»Hier faß ich Fuß! Hier sind es Wirklichkeiten,
Von hier aus darf der Geist das Doppelreich, das große,
sich bereiten.«

In diesen unbetretnen, unbetretbaren Einsamkeiten der Mütter wurde ihm das Doppelreich bewußt, seit er sich dorthin gewagt, die Mütter gesehen und ihrer Macht frei und stark gegenübergestanden hat, begreift er, daß Wirklichkeit hinter dem Realen steckt, daß alles Vergängliche nur ein Gleichnis ist. –

»Alles Vergängliche
Ist nur ein Gleichnis«

das sind Worte des Schlußgesangs der Dichtung; sie klingen nach; wer mit Faust »vom Himmel durch die Welt zur Hölle« gewandert ist, dem geben sie Licht über den Weg, den er ging. Es stecken andre Wirklichkeiten in der Dichtung als die realen, symbolische Wirklichkeiten, die erst Ereignis sind. Im Faust waltet, vom dunklen Drang des Dichters geschaffen, das Symbol, der

»Einklang, der jedes Element besiegt,
Der aus dem Busen dringt
Und in sein Herz die Welt zurücke schlingt«,

der,

»Wenn die Natur des Fadens ewge Länge,
Gleichgültigkeit drehend, auf die Spindel zwingt,
Wenn aller Wesen unharmonsche Menge
Verdrießlich durcheinanderklingt,
Die fließend immer gleiche Reihe
Belebend abteilt, daß sie sich rhythmisch regt«,

der Einklang zwischen dem Doppelreich des Vergänglichen und Ewigen, der nur im Abglanz zu haben ist, im Gleichnis, solange wir strebend irren. –
Es ist eine große Steigerung vom Ring des Nibelungen, der von einem Nichtwissenden gedichtet wurde, über Peer Gynt, dessen Dichter das Symbol kannte und bewußt verwertete, bis zum

Faust, der im Doppelreich lebt, weil sein Dichter selber Herr des Schlüssels war.

Neben dem Faust geht noch ein zweites Wesen durch die Dichtung, von Beginn an bis fast zum Schluß: Mephistopheles. An ihm wird jedem Leser klar, daß Goethes Dichtung dem Doppelreiche angehört.

Mephistopheles ist deutlich als der Teufel der Sage charakterisiert, rein äußerlich schon: Er hat den Pferdefuß, den er nicht missen kann, er trägt die Hahnenfeder und das rote Kleid, und daß er den Schwanz abgelegt hat, dafür gibt er eine Erklärung. Es ist, will man ihn kennenlernen, berechtigt, sich zu fragen, was der Teufel als Symbol dem naiven Volk, das Symbole zu verkörpern vermag, bedeutet. In einer Novelle des Boccaccio mag sich ein jeder, der Freude an Humor hat, Aufschluß drüber holen; ich selbst vermag nur trocken plump zu sagen, was der Dichter in liebenswürdiger Form erklärt: Der Teufel ist der Geschlechtsteil des Mannes in der Erregung der Lüsternheit. Deshalb trägt er die Hahnenfeder und das rote Wams, beides Wahrzeichen lüsterner, immer bereiter Leidenschaft, deshalb hat er die stoßenden Hörner, den Eselsschwanz und den Pferdefuß; in glühender und doch finster feuchter Hölle, der Scheide des Weibes im Zustande lüsterner Erregung, haust er und stochert mit der dreizähnigen – drei ist die Zahl des Männlichen – Mistgabel das sündige Feuer an.

War sich der Dichter des Faust dessen bewußt, wollte er, daß man das Symbol erkenne? – Sicher wollte er es. In der klassischen Walpurgisnacht findet Mephistopheles die Sphinxe; er bittet sie, ihm Rätsel aufzugeben. Die Sphinxe antworten:

> »Sprich nur dich selbst aus, wird schon Rätsel sein.
> Versuch einmal, dich innigst aufzulösen:
> Dem frommen Manne nötig wie dem bösen,
> Dem ein Plastron, asketisch zu rapieren,
> Kumpan dem andern, Tolles zu vollführen,
> Und beides nur um Zeus zu amüsieren.«

Und kurz darauf sagen die Sphinxe es noch viel deutlicher, mit anschaulicher Deutlichkeit:

> »Sprich nicht vom Herzen! das ist eitel;
> Ein lederner verschrumpfter Beutel,
> Das paßt dir eher zu Gesicht.«

Gewiß, der Geschlechtsteil in der lüsternen Erregung hat kein Herz, er

»Nimmt an nichts keinen Anteil«,

wie Gretchen es ausdrückt.

> »Kommt er einmal zur Tür hinein,
> Sieht er immer so spöttisch drein,
> Und halb ergrimmt.
> Es steht ihm an der Stirn geschrieben,
> Daß er nicht mag eine Seele lieben.«

Das ist wohl tiefste Weisheit eines Weibes, tiefstes Verständnis der Natur des Teufel-Phallus. Vielleicht, ich weiß es nicht, und ein Weib gibt auf Fragen nach ihrem Empfinden doch nur das an, was sie dem Geliebten als von ihm gewünschte Antwort vom Gesicht oder aus der Stimme abliest. Aber ich denke, es stimmt, daß seine Gegenwart dem Mädchen das Innere zuschnürt, und daß sie in dem Augenblick, wo er zu uns tritt, in dem Augenblick, wo die Lüsternheit an Stelle der Sinnlichkeit tritt, sogar meint, sie liebe den Geliebten nicht mehr. Und sicher kann sie nicht beten, wenn er da ist. – Aber nochmals, wer weiß etwas über das Weib außer dem Weibe? Vielleicht weiß sie selber auch nichts von sich; es wäre denkbar.

Mephistopheles hat kein Herz; was er an Gefühl besitzt, ist Lüsternheit, wie sie vor allem in der Szene mit den Lamien und später mit den Engeln zum Vorschein kommt. Ein verschrumpfter lederner Beutel steht ihm eher zu Gesicht. Wenn dieser verschrumpfte lederne Beutel – der Hodensack ist solch Beutel – nicht absichtlich dicht neben das eindeutige Rätselwort der Sphinxe gestellt ist, um in der Häufung des Materials deutlich zu machen, daß der Faust im Doppelreich sich abspielt, tatsächlich-symbolisch, real-wirklich, so bleibt allerdings nur die Annahme übrig, wie sie ja gang und gäbe ist, Goethe habe in der klassischen Walpurgisnacht seine Kenntnisse antiker Mythen vor dem staunenden Leser ausbreiten wollen.

Wenn ich aus eigner Erfahrung urteilen soll, so muß ich sagen, daß mir erst sehr spät die Einsicht gekommen ist, wie jedes Wort im Faust zum Ganzen stimmt und wie sich alles ineinanderfügt und gegenseitig bedingt und ergänzt, gegenseitig symbolisiert, entsprechend dem merkwürdigen Wort des Dichters, man könne aus dem Anblick und der Anschauung eines Grashalms das Weltall erkennen. Das wunderbare Gegenspiel des Mikrokosmos und des Makrokosmos flutet in der Dichtung wirkend und schaffend hin und her. Im Faust selbst habe ich – für mich natürlich bloß, bei andern wird es wohl anders zugehen – ein Wort gefunden, das mir weitergeholfen hat. Mephistopheles sagt von sich einmal:

»Bedenkt, der Teufel, der ist alt.
So werdet alt, ihn zu verstehen!«

Man sagt der Psychoanalyse nach, daß sie sich mit nichts anderm beschäftige als mit der niederen Geschlechtslust. An und für sich ist es schon falsch, von hoch und niedrig zu sprechen: Wer am Fuß eines mehrstöckigen Hauses steht, dem scheint das Haus hoch zu sein, wer vom höchsten Turm der Stadt auf dasselbe Haus herabsieht, dem kommt es niedrig vor; die Dinge sind für den Menschen alle ambivalent. Aber selbst wenn man in moralischer Erhabenheit seine keuschen Ohren vor dem verschließt, was das keusche Herz nicht entbehren kann, wenn man die Lust verdammt, weil die Lüsternheit sich in ihr zu leicht verraten könnte, sollte man doch davon Kenntnis nehmen, daß gerade die Psychoanalyse eine scharfe Trennung zwischen genitalen und erotischen Regungen macht, ja daß sie sogar den, allerdings vergeblichen, Versuch gemacht hat, das Wort »sexuell« oder »erotisch« durch die Bezeichnung »libidinös« zu ersetzen. Oder, um deutlicher auf mein Thema einzugehen, wer es für angebracht hält, sich von der Psychoanalyse fernzuhalten, weil sie ihm unanständig vorkommt, der sollte auch den Faust beiseite legen:

»Fast alles nackt, nur hie und da behemdet«

gilt von dem ganzen so hoch gepriesnen Werk. Goethe war eben auch, wo es ihm paßte, »von Herzen unanständig«. Ja, im Faust lebt eine verwerfliche, für den höheren Menschen verwerfliche Frivolität. Der Herr selbst ist es, der dem Menschen die Lüsternheit als Gesellen zugibt, der ihm den Teufel Geschlechtsteil anerschaffen hat, der mit diesem Teufel menschlich spricht, ihn einen Schalk nennt, ihm zusichert, daß er seinesgleichen nicht haßt, ja daß er ihn als schaffendes Wesen anerkennt. So ähnlich, nur leider nicht in solcher Form und nicht durch Goethes Namen gedeckt, sagte es die Psychoanalyse auch. Und wenn Faust selber dies Teufelswesen einmal »Spottgeburt aus Dreck und Feuer« nennt, so meint er damit dasselbe, was wir meinen, wenn wir behaupten, daß der Eros ambivalent ist, reines Feuer und dreckiger Dreck untrennbar vereint.

Freilich, Mephistopheles ist und bleibt Teufel in diesem vom deutschen Bildungsphilister so hoch gepriesenen Faust, und wem es Freude macht, sich sittlicher als der Herr selbst vorzukommen, mag ja, trotzdem er dem Mephistopheles der Bühne gewiß ob seiner wunderbaren Gescheutheit und seiner kaum anzuzweifelnden Wahrhaftigkeit Beifall und immer wieder Beifall klatschen wird, einigen Trost darin finden, daß der Geschlechtsteil als »Sohn der Finsternis«, als Böser auftritt. Nur leider läßt sich damit der sittliche Imperativ: Von so etwas spricht man nicht, noch weniger bringt man es auf die Bühne! nicht retten. – Goethe läßt diesen verworfenen Teil des Menschen noch in andern Gestalten auftreten, gerade so, als ob er schon hätte aussprechen wollen, was Freud der moralisierenden Menschheit zum Schmerz in wissenschaftlicher Form mitgeteilt hat; – denn das ist das Komische in der Wirkung der Psychoanalyse: Sie reizt einen jeden, mag er nun selbst Analyse aktiv betreiben oder sie nur vom Hörensagen kennen, zum Moralisieren, zu dem Wunsch, die Dinge zu behemden, so zu tun, als ob es Erhabenes und Niedriges als Gegensätze gäbe und als ob man sich strebend bemühen müsse, das Gemeine zu »sublimieren«. –

Zweimal erscheint der Geschlechtsteil des Mannes – das Männliche, könnte man ruhig sagen, denn was wäre der Mann ohne seine männliche Potenz und Kraft? gewiß kein Mann – in dieser mit Symbolen durcharbeiteten Dichtung, sublim natürlich oder wenigstens ein bißchen ansublimiert: Das eine Mal ist es der Schlüssel, der Fausten in das Reich der Mütter führt, der die Mütter »wittert«; – warum schrieb ich das ›Buch vom Es‹[1], wenn doch schon alles in dieser deutschen, vom Deutschen hoch gelobten Dichtung steht? – der ein »kleines Ding« ist, in Faustens Hand jedoch »wächst und leuchtet, blitzt«. Er gibt Faust die Kraft, zu tun, was niemand vor ihm tat, was sich der Teufel selbst nicht traut zu tun. – Das andremal ist es ein Knabe,
»Nackt, ein Genius ohne Flügel, faunenartig ohne Tierheit«: Euphorion, der

> »Von der Frauen Schoß zum Manne,
> Von dem Vater zu der Mutter springt.«
> »Das Gekose, das Getändel,
> Töriger Liebe Neckereien,
> Scherzgeschrei und Lustgejauchze.«

Der feste Boden, auf den er springt, schnellt ihn gegenwirkend zu der luftgen Höhe, und »im zweiten, dritten Sprunge rührt er an das Hochgewölb«.

Die Faustdichtung hält, wie es scheint, nicht viel von Sublimierung. Beide Eltern warnen den nackten flügellosen Genius:

[1] Groddeck (1923)

»Ängstlich ruft die Mutter: Springe wiederholt und nach
                                                    Belieben,
Aber hüte dich, zu fliegen, freier Flug ist dir versagt.
Und so mahnt der treue Vater: In der Erde liegt die Schnellkraft,
Die dich aufwärtstreibt; berühre mit den Zehen nur den Boden,
Wie der Erdensohn Antäus bist du alsobald gestärkt.«

Euphorion achtet der Warnung nicht: »Der Tod ist Gebot. – Doch! – Und ein Flügelpaar faltet sich los! Dorthin! Ich muß! Ich muß! Gönnt mir den Flug!« Da ist's, was es mit dem Sublimieren auf sich hat: Wir Menschen müssen sublimieren, wir tun es nicht absichtlich, sollen es nicht absichtlich tun, sind erdgebunden, weil wir den schnellwachsenden Euphorion, Fausts Sohn und der des »Musters aller Frauen«, der nie alternden Helena, an und in uns haben. Tod ist das Schicksal des höchsten Liebens, auf den Flug der Erektion folgt unvermeidlich der Tod, das physische Zusammensinken des Euphorion Phallus, das seelische Sterben zum Himmel strebenden Liebesverklärens. Der Freude folgt sogleich »grimmige Pein«. Wohl dem, der nicht den Lamien anheimzufallen glaubt und mit Mephistopheles am Ende wettern muß:

> »Verflucht Geschick! Betrogne Mannsen!
> Von Adam her verführte Hansen!
> Man weiß, das Volk taugt aus dem Grunde nichts.
> Wo man sie anfaßt, morsch in allen Gliedern.
> Man weiß, man sieht's, man kann es greifen,
> Und dennoch tanzt man, wenn die Luders pfeifen!«

Selbst der Teufel kann das Sublimieren nicht lassen, hält Tyrsusstab, Bovist und dürren Besen für entzückende Schönheit. Was Wunder, daß die Menschen auf den abgeschmackten Satz kamen, daß jedes Wesen nach dem Liebesgenuß traurig sei! Faust freilich ist nie traurig, aber er sublimiert auch trotz des Zaubertranks der Hexe, der ihn angeblich Helena in jedem Weibe sehen läßt, niemals, verschmachtet immer im Genuß nach Begierde,

> »Das Unterste ins Oberste zu kehren.«

Des Menschen Welt ist ambivalent, die Lehre klingt aus jeder Zeile des Faust, eindringlicher, als sie je von der Psychoanalyse gelehrt worden ist. Gleich nach dem Helena-Spuk spricht es Mephistopheles, an die Sagen vom Teufel und an die wissenschaftliche Hypothese des vulkanischen Entstehens der Gebirge anknüpfend, in seiner tiefen Art aus:

>»Nun haben wir's an einem andern Zipfel,
Was ehmals Grund war, ist nun Gipfel.
Sie gründen auch hierauf die rechten Lehren,
Das Unterste ins Oberste zu kehren.
Denn wir entrannen knechtisch-heißer Gruft
Ins Übermaß der Herrschaft freier Luft.
Ein offenbar Geheimnis, wohl verwahrt,
Und wird nur spät den Völkern offenbart.«

Und wer es offenbart, den kreuzigt und verbrennt man von jeher.
Das Unterste ins Oberste verkehren, ist wohl der wesentliche Inhalt der Euphorion-Szene, und auch das Oberste ins Unterste. Im Liebesspiel wächst stürmisch holdeste Schönheit der Poesie heran, um rasch zu sterben und die Mutter der Poesie, Helena, das Ewig-Weibliche, mit in die Nacht des Hades zu ziehen. Das ist das Leben: Im Mann erwacht am Weibe Kraft und Schönheit, Liebe und Dichten, vom Weibe werden sie geboren, in kurzen Minuten leben sie in seltsam hoher Raserei, der Liebeszauber endet mit dem Fallen des aufgerichteten Gliedes, das Männlichsein des Manns vernichtet sich selbst, nur der kindliche Zustand des Gliedes bleibt als Kleid, Mantel und Lyra zurück – merkwürdig genug hebt sie sich Mephistopheles auf –, Schönheit, Kraft, Liebe, Dichten versinken ins Unbewußte; Helena aber, die ewig junge, die aufreizende, empfangende und gebärende Geliebte des Manns verleugnet, was an Leidenschaft in ihr war, verdrängt das Empfinden für den Mann, das Männliche ins Unbewußte und lebt das Schattendasein ihrer Muttergefühle. So ist es immer: Der Mann wird im Beischlaf Kind, das Weib wird seine Mutter, er ruht in ihrem Arm. Nur alle Möglichkeiten bleiben: In Wolkenform entführt das Weibliche – noch weiblich als Gewand – Fausten in weite Fernen, nach Osten, zu den Landen der Auferstehung, des Sonnenaufgangs strebt sie, um sich zu modeln:

>»Auf sonnbeglänzten Pfühlen, herrlich hingestreckt,
Zwar riesenhaft, ein göttergleiches Fraungebild,
Ich seh's!«

ruft Faust. – Was soll's? – Nichts stirbt als um zu leben, nichts lebt als um zu sterben. Stirb und Werde! Der Chor der Trojanerinnen singt das Lied davon. Stirb und Werde, das gilt vom bewußten Leben, das gilt vom unbewußten, das gilt vor allem für das Verhältnis vom Bewußten und Unbewußtem. Ohne Unterlaß steigt es vom Bewußten nieder zum Unbewußten, steigt es empor vom Unbewußten zum Bewußten. Wie und wo man den Faust auch packen mag, allüberall lebt man im Doppelreich, Tatsächliches und Symbolisches, Böses und Gutes, Lebendiges und Gespenstisches, alles bedingt und durchdringt sich, ist Sphinx:

>»Recht appetitlich oben anzuschauen,
Doch untenhin die Bestie macht Grauen.«

Doppelt ist Menschsein: Kentaur, Sphinx, Sirene, es wimmelt auf dem klassischen Boden, in dem Mittelteil des Faust von solchem Symbol der Doppelung. Und der Bund Fausts mit Helena, die seltsame Mischung des Antiken mit dem Mittelalterlichen, der Geister aus dem unbewußten Reich der Mütter mit dem lebenden Faust, der im Grunde nichts andres tut als leben, alles erzählt dasselbe, wiederholt in stets neuer Form Mephistophelesens tiefsinniges Wort:

>»Euch (Menschen) taugt einzig Tag und Nacht.«

Wenn es wahr ist, daß im Faust das Doppelreich – die *Ambivalenz*, wie es die Psychoanalyse genannt hat – sich überall und in tausend Formen darstellt, so müssen sich in ihm auch Spuren des Doppelgeheimnisses der Menschengeschlechtlichkeit finden, Hinweise darauf, daß der Mensch seinem Wesen nach Hermaphrodit ist, Mann und Weib zugleich ist. Das ist der Fall. Das führende Wesen in der klassischen Walpurgisnacht ist der Homunkulus, der »wahre Jungfernsohn«, wie Proteus ihn nennt, »der, eh er sein sollte, schon ist«. Man ist versucht, von diesen Worten aus, namentlich in Verbindung mit dem weiteren: »Bist du erst ein Mensch geworden, dann ist es völlig aus mit dir«, sich allerlei über dieses Zusammendichten des Christusgeheimnisses mit der Doppelgeschlechtlichkeit des Menschen, mit seiner Ambivalenz im Ganzen zurechtzuphantasieren, wobei der Rat des Mephistopheles an Homunkulus: »Willst du entstehen, entsteh auf eigne Hand!« Beachtung finden müßte! Das wäre dann aber Stoff für einen neuen Vortrag. Hier muß ich mich damit begnügen, ein Wort des Thales über Homunkulus anzuführen. Er sagt:

>»Er ist, mich dünkt, hermaphroditisch.«

Kurz vor dieser Szene, in der Proteus, ein andres merkwürdig vielseitiges Symbol des Menschen, Homunkulus mit auf das Meer nimmt, um ihn an der in Galathea verkörperten Schönheit zerschellen und so recht eigentlich vom »Künstlichen, das geschlossenen Raum verlangt«, in das »Natürliche, dem das Weltall kaum genügt«, sich wandeln zu lassen, fällt der Ausdruck Hermaphrodit schon einmal: Mephistopheles braucht ihn, als er von den Phorkyaden ihr eines Auge, ihren einen Zahn und ihre eine Gestalt geborgt hat:

»Man schilt mich nun, o Schmach! Hermaphroditen.«

Gewiß kann Mephistopheles, der den männlichen Geschlechtsteil symbolisiert, Hermaphrodit gescholten werden, er kann es aber nicht sein; es zu sein ist dem Menschen vorbehalten. Für den Teufel ist es wirklich eine Schmach, und er tut gut daran, in dem Augenblick der Annäherung an das Hermaphroditische auszurufen:

»Da steh ich schon, des Chaos vielgeliebter Sohn!«

ebenso wie die Phorkyaden ihre weibliche Natur betonen, obwohl sie dazu keine Berechtigung haben; sie sind sicher – das Einäugige, Einzahnige in Verbindung mit der Einheit in der Dreiheit beweist das – hermaphroditisch doppelt gedacht. Sie fühlen das auch, denn dem Satz:

»Des Chaos Töchter sind wir«

fügen sie das Wort »unbestritten« hinzu; wer aber von seiner Behauptung sagt, sie sei unbestritten, weiß, daß diese Behauptung bestreitbar ist.

Primitives Menschsein denkt sich Gottheit hermaphroditisch, doppelgeschlechtlich. Wir können eben aus dem Zwang ambivalenten Denkens nicht heraus, wir müssen, da wir Menschen sind, beide Seiten der Dinge sehen, Geist und Natur, so daß wir unentrinnbar in der Gewalt ihres mißgestalteten Zwitterkinds, des Zweifels, leben. Selbst für unsere mythenfremde Zeit gilt dies Gesetz: Wir lassen auf der Bühne die Engel von Weibern darstellen, obwohl unsre Sprache und die Überlieferung den Engel männlich empfinden. Auch Mephistopheles nennt die Engel »bübisch-mädchenhaftes Gestümper«.

Man mag sich über die Phorkyas-Maske, die Mephistopheles in den Helena-Szenen trägt, zurechtdenken, was man will, irgendeinen Sinn muß es doch haben. Und für mich liegt ein Sinn darin, anzunehmen, daß damit die Ambivalenz des Menschseins dargestellt sei. Nimmt man das an, so gewinnt das Paar Euphorion-Helena eine zweite Bedeutung: Auch sie stellen, im Gegensatz zu der abschreckenden Gestalt des Phorkyadischen Mephistopheles, in schönster Form das Doppelgeschlechtliche dar. Die einfachste, man könnte auch sagen die einzige Weise, in der diese menschlich bedeutende, alles Menschliche bedingende Wirklichkeit, daß ein jeder Mann und Weib ist, daß es Wesen nur männlichen oder nur weiblichen Geschlechts nicht gibt, in der darstellenden Kunst vorgeführt werden kann, ist Mutter und Sohn in enger Verbindung zu zeigen. Wie tief dieses Bedürfnis ist, die Geschlechtsambivalenz irgendwie den Sinnen zugänglich zu machen, ohne das ästhetische Gefühl und die Neigung für das menschlich Normale zu verletzen, beweisen die zahllosen Bilder der Madonna mit dem Kinde. Da ist die Einheit in der Zweiheit geschaffen, denn die Madonna ohne das Christuskind ist wohl Maria, aber nicht die Mutter Gottes, und das Bild Jesu wird nur zum Christus, zum Erlöser, wenn das Weibliche des Menschensohns mit im Bilde erscheint, entweder als Kreuz – das Kreuz ist die Mutter – oder so, daß die Mutter mit dem Christuskinde gemalt wird. Alle Versuche, Christus für sich allein dem Beschauer zu zeigen, sind mißlungen, werden auch stets mißlingen, weil unserm europäischen Empfinden das Notwendige der Christusidee, das Doppelgeschlechtliche, nur indirekt im Gleichnis zugänglich ist.

Helena ist Einheit mit Euphorion; sobald er in das Schattenreich versinkt, folgt sie ihm nach.

Von hier aus muß ein weiterer Schritt gewagt werden. Ich brauchte schon vorher mit Absicht den Ausdruck Schattendasein von Helena-Euphorion. Sie sinken – oder steigen, es ist dasselbe – zum Hades, zum Reich der Mütter. Entkleidet man das der dichterischen Form, so heißt es, die Muttersohnidee wird unbewußt, versinkt im Unbewußten. Nur die Gewänder bleiben zurück. Freilich, dort will es ewig sein, ist regsam ohne Leben, und die allgewaltigen Mächte der Mütter verteilen die unbewußte Einheit Mutter-Sohn wie alles Unbewußte, zum Zelt des Tages, zum Gewölb der Nächte, sie senden es dem Menschen, dem einzig Tag und Nacht taugt. Die Dichtung weiß, was der Inzestwunsch, das Streben nach Vereinigung, nach Einswerden von Mutter und Sohn, im Menschengeschehen bedeutet, immer wieder, immer wieder tritt das hervor, zuletzt in der seltsamen, vieldeutigen Anrede an die Mater gloriosa: Jungfrau Mutter, Königin, Göttin! und in dem Schlußsatz des Faust: Das Ewig-Weibliche zieht uns hinan.

Was ist es damit? Ich glaube, die Antwort schon in dem Vortrag über den Nibelungenring gegeben zu haben: das Weib hört mit der Empfängnis, durch die sie Mutter wird, auch auf, Mutter zu sein. Sie wird Gewand, Wolke, ist nicht wirklich, sondern nur real Mutter. Sie wird, wie ich es damals ausdrückte, Erzieherin, Nährmutter, Wohnung des Kindes, der Einzelfall ist dann da, auf den der Plural »Mütter« nicht mehr paßt, das Ewige ist Fleisch geworden, vermenschlicht, schwebt in schwankender Erscheinung. Wirklich ist die Erscheinung nie, wirksam wird sie erst, wenn dauernde Gedanken sie befestigen. Das Unbewußte – oder sagen wir lieber das Es – ist wirklich, das heißt besitzt die Fähigkeit, des Lebens Bilder wirksam zu machen, die an sich unwirksam sind, nicht wirken. Daß die Dichtung dieses unbewußte Es, oder wie man es sich nun benennen will, als die Mütter bezeichnet, erschüttert. Im Faust geheimnißt die Lehre Freuds, selbst in der Darstellung des tragischen Mutter-Sohn-Schicksals denkt der Faust Gedanken, die höheres Geheimnis blieben, bis Freud sie offenbarte. Offenbarte, damit sie gleich wieder in die Tiefen versinken. Denn wer könnte das Geheimnis wohl mit dem Gedanken dauernd befestigen? Helena-Euphorion können nur im Unbewußten sein, das Ewig-Weibliche, Jungfrau-Mutter nur in dem Unbewußten. Der Ödipuskomplex, wie Freud es nennt, ist Wirklichkeit, nicht Realität.

Es ist schwer, bei dieser Betrachtung des Männlich-Weiblichen des Menschen die phantastische Assoziation: der Faust – die Faust – von sich zu weisen, und bringt man das mit der Symbolisierung des Geschlechtsteils als Teufel zusammen, so ergibt sich aus der Tatsache, daß der Herr dem Faust als Gesellen den verneinenden Schalk bestimmt, die seltsame Symbolparallele, daß Hand und Geschlechtsteil von Natur aus einander Gesellen sind, mit andern Worten, daß die Selbstbefriedigung Menschenschicksal ist.

Eine der merkwürdigsten Entdeckungen der Psychoanalyse – oder vielmehr *Freuds*, auf den alle Entdeckungen auf analytischem Gebiet zurückgehen – war die Feststellung der *kindlichen Erotik*. Diese Entdeckung – sie erinnert an das Märchen vom Ei des Kolumbus, denn jede Mutter muß ja die Tatsache dieser Kindeserotik bei ihrem eignen Kinde gekannt haben, nur hat keine einzige gewagt, aus der Einzeltatsache auf die Gesamtheit zu schließen – hat schon jetzt überall hervortretende Folgen gehabt, sie wird aber nach und nach das Bild, das sich der Mensch vom Menschen und vom Menschsein macht, in bisher ungeahnter Weise verändern. In dem Moment, wo wir mit unserm ganzen Wesen – wir sind von diesem Zeitpunkte noch weit entfernt – einsehen, daß der Mensch, das Kind im Menschen immer von sich ausgeht, von der Liebe zu sich selbst, also von der Selbstbefriedigung im weiteren und engeren Sinne des Worts, wird eine unausdenkbare Umwälzung aller ethischen, ja aller menschlichen Begriffe, wie sie sich in den letzten Jahrhunderten entwickelt haben, stattfinden, wahrscheinlich sehr langsam, aber unwiderstehlich. Für uns, die wir hier zusammengekommen sind, um den Faust als analytisches Lehrbuch zu betrachten, fragt es sich, ob die spielerisch-phantastisch gewonnene Assoziation »Der Faust – Die Faust« in der Dichtung festere Begründung findet.

Am ehesten kommt man wohl zu einem Resultat, wenn man sich wieder ein wenig mit dem beschäftigt, was die Dichtung über Faust selbst mitteilt.

Die letzten Worte, die Faust spricht, ehe er seine Verhandlungen mit dem Teufel beginnt, sind:

>»Im Anfang war die Tat.«

Und wenn man genauer zusieht, so ist das Tun für ihn charakteristisch. »Rastlos betätige sich der Mann!« – »Die Tat ist alles.« – Die Sorge vermag ihm nichts anzuhaben, weil er »nur begehrte und vollbrachte«. – Die Sprache assoziiert zu Hand allerdings nicht tun, aber handeln, das ist dem Sinne nach dasselbe. Die andre Assoziation zu Hand, die gewöhnlich gegeben wird, ist fassen, greifen. In dem Gespräch mit der Sorge, das ich eben erwähnte, und das einen Höhepunkt des Stücks bedeutet – solche Höhepunkte sind im Faust meist dadurch gekennzeichnet, daß Faust seine Verachtung des Jenseits ausspricht –, tritt diese Eigentümlichkeit der Hand besonders hervor:

> »Ein jed Gelüst ergriff ich bei den Haaren,
> Was nicht genügte, ließ ich fahren,
> Was mir entwischte, ließ ich ziehn«,

sagt er von sich, und dann fährt er fort:

> »Dem Tüchtigen ist diese Welt nicht stumm.
> Was braucht er in die Ewigkeit zu schweifen!
> Was er erkennt, läßt sich ergreifen.«

Dem Tüchtigen. Ich weiß nicht, ob es richtig ist, aber für mich hängen die Wörter: tun, tüchtig, Tugend sprachlich und damit gedanklich und wesentlich zusammen. Ich glaube, es besteht kein Zweifel: Das Wesen Fausts ist Tun. Und zwar ein Tun, das den Täter unbefriedigt läßt, ein rastloses Tun, in dem schon das Begehren nach neuem Tun lebendig ist. Das Tun an sich ist sein

Menschsein, und sein Schicksal ist, daß diesem Tun von ihm kein Ziel zuerkannt werden kann, daß er keinen Dank dazu hat:

»Er! Unbefriedigt jeden Augenblick.«

In dem Gedanken an ein tätig-freies Menschsein spricht er den verhängnisvollen Satz aus: »Verweile doch, du bist so schön«, der ihn das Leben kostet und den der Teufel mißversteht, weil er auf das Bedingte des Satzes nicht achtet, eine bedingte Bejahung für eine absolute Bejahung nimmt. Und wenn ich nicht sehr irre, beruht auf dieser Assoziation: Faust – Hand –, das Wort des Herrn: Faust ist mein Knecht; die Hand ist sicher der »Knecht« des Menschen.
Die Hand tut, aber sie tut unbekümmert um das, was für sie Jenseits ist, und sie ist immer unbefriedigt. Die Sache wird vielleicht klarer, wenn man eine andre Stelle der Dichtung heranzieht. Als Mephistopheles sich dem Faust vorstellt, spricht er von seinem Bemühen, dem Lebendigen etwas anzuhaben, und wie es ihm immer mißlinge:

>»Hätt ich mir nicht die Flamme vorbehalten,
>Ich hätte nichts Aparts für mich.«

Und Faust erwidert ihm:

>»So setzest du der ewig regen,
>Der heilsam schaffenden Gewalt
>Die kalte Teufelsfaust entgegen,
>Die sich vergebens tückisch ballt!
>Was anders suche zu beginnen,
>Des Chaos wunderlicher Sohn!«

Da wäre ein Ausweg: Die Teufelshand ballt sich zum Zerstören, die Menschenhand tut als Knecht rastlos ohne Befriedigung, und »hat an ihr die Liebe gar von oben teilgenommen, begegnet ihm die selge Schar mit herzlichem Willkommen«. – Die Liebe? Was meint die Dichtung damit, mit dieser Liebe von oben? Ist sie das Letzte, Äußerste? Ist sie das Ewig-Weibliche, das uns hinanzieht? – Der Herr, als er sich von Mephistopheles abwendet, den echten Göttersöhnen zu, spricht als abschließendes Wort:

>»Das Werdende, das ewig wirkt und lebt,
>Umfaß euch mit der Liebe holden Schranken,
>Und was in schwankender Erscheinung schwebt,
>Befestiget mit dauernden Gedanken!«

Die Flamme ist des Teufels, ist zerstörend lüsterne Leidenschaft. Aufbauend schaffende Leidenschaft ist die Sonne. Die Flamme als solche ist verneinend, Attribut des Teufels, der freilich auch in seiner Weise dem Herrn dienen muß; im Bild der Sonne, von der die ersten Zeilen des Prologs im Himmel reden, ist sie den Engeln Symbol des liebenden Schaffens. Und es ist kaum ein Zufall, daß der zweite Teil des Faust auch mit dem Hymnus an die Sonne beginnt, von der sich freilich der Mensch geblendet zum farbigen Abglanz wenden muß.

Mit dieser Parallele zwischen dem Faust und der Faust ist die Frage, ob die Dichtung das Problem der Selbstliebe und der Onanie im engeren Sinne mit in ihren Bereich zieht, erst kaum berührt. Um eine Antwort zu finden, sehe man sich das Wesen dieses Vorgangs an. Es handelt sich dabei um zweierlei: einmal um den Vorgang der genitalen Lustgewinnung durch die Liebkosung des eignen Genitals oder andrer wollüstige Lust gebender Körperstellen; wir wissen, daß das Kind sich solche Lustempfindungen ohne Bedenken verschafft, bis es ihm verboten wird. Die Sache hat aber noch eine andre Seite. Es fragt sich, ob es dem Menschen möglich ist, sich und sein ganzes Wesen dem andern, irgendeinem andern Menschen in Liebe hinzugeben. Daß wir das wollen, ist keine Frage, daß wir es können, ist auch richtig, aber wir können es nur bis zu einem gewissen Grade und unter Zuhilfenahme eines menschlich Unentbehrlichen, der Phantasie. Nur dadurch, daß wir den andern – wir können in diesem Zusammenhang auch statt des andern das Weib sagen – mit Hilfe des Zauberspiegels oder des Schlüssels in Helena, das Muster aller Frauen, in die Mutter verwandeln, was nicht von unserm Willen abhängt, sondern von tausend andern Dingen, unter andern auch von dem Teufel, der uns als Geselle gegeben ist, und von den Müttern, aus deren Reich wir uns das Gespenst der Helena holen müssen – nur dadurch lieben wir. Mit andern Worten: Etwas Wesentliches an unsrer menschlichen Liebe, mag sie genital oder nicht genital sich äußern, ist unabhängig von dem Gegenstande unsers Liebens, ist nur lebendig und wirksam durch unsre Phantasie. Menschliche Liebe ist immer durchsetzt und sogar bedingt durch Liebe zu uns selbst, zu dem, was wir erdichten und erträumen; und was wir erdichten und erträumen, ist das Paradies des Mutterleibs. Was wir Liebe zum Objekt nennen, gibt es in reiner Form nicht, wir müssen das Objekt immer erst zu einer Imago umgestalten, zu einem farbigen Abglanz; auch unser Lieben gehört in das Doppelreich von Tag und Nacht. All unsern Liebesempfindungen und Liebestaten ist die Selbstliebe, und zwar die Liebe zu unserm weiblichen Selbst, zur Jungfrau-Mutter hinzugemischt, und wenn sich die Liebe genital äußert, ist die genitale Handlung niemals frei von der Zutat der Onanie.

Wie ist das nun in der Dichtung? Ich habe schon darauf hingewiesen, daß der Zauberspiegel der Hexenküche darüber Aufschluß gibt, daß dies Menschliche – das Verwandeln des Objekts in den Abglanz, in die Imago – dem Gedicht tief und deutlich einverleibt ist, daß der Gegensatz aber in dem Wort: ›Ewig-Weibliches‹ an den Schluß der Dichtung gestellt worden ist, veranlaßt mich, so lange bei diesen Dingen zu verweilen. Die Schlußworte des Faust:

> »Werde jeder bessre Sinn
> Dir zum Dienst erbötig;
> Jungfrau, Mutter, Königin,
> Göttin bleibe gnädig!« und:

»Das Ewig-Weibliche zieht uns hinan« müssen dem Ahnungsvermögen des Lesers begreiflich werden, sonst hat der Faust keinen Sinn für den Leser.

In der Frage, wie weit der Mensch in seinem Lieben von seiner Phantasie abhängig ist, oder um es anders auszudrücken, wieviel er von den in ihm lebenden, im Grunde onanistischen Phantasien dem Liebesobjekt hinzufügen muß, damit es für ihn Geliebte wird, sind so viele Stellen anzuführen, daß ich auswähle. Die wichtigste ist wohl die, wo Faust das Gaukelspiel zwischen Paris und Helena ernst nimmt; Mephistopheles erinnert ihn vergebens daran, daß er es »selbst macht, das Fratzengeisterspiel«. – Faust ist sich auch des Seltsamen seiner Liebessehnsucht bewußt. Als er die Nymphen nackt im Wasser spielen sieht, sagt er sich:

> »Mein Auge sollte hier genießen.
> Doch immer weiter strebt mein Sinn;«

er sucht sich die Szene zwischen Leda und dem Schwan auszumalen. Uns wird eben Helena – das Weib, solange wir es lieben – »nie mündig, wird nicht alt, wird jung entführt, im Alter noch umfreit«. Faust, und wir alle, sind in der Liebe Dichter, bringen »die Melena, wie wir's brauchen, zur Schau«. Wir alle kennen von Angesicht zu Angesicht das Idol, das Faust auf dem Blocksberg erblickt, die »jedem wie sein Liebchen vorkommt«. Was meint der Dichter mit dem Idol, diesem notwendigen Bestandteil unsers menschlichen Liebens, das ich hier, vielleicht etwas unberechtigt, in die Betrachtung der Onanie hineingezogen habe?

Ehe ich die Frage zu beantworten suche, wenigstens teilweise beantworte, gehe ich nochmals auf die Onaniegedanken, Onanieträume ein. Schon in den Monologen des Anfangs klingt das Thema an, schon bei dem Blick auf den Vollmond, wenn Faust »um Bergeshöhle mit Geistern schweben, auf Wiesen in Mondes Dämmer weben, in Mondes Tau gesund sich baden« will. All diese Symbole sind uns bekannt, zumal sie im Zusammenhang mit dem Vollmond, der zugleich Mutter- und Erektionssymbol ist, auftreten. Immer ist es die Mutter, die Jungfrau-Mutter. – Mächtiger wird diese Sehnsucht nach Mann und Weib in Einheit in der Vorbereitung zum Selbstmord, bei dem Versuch, das Gift zu trinken, zur Darstellung gebracht, und hier mischt sich schon das Motiv ein, das später das ganze Stück beherrscht, das Meer. – Der Homunkulus vergeht im Meer, Faust lockt der Gedanke an das Meer zu neuen Ufern. Das Meer? Was ist das Meer? –

Und was hindert Faust an der Ausführung des Selbstmords, dieses letzten und äußersten Akts unsrer auf uns selbst gerichteten Triebe? Die Erinnerung an die Auferstehung; das Glockenläuten des Ostertags. Der Tod ist der abschließende Liebesakt. Wer lebt, hat nach dem Liebestod des Männlichen weiter den Glauben an die Auferstehung zu neuem Liebesleben und Sterben. Da stecken überall die Symbole, und die begleitenden Gesänge lassen kaum einen Zweifel zu, daß die Symbolik gewollt ist. Aber darauf kommt es nicht an. – Sehr bald macht sich ein neues Symbol geltend, das Fliegen, und bemerkenswert genug, in Verbindung mit der Sonne und mit dem Meer. Und kurz darauf erscheint der Teufel. Mir fällt das auf.

Es gibt im Faust eine Szene, die so deutlich, wie es in einer Dichtung nur geschehen kann, das Thema dieser menschlichen Neigung zur Selbstliebe darstellt, das ist die Szene, die »Wald und Höhle« überschrieben ist. In dieser Höhle im Walde zeigt der Erdgeist dem Faust ihn selber, der eignen Brust geheime tiefe Wunder öffnen sich; der »Mond« steigt auf, und aus dem »feuchten Busch« schweben der Vorwelt silberne Gestalten auf. Aber der Gefährte, den ihm der Geist gab, facht in Faustens Brust das wilde Feuer an, so daß er von Begierde zu Genuß taumelt und im Genuß nach Begierde verschmachtet. Was hinter diesem »Wandel in der Öde« kommt, sagt Mephistopheles:

> »Erd und Himmel wonniglich umfassen,
> Zu einer Gottheit sich aufschwellen lassen,
> Der Erde Mark mit Ahnungsdrang durchwühlen,
> Alle sechs Tagewerk im Busen fühlen«,

– hier muß man sich an ein andres Wort des Mephistopheles

erinnern, wo er davon spricht, daß sich ein Gott sechs Tage lang des Weibes wegen geplagt und schließlich selbst zu seinem Werk Bravo gesagt habe –

> »In stolzer Kraft ich weiß nicht was genießen,
> Bald liebewonniglich in alles überfließen,
> Verschwunden ganz der Erdensohn,
> Und dann die hohe Intuition – (mit einer Gebärde)
> Ich darf nicht sagen wie – zu schließen.«

Es ist keine Frage, daß Mephistopheles bei dem, was keusche Herzen nicht entbehren können, an die reale Handlung der Onanie denkt, und daß Faust, der gesittet Pfui sagt, ihn und die Gebärde versteht.

Diese Szene, die von jeher allen Faustverehrern aufgefallen ist, wirft nicht nur ein Licht darauf, was eigentlich mit dem Erdgeist gemeint ist – er hat eine gewisse Ähnlichkeit mit dem Dreifuß, der dem Faust aus dem Reich der Mütter nachfolgt, ist ein Symbol des Doppelgeschlechts, wie es nun einmal im Menschen Wesen ist – sie leitet auch über zu der Mitte des Stücks, zu dem Höhepunkt, der in der Szene liegt, in der Mephistopheles von den Müttern spricht. Die »sichere« Höhle, wie Faust sie nennt, mitten im Walde gelegen, ist der Mutterleib. Und dieser Mutterleib steht, wir wissen es aus tausendfacher psychoanalytischer Erfahrung, in innigster Verbindung mit unserm Triebleben, mit allem, was unser wirkliches Leben ist; allerdings müssen wir uns dabei erinnern, daß für Faust, den Dichter und den Leser, Wirklichkeit nicht das ist, was wir besitzen, sondern was verschwand, nicht das, was in schwankender Erscheinung schwebt, sondern was von dauernden Gedanken befestigt ist, wo nur der Fuß fassen kann, der bei den Müttern war, der die Mütter überwunden hat, der, weil er sich zu den Müttern gewagt hat, weiter nichts zu überstehen hat, der das Unmögliche will.

So ist es denn doch wohl nicht ganz dumm, in der Mitte der Dichtung zu suchen, was Aufschluß gibt. Beim Faust stimmt es, glaube ich. Die Dichtung zeigt dort den Schlüsel, der in der Hand wächst und der die Mütter wittert, zeigt ihn allen denen, die ihn benutzen wollen – so könnte man sagen.

> »Ungern entdeck ich höheres Geheimnis«

beginnt Mephistopheles: Es handelt sich um etwas, vor dem die lüsterne Männlichkeit sich beugt, um Höheres und um Geheimnis, zu dem gerade die männliche Lüsternheit den Schlüssel besitzt, ohne ihn gebrauchen zu können, genau wie der Teufel wohl die Hexe lehrt, den Verjüngungstrank zu bereiten, ihn aber selber nicht zu brauen vermag. Faust aber – und Faust ist der Mensch, das darf man nicht vergessen –, Faust hält den Schlüssel, weiß ihn zu verwenden. Er läßt sich von dem Schlüssel zu den Müttern führen, berührt den Dreifuß, der ihm als getreuer Knecht zur Erde folgt.

– »Die Mütter! Mütter! 's klingt so wunderlich. –
– Das ist es auch.« –

Ich kann das höhere Geheimnis nicht offenbaren, das weiß ich. Aber ich kann daran herumdeuten, und das will ich tun. Was ich sage, gilt für mich, ist mir Lösung des Geheimnisses; ich erwarte nicht, daß es auch andern als Deutung genügt. Es bleiben Reste, die mir nicht deutbar sind.

»Wohin der Weg?« fragt Faust; die Antwort ist schroff genug, eine rasche Antwort, die sich nicht Zeit läßt, die Antwort dessen, der die Mütter »nicht gern nennt«: »Kein Weg!« Etwas vom Schaudern des Faust ergreift auch den Teufel. – Und in Rätselworten spricht er nun weiter, in abgerißnen halben Sätzen:

»Ins Unbetretene,
Nicht zu Betretende; ein Weg ans Unerbetene,
Nicht zu Erbittende.«

Kein Weg führt zu den Müttern, nur bis ans Unerbetene, nicht zu Erbittende ist Weg. Am nicht zu Erbittenden endet er. Ist es der Mutterleib? Ich denke wohl. In ihn hinein führt uns kein Weg, nur bis zu ihm heran. Wir können nie in den Mutterleib zurückkehren. Was wir können ist nur, die unergründliche Sehnsucht nach diesem Innern des Leibes übertragen, ein Weib lieben, in dem die Mutterimago lebt. Und eine andre als diese, in der eine Imago, eine der Mütter, deren wir viele, viele haben, in schwankender Erscheinung schwebt, vermögen wir nicht zu lieben. Der Schlüssel wächst, wenn er die Mütter wittert, er glüht. – Da ist wohl schon Geheimnis genug. Wer weiß es denn, besser wer erlebt es mit Bewußtsein, daß jedes Wachsen und Glühen des Schlüssels, jedes Mannsein in engerer Bedeutung, jede glühende, zum Wachsen des Manneszeichens führende Erregung den Müttern gilt; nochmals: es gibt für jeden gar viele Mütter. Einmal war es eine frohe Mutter, einmal eine traurige; einmal liebte sie uns, dann zankte sie uns; heut trug sie jenes Kleid und morgen dieses. In unsrer einen Mutter stecken unzählige. Das Studium des Unbewußten spricht davon, aber das Aussprechen des Geheimnisses ist keine Lösung.

Das freilich wissen wir alle: Der Mutterleib ist uns verboten, unbetretbar, auch unbetreten. Nur Schemen leben dort, das Es, des Lebens Bilder, regsam, ohne Leben; Wesen, die Menschen werden wollen, aber nicht sind. Dies Reich, in dem das Kind haust, ist in Wahrheit unbetreten. Und in ihm hausen Göttinnen ohne Zahl; denn in endloser Reihe, von Eva her, wirken im Mutterleib andre Mütter nach, die nicht unsre leiblichen Mütter sind. – Nicht zu Betretendes! Nur ein Verbot gilt allen Menschen, unverbrüchlich, überall: Du sollst deine Mutter nicht zu deiner Geliebten machen. Gerade das, was jeder begehrt – nicht immer weiß er es –, gerade das ist verboten, gerade dahin ist kein Weg. Und weil der Wunsch da ist und nie erfüllt wird, kann der Mensch, wohl nur der Mensch, den dunklen Drang haben, der ihn den rechten Weg führt, er, unbefriedigt jeden Augenblick.

Unerbeten, nicht zu erbitten. Wer würde es erbitten wollen? Wem würde die Bitte erfüllt? Es ist unmöglich. Der Tod, der bringt es uns – unerbeten. Und im Symbol der Mutter Erde, der Hölle oder des Himmels.

Ist es denn richtig? bestimmt mich nicht das Wort Mütter zu der Deutung?

> »Von Einsamkeiten wirst umhergetrieben.
> Hast du Begriff von Öd und Einsamkeit?«

Wer sollte es haben; wir sind nie einsam. Doch! Einmal waren wir einsam, einmal hatten wir eine eigne Welt für uns allein. Aber ist der Ungeborne schon Mensch? Ist er nicht ein andres Wesen, solange er regsam ohne Leben bei den Müttern ist? Zum mindesten hat er eine andre Welt, zum mindesten ist er einsam.

> »Nichts wirst du sehen in ewig leerer Ferne,
> Den Schritt nicht hören, den du tust,
> Nichts Festes finden, wo du ruhst.«

Ist die Deutung richtig? Richtig ist sie wohl, vielleicht aber nicht vollständig. Vielleicht ist höheres Geheimnis nie deutbar. Wir haben es alle erlebt, erleben es immer wieder, daß der Mensch schaudert, wenn er versucht, in das Geheimnis von Mutter-Sohn einzudringen. Niemand vermag die Bande zu sprengen, die an die Mutter fesseln, alle sind wir der vergangnen, gegenwärtigen, zukünftigen Gemeinschaft Mutter-Sohn verfallen, sie gestaltet uns und unser Schicksal. Niemand überwindet die Mutter.

Faust wagt es, »der erste, der sich jener Tat erdreistet«, der »dem Entstandenen entflieht in der Gebilde losgebundne Reiche, sich

an dem längst nicht mehr Vorhandenen zu ergetzen«. Wird er auch wiederkommen, fragt sich Mephistopheles.
Er kommt wieder und er bringt den glühenden Dreifuß mit, entwendet ihn den Müttern, und von der Kraft seines Glühens gestärkt, zwingt er das »Muster aller Frauen«, Helena, ans Tageslicht, von der er sagt:

> »Du bist's, der ich die Regung aller Kraft,
> Den Inbegriff der Leidenschaft,
> Dir Neigung, Lieb, Anbetung, Wahnsinn zolle.«

Für jeden Menschen gibt es diese ewig junge, alt umfreite Helena; es ist die Mutter, die uns gebiert. Das ist das Idol, das mit gebundnen Füßen sich vorwärtsschiebt.
Faust sieht die Mütter; sie sehn ihn nicht, sie sehn nur Schemen, nach denen Menschen sich bilden. Er sieht das Geheimnis, und er raubt den Dreifuß. An diesem Dreifuß lebt die Kraft, »was einmal war, zum Zelt des Tages, zum Gewölb der Nächte zu verteilen«. Er kennt die Macht der Mütter, die im Grenzenlosen thronen, und er beraubt sie. Er bricht den Bann des Inzestwunsches – für kurze Zeit: denn gleich darauf fällt er den Müttern wieder anheim, und fast stirbt er daran. Er holt sich Helena, das Schema, das Muster der Frauen.
So wäre es denn das, so wäre es das Mutterreich in wörtlicher Bedeutung, dieses höhere Geheimnis? Nein: der Mensch ist im Doppelreich gebannt, das Wort »die Mütter«, das ihn schaudern macht, birgt andres in sich, Dinge, die einmal waren, in allem Glanz und Schein, und die sich regen, weil sie ewig sein wollen. Was einmal war und ewig sein will? Ist es nur, weil ich im Unbewußten suche, oder meint die Dichtung wirklich das Unbewußte mit dem höheren Geheimnis? Ich weiß es nicht, aber man prüfe jede Einzelheit und im Ganzen, was im Faust über die Mütter gesagt ist; man wird nichts finden, was der Annahme widerspräche, daß das Doppelte der Mütter Freuds Unbewußtes ist. Wohl dem, der wiederkehrt, wenn er dorthin sank oder stieg. Faust ist der Mensch, so sagte ich. Dann muß der Mensch, ein jeder Mensch, den Schlüssel zu diesem Reich des Unbewußten haben. Und das ist wahr. Ein jeder hat den Schlüssel, nur geht nicht jeder stracks auf den Dreifuß zu, nicht jeder berührt ihn mit dem Schlüssel. Und wer den Dreifuß an das Licht bringt, was hilft es ihm? Er braucht die Macht der Allgewaltigen Mütter, um Helena zu rufen; und wenn die Helena, wie sie es muß, weil sie Helena ist, sich dem Paris zuneigt, wer ginge nicht daran zugrunde? Die Mütter sind unüberwindbar, das Unbewußte kommt nur so weit

zu Tage, wie es die Menschennatur in ihrer Beschränktheit zuläßt.

Da ist noch vieles unklar, das weiß ich wohl. Einen Schritt weiter führt das Herumraten an dem Dreifuß. Daß die drei Füße männliches Symbol sind, wissen wir, der dritte Fuß, den das Weib nicht hat, ist der Geschlechtsteil. Aber der Dreifuß trägt den Ring mit seiner Öffnung, und der Ring, ist er nicht weiblich? Man kann es denken, kann auch glauben, daß die Dichtung das weiß. Dann ist Faust, der Mensch, wenigstens für kurze Minuten, wenn er sehend und ohne Furcht ins Unbewußte sank, Herr des Gedankens, daß im Menschen beides schon vereint ist, Mann und Weib. Dann ist er wenigstens für Augenblicke Herr der Gewißheit, daß wir in der Mutter und in allem, was wir lieben, nur den andern Doppelteil unsres eignen Wesens lieben. Dann weiß er, daß er, er ganz allein, eine Welt ist, daß er nichts andres brauchte als sich selbst. Aber das gerade ist das Unerträgliche, das Unmenschliche, daß für den Menschen Tag und Nacht einzig taugt, daß er nicht gleichzeitig im Licht des Tages und in der Finsternis der Nacht sein kann. Mensch gehört zum Menschen, der Mensch kann nicht einsam sein. Er erträgt es nicht.

Er erträgt es nicht; auch Faust erträgt es nicht: er ruft sich Helena. Er weiß ums Doppelreich des Menschen und ruft sich Helena. Er tut, wie wir alle tun. Und wie wir alle wird er doch einsam. Denn das ist auch höheres Geheimnis, längst offenbar und nicht gewußt, daß des Menschen Los und Ziel doch die Einsamkeit ist. Wenn der Faust irgend etwas bedeutet, so bedeutet die Dichtung das Bekenntnis und die Erkenntnis – das Bekennen ist leichter als das Erkennen –, daß wir einsam sind, allein, eine Welt für uns. Faust ist einsam von Beginn an, von dem Gang zu den Müttern an weicht er auch immer mehr von dem einzigen Gesellen, den er hat, dem Teufel, weg, er hat bei diesem Gang erfahren, daß er allein Dinge vollbringen kann, die nur allein vollbracht werden können. Die Sorge weist er ab und daß er in der Erblindung noch einsamer wird, gibt ihm nur neue Erkenntnis statt Leid, gibt ihm die für ihn lebendige Einsicht, daß ein Geist für tausend Hände genügt. Die letzte Einsamkeit kommt dann im Tod, in dem Augenblick, wo Faust begreift, daß das Vorgefühl vom Glück – gewiß eine einsame Einsamkeit, aber doch die einzige Wirklichkeit, die er erlebt – der höchste Augenblick ist. Das Werdende, das ewig wirkt und lebt, umfaßt ihn, und er befestigt mit dauernden Gedanken das Schwankende der Erscheinung. Erst von dieser Todeseinsicht und Todeseinsamkeit aus werden ihm der Liebe holde Schranken zuteil, erst von dieser

letzten Einsamkeit aus wächst er und steigt er, erst dann vermag das Ewig-Weibliche ihn hinanzuziehen.
So ist denn Helena doch nicht das Ewig-Weibliche, auch Gretchen nicht, alle Idole nicht, auch bei den Müttern ist es nicht. Dort sind noch Erdenreste. Es irrt der Mensch, solang er strebt.

Es ist etwas Besonderes um Fausts Lieben: Als ihm Gretchen genommen wird, ist ihre Existenz für ihn erloschen, nicht mit einem Gedanken denkt er an sie, weder in Reue noch in Sehnsucht, sie ist fort. Und mit Helena ist es ähnlich: Eine Wolke ballt sich zu ihrer Form, dann ist sie aus seinem Leben verschwunden. Aber ihr tiefstes Wesen, das in ihrer Beziehung zur Mutterimago liegt, bleibt lebendig in Faust. Nur die Form des Symbols wechselt. Die Mutter und der Kampf mit der Mutter beginnt schon auf dem Flug – bezeichnend genug, daß es beim Fliegen entsteht –, auf dem Flug zu der Einsamkeit des Gebirges. Das Meer taucht auf und beherrscht von da an Fausts irdisches Leben, das Meer, das wahrlich Muttersymbol ist. – Nach dem Abschied von Gretchen ist es die Sonne, trotz aller psychoanalytischen Deutelei für uns Deutsche Mutter und nur Mutter; nach Helena ist es das Meer, der Kampf mit dem Meer. Die Sonne blendet Faust, das Meer erweckt in ihm »ein Großes, Erstaunenswürdiges, etwas, was der Mensch begehrt«, das Überwinden des Meers, der Mutter selber.

> »Mein Auge war aufs hohe Meer gezogen;
> Es schwoll empor, sich in sich selbst zu türmen,
> Dann ließ es nach und schüttete die Wogen,
> Des flachen Ufers Breite zu bestürmen.
> Und das verdroß mich, wie der Übermut
> Den freien Geist, der alle Rechte schätzt,
> Durch leidenschaftlich aufgeregtes Blut
> Ins Mißbehagen des Gefühls versetzt.«
> »Die Woge schleicht heran, an abertausend Enden,
> Unfruchtbar selbst, Unfruchtbarkeit zu spenden;
> Da herrschet Well auf Welle kraftbegeistet,
> Zieht sich zurück, und es ist nichts geleistet.
> Zwecklose Kraft unbändiger Elemente!
> Da wagt mein Geist sich selbst zu überfliegen;
> Hier möcht ich kämpfen, dies möcht ich besiegen.«

Ist Faust nicht der Mensch? Wann hätte je ein Mensch etwas andres getan, tun können als das zwecklose Herandrängen der Mutterleidenschaft zurückzudämmen, der feuchten Breite Grenzen zu verengen, bewußt oder unbewußt? Es ist der Inhalt des Menschenlebens und endet wie bei Faust mit dem Sterben und mit der Vernichtung alles Erreichten durch das Element des Mutterkomplexes. Ödipus.

Zwecklose Kraft unbändiger Elemente sagt Faust. »Noch hat er sich nicht freigekämpft«, sieht nicht einmal, bis an sein Lebensende sieht er es nicht, daß er sich nicht freikämpfen kann, daß niemand sich freikämpft, es sei denn, daß die Liebe von oben an ihm teilnimmt, daß er von der una poenitentium und der Mater gloriosa zur Klarheit geführt wird, daß er das Rätsel: Jungfrau, Mutter, Königin, Göttin zu erfassen sich erdreistet. Und der Gedanke, daß nur die Jungfrau Mutter ist oder umgekehrt, daß jedes Weib durch das Mutterwerden Jungfrau wird, ist – für den Sohn wenigstens – ahnbar. Der Sohn kann nicht glauben, daß die Mutter nicht Jungfrau ist, der Sohn besitzt den Schlüssel, und unter seiner magischen Gewalt, im Namen der Mütter, verteilt er zum Zelt des Tages – zum Bewußten – und zum Gewölb der Nächte – zum Unbewußten – »das, was einmal war, in allem Glanz und Schein sich regt, weil es ewig sein will«.

Das Meer, die Elemente, die Mutter-Sohnesliebe und Leidenschaft, mit all ihrem fluchbeladenen Wünschen und Verdrängen, sind nicht zwecklos. Das Ewig-Weibliche zieht uns hinan.

»Noch hab ich mich ins Freie nicht gekämpft«,

klagt Faust, eh ihm die Sorge gegenübertritt und ihn durch ihren Hauch erblinden läßt. Was ist dieses Freie, in das er sich kämpfen will? Das ist wohl schwer zu sagen; allein es mag gestattet sein, ein wenig daran herumzuraten. Faust gibt eine Art Antwort darauf. Er sagt:

»Könnt ich Magie von meinem Pfad entfernen,
Die Zaubersprüche ganz und gar verlernen.«

Diese Magie, diese Zaubersprüche haben, so scheint es, etwas mit der Sorge zu tun, wenigstens wiederholt Faust denselben Ausdruck dem Wesen, das einmal da ist und von dem es im Herzen dröhnen muß, das in verwandelter »Gestalt grimmige Gewalt übt, das auf den Pfaden, auf der Welle ewig ängstlicher Geselle stets gefunden, nie gesucht ist, so geschmeichelt wie verflucht« der Sorge gegenüber: »Nimm dich in acht und sprich kein Zauberwort.« Und kurz darauf: »Wenn Geister spuken, geht der Mensch seinen Gang.« Ist denn die Sorge nicht das ins Unbewußte Verdrängte, oder wurzelt sie nicht irgendwie in dem Verdrängen? Vielleicht ist es der Weg ins Freie, die Zaubersprüche der verdrängten Komplexe zu verlernen, der Magie auszuweichen, sich von den Gespenstern dessen, was war, zu trennen, den Zaubersprüchen menschlichen Etwas-für-gut-oder-böse-Haltens zu entsagen, blind gegen all das zu werden, damit »im Innern helles Licht leuchtet«. Manch einer unter denen, die sich mit dem Unbewußten beschäftigen, es mit heißem Bemühen durchaus studieren, glaubt, man könne sich durch Bewußtmachen des Unbewußten freikämpfen. Die Dichtung ist andrer Meinung; sie gibt die Antwort vorher:

>»Ein düstres Reimwort folgte – Tod.«

Und Faust sagt es mit andern Worten:

>»Stünd ich, Natur! vor dir ein Mann allein,
>Da wär's der Mühe wert, ein Mensch zu sein.«

Allein, ganz allein ist der Mensch nur im Sterben, der Tod macht einsam. Vielleicht.
Jedenfalls ist der Tod Bedingung für das Wachsen und Werden. Erst nach dem Tode wächst und steigt Faust, erst nach dem Tode zieht ihn das Ewig-Weibliche hinan. Erst nach der Ausschaltung des Bewußten, das ist in dem Zusammenhang der Betrachtung wichtig. Ganz einsam und abgeschlossen ist Fausts Unsterbliches, nur ein Ahnungsvermögen hat es, es ahnt die Nähe der Büßenden.
Läßt sich finden, was unter dem Ewig-Weiblichen verstanden werden muß? Wohin zieht es uns denn? Hinan. Das heißt zum Herrn; zu dem Unbeschreiblichen. Es wird Ereignis, das Unzulängliche. Genügt es, was wir ja alle wissen, daß wir Mann, Herr nur durch das Weib werden, weil nur sie – in dem Bilde der Mutter, in den Mutterimagines – das Unzulängliche in eignes verwandelt – Ereignis ist doch nicht Geschehen, sondern Eigenwerden –, oder könnte es so sein, daß das Ewig-Weibliche nicht im andern Menschen ist, sondern in uns selbst, daß nicht die leibliche Mutter in die Imago sich umsetzt oder besser in die Imagines, sondern daß jeder Mensch Mutter ist, Jungfrau, Mutter, Königin, Göttin; daß der Ödipuskomplex auch nur ein Gleichnis ist, weil wir nicht begreifen können, daß der Mensch nicht vom Weibe empfangen wird, sondern vom Ei, und daß er vor der Empfängnis schon ist, daß Vater und Mutter unzulängliche Dinge sind, daß der Mensch und sein Leben ein aus sich rollendes Rad ist? Dann wären wir selbst das Ewig-Weibliche. Und auch das Ewig-Männliche. Dann taugte für uns nicht mehr Nacht und Tag, sondern wir hätten das

Licht. Nur freilich, dazu muß man erblinden und muß sterben. Stirb und Werde!

Liebe ist Tod, Liebe ist Leben. Sie senkt die Fackel, sie hebt die Fackel.

Muß ich noch einmal zu den Müttern zurückkehren? Ich tue es ungern, denn wenn ich sage, daß das Wort das Unbewußte ist, so reicht es nicht aus, wenn es auch weiter führt als bis zum Ödipuskomplex, oder wenigstens mehr in die Weite. Und wenn ich das dehnbare und umfassendere Es gebrauche, so wiederhole ich nur, was Goethe höheres Geheimnis nennt, nichts Neues wird damit gegeben.

In Wahrheit gebe ich den Kampf mit dieser Dichtung, in deren Tiefen ich zu dringen suchte, auf. Manches, vieles hätte ich noch zu sagen. Aber mag man es auch hören?

Ich fürchte, wir alle haben über den Faust schrecklich viel gelesen. Da ist es nicht leicht zu befriedigen, leichter schon zu verwirren, selbst wenn man nicht verwirren will.

Ein jeder geht in seiner Weise an den Faust heran, dies ist die meine; heut, jetzt ist es die meine. Damit will ich nicht sagen, daß es morgen oder in Jahren noch die meine sein wird; es irrt der Mensch, solang er lebt. Ich glaube aber nicht, daß ich je vergessen werde, daß der Dichter im Dichten, was er besaß, wie im Weiten sah, und daß ihm, was verschwand, zu Wirklichkeiten wurde. Daß alles Vergängliche nur ein Gleichnis ist, bewahrt sich leicht im Gedächtnis, wenn auch nicht ebenso leicht im Denken; daß aber das Wirkliche, das, was Wirkensmöglichkeit hat, nicht das Sachliche ist, nicht das Reale, sondern das, was von dauernden Gedanken befestigt ist – wohl dem, der das erkennt und solche Erkenntnis lebt.

Der Struwwelpeter (1918–1930)

Editorische Vorbemerkung

Bisherige Veröffentlichungen:

(1) (1918)
 85. Vortrag, gehalten im Sanatorium Groddeck in Baden-Baden am 24. 4. 1918. Manuskript im Nachlaß. Gekürzt abgedruckt in: Groddeck (1964), S. 241–250.

(2) (1921)
 Der Seelensucher. Ein psychoanalytischer Roman. Leipzig,

Wien, Zürich 1921, S. 205f, 244f (= Ausschnitte aus dem
28. und 30. Kapitel).
(3) (1927 f)
Vortrag in der Berliner Lessing-Hochschule am 25. 11. 1927 in
der Vortragsreihe ›Vier Lehrbücher der Psychoanalyse‹.
Kurze Zusammenfassung. Manuskript im Nachlaß. Abgedruckt in: Groddeck (1964), S. 232f.
(4) (1927 f)
Eine weitere kurze Zusammenfassung dieses Vortrags. Manuskript im Nachlaß. Abgedruckt in: Groddeck (1964),
S. 233–235.
(5) (1930 c)
Vortrag auf der psychoanalytischen Tagung in Dresden am
28. 9. 1930. Autoreferat im Nachlaß. Gekürzt abgedruckt in:
Groddeck (1964), S. 235–241.

Mit seinen Vorträgen über den Struwwelpeter hatte Groddeck Pech:
keiner von ihnen wurde zu seinen Lebzeiten gedruckt. Den BadenBadener Vortrag von 1918 bot er vergeblich SIGMUND FREUD für die
›Imago‹ an (Groddeck 1970 bzw. Groddeck/FREUD 1974, S. 25), der
selbst in seinen ›Vorlesungen zur Einführung in die Psychoanalyse‹
(FREUD 1916/17, S. 360 bzw. S. 291) die Kastrationsdrohung in der
›Daumenlutscher‹-Geschichte kurz erwähnt hatte. In der Berliner
Vortragsreihe ›Vier Lehrbücher der Psychoanalyse‹ von 1927 handelte der vierte und letzte Vortrag vom Struwwelpeter. »Der Struwwelpeter«, so EGENOLF ROEDER VON DIERSBURG (in: Groddeck 1964,
S. 132), »steht an vierter Stelle nach der Trilogie ›Ring‹ – ›Peer Gynt‹ –
›Faust‹ gleichsam als das Satyrspiel.« Dieses ›Satyrspiel‹ wurde jedoch
nicht mehr wie die drei ersten Vorträge in der ›Arche‹ abgedruckt, da
diese Zeitschrift inzwischen ihr Erscheinen eingestellt hatte. So sind
wir auf zwei umfassende Nachschriften angewiesen, die sich im
Nachlaß befinden. Ähnliches gilt für den Dresdener Vortrag von
1930.
Kontakte zu dem Frankfurter Verlag Rütten & Loening, der den
Struwwelpeter verlegte und sich für Groddecks Dresdener Vortrag
interessierte, blieben ohne Erfolg. Zwar würde, so Groddeck in einem
Brief an den Verlag (7. 11. 1930; Manuskript im Nachlaß), »der
niedergeschriebene Vortrag eine leidliche Erklärung des Struwwelpeter-Erfolges geben . . .«; »allerdings würden dabei Dinge zur Sprache
kommen, die nicht nach Jedermanns Geschmack sind.«
Groddeck hat nie seine Überlegungen zum Struwwelpeter zu einer
umfassenden Arbeit zusammengefaßt. Wir müssen uns daher mit den
nicht aufeinander abgestimmten Vortragsnachschriften begnügen,
die hier durch einige Abschnitte aus dem ›Seelensucher‹ (1921) ergänzt

sind; auch sei auf seine Interpretation der ›Geschichte vom bösen Friederich‹ in seinem Aufsatz über den ›Symbolisierungszwang‹ (1922) (vgl. oben S. 70–72) hingewiesen.

›Der Struwwelpeter‹, 1844 von dem Frankfurter Arzt HEINRICH HOFFMANN als Weihnachtsgeschenk für seinen dreijährigen Sohn gezeichnet und geschrieben, wurde, trotz aller Kritik von pädagogischer und psychologischer Seite, eins der erfolgreichsten Kinderbücher und immer wieder nachgedruckt und nachgeahmt (vgl. HOFFMANN-Ausstellungskatalog 1976). Aus den letzten Jahren liegen zum Thema ›Struwwelpeter‹ eine psychoanalytische Interpretation von WOLFRAM ELLWANGER (1973) und eine literatur-, sozial- und pädagogikgeschichtliche Arbeit von MARIE-LUISE KÖNNEKER (1977) vor. Für ELLWANGER ist der ›Zappelphilipp‹ eine »moralisch-realistische Geschichte« mit einem »ungelösten Konflikt der oralen Phase im Milieu der Kinderneurose«, der ›Wilde Jäger‹ eine »moralfrei-phantastische Geschichte« mit einem »ungelösten Konflikt der phallischen Phase in Märchensprache«; beides sind somit »Darstellungen von Vater-Sohn-Konflikten auf dem Boden frühkindlich-sexueller Entwicklungsphasen«. Schade, daß ELLWANGER Groddecks Interpretationen nicht verwertet, und auch KÖNNEKER zitiert Groddeck nur am Rande (S. 151) und sehr einseitig.

Die Resonanz auf Groddecks Dresdener Vortrag vor Analytikern war sehr geteilt, mit seinem Berliner Vortrag hatte er – nach seinen eigenen Worten (Brief vom 7. 11. 1930 an den Verlag Rütten & Loening; Manuskript im Nachlaß) – »einen Erfolg, wie er selten ist«. Die »Vossische Zeitung« berichtete darüber: »Was saß da nicht alles zu seinen Füßen – von der halbwüchsigen höheren Tochter bis zum ältesten Analytiker lauschten sie still und ergriffen, gefesselt und erschüttert« (Fließ 1927). Groddeck selbst war zeit seines Lebens vom Struwwelpeter ›ergriffen‹ und ›gefesselt‹. »Oh HOFFMANN«, so schrieb er einmal (1927 b, S. 44), »du Weisester aller Weisen, die Menschen glauben, du hättest ein Bilderbuch für Kinder gemacht, und hast doch das Hohe Lied des Unbewußten für die Großen gedichtet und gemalt.«

[1918]

Ich habe das vorige Mal versucht, am Beispiel von Gedichten[1], die in der Schule gelernt werden, auseinanderzusetzen, wie die Zusammenhänge zwischen dem Bewußten und Unbewußten beim Dichter und beim Leser sind. Heute möchte ich auf ein sehr

[1] Groddeck hat sich im Vortrag davor vor allem mit GOETHEs ›Erlkönig‹ beschäftigt.

wichtiges Buch eingehen, hinter dem sogar die Bibel zurücktritt, auf den Struwwelpeter. Den Struwwelpeter kann man als das Palladium der gebildeten deutschen Kinder kennenlernen und ohne weiteres das deutsche Volk einteilen in den Teil, der mit dem Struwwelpeter großgezogen worden ist, und den, der ihn nicht kennengelernt hat. Das Wichtige ist aber, daß er in einem viel früheren Alter den Kindern bekannt gemacht wird, als der größte Teil der Gedichte und der biblischen Erzählungen, und daß er in einer Weise dem Verständnis des kleinen Kindes angepaßt ist wie wenige Bücher. Es ist eine der Erscheinungen, die uns klarmachen, daß, je älter man wird, desto mehr Ähnlichkeit man bekommt mit einem Kinde in der Auffassungsgabe und in der Kraft zu empfinden. Ist ein Kind fünf bis sechs Jahre alt geworden, so läßt es den Struwwelpeter abseits liegen. Wer sich aber später mit Kindern abgibt, bekommt das Gefühl: Das ist das richtige Kinderbuch, an dem man ein eigenartiges Vergnügen hat.

Der Struwwelpeter ist nicht künstlich zurechtgemacht worden, sondern wurde von jemand gedichtet, der keine dichterische Ader hatte. Es war ein Frankfurter Irrenarzt, der es für seine Kinder dichtete und zeichnete[2]. Wenn man sich die Bilder ansieht, sieht man auf den ersten Blick, daß es Bilder sind, über die wir hinweggewachsen sind, und Kostüme, die wir nicht mehr kennen. Trotzdem bleibt es fesselnd, und immer wieder wird das Verständnis für die Zeichnungen lebendig. Es muß etwas Besonderes an dem Buch sein, was es vor anderen Bilderbüchern, die kommen und gehen, auszeichnet, was ihm eine ähnliche Wirkung gibt wie den Märchen. Auch in den Märchen ist etwas, das für das Kind und den Erwachsenen wesentlich ist, das nicht veralten kann, das immer wieder neu fesselt, das sogenannte ewige Werte enthält, etwas Menschliches, nicht Zurechtgemachtes, das sich nicht zu verstecken braucht, sondern einem offen entgegentritt.

Es gibt einzelne Kinder, die nicht mit dem Struwwelpeter groß geworden sind, denen er vorenthalten wurde. Der Grund, der angeführt wird, ist so charakteristisch, daß ich ihn nicht unterschlagen will. Es wird behauptet, die Kinder lernten aus dem Struwwelpeter die Unarten. Aus demselben Gedanken wurde eine Zeitlang das ganze Märchengebiet abgewiesen von unsern berühmten Pädagogen. Bei den Märchen hieß es, die Phantasie würde zu sehr geweckt; das wäre schädlich. Wenn man sich ansieht, was im Struwwelpeter erzählt wird, sieht man, daß es Sachen sind, die nicht erst gelernt werden, sondern die absolut ins

---

[2] HEINRICH HOFFMANN war erst 1851–1888 Leiter der Frankfurter ›Anstalt für Irre und Epileptische‹. 1845 wurde der Struwwelpeter erstmals gedruckt.

kindliche Leben gehören und ins erwachsene auch. Nur ein gefühlloser Mensch kann sich einbilden, daß das Kämmen und Bürsten nicht unangenehm sein könnte. Es wird so ungeschickt und roh von den Erwachsenen gemacht, daß es kein Wunder ist, wenn die Kinder sich wehren und schreien. Es ist eine so infame Einrichtung für die Kinder wie das Naseschnauben; das ist das Scheußlichste, was es für ein Kind gibt. Ich kann nur den Müttern anempfehlen, zu bedenken, was sie den Kindern antun, wenn sie nicht auf die kleine Nase Rücksicht nehmen. Daß das seine großen Schwierigkeiten hat, weiß ich aus eigener Erfahrung ...
Dasselbe, was für das Schnauben der Nase der Kinder gilt, gilt auch für das Kämmen und in geringerem Grade für das Nägelschneiden. Dies hat an und für sich nicht das Schmerzhafte und Bösartige wie das Zerren an den Haaren, aber es liegt etwas andres dahinter: die Angst vor der Schere, vor dem Schneiden. Ich werde darauf bei dem Daumenlutscherbub zurückkommen. Die Sache ist erwähnenswert, weil die Beobachtung bei allen Kindern gemacht werden kann, daß sie vor dem Nägelschneiden Angst haben. Es tut nicht weh, aber sie schreien dabei. Es kann nur die Angst sein, es könnte die Fingerkuppe ihnen abgeschnitten werden. Woher die Angst kommt, ergibt sich aus der Geschichte vom Daumenlutscherbub: Es ist die Furcht vor der Kastration, die eine so große Rolle im Menschenleben spielt.
Dann kommt eine zweite Unart: *Der böse Friederich* stellt einen andern menschlichen Zug dar, den alle Kinder haben: die Zerstörungswut und Schlagleidenschaft, was man jetzt unter dem törichten Namen Sadismus versteht. Daß es nicht eine angekünstelte Ungezogenheit der Kinder ist, sondern aus den Quellen herkommt, die in jedem Menschen sind, das zeichnet die Friederich-Geschichte aus und mit wenigen Ausnahmen alle Struwwelpeter-Geschichten. Am tiefsten eingreifend ist das aber im ersten Struwwelpeter-Gedicht: der böse Friederich; dann kommt die Geschichte vom Feuerzeug, der Suppenkaspar und der Zappelphilipp, schon weniger bedeutend in dieser Hinsicht ist Hanns Guck-in-die-Luft. Sehr wichtig ist die Geschichte vom Daumenlutscher und die Geschichte vom schwarzen Mohren. In der Mitte steht die Geschichte vom wilden Jäger. Am wenigsten kommt vielleicht die Geschichte vom fliegenden Robert in Betracht, da ist etwas Absichtliches darin, was sich daraus erklärt, daß ein großer Teil der menschlichen Symbolik schon in der einfachsten Form gegeben wird.
Daß es ein Irrenarzt war, der den Struwwelpeter schuf, ist bezeichnend. Er verkehrt mit primitiveren Zuständen, und er lernt

die Symbolik des Lebens genau kennen; sie tritt ihm überall entgegen. Die Geisteskrankheiten bestehen darin, daß an Stelle des komplizierten Zurückweichens vor der Symbolik des Lebens etwas Naiveres, Unmittelbareres tritt, was uns gesunden Menschen noch nicht verständlich ist und uns den Eindruck gibt, als ob etwas in Unordnung geraten sei. Daß ein Geisteskranker in Unordnung geraten sei, ist nicht der Fall. Die Leute denken logisch, aber sie sind an irgendeiner Stelle mit der tieferen Bedeutung des Lebens enger verwachsen als wir und können sich nicht über diese Stelle frei erheben, sondern bleiben daran haften.

Ich komme auf *Die Geschichte vom bösen Friederich* zurück. »Der Friederich, der Friederich, das war ein arger Wüterich! Er fing die Fliegen in dem Haus und riß ihnen die Flügel aus. Er schlug die Stühl und Vögel tot, die Katzen litten große Not. Und höre nur, wie bös er war: er peitschte seine Gretchen gar!« Wenn man das Bild ansieht, sieht man dasselbe wie auf dem Struwwelpeter-Titelbild: beide Jungen stehen breitbeinig da. Neben Friederich sehen Sie einen leeren Vogelkäfig, einen toten Vogel zwischen seinen ausgespreizten Beinen und einen toten Hahn auf der andern Seite: eine so deutliche Symbolik, wie sie nur denkbar ist. Das hängt zusammen mit der symbolischen Bedeutung des Vogels, des Käfigs und des Hahns, und das Tote hat seine Bedeutung darin, daß die ganze Verfassung des ausgeprägten Sadisten etwas hat, was so leicht zu dem Impotenzkomplex führt. Unter den Ursachen der Impotenz ist der getötete Sadismus mit das wichtigste Moment. Was ich in dieser Beziehung zu behandeln hatte bei Männern und Frauen, hat sich herausgestellt als eine Folge des Konflikts zwischen der sadistischen Neigung und der Moral. Je gründlicher das Beiseiteschieben dieser sogenannten perversen Neigung geschah, desto sicherer kommt es zur Unfähigkeit im Geschlechtsverkehr.

Die Katze liegt unten, mit einen Stein erschlagen, wieder ein Impotenzsymbol; daneben springt Friederich auf einer Treppe herum. Die Treppe wiederholt sich weiter unten. Sie ist jedesmal unmotiviert und bekommt nur einen Sinn, weil sie symbolisch gemeint ist, was ich nicht weiter zu erklären brauche. Sie wissen, daß das Treppensteigen eine Geschlechtssymbolik enthält, den Beischlaf bedeutet und wiederkehrt in Träumen, Dichtungen, Zeichnungen, Liebessymbolen der alten Götter, überall finden Sie die Leiter oder Treppe.

Dann kommt die Geschichte vom Hunde, der am Brunnen trinkt. Auch das hat etwas an sich, was das kindliche Leben besonders angeht. Wenn Sie sich das kindliche Leben vorstellen, gibt es

Gruppen von kindlichen Spielen, die bevorzugt werden. Da spielt der Brunnen eine Hauptrolle. Das leitet sich vom Urinlassen her, von dem Phänomen, über das das Kind immer erstaunt, über das wir Erwachsenen hinwegsehen, als ob es gar nichts mehr bedeute. Ein Kind, das naiv die Tatsache ansieht, daß die weiße Flüssigkeit der Milch sich in gelbe Flüssigkeit umwandelt, muß das so frappant finden wie die Geschichte von der Verwandlung des Wassers in Wein. Wir Erwachsenen sind zu dumm, um das Phänomen zu verstehen und uns darum zu kümmern. Wenn Sie versuchen würden, die Wunder des Neuen Testaments auf Entstehung und Geschlechtlichkeit zu prüfen, so würde sich herausstellen, daß sie eine Poetisierung solcher Naturvorgänge sind, die wir klugen Erwachsenen nicht mehr der Beachtung wert halten, die aber dem ursprünglichen Verständnis Rätsel aufgeben, an denen es sich äußerst plagt. – An den Brunnen ist ein Hund gestellt. Ich machte früher darauf aufmerksam, daß er der Wächter und Beschützer des Hauses ist und dadurch eine Symbolik bekommt als Vaterbild; dasselbe ist der Fall, weil der Hund bellt, eine rauhe, tiefe Stimme hat im Gegensatz zur Mutter, die sich verschmilzt mit dem Donnerwort des Gottes, mit dem Rollen des Zorns. Auch das Beißen des Hundes führt in seinen Eigentümlichkeiten auf den Vater zurück. Sie haben sicherlich alle bemerkt, daß die Eltern, Väter und Mütter, die Gewohnheit haben, mit den Kindern das Schnappen nach dem Finger zu spielen. Das Kind führt den Finger dem Erwachsenen entgegen, und dieser schnappt danach. Die Mutter ist dem Kinde viel zu bekannt und hat nichts Erschreckendes, dagegen der Vater, namentlich wenn er einen Vollbart hat, hat etwas Gefährliches an sich. Seine Zähne sind dann zwar undeutlicher, es ist aber durch den Bart etwas Geheimnisvolles in seinem Gesicht, und die Angst ist viel begreiflicher, abgesehen davon, daß der Respekt, der schließlich zur Gottesvorstellung führt, mehr dem Vater gilt als der Mutter. Wenn Sie das Zottige, das Behaarte im Gesicht des Mannes in Betracht ziehen, ist es nicht verwunderlich, daß der Hund als Symbol des Vaters gilt. – Daß der Hund beißt, nachdem der böse Friederich ihn geschlagen hat, muß auf das Kind einwirken, wenn ihm auch die Symbolik nicht klar wird. Diese braucht ihm nicht klarzuwerden; sie ist ihm selbstverständlich und bringt eine Gemütsbewegung hervor, ohne daß ein Verständnis dafür vorhanden sein muß. Die Logik des Verstandes tritt erst in einem viel späteren Lebensalter ein. Wenn Sie sich dann weiter ansehen, wie eigentümlich die Haltung des Hundes als auch die der Beine des Friederichs ist, können Sie daraus wieder eine Menge von Schlußfolgerungen ziehen, die wichtig sind. Daß ihm die Mütze vom Kopf fällt, daß ihm die Peitsche aus der Hand fällt, als er schlagen will, daß sie erst steil in die Höhe steht und nachher zusammensinkt, das sind alles Dinge, die charakteristisch sind für den Verfasser und das Verfassen von Kunstwerken. Ich stehe nicht an, den Struwwelpeter für ein bedeutendes Kunstwerk zu halten. Er ist ein viel erfreulicheres Zeichen als Tausende von Romanen, die gelesen, und Bilder, die angesehen werden.

Auf dem nächsten Bild finden Sie wieder eine unmotivierte Treppe, sie führt hinauf zu dem Bett, in dem der Junge liegt, der ins Bein gebissen wurde und der eine Medizin bekommt für sein krankes Bein. All dies sind Dinge, die verständlicher werden in ihrer Anziehungskraft auf das Kind, wenn man sich daran erinnert, daß auch die Knaben die Idee haben, sie könnten Kinder bekommen. Kleine Kinder von drei bis sechs Jahren sind nicht sicher davon überzeugt, ob nicht auch Jungen Kinder bekommen können. Auch die Jungen spielen noch mit Puppen, haben Freude daran und sind noch nicht hinter die eigentlichen Geschlechtsunterschiede gekommen. In dieses Alter von drei Jahren fällt die von den Erwachsenen ignorierte Gewohnheit, sich zu überzeugen, ob ein Unterschied zwischen Mann und Frau ist, ob er unüberwindlich ist, oder ob es sich darum handelt, daß die Frau im Wachstum zurückgeblieben ist, oder ob ihr das Glied abgeschnitten ist. Das führt auf den Daumenlutscherbub.

Die Vorstellung ist bei allen Kindern vorhanden, daß das Spielen an den Geschlechtsteilen zur Folge hätte, daß sie abgeschnitten würden, und daß dadurch ein andres Wesen entstünde, das nicht gleichwertig mit dem ausgebildeten Knaben oder Mann wäre. Diese Dinge finden auch im Struwwelpeter eine Beleuchtung in fast jedem einzelnen Gedicht. Auf das Abschneiden der Nägel machte ich schon aufmerksam. Hier beim bösen Friederich zeigt es sich hauptsächlich darin, daß der Hund die Peitsche wegnimmt. Der Vater ist derjenige, der als strafender Engel, als Rächer dem Kinde hingestellt wird. Wenn ein kleiner Knabe mit seinem Glied spielt, lautet die Drohung, daß der Vater oder der Doktor es abschneiden wird.

Der Doktor erscheint hier nicht unmotiviert in dem Gedicht. Noch viel deutlicher sind die Schlußverse, die lauten: »Der Hund an Friedrichs Tischchen saß, wo er den großen Kuchen aß; aß auch die gute Leberwurst und trank den Wein für seinen Durst. Die Peitsche hat er mitgebracht und nimmt sie sorglich sehr in acht.« – Das sind Dinge, die ihre tiefere Bedeutung für den Erwachsenen erst bekommen, wenn er sich daran erinnert, was dies bedeuten kann: Kuchen, Wurst, all das führt wieder auf die Mutter. Von ihr bekommt das Kind die Nahrung, sie bereitet ihm alles zu. Diese Freuden, die eigentlich für das Kind bestimmt sind, eignet sich der Hund an, der eigentlich der Vater ist. In dieses Gedicht spielen wieder Dinge hinein, die mit dem Inzestgedanken zusammenhängen, die aufs innigste verbunden sind mit unsern Erkrankungsformen und unsern Lebensformen. Daß Hoffmann auf die Idee kam, den Sadismus als Krankheitsursache zu betonen (das Schlagen des Hundes würde auf diesen Komplex zurückzuführen sein), beweist, welch große Rolle die sadistische Neigung in der Entstehung unserer Erkrankungen hat; ebenso beweisend ist die Betonung des Brunnens und des Urinlassens. Daß diese beiden Sachen gemeint sind, können Sie aus einer kleinen Tatsache sehen: Neben das Bett des Friederich ist ein Nachttisch eingefügt, daneben steht das Nachttöpfchen. Abgesehen vom Brunnen ist die[s eine] starke Betonung des Urinkomplexes; dieser wiederum wird mit dem sadistischen Komplex in Verbindung gebracht.

Dann kommt *Die gar traurige Geschichte mit dem Feuerzeug*: »Paulinchen war allein zu Haus, die Eltern waren beide aus. Als sie nun durch das Zimmer sprang mit leichtem Mut und Sing und Sang, da sah sie plötzlich vor sich steh'n, ein Feuerzeug, nett anzuseh'n. Ei, sprach sie, ei wie schön und fein! Das muß ein trefflich Spielzeug sein. Ich zünde mir ein Hölzchen an, wie's oft die Mutter hat getan. Und Minz und Maunz die Katzen, erheben ihre Tatzen. Sie drohen mit den Pfoten: Der Vater hat's verboten! Miau! Mio! Miau! Mio! laß stehn! sonst brennst du lichterloh!« – Sie tut es doch und verbrennt. Die Bedeutung der Sache ist sehr einfach für die zu enträtseln, die meine Vorträge gehört haben. Es handelt sich um die Onanie. Paulinchen, das allein zu Hause ist und mit dem Feuerzeug spielt, ist eine poetische Ausgestaltung des Onanieaktes, der zur Selbstverbrennung führt; eine Ausgestaltung des Verbots der Onanie, von dem ich vorhin sprach, und das hier eine merkwürdige Gestalt bekommen hat. Beachtenswert ist dabei die Hinzufügung der Katzen. Die Katze ist auch das weibliche Geschlechtsorgan, das Weib an und für sich; das Gefährliche darin ist betont. Die Katzen sind nicht ohne Ursache zu den Füßen des Kindes hingesetzt worden. Hoffmann hat sich das nicht ausgeklügelt und absichtlich die Dinge so zusammengebracht; es handelt sich um unbewußte Vorgänge. An diesen Struwwelpeter-Beispielen läßt sich verfolgen, wie der Dichter gezwungen ist, symbolisch zu dichten und wie er eine um so größere Wirkung erreicht, je mehr er im Unbewußten bleibt.

Für das Kind liegt die Sache anders. Für den, der das Buch liest, ist die Tatsache gegeben, daß ein Kind gern mit Feuer spielt; dies erinnert ihn an den Spruch: »Messer, Gabel, Schere, Licht paßt für kleine Kinder nicht«, und weckt ihm Erinnerungen, die ihn sein ganzes Leben nicht mehr verlassen. Es gibt eine Menge Menschen, die Angst haben vor Feuer, die in einem Gasthaus nur wohnen, wenn sie überzeugt sind, daß Rettungsanstalten vorhanden sind; die nur zu ebener Erde wohnen usw. Es handelt sich dabei um die Folge von Verdrängungen aus der Kindheit und von übertriebenen Warnungen der Eltern. Je schwerer der Kampf des Vaters oder der Mutter mit den Selbstbefriedigungsgedanken gewesen ist, desto stärker werden sie bei ihren Kindern gegen das Spielen mit dem Feuer wüten. Sie werden darauf achten, immer wieder warnen und darauf aufmerksam machen, daß es nicht erlaubt ist, mit Streichhölzern oder gar Petroleum zu spielen. Es liegt eine Neigung, Feuer anzulegen, in allen Menschen. Die Feuersbrunst hat etwas Anziehendes, die Flamme als lebendige Personifizierung der Hitze und Leidenschaft lockt jeden an und hat eine Bedeutung für die menschliche Seele, die nicht zu unterschätzen ist. Bei Pauline findet man neben dem Feuer und der Selbstbefriedigung wieder den Urinkomplex: »Und ihre Tränen fließen wie's Bächlein auf den Wiesen.« Das Bächlein auf den Wiesen, das uns anzieht und Gegenstand von Natur und Kunstgenuß ist, hat seine Anziehungskraft für den ästhetisch nicht vorgebildeten Menschen in der Tatsache des Wasserlassens und der Neugier des Kindes, womit es die Funktionen der Erwachsenen beobachtet.

Dann kommt *Die Geschichte von den schwarzen Buben:* »Es ging spazieren vor dem Tor ein kohlpechrabenschwarzer Mohr. Die Sonne schien ihm aufs Gehirn, da nahm er seinen Sonnenschirm.« Die Dreizahl taucht bei Hoffmann immer wieder auf. Bei Pauline ist sie schon da, bei Friederich nicht so deutlich wegen des hinzugefügten Doktors. Hier sind es nun drei Namen: Kaspar, Ludwig und Wilhelm; vielleicht sind es Namen, die aus Hoffmanns eigener Familie oder Bekanntschaft stammen. Alle drei Kinder haben etwas Emporgerecktes an sich: Haarschopf, Feder und Fahne, und der dritte hat eine Troddel, die herunterhängt. Die Arme sind steif ausgestreckt, auch die Beine haben die steife Haltung, die charakteristisch ist für die Wirkung des Buchs. Die Erektionslust ist beim Kinde außerordentlich groß, beim ganz kleinen Knaben ist sie sehr stark und hat eine größere Bedeutung, als die Erzieher gewöhnlich annehmen. Auch die Embleme, die den Kindern in die Hand gegeben sind, Fahne, Reif und Brezel, sind leicht zu verstehen und haben eine Geschlechtsbedeutung, die mich interessiert wegen der Gemütsverfassung des Dichters. Die Kinder verstehen diese Symbole nicht, aber sie begreifen und erleben sie. Für das Kind ist der Reifen ohne weiteres eine Frau, ein lebendiges Wesen. Die Dreizahl der Knaben (die Drei ist die heilige Zahl; die Bezeichnung kam zustande durch die Tatsache, daß der Mann drei Beine hat, zwei Hoden und ein Glied), diese Dreizahl wird ins Tintenfaß gesteckt, das Ihnen bekannt ist als starkes Symbol für die weibliche Scheide, und das gleichbedeutend gebraucht wird für die schwarze, tiefe, finstre Hölle. Im Tintenfaß werden die Knaben schwarz gefärbt.

Der Schreibkrampf kommt vielfach zustande durch die Benutzung des Tintenfasses. Menschen, die an einem Schreibkrampf leiden, können häufig leicht mit einem Bleistift, der Schreibmaschine oder Füllfeder schreiben, aber die Benutzung des Tintenfasses fällt ihnen schwer, weil ihnen dadurch die Symbolik des Schreibens klarer wird. Die Bewegung ist beim Bleistiftschreiben wohl da, aber es fehlt die Ejakulation, ein wesentliches Element der Geschlechtsbefriedigung, das beim Tintenfaß sofort in Erinnerung kommt.

Dann kommt *Die Geschichte vom wilden Jäger,* der den Hasen erschießen will, sich in die Sonne legt und einschläft. Der Hase nimmt ihm Brille und Gewehr weg und jagt ihn durch einen Schuß in die Flucht. Ich möchte auf die Linienführung aufmerksam machen. Es sind die geraden Linien, die auch charakteristisch für die Zeichnungen und Bewegungen der Kinder sind und für das, was sich Kinder wünschen. Der Erwachsene, auch bei den primitiven Völkern, liebt mehr die geschwungenen Linien. Hogarth sprach die Ansicht aus, die Schlangenlinie sei die Grundlage der Ästhetik. Das Kind hat eine Neigung für gerade Linien; das hängt zusammen mit dem Wunsch, groß und potent zu sein, Vater zu sein, dasselbe, was der Vater schon ist. Das zeigt sich auch hier beim Jäger. Es ist das Gefühl symbolisiert, wenn sich das Kind über die Eltern lustig macht. Es ist ein Triumph für den kleinen Jungen, wenn er irgendein Versehen bei den Erwachsenen nachweisen kann. An den Vater traut er sich später nicht so recht heran. Als ganz kleines Kind macht er sich speziell über den Vater lustig. Später geht er mehr an den Lehrer. Aus dieser Idee heraus kommt die Erzählung vom Hasen, der auf den Jäger schießt. Noch mehr betont wird die Sache dadurch, daß der kleine Hase auftritt, der verbrüht wird durch die Kaffeetasse, die aus der Hand der Jägersfrau fällt. Er repräsentiert den Knaben, der viel gewandter ist als der Erwachsene, die Jägersfrau hingegen die Mutter, die den Knaben in seine Kleinheit herunterdrückt, ihn verbrennt, ihn daran erinnert, daß er ein kleines Bürschchen ist, das der Rute noch nicht entwachsen ist.

Nach diesem Schluß, wo die Mutter in den Vordergrund tritt mit der Kaffeetasse, tritt sie auch wieder in den Vordergrund in der *Geschichte vom Daumenlutscher*. Das ist kein Zufall. Der Daumenlutscher ist die Kastrationsgeschichte. Es wird da das Impotenzgefühl berührt und an die merkwürdige Tatsache erinnert, daß dem Weibe etwas fehlt, was der Knabe hat, und daß der Knabe immer Angst hat, ein Weib zu werden, impotent zu werden. Um diese Befürchtung hervorzurufen, ist es nicht nötig, daß dem Kinde gegenüber jemals ein Wort über Impotenz oder Kastration gefallen ist. Diese Phänomene sind vorgegeben, dem Menschen angeboren und mit ihm auf die Welt gekommen, in ähnlicher Weise wie das Allmachtsgefühl, das jeder Mensch mitbringt, verbunden mit dem Schuldgefühl und der leise mitgehenden Gewissensangst.

Daß die Sache mit dem Lutschen am Finger gewählt ist, zeigt besonders deutlich, wie fein organisiert das Gehirn Hoffmanns war. Vom Phänomen des Fingerlutschens ist die ganze Psychoanalyse ausgegangen. Die Tatsache des Fingerlutschens wurde zwanzig Jahre vor Freud durch einen ungarischen Arzt erkannt[3]; dadurch ist Freud weiter vorwärtsgekommen als durch irgend etwas anderes. Das Fingerlutschen gibt erst das Verständnis dafür, wie der Zusammenhang ist zwischen Ernährung und Liebe, zwischen Hunger und Liebe. Daß beides die Welt regiert, ist eine alte Geschichte. Von der Tatsache, daß die Kinder an der Mutterbrust saugen, geht eine Kette von anderen Phänomenen aus, die schließlich zum eigentlichen Geschlechtsakt führen; dahin gehört das Saugen am Finger. Zunächst ist es das Saugen an der Mutterbrust, das gleichzeitig Befriedigung für den Hunger und das Geschlechtsgefühl des Kindes gibt. Das Saugen am Finger leitet die Aufmerksamkeit über zum männlichen Gliede und zur Liebe zum weiblichen Geschlechtsorgan. Für den Mund und den weiblichen Geschlechtsteil wird der Ausdruck »Mund« gebraucht, und der Finger wird als Symbol des männlichen Gliedes aufgefaßt. Ich erinnere auch an den Däumling, an den Finger Gottes, der so bedeutsam in alle Gebiete hineindroht.

Daß es eine Schere ist, mit der die Daumen abgeschnitten werden, hat auch Bedeutung. Die Schere ist eine klare Symbolisierung der Frau. Der mystisch klingende Übergang von Impotenz und Kastration ist damit angedeutet, aber auch das Phänomen, daß durch den Beischlaf gewissermaßen eine Kastration eintritt, daß in der Liebe die Vernichtung liegt. Dies ist ein Zusammenhang, der sich

---

[3] Vgl. LINDNER (1897) und FREUD (1916/17), S. 309.

weit in religiöse Schichten verfolgen läßt, in der Zusammenstellung von Tod und Liebe, der Ähnlichkeit, die zwischen beiden herrscht, die weiter führt zu Grab, Schoß der Erde, Begrabenwerden im Mutterschoß.

Dann kommt *Die Geschichte vom Suppenkaspar*, der seine Suppe nicht essen will. Das ist eine Unart, die tagtäglich im Kinderleben vorkommt, genauso wie das Verspotten des Mohrenkindes oder das Daumenlutschen, und die ihre Rache darin findet, daß das Kind, das dick war, allmählich abmagert und zu Grabe getragen wird. Auf dem Grabe steht eine zugedeckte Terrine. Sie gehen nicht fehl, wenn Sie sich auch im Suppenkaspar eine unbewußte Ausgestaltung der Phänomene des weiblichen und männlichen Geschlechts vorstellen. Ich möchte auch bei dieser Gelegenheit betonen, daß die Kinder ihre Unarten nicht aus Bilderbüchern lernen. Es ist auch nicht richtig, sich darüber so ohne weiteres hinwegzusetzen, mit dem Wort Unart, wenn ein Kind seine Suppe nicht ißt. Es gibt unendlich viele Gründe, die diese oder jene Suppe für das Kind unerträglich machen, und es wäre vernünftiger, wenn die Erwachsenen darauf ihre Aufmerksamkeit richten würden. Sie würden etwas lernen, was für ihre eigene Gesundheit sehr wichtig wäre; die Erziehung hingegen ist Nebensache. Das Verständnis der eigenen Person ist das, worauf es ankommt. Es würden nicht viel Krankheitssymptome übrigbleiben, wenn man den Menschen ein Verständnis für sich selbst beibringen könnte. Kein Mensch muß in den Kindheitsvorstellungen steckenbleiben, sondern jeder sollte versuchen, weiterzukommen.

In der *Geschichte vom Zappel-Philipp* treten wieder deutlich die sadistischen Phänomene hervor, aber auch eine Menge von spaßhaften Dingen: »Und die Mutter blickte stumm auf dem ganzen Tisch herum.« Der Vater ist der agierende Teil. Das Zappeln ist das männliche Glied. Das Hinundherschaukeln der Kinder auf dem Stuhl führt auf das Schaukeln überhaupt, auf die verschiedenen Empfindungen bei der Bewegung durch die Luft, die so zwingend sind, daß alle Kinder mit den Stühlen kippeln. Niemand gibt sich Mühe, herauszubekommen, warum das geschieht. Es ist völlig unverständlich, warum man alle Phänomene bei Kindern als etwas Gegebenes hinnimmt. Forscht man nach, so kommt man dahinter, daß sich da Geschlechtsphänomene verbergen; das will aber unser Jahrhundert nicht wissen. Es ist der Überzeugung, das Kind sei ein unschuldiger Engel, der von Geschlechtsvorgängen nichts wissen darf.

Bei den Bildern zum Zappel-Philipp sind die Embleme interessant: eine Weinflasche und ein Schinken, auf der andern Seite

Fisch und Wurst, alles Dinge, die ohne weiteres verständlich sind. Auf der zweiten Seite kommen als Verzierung Apfel, Weintraube, Kirsche und Birne; die Kaffeekanne, Kaffeetasse und ein sehr merkwürdig gestaltetes Stück Brot. Zu guter Letzt sind es zwei Ruten, die auf beiden Seiten herunterhängen. Auch da ist die Dreizahl betont und sind merkwürdig hervortretende Linien, während die Rundung vermieden ist.

Dann kommt *Die Geschichte vom Hanns Guck-in-die-Luft*. Ich möchte hervorheben, daß da wieder die Dreizahl eine Rolle spielt. Die Mappe ist merkwürdig, die er unterm Arm trägt und überdies rot ist: es handelt sich um ein Liebesphänomen. Sie schwimmt im Wasser fort; das würde den Schwangerschaftskomplex hervorheben. Drei Schwalben und drei Fische sehen zu, die immer wieder deutlich hervortreten. Dann kommen zwei Männer, die ihn aus dem Wasser herausziehen, eine Sache, die der sonst üblichen Dreizahl widerspricht. Das ins Wasser gefallene Kind hat nichts mehr mit dem dreibeinigen Mann zu tun, sondern mit der zweibeinigen Frau.

Zuletzt kommt *Die Geschichte vom fliegenden Robert*, der mit dem Regenschirm ausgeht. Die Gestalt der Wolke ist merkwürdig und die Art, wie der Wind herübergeht, und daß ein Kirchturm und eine Kirche danebenstehen. Je deutlicher die Wolke abgebildet ist, desto deutlicher bekommt sie die Form des männlichen Gliedes. Merkwürdig ist das Wasser, das Regnen, der ganze Urinkomplex, der hier gegeben ist.

Ich habe für den Struwwelpeter nicht ohne Grund eine ganze Stunde genommen, nicht allein, weil er eine vollständige Sammlung aller Geschlechtsphänomene und Geschlechtssymbole enthält, sondern weil das Buch eine große Wirkung hat und allgemein beliebt ist. Die bis zur Ermüdung und bis zum Ekel behandelten Phänomene der Analyse müssen also doch eine große Anziehungskraft haben. Im Struwwelpeter sind, wie in wenig anderen Dichtungen, das unbewußte Malen und Dichten zum Vorschein gekommen. Ich habe ihn nicht erschöpfend behandelt. Sie könnten aus jedem Bilde noch mehr herausfinden, als ich hineingelegt habe. Wenn Sie glauben, daß ich es bloß hineinlege, so habe ich nichts dagegen und freue mich, daß ich etwas hineinlegen kann. Die Beschäftigung mit dem Buch ist nützlich wegen der persönlichen Erfahrungen, die jeder einzelne mit sich selbst macht. Der Struwwelpeter mit all seinen Bildern und Versen ist für Ihre Gesundheit tausendmal wichtiger als alle Bazillen und Theorien der Welt, und es würde sich lohnen, sich in die Stimmung zurückzuversetzen, die Sie als Kind beim Struwwelpeter hatten und sich in die Umgebung von damals zurückzudenken. Das ist nicht so schwer, und das Resultat ist gewöhnlich recht günstig. [...]

[1921]

[...] Dem Maler wurde unheimlich zumute, mit einem gewaltsamen Ruck steuerte er die Unterhaltung in ein anderes Fahrwasser. »Ihre Reden erinnern mich an den *Struwwelpeter*, von dem Sie vorhin sprachen. Erinnern Sie sich an das letzte Blatt, wo *Robert* von seinem eigenen Regenschirm in die Luft geführt wird? So kommen Sie mir vor.«

Thomas runzelte die Stirne und sagte mürrisch: »Sie verstehen von diesem wunderbaren Buche scheint's nicht viel. Ich deutete Ihnen schon vorhin an, daß Weltweisheit im Struwwelpeter verkündigt wird. Wenn es auch angängig ist, allumfassende Wahrheiten auf irgendeine einzelne Person anzuwenden, so ist es doch, da das Gewand für individuelle Verhältnisse viel zu weit ist, schleppt und schlottert, geschmacklos, so etwas zu tun. Der fliegende Robert, der von seinem Regenschirm in die Lüfte gehoben wird, steht in Parallele zu Paulinchen mit den Streichhölzern. Sie wissen doch, was das Aufspannen eines Schirms zu bedeuten hat?«

Keller-Caprese beging die Dummheit zu nicken und mit der Hand eine beruhigende Gebärde zu machen, ganz überzeugt davon, daß er wisse, was ein Regenschirm sei. Dadurch ist der Gedankengang Weltleins nicht klar zum Ausdruck gekommen.

»Nun also«, fuhr Thomas fort, »der Maler-Dichter wollte damit sagen, daß das Aufspannen des Schirms im unreifen Alter die Schwindsucht herbeiführt, eine Ansicht, die zur Zeit dieses genialen Irrenarztes gang und gäbe war, er deutet es dadurch an, daß der Knabe Robert getragen von dem roten Schirm – beachten Sie das Rot und auch die Form der Wolke ist bezeichnend –, daß er also immer kleiner wird. Das Genie aber, das seine Hand führte, legte hinter diese absichtliche Symbolisierung eine tiefere. Robert fliegt in die Höhe, dem Himmel, der Vollkommenheit näher und näher. Ohne daß der Künstler in seiner beschränkten Berufsnarrheit es ahnt, spricht er die tiefste Weisheit aus, daß dieses angebliche Laster Bedingung und Wurzel allen Fortschrittes ist, daß es die Menschheit emporreißt in die Welt des Ideals.«

Thomas schwieg und Keller-Caprese, der im Begriff war einzunicken, fuhr aus dem Halbschlaf auf und rieb sich die Augen. »Und *Paulinchen*?« sagte er.

Thomas lachte. »Paulinchen? Sie tut dasselbe wie Sie, sie reibt.

Reibt an der Zündholzschachtel, bis die Flammen emporschlagen und sie verzehren. Auge und Schachtel, beides sind ja Symbole des Mädchengeheimnisses. Auch hier steht hinter der Warnung, den Finger nicht zu mißbrauchen, eine tiefsinnige Verherrlichung dieses ersten primitiven Menschentriebes, der Selbstliebe. Die Erfindung des Lichtes und des Feuers tritt uns entgegen mit dem tragischen Schmerz des echten Dichters vorgetragen, der seine Heldin in der Vollendung, im unbewußten Dienste der Menschheit sich verzehren läßt. Und wie nett ist es, daß er die Katzen dabei anbringt, diese Sinnbilder aller Sprachen für das Weibliche, diese chats und cats. Der Entladungstraum, das Feuer der Erregung erlischt. Ein Bächlein in den Wiesen, wie hübsch ist das gesagt, harmlos für die Ungeweihten, tief für den Wissenden.«

»Ich hör' ein Bächlein rauschen«, summte Keller-Caprese vor sich hin. Thomas sah ihn streng an. »Ich sprach das letzte Wort mit einem W, nicht mit einem P. Ihre Anspielung ist ungehörig.« Er erhob sich und schritt dem Ausgang zu. [...]

»[...] Seit wir wissen, daß nichts verlorengeht, seit wir den Kampf ums Dasein kennen, haben wir gelernt, ohne Gott und ohne Religion fertig zu werden. Denn wer Wissenschaft und Kunst besitzt, der hat Religion, sagt der Dichter und meint damit, daß der Gebildete keine Religion mehr braucht. Wo die Wissenschaft einzieht, fliehen die Götter, das ist ein allgemeines Gesetz.«

Thomas nickte ernsthaft und billigend. »Wenn das All mein sein soll, muß ich zunächst Gott absetzen, das ist logisch. Und daß die Götter fliehen, wenn die Wissenschaft mit ihrer Öllampe kommt, kann ich ihnen nicht verdenken. Übrigens ist es spät und ich bin müde, und wenn Sie die Frage des Verhältnisses von Wissenschaft und Gottheit wirklich interessiert, können Sie die Lösung im *Struwwelpeter* finden. Guten Abend, meine Herren.« Er erhob sich und ging schnurstracks davon. Als der Student hinter ihm herrief, »ja, ja, wenn die Wissenschaft kommt, fliehen die Götter«, drehte er sich in der Tür um und sagte scharf: »Und nähme ich Flügel der Morgenröte und flöge zum äußersten Meere, so würde mich doch daselbst seine Hand halten und seine Rechte mich führen.«

Thomas war noch kaum zwanzig Schritte gegangen, als er von dem Schuster eingeholt wurde. »Ich habe Sie schon lange fragen wollen«, begann der, »warum Sie bei Ihren freisinnigen Ideen so hartnäckig immer wieder von Gott sprechen. [...]«

[...] Er gab dem Schuster die Hand, der hielt sie fest und sagte: »Was meinten Sie mit dem Struwwelpeter?«

»In der einen Geschichte[4]«, antwortete Thomas, »kommt ein Junge mit der Fahne der Wissenschaft angerannt, ein zweiter hat einen Ball, den Erdball, ein dritter einen Reifen, das ist die Mathematik und ein vierter zeigt triumphierend eine Brezel, die Fessel für den armen Mohren, der die Phantasie ist. Sie wissen ja, Hitze macht phantastisch und abergläubisch, die Sonne, das helle Licht macht dunkel. Und dann kommt der Niklas, den der lange, weiße Bart als Symbol des lieben Gottes kennzeichnet und steckt die wissenschaftlichen Buben dorthin, wo sie hingehören, ins Tintenfaß. Gute Nacht nun.« [. . .]

[1927]

Selten habe ich über ein Thema so gern und so sicher gesprochen wie in Berlin über den Struwwelpeter. Es ist die Frage, ob es mir gelingt, niederzuschreiben, was sich so leicht sagen ließ.
Daß ich dies Kinderbuch als viertes Lehrbuch der Psychoanalyse nenne, daß ich mit ihm Betrachtungen über psychoanalytische Literatur abschließe, beweist zunächst nur, daß ich in ihm viele Dinge analytischer Denkart gefunden habe, die ich für das Studium geeignet finde. Über den künstlerischen Wert dieser Dichtung brauche ich nichts zu sagen. Persönlich zweifle ich nicht daran, daß der Struwwelpeter in seiner Art ebenso Anspruch auf die Bezeichnung eines Wunders der Poesie machen kann wie andre Dichtungen. Er gehört in die Bibliothek eines jeden, der etwas von Literatur verstehen will, er gehört in das Studium eines jeden, der sich wissenschaftlich mit Mensch und Menschenseele beschäftigen will. Mit andern Worten: Der Struwwelpeter ist im wahrsten Sinne des Worts ein Buch für Kinder jeglichen Alters bis hinauf zu den Hundertjährigen. Leute, die sich erwachsen dünken, sollten ihn nicht in die Hand nehmen: Sie verstehen nichts davon, wie sie denn mit ihrer langweiligen Ernsthaftigkeit wohl Lebewesen genannt werden können, aber gewiß nicht leben. *Denn leben heißt doppelt sein, in jedem Augenblick bereit sein für Ernst und gleichzeitig für Scherz.*
Das Kind weiß um die Doppelnatur des Lebens, der Erwachsene muß sich diese Kenntnis erst wieder erwerben, er besitzt nicht die Beweglichkeit, die Dinge bald von oben, bald von unten, jetzt von vorn, jetzt von hinten, von rechts und von links zu betrachten; er wird immer versuchen, ein einheitliches Bild zu bekommen, zu rationalisieren, er hat keine Begabung für das Irrationale des

---

[4] Gemeint ist *Die Geschichte von den schwarzen Buben*.

Daseins. Deshalb kann er mit einem *ambivalenten Buch*, wie es der Struwwelpeter ist, nichts anfangen: Er hält es tatsächlich für ein Bilderbuch der Kinderstube. Und dabei hat es das Kennzeichen eines Buchs der Weisheit: Es erzählt lachend Schnurren, in der schnurrigen Dichtung steckt aber goldener Lebensernst, es droht mit Schlägen, Feuer, Wunden, Tod und lächelt über sein Drohen, weil es weiß, daß der Mensch unartig sein muß, wenn er überhaupt unter die Menschen gerechnet werden will und nicht unter die lügnerischen, närrischen Heuchler.

[1927]

Lustige Geschichten und drollige Bilder für Kinder von 3 bis 6 Jahren nennt der längst verstorbene Verfasser des Struwwelpeters, der Irrenarzt Heinrich Hoffmann, sein Werk; ich glaube aber nicht, daß es in der gesamten modernen Literatur etwas gibt, was tiefer auf die Menschheit eingewirkt hat als dieses Buch für Kinder von 3 bis 6 Jahren. Die Elemente unseres Lebens bilden sich in den ersten drei Jahren, dann beginnt der Ausbau unseres Verhältnisses zu Mitwelt und Mitmensch und zu unserem eigenen Ich. Und gerade in diesen Lebensabschnitt hinein fällt die Bekanntschaft mit dem Struwwelpeter. Es ist ein Buch fürs Leben, selbst bei den Menschen, die es nie wieder in die Hand nehmen. Und es gehört zu den besten psychoanalytischen Lehrbüchern, ist jedenfalls von allen am leichtesten zu verstehen. Allerdings müssen Kinder zwischen sechs und achtzig Jahren, wenn sie es verstehen wollen, sich wieder den aufmerksamen Blick der Drei- und Vierjährigen zu eigen machen; dann werden sie klar erkennen, was das kleine Kind nur dumpf fühlt, ohne diesem Fühlen Ausdruck zu geben.

Ehe ich weiter auf das Buch eingehe, muß ich den Leser bitten, sich ein Exemplar davon zu verschaffen und mich in allem zu kontrollieren. Der Struwwelpeter gehört zu den seltenen Büchern, die hinter ihrem Scherz den Ernst verbergen. Das ist nicht ganz scharf ausgedrückt, aber ich finde es nicht leicht zu sagen, was ich sagen möchte. – *Nietzsche* erzählt einmal, ich denke, es muß im ›Zarathustra‹ sein, davon, daß das Leben, sobald man mit ihm ernsthaft sprechen will, zu scherzen beginnt, aber tödlich ernst wird, wenn man mit ihm lacht. So ungefähr ist der Struwwelpeter: er ist ambivalent. Vielleicht ist eher zu verdeutlichen, was ich meine, wenn ich auf eine Eigentümlichkeit des Kindlichen, mag es sich nun beim Erwachsenen oder beim Kinde selbst äußern, aufmerksam mache. Das Kindliche ist immer für beide Seiten der Dinge bereit, es hat die Fähigkeit, die Mephistopheles das Kennzeichen des Menschen nennt, Tag und Nacht in jedem Geschehen zu ahnen, es kennt nichts Absolutes, es lebt im Doppelreich, ist selbst wie das Leben begabt mit der Fähigkeit des Lebens, dieselbe Sache, dasselbe Erlebnis ernsthaft und spaßhaft zu nehmen. Ein kindlicher Mensch hat in seinem Wesen die Möglichkeit, sich vom König Lear bis zur tiefsten Erschütterung rühren zu lassen, er hat aber auch die Fähigkeit, sich durch die Komik dieses übereilten Menschen heiter stimmen zu lassen; der kindliche Mensch vermag die Christus-Idee tiefinnerlich zu erfassen und zu erleben, so daß sein Denken und Handeln dadurch entscheidend beeinflußt wird, er sieht aber gleichzeitig, wie naiv der Mensch diesen Ideen eine mystische Gestaltung gegeben hat, wie eng sich in den Erzählungen Leid und Kreuzeslast mit den komischen Unvollkommenheiten des Menschlichen verquicken; er kann Leben und Tod mit mitfühlendem Ernst und mit heiterem Zuschauen in sich aufnehmen. Diese Bereitschaft für das Doppelte aller Erscheinungen hat der Struwwelpeter. Ich glaube, daß das Kind um die Doppelnatur des Buchs weiß und es deshalb so liebt, da es ja genau das Kindliche, das Wesen des Kindes in sich hat; der Erwachsene aber muß sich zwingen, sich erziehen, er ist, wie in so vielem, dem Kinde unterlegen, besitzt nicht die Beweglichkeit, sich in jeden Standpunkt zu versetzen, Gegenstände bald von oben, bald von unten, jetzt von vorn und jetzt von hinten, von rechts und von links zu betrachten; er wird immer versuchen, ein einheitliches Bild zu bekommen, zu rationalisieren, er hat keine Begabung mehr für das Irrationale des Daseins.

[1930]

Der Siegeszug der Psychoanalyse – d. h. die Erforschung des Unbewußten im Menschen – hat bewiesen, daß diese junge Wissenschaft eine Angelegenheit des menschlichen Lebens ist: Es gibt kein Gebiet des Menschlichen, das nicht durch Freuds Entdeckung der Wege zum Unbewußten beeinflußt worden ist und beeinflußt wird.

Daß die Psychoanalyse in erster Linie eine deutsche Angelegenheit ist, hat die Stadt Frankfurt durch die Verleihung des Goethe-Preises an Freud[5] vor aller Welt anerkannt. Alle, die sich ernsthaft

---

[5] Der Goethe-Preis wurde SIGMUND FREUD im Jahre 1930 verliehen. Den Text seiner Festansprache verlas seine Tochter ANNA FREUD, da Freud wegen seiner Krankheit nicht nach Frankfurt fahren konnte. Vgl. FREUD (1930).

mit Psychoanalyse beschäftigt haben, wissen, daß die Erforschung des Unbewußten uns dem Verständnis der drei großen Genien deutschen Schaffens, Luthers, Dürers und Goethes, nähergebracht hat, so nahe wie es vor drei Jahrzehnten undenkbar war. Der Verfasser will versuchen, an einem einfachen Beispiel, das, wie wir alle wissen, jedes Kind versteht und liebt, am Struwwelpeter, zu zeigen, was alles das Unbewußte vermag. Während man bei Goethe und Dürer annehmen muß, daß ihnen die Macht des Unbewußten bekannt war, daß sie ihr Dichten, Denken und Schaffen mit diesem Wissen durchtränkt und erweitert hatten, kann man wohl von dem Schöpfer des Struwwelpeter, dem Arzte Hoffmann, mit einiger Sicherheit sagen, daß ihn in seinem Denken unbewußte Kräfte geleitet haben. Deshalb, und weil es ein Buch für Kinder, Lehrer und Richter in Sachen des Unbewußten ist, eignet sich der Struwwelpeter besonders gut.

Der Verfasser beschränkt sich aus Rücksicht auf die kurze Zeit, die ihm zur Verfügung steht, auf zwei der bekanntesten Erzählungen, auf *Die Geschichte vom Hanns Guck-in-die-Luft* und *Die gar traurige Geschichte mit dem Feuerzeug*.

Dreierlei kehrt in sämtlichen Bildern des *Hanns Guck-in-die-Luft* wieder: die Pflastersteine, die rote Mappe und die Figur des Hanns. Die Pflastersteine erscheinen in fast unveränderter Form, sie geben den Bildern den Untergrund, sie zeigen an, daß, was geschieht, allgemeingültig ist. Mappe und Hanns verändern sich in einzelnen Bildern, sie geben die Aufschlüsse über den Sinn der Ereignisse. In Bild eins und drei ist Hanns bis auf ganz geringe Abweichungen ein und derselbe, er hat das rechte Bein straff nach vorn gestreckt, der Kopf ist hochgehoben und der Mund offen; der Hund kommt ihm mit langem ausholendem Sprung entgegengerannt. Die Mappe drückt der Knabe mit dem linken Arm an sich. Und nun kommt auf dem ersten Bilde ein Zusatz, der es weit über die Erzählung hinaus bedeutend macht und diese Geschichte für Kinder in das allgemein Menschliche erhebt: in der Luft sieht man drei Vögel.

Man könnte annehmen, daß diese drei Vögel das Hinaufstarren des Knaben erklären sollen. Aber nach dem Titel der Verse guckt der Junge in die Luft und der entscheidende Vers lautet: »Hännslein blickte unverwandt in die Luft.« Und dann, in den späteren Bildern, treten an die Stelle der Vögel drei Fische.

Was hat es mit der Drei auf sich? Die Drei ist die Zahl der Männlichkeit, des typisch Männlichen; sie setzt sich zusammen aus Eins und Zwei, dem männlichen Gliede und den beiden Hoden. Wenn man die Figur der drei Vögel ansieht, bemerkt man, daß sie in der Figur des Männlichen angeordnet sind unter Betonung der Tatsache, daß beim Manne die Hoden nicht gleichmäßig stehen, sondern der eine tiefer als der andre.

Man kann sich natürlich gegen eine solche Deutung wehren, und der Verfasser zweifelt nicht daran, daß die Zuhörer das tun. Aber er bittet, mit dem Verdammungsurteil noch einen Augenblick zu warten.

Zunächst ist da die Tatsache, daß in den Sprachen, die dem Verfasser leidlich bekannt sind, das Abzeichen des Mannes mit dem Namen des Vogels benannt wird, besonders in der Kindersprache, im Deutschen Hähnchen oder Piepmatz, im Französischen coq, im Englischen sparrow, im Schwedischen Fogel. Und in der Dichtung findet man dasselbe: Boccaccio spricht direkt von der Nachtigall als Namen des Geschlechtsgliedes und Shakespeares Lerche und Nachtigall in ›Romeo und Julia‹ sind vom Unbewußten des Dichters symbolisch gebraucht. Uns Epigonen ist nur der Sinn für das Symbol trotz Goethe verlorengegangen, wir verstehen nicht mehr, warum die Sprache Zeuge und Erzeuger, testis und testiculum nebeneinandergestellt hat, warum nur zwei männliche testes entsprechend der Zwei der zeugenden Hoden nach altem Recht Zeugnis ablegen konnten. Wir verstehen ja auch nicht mehr, warum der Grenzstein die Gestalt des Phallus, des männlichen Gliedes hat, wir verstehen nicht mehr, was die Worte ›aufrecht‹ und ›unabhängig‹ und ›selbständig‹ sagen. Für den Verfasser ist es eine unentschiedene Frage, ob unsre Vorväter, als sie diese seltsamen Worte im unbewußten Anschluß an das Phänomen der Erektion bildeten, unmoralischer waren, als wir es sind, die die Worte gebrauchen, ohne uns des Sinns bewußt zu sein.

Verfolgt man die Idee, daß die drei Vögel nicht nur Ornament sind, sondern etwas bedeuten, weiter, so bemerkt man den Baum, der hinter Hännschen den einen Ast weit nach vorn streckt; parallel dazu ist das ausgreifende hochgehobene Bein des Knaben: das Symbolische des Erektionsgedankens hebt sich deutlich hervor. Und damit bekommt die Mappe Bedeutung: Hännschen ist auf dem Wege zur Schule. Gibt es wohl für das Männliche – und Hanns ist ja nach meiner Annahme das Männliche – eine andre Schule als das Weib? Ein jeder weiß, daß die Tasche, die Mappe Symbol des Weibes ist, ja man kann unbeschadet aller exakt tuenden Wissenschaftlichkeit so weit gehen zu behaupten, daß der Mensch ebenso wie die Tiere nur auf dem Wege der Liebe zum Weibe und der Frucht im Leibe des Weibes den Gedanken unbewußt gefunden haben, den Hohlraum als sichersten Schutz zu wählen. Aus der Tatsache der Sicherheit im Mutterschoße sind alle Wohnungen, Keller, Schränke, Taschen, Mappen entstanden. Zu allem Überfluß hat Hännschens Mappe auch noch eine rote Farbe, gewiß etwas Ungewöhnliches für eine Schulmappe, aber symbolisch scheint Rot immer dasselbe auszudrücken.

Sieht man sich nun die Gestalt des Knaben noch einmal an, so bemerkt man, daß seine Haltung die Dreizahl, die vom Verfasser als Symbol des Männlichen gedeutet wurde, doppelt betont ist: Das eine Mal ist das Glied durch den Oberkörper im phallischen Zustand versinnbildlicht, wobei der Kopf die Eichel ist, das stehende Bein und der nach hinten geführte Arm das Testikelpaar, die zweite Drei wird von dem erigierten Bein mit dem roten Schuh als Eichel und dem Standbein und hängenden Arm als Hodenzwillinge gebildet. Das Symbol des Weiblichen ist in dem offenen Munde des Knaben wiederholt.

Der Hund ist der Wächter. Es ist nicht schwer, ihn als die immer wachende Moral des Menschen aufzufassen, die gegen die Begierde schützt. Es ist aber auch möglich, daß das Unbewußte des Dichters hier mit dem Hunde darauf aufmerksam macht, daß die Natur dem Männlichen eine absolut sichere Begrenzung der Begierde geschaffen hat dadurch, daß jede Erektion nach kurzer Dauer in sich zusammenfallen muß; dafür spricht auch die Tatsache, daß auf dem zweiten Bilde nicht nur der Knabe, sondern auch der Hund im Zustande der machtlosen Erschlaffung – nach dem Sündenfall – dargestellt ist.

In diesem zweiten Bilde ist die Mappe betont, das Weibliche. Das Männliche ist zu Fall gebracht, ist erschlafft; selbst die Zweige des Baums hängen nach unten. Die Mappe aber ist vom Knaben getrennt gemalt, umgeben von allerlei seltsamen, scheinbar unmotivierten Schnörkeln. Diese Schnörkel sind schon im ersten Bilde vorhanden, dort bilden sie aber eine zusammenhängende Kette; sie sind Symbol des Samenergusses, nach dessen Eintreten sich die Samentierchen um das Weibliche, die Mappe gruppieren. Die Haltung des Knaben sowohl wie des Hundes – sie breiten die Glieder empfangend auseinander und liegen auf dem Rücken – verstärken das Symbol des empfangenden Weibes.

Drittes und viertes Bild gehören zusammen. Der Baum ist verschwunden, statt dessen ist die Verbindung zwischen den beiden Bildern durch den phallischen Laternenpfahl hergestellt. Die Zahl Drei, das Männliche, ist – teilweise in engster Verbindung mit der Vier, dem Prinzip des weiblichen Geschlechts mit den vier Lippen des Eingangs zum Weibe – die Drei ist mindestens ein dutzendmal gemalt, besonders die Laterne ist dadurch ausgezeichnet. Auch in den Stufen, die zum Wasser hinabführen, ist sie da. Am auffallendsten sind aber die drei Vögel und die doppelte Erscheinung der drei Fische, die noch dazu das eine Mal quer, das andre Mal längs gerichtet sind. Der Fisch ist, das braucht man gar nicht erst zu sagen, das Symbol des Männlichen, und zwar des Knaben im Mutterleibe, der ja im Wasser lebt, und weiterhin das Symbol des Phallus im Schoße des Weibes. Zum besseren Verständnis muß der Verfasser hier einen Augenblick verweilen, um die große Bedeutung der symbolischen Gleichsetzung von Geschlechtsteil und Mensch anzudeuten. Am besten geht man dabei vom Weibe aus, bei ihm gibt die Sprache in dem Wort »Gebärmutter« ohne weiteres Aufklärung. Mutter und Gebärmutter sind symbolisch identisch, das heißt, jeder Mensch hat zwei Mütter, die persönliche Mutter und die Gebärmutter dieser Mutter. Ist das richtig, so muß die Scheide die Gespielin des Mannes und des Weibes sein, die Schwester, Geliebte, Tochter. Tatsächlich ist es so in der Wirklichkeit: Die Scheide hat nichts mit dem Kinde zu tun, sondern mit dem Liebesspiel. Entsprechend liegen die Verhältnisse beim Männlichen. Betrachtet man die Vereinigung von Mann und Weib als Zeugung, so ist der Phallus Vatersymbol. Geht man vom Liebesspiel aus, so wird der Phallus Gespiele, Bruder, Geliebter, Sohn. Überträgt man diese Erkenntnisse auf das Symbol des Fisches, wie es zum Beispiel in der Zeit des Urchristentums gebraucht wurde, so gewinnt man flüchtige Einblicke in die tiefsten Zusammenhänge zwischen Symbol und Leben.

»Kerzengrad« tritt Hännschen »an Ufers Rand«, aber, seltsam, er stürzt »kopfüber ganz« in das Wasser. Das ist in Wahrheit unmöglich, es ist so geschrieben, weil das Unbewußte das Symbol der Begattung erzwang: kopfüber. Die Fische sperren auf dem oberen Bilde die Mäuler auf, als sie sich nach vollzogener Begattung und Befruchtung – das bedeutet der Sturz ins Wasser, auch in Träumen bedeutet er das – sehr erschreckt verstecken, sind die Mäuler geschlossen. Die Fische verstecken sich, das Verlangen Hännschens ist gestillt, wie seine schlaff gekrümmten Beine und das Stückchen Hand, das noch sichtbar ist, beweisen, die Schwangerschaft ist eingetreten, die Fische als männliche Frucht verhüllen sich im Wasser des Mutterleibes.

Merkwürdig ist noch die Neun, die entsteht, wenn man die Dreien der Vögel und Fische zusammenzählt: Neun ist die Zahl der Schwangerschaft, der neun Monate, die der Sprachgebrauch als Dauer der Schwangerschaft annimmt. Schließlich findet man noch einen Scherz des Unbewußten: Der Phallus Hännschen ist beide Male zwischen den Schenkeln einer Sechs gemalt, drei Vögel, drei Fische, drei Fische, drei Fische. Sechs ist von jeher das Weibliche, das Männliche ist Sieben, Kopf, Rumpf, Gliedmaßen und Phallus, das Weibliche hat keinen Phallus, ist die böse Sieben und die Sechs. Symbole des Samens sind auf diesen Bildern nicht mehr vorhanden, er ist zur Befruchtung verwendet.

Während auf dem vierten Bilde die Mappe halb in das Wasser getaucht ist – die Verbindung von Mutter und Kind ist in der Befruchtungszeit noch sehr eng –, schwimmt sie auf dem fünften Bilde davon, während Hännschen allmählich wieder aus dem Wasser auftaucht: Das Kind im Leibe der Mutter wächst. Die drei Fische haben sich in dieselbe Richtung wie der halb auftauchende Knabe gedreht, sie gehören zu dem Kinde, nicht zu der Drei der beiden Männer und des halben Laternenpfahls, die als Geburtshelfer schon ihre kniende und gebückte Stellung bzw. durch die Halbierung des Pfahls ihre ziemlich neutrale Rolle dem Eros gegenüber andeuten.

Im letzten Bilde ist die Mappe weit weggeschwommen, der Ödipuszustand naht, der Kampf zwischen Eros und Anteros der Mutter gegenüber ist angebrochen. Aber das Männliche wächst kräftig heran, die Fische haben sich halb aus dem Wasser erhoben und starren mit weit geöffneten Mäulern den Hanns an.

Der Verfasser weiß, daß die meisten Hörer alles, was er sagt, mindestens für gesucht halten, wahrscheinlich sogar von einer durch seine Tätigkeit in der Analyse bedingten Fälschung einfachen Lebens in das Erotische sprechen werden. Das mag sein. Statt sich zu verteidigen, macht er darauf aufmerksam, daß in dieser Erzählung das Weib, von dem er so viel spricht, nicht vorkommt. [...]

[...] Ja, wenn es ein ›ewig Weibliches‹ gibt, so wird es wohl auch ein ›weibliches Unewiges‹ geben, vielleicht ein Paulinchen. *Paulinchen* ist allein zu Hause, das ist die Hauptsache. Paulinchen ist wirklich allein mit sich, selbst die Symbole des Männlichen sind kaum angedeutet. Das Feuerzeug ist freilich da, aber das ist ja Liebessymbol, nicht Symbol des Männlichen. Sollte Hoffmanns Unbewußtes gemeint haben, daß das Weibchen nur das Feuer liebt und das männliche Streichholz nur benutzt, um mit Feuer spielen zu können? [...]

[...] Im wesentlichen scheint dem Verfasser die Erzählung vom Paulinchen sich um dieselbe Frage[6] zu drehen: Von welchen Kräften wird das Weib gelebt? Das erste Bild deutet die Rolle des

---

[6] Groddeck hat kurz zuvor die Fresken MICHELANGELOs erwähnt, die von der Erschaffung des Mannes und der Frau (vgl. auch S. 225–228) berichten.

Männlichen in den erhobenen Pfoten der Katzen an, und auch der Zopf gehört in die Symbolik des Männlichen, vor allem aber der ausgestreckte Arm des Mädchens. Aber selbst diese Symbole sind vom Weiblichen durchtränkt: Die Wahl der Katzen ist schon bezeichnend, dabei sind es zwei, nicht eine oder drei. Der Zopf ist deutlich männlich, aber bei ihm bemerkt man schon, wie alles im Rücken Paulinchens ist, alles wird rasch Vergangenheit. Das ist bei dem Ewigen des Weiblichen verständlich, denn nur die Gegenwart kann ewig sein, weder das Vergangene noch das Zukünftige hat Ewigkeit.

Ihr ausgestreckter Arm greift nach dem verbrennenden Feuerzeug, nach der Schachtel, dem Symbol des Weibes, das auf der Kommode – ebenfalls ein weibliches Symbol – steht. In der Hand hat Paulinchen die Puppe, das Kind- und Spielsymbol, aber schon auf dem nächsten Bilde ist die Puppe hinter Paulinchen in die Vergangenheit geworfen, die Schachtel ist umgefallen, die Kommode schon halb verschwunden. Die Katzen, das sinnlich Weibliche, sind durch das Erheben zweier Pfoten stärker betont.

Im dritten Bilde hat Paulinchen Feuer gefangen, aber das Feuer ist hinter ihr, die Frau kann sich nicht am Liebesspiel im gleichen Sinne erfreuen wie der Mann, der Partner hat so gut wie nichts damit zu tun, und das Feuer selber verzehrt sie wohl, aber sie genießt es nicht.

Im letzten Bilde ist von dem Männlichen nur die Haarschleife übriggeblieben, die Möglichkeit, den Mann wieder zum Schmuck des Weibes und zum Spiel zu verwenden, aber die Katzen überdauern das Feuer, und vor dem Aschenhaufen Paulinchens umgeben der Katzen Tränenbäche zwei rote Schuhe, Liebesschuhe, weibliche Symbole im Symbol der Schwangerschaft. Das Weibliche bleibt. Und nun zum Schluß eine Kleinigkeit: Ganz verborgen sitzt im tiefsten Grunde des Bildes unter dem Rasen die Maus, das Männchen, am Stamm des Bäumchens aber, das die beiden Bilder verbindet, klettert ein zweites Mäuschen hoch: Das ewig Weibliche zieht es hinan zur Katze.

Das Unbewußte in der bildenden Kunst (1930)

Editorische Vorbemerkung

Diese bis jetzt unveröffentlichte Arbeit geht auf einen Vortrag Groddecks im Kurhaus von Baden-Baden zurück. Äußerlich gesehen eine Fortsetzung seiner vielfältigen Vortragstätigkeit in Baden-Baden und Berlin, ist inhaltlich jedoch insofern eine Wende zu erkennen, als jetzt nicht mehr die Literatur, sondern von nun an die bildende Kunst im Vordergrund seines Interesses steht. (Im ›Struwwelpeter‹ stand für ihn bereits Bild und Wort ebenbürtig nebeneinander, eine Synthese, die ihm hinsichtlich Musik und Sprache im ›Ring des Nibelungen‹ nicht geglückt ist; vgl. oben S. 121–140ff und 195–219ff.)

Groddeck interpretiert in seinem Vortrag von 1930 (1930a) sieben Werke der Malerei von MEMLING bis MICHELANGELO, worin sich seine Vorliebe für die Kunst der Renaissance zeigt, gleichzeitig seine Einseitigkeit, etwa die Kunst seiner Zeit fast vollständig zu ignorieren.

Ergänzend werden hier Auszüge aus einem größeren, ebenfalls bisher unveröffentlichten Manuskript mit dem fast identischen Titel ›Unbewußtes in der bildenden Kunst‹ (1930b) wiedergegeben, in dem Groddeck Kunstwerke von der griechischen Antike bis hin zu ADOLPH MENZEL und KÄTHE KOLLWITZ vorführt. Teile von beiden Arbeiten finden sich – zum Teil fast wörtlich – in Groddecks Spätwerken ›Vom Sehen, von der Welt des Auges und vom Sehen ohne Augen‹ (1932b) und vor allem in ›Der Mensch als Symbol‹ (1933b) wieder. Die beiden Manuskripte sind somit auf weite Strecken Vorarbeiten; daß die Interpretation hier aber weitgehend ohne ein theoretisches Beiwerk und ohne Verbindung zu sprachlicher Symbolik gegeben werden, zeigt die Eigenständigkeit dieser Versuche, was ihren Abdruck rechtfertigen dürfte.

In seiner Abhandlung ›Vom Sehen, von der Welt des Auges und vom Sehen ohne Augen‹ (1932) schreibt Groddeck als Resümee seiner Betrachtung von RAFFAELs ›Sixtinischer Madonna‹ (s. Abb. 11) einige Sätze, die Motiv und Ziel seiner Beschäftigung mit Kunst in seinen letzten Lebensjahren erkennen lassen: der Blick auf das Detail und die Einbeziehung des Betrachters weisen auf die radikal subjektiv gewordene Interpretation von Kunstwerken hin:

»Wir haben gerade dieses Bild [die ›Sixtinische Madonna‹, d. Hg.] zur Erläuterung herangezogen, weil es die Eigenart des Unbewußten zeigt, mit kleinsten Mitteln – hier mit der Blickrichtung und dem sich

selbst und allen Schweigen gebietenden Finger des Engels – Erkenntnisse zu geben.
Das Wesentliche, was das Bild zu geben hat, liegt außerhalb des Bildes, der Beschauer muß es bewußt oder unbewußt, so oder in anderer Form hineinschauen. Das eigentliche Bild, das entsteht, ist nicht Schöpfung RAFFAELS, sondern wir, die Betrachtenden, werden von dem Kunstwerk befruchtet, und *in uns wächst das symbolische Leben.*« (1932b, S. 315)

[Vortrag von 1930]

Die Art, Kunstwerke zu betrachten, wie sie hier vorgeführt wird, ist, so ungewöhnlich sie sein mag, berechtigt. Was dagegen über die einzelnen Kunstwerke mitgeteilt wird, ist Ansicht des Verfassers.
Da das Kunstwerk von Menschen geschaffen und für Menschen bestimmt ist, muß in ihm Menschentum, muß in ihm der Mensch zu finden sein; freilich oft muß man ihn erst suchen. Aber bei diesem Suchen nach dem Menschen im Kunstwerk wird mitunter das Dunkle des Lebens leuchtend hell.
In der Dresdner Galerie hängt ein Gemälde, das ein jeder entweder im Original oder in der Reproduktion kennt: *Raffaels Sixtinische Madonna* (s. Abb. 11). Täglich kommen Scharen von Menschen und betrachten das Bild, als sei es eine Offenbarung. Es ist ein Geheimnis in dem Bilde.
Woher man das weiß? Der eine Engel verrät es: Er hat den Finger auf den Mund gelegt, er kennt das Geheimnis und gebietet sich Schweigen; den Betrachter aber, uns fordert er zum forschenden Schauen auf. Was sollen wir erschauen? Gewiß nicht die Madonna – der Blick des Engels geht halb nach oben in die Ferne, genau so wie der des andern Engels, demselben Ziele zu, auf das der Finger des Papstes deutet, demselben Unsichtbaren zu, das das Christuskind erblickt und ruhig betrachtet, während die Mutter beflügelten Ganges ihm zueilt: Ihr Gewand schwingt in der raschen Bewegung, und das Haar des Knaben flattert in der Luft und erzählt von der Eile der Frau, die ihn trägt. Was ist dieses Unsichtbare, das Engel staunend betrachten, dem die Madonna zuschwebt, für das die beiden Heiligen kein Auge haben und das das Kind gelassen mit stillem Kinderblick anschaut? Das Unendliche, das Ewige, Gott? Niemand wird es enträtseln, es ist Geheimnis.
Ein Geheimnis, gewiß. Aber irgend etwas muß noch in dem Bilde

zu finden sein, sonst wäre die Wirkung auf alle, die es betrachten, nicht möglich. Ein Vorhang hat sich geöffnet und enthüllt ein zweites Geheimnis, das hinter ihm versteckt war: Das Weib mit dem Sohn auf dem Arm tritt hervor, das Symbol des Menschen.

Der Mensch ist nicht Mann, nicht Weib, er ist *Weib-Mann* oder *Mann-Weib*, ist zwiegeschlechtig; der Mensch ist nicht Mann und nicht Kind, er ist immer Kind-Mann, ist in seinem Wesen untrennbar vereint Kind und Mann. Der Mensch entsteht aus Männlich und Weiblich, und alles in ihm und an ihm, von der kleinsten Einheit der Zelle, ja des Zellkerns an bis zu dem gesamten Phänomen des Einzelmenschen ist männlich-weiblich; der Mensch entsteht in sich immer von neuem, hört nie auf Kind zu sein, aber er ist auch so alt wie das Leben selbst, und von einem jeden gilt das Wort: »Ehe Abraham war, bin ich.« Der Mensch hat beide Geschlechter und beide Alter. Diese Wahrheit kennt nur sein Unbewußtes, sie ist dem täglichen Leben Geheimnis, ihre Welt, die ewige Welt ist von dem Bewußten durch den Vorhang des Irrtums, ohne den der Mensch nicht leben kann, getrennt. Nur vor dem Gleichnis teilt sich der Vorhang, die Madonna mit dem Christuskind schreitet hervor, die Dreiheit von Weib, Mann und Kind. In unendlichem Kreisen, so zeigt es das schwingende Kleid, schwebt dieses ewig Weibliche, ewig Männliche, ewig Kindliche durch das unermeßliche All, ein Symbol des Gottes im Menschen, des Menschen im Gott. Scharen und Scharen und Scharen von Engelsköpfen erfüllen den Raum hinter dem Vorhang, ewiges Kindsein, und in ewiger Bewegung trägt das Weib den Knaben, das männliche Kind mit dem tiefen Gottesblick durch die Welt der Sphären:

>»Alles Vergängliche
> Ist nur ein Gleichnis;
> Das Unzulängliche
> Hier wird's Ereignis;
> Das Unbeschreibliche,
> Hier ist es getan:
> Das Ewig-Weibliche
> Zieht uns hinan.«[1]

Ist das so mit der Sixtina? Wer soll es entscheiden? Aber man sehe, was sonst auf dem Bilde ist: ein Mann auf der einen Seite, auf der andern ein Weib; neben dem Manne, räumlich von ihm getrennt,

---

[1] Der ›Chorus mysticus‹ am Schluß von GOETHEs Faust.

liegt die Krone, das Sinnbild des Weiblichen, und neben dem Weibe steht das Sinnbild des Männlichen, räumlich getrennt, der Turm; und wiederum räumlich getrennt zu beider Füßen die Engelskinder, die das Bild abschließen. Zwiealter und Zwiegeschlecht sind nicht wie bei der Madonna zur Einheit verschmolzen, nur die Möglichkeit solcher Verschmelzung ist gegeben: Es sind Einzelmenschen, und der einzelne Mensch ist zwiegeschlechtig, das Göttlich-Menschliche ist der Menschenseele zwiegeschlechtlich.[2]

Die Kenntnis, daß das Weibliche ewig ist, wurzelt tief im Unbewußten des Menschen, und die Kunst bringt diese Kenntnis zu tausendfacher Darstellung. Neulich wurde einer einfältig-klugen Frau die *Maria mit der Sternenkrone* (s. Abb. 4), wie sie *Dürer* in Kupfer gestochen hat, gezeigt. Sie sah das Bild lange an, dann sagte sie: »Es gibt keine Weiber, es gibt nur das Weib.« Jeder, der den Stich aufmerksam betrachtet, errät, warum diese Frau solch eine tiefe Weisheit, die allen Frauen bekannt ist, die sie aber nie anerkennen, beim Anblick der Maria mit der Sternenkrone aussprach. Die Strahlen, von denen die Gestalt der Mutter Gottes umgeben ist, sind wie die Öffnung einer andern Mutter, aus der Maria mitsamt dem Kinde geboren wird: Das Weib beginnt und hört nie auf. Das Weib wird als Mutter geboren: das ist der Sinn der Maria im Strahlenkranze. Mutterschaft ist immanente Eigenschaft des Weiblichen; das Weib wird nicht Mutter, sie ist immer Mutter; körperliche Vorgänge der Schwangerschaft und Geburt haben damit nichts zu tun. Daß man nur die Frauen Mütter nennt, die ein Kind geboren haben, ist ein Irrtum des irrenden Menschen. In Wirklichkeit ist Mutter das umhüllend Weibliche, mit dem Moment der Geburt hört die Frau auf zu umhüllen, Mutter gerade dieses einen Kindes zu sein. Sie wird seine Ernährerin, Führerin, Freundin, Geliebte, wird das Weib diesem einem Kinde gegenüber, das sie geboren hat.

Das Weib ist nie selber Kind, ist nie selber Greisin, nie Person. Person heißt Maske, und nur der Mann ist eitel genug, etwas durch eine Maske vorzutäuschen, was er nur selten ist, Mann – sie ist immer »das Weib«, mag sie auch Form und Einzelerscheinung wechseln; sich selbst, ihrem Wesen ist sie stets treu, mag sie auch noch so oft lügen. Bei der Dürerschen Maria ist das Ewige und Einzige des Weibes doppelt betont: Wie ihre Gestalt aus dem Schoße des Weibes fertig hervortritt, so ist ihr Haupt mit der

---

[2] Zur ›Sixtinischen Madonna‹ vgl. auch S. 33, 220f, außerdem Groddecks ›Seelensucher‹ (1921), S. 196–198, und SIGMUND FREUD (1905), S. 164, 167, 170, 183.

Sternenkrone, diesem Symbol der Vereinigung von Mann und Weib, von einem zweiten mütterlichen Strahlenkranze umgeben. Auf dem Arm trägt Maria den Knaben, das Männlichkindliche, Symbol des Zwiegeschlechts. Und wie so häufig steht Maria auf der zunehmenden Mondsichel, diesem doppeldeutigen Sinnbild der Schwangerschaft und der männlichen schwellenden Kraft, sie fußt auf dem kurzen Augenblick des Mannseins während der Vereinigung und auf der Empfängnis, die sie dem Sieg über den Mann verdankt: Am Saum ihres Gewandes hat Dürer den Besiegten dargestellt, im Stich kaum sichtbar. Dürer besaß wie Goethe den Blick für das Symbol und war wie Goethe voll von schalkhaften Einfällen. Das Doppelgeschlechtliche des Mondes beweist der Sprachgebrauch, dem Germanen ist er männlich, den Romanen ein Weib, wie denn dem Germanenwesen die Einsicht in das Ewige des Weibes, der Sonne, besser bekannt ist als den anderen Völkern, die ja meist glauben, der Mann sei Mann, während er in Wirklichkeit Knabe ist und nur durch das Weib Mann wird.

Alles in diesem Bilde weist auf das Kind als Mittelpunkt der Welt hin: Maria blickt zu ihm nieder, während der Christus der Welt zugekehrt ist und mit der Hand nach dem Apfel der Sünde greift, zum Zeichen, daß der Gott nun Menschensohn ist. »So Ihr nicht werdet wie die Kinder, so werdet Ihr nicht in das Himmelreich kommen.« Maria muß eine Krone tragen, das Kind braucht weder Krone noch Heiligenschein, dreifach strahlt es das Zeichen der Gottheit aus, es ist durch sein Dasein Herrscher. Löwe, Kamel und Kind, so benennt Nietzsche die Stufen des Menschseins. Nietzsche, der den Willen zur Macht zum Mittelpunkte der Welt machen wollte, wußte recht gut, daß die echte Leistung des Menschen vom Kinde vollbracht wird, die Leistung, die nicht erstrebt wird, sondern da ist; denn wer wüßte es nicht, daß der Mensch mehr Mensch wird durch die Gegenwart des Säuglings, vor dem alles strebende Bemühen aufhört, mit dem der Mensch Mensch ist, Mensch sein darf.

Daß der Mensch zwiegeschlechtig ist, nie Mann, nie Weib, sondern immer Weib-Mann, Mann-Weib, daß er nie Kind, nie Erwachsener ist, sondern immer Kind-Mann, Mann-Kind, haben alle Zeiten in Denken und Tun, in Mythus und Alltagsleben zum Ausdruck gebracht, und es ist nicht erst die christliche Kunst, die den Menschen in dem Symbol von Weib und Knaben darstellt; die Antike gab der Aphrodite den Eros zur Seite, Venus und Amor sind noch jetzt, wo sie längst zu Schatten dessen geworden sind, was sie einmal waren, eine Einheit, ein Symbol des Menschen. In der Villa Borghese zu Rom hängt ein weltbekanntes Gemälde von

Lucas Cranach, eine *Venus* (s. Abb. 6), die allen Betrachtern unvergeßlich ist. Der Grund dafür ist wie bei allen Dingen das Gleichnis. Das Zwiegeschlechtige, wie es sich in dem Zusammenfügen des Weibes und des Knaben offenbart, ist durch den Baumstamm mit den Spalten in seiner Rinde verstärkt. Der Baum hat symbolisch beide Geschlechter und Alter: der Baum, die Eiche; Wurzel und Frucht sind Kind, Stamm und Äste Mann, Rinde und Krone Weib. Das Unbewußte der Kunst hat diesem Gleichnis noch ein Motiv hinzugefügt, das dem Bilde eine schier unergründliche Tiefe gibt: Um die Hüften der Venus ist, den Schoß verhüllend und zeigend, der Schleier geschlungen, das uralte Symbol der Jungfräulichkeit. Das Weibliche, das göttlich Liebende im Weibe, die Venus Urania, ist immer jungfräulich: Wer anerkennt, daß es unabhängig von der einzelnen Verkörperung in der einzelnen Frau ein Ewig-Weibliches gibt, weiß, daß dieses Ewig-Weibliche, unabhängig von allen körperlichen Vorgängen, trotz Liebeshandlung und Geburt, unveränderlich jungfräulich bleibt. Der Christusmythus sagt dasselbe: In dem bekannten Liede von dem Reis, das einer Wurzel zart entsprang, heißt es:

>»Es fiel ein Himmelstaue
>In eine Jungfrau fein,
>Es war keine bessere Fraue,
>Das macht ihr Kindelein.
>Ob sie schon hat geboren,
>Blieb sie doch Jungfrau rein.«

Cranach hat, wie Botticelli in den ›Frühling‹, diese tiefe Weisheit des Mythus in sein Venusbild genommen: seine Venus ist schwanger.

Wendet sich nun die Betrachtung, die bisher den Menschen im Symbol des Mann-Weibes suchte, dem Gleichnis des Menschen als Weib-Mann zu, so überrascht es, daß auch hier wieder derselbe Papstname Sixtus angeführt werden muß. In der Sixtinischen Kapelle zu Rom ist ein Bild gemalt worden, das mit Recht als das herrlichste Gemälde der Welt gepriesen wird: die *Erschaffung des Menschen* von *Michelangelo* (s. Abb. 8).[3] Langgestreckt mit weit vorgestrecktem Arm und vorwärts drängendem Finger in stürmischer Leidenschaft gibt der Herr Leben. Umschlossen ist er von einem Mantel, der wie ein Stück lebendes Gewölbe die Erregung des Augenblicks mit zu empfinden scheint. In diesem Symbol des

---

[3] Vgl. auch oben S. 72f.

umfassenden Schoßes wimmelt ein Heer von Kindern, zehn an der Zahl. Aber das suchende Auge sieht sehr bald, daß nur neun der Kinder dem weiblichen Symbol des Mantels angehören: das zehnte ist dem Weibe im Arm des Herrn zugeteilt, es klammert sich an den Schenkel der Frau, und des Herrn Hand faßt seine Schulter. Neun Kinder: neun ist das Symbol der Vollendung, neun ist die Zahl der vollendeten Schwangerschaft, neun Monate dauert sie. Unter dem Gotte fliegt, als ob es den Herrn stützen müsse, ein männliches Wesen, dessen Figur in ihrer Kürze und in ihrer halben Verborgenheit die unerschöpfliche Zeugungskraft des Mannessymbols noch mehr hervorhebt. Riesig ist der Gott, solange der Erregungssturm der Erzeugung des Mannes dauert, unterhalb dieser Kraft sieht man die Fähigkeit und Möglichkeit der Ruhe und Sammlung und Auferstehung. Den Menschen zu schaffen ist möglich, weil vor und nach der Schöpfung Ruhe ist, Erschöpfung und Sammlung. Mann, Weib und Kind zusammen sind der Mensch, erst wo sie vereint sind, wird der Mensch Schöpfer und Gott. Das Unbewußte des Bildes wiederholt diese Vereinigung in innig verschränkten Symbolen: da ist das Weib und das Kind im Arm des Herrn; keine Ziele für ihn, nichts was er erstrebt, sondern etwas, was er hat. Beide, Weib wie Kind sind eigene Wesen, die sich zusammengetan haben und miteinander sich vom Gotte fortreißen lassen, und Weib und Kind sind auch der Mantel und die Neunzahl der Engel, sie sind Eigenschaften des Gottes, sein Ziel aber ist, den Mann zu wecken, dem er zufliegt.

Dieser Mann – das Bild heißt im Italienischen ›Creazione dell' Uomo‹ im Gegensatz zur ›Creazione della Donna‹, das Unbewußte des Benenners wußte, daß es sich nicht um die Schöpfung des Menschen, noch weniger um die Erschaffung von Adam und Eva handelt – dieser Mann ist – seltsam genug, aber den tiefsten Geheimnissen des Unbewußten entsprechend – der eigentliche Schöpfer, er erschafft sich selbst: er sieht, und durch das Sehen wird er lebendig, er ist ein Geschöpf seiner Vision, seiner Phantasie. Noch berührt ihn der Finger des Herrn nicht, und schon streckt sich sein Arm, schon hebt sich sein Leib, stemmt er das Bein auf, um sich aufzurichten, um zu stehen; sein Schauen aber ist volles Leben, lebendiges Leben. Sein Blick ist träumerisch, er schaut von innen nach außen; wer dem Blick folgt, weiß nicht, gilt er dem kindlich-weiblichen Gott-Mann oder dem Weib, das staunend und ohne jede Träumerei an dem Gotte vorbei auf den Mann blickt, oder dem Kinde, das zu dem Weibe gehört und selbst beim Erkennen des Mannes an dem Weibe hängt. Der Mann umfaßt alles Menschliche, wenn er lebendig wird, wenn er das

Herannahen des Liebessturms, des Schöpferwerdens fühlt, wenn sich sein Mannsein wie im Bilde zur fortzeugenden Tat erhebt, er erschaut sich selbst, wie er im Zustand der Mannesvollendung ist, die Dreiheit von Mann, Weib und Kind. – Der Verfasser sieht in das Unbewußte des Bildes das Geheimnis des Männlichen hinein, das die Frauen so gut kennen, aber nie anerkennen, weil sie dann danach handeln müßten, das Geheimnis, daß, was wir Mann nennen, das Starke, Schöpferische, nur immer für kurz bemessene Zeiten lebendig wird, daß der Mann nur dann Mann ist, wenn er sich im Zustand des Enthusiasmus, des In-Gott-Seins befindet, sei es nun körperlich oder ins Geistige übertragen. ›La Creazione dell' Uomo‹: der Gott, der den Mann erschafft, ist eingeboren im Manne, der Mann wird Mann nicht durch den Mann, nicht durch das Kind, nicht durch das Weib, er wird Geschöpf und Schöpfer durch die Idee, durch die Vision der Idee; der Mann ist in den kurzen sich immer wiederholenden Stunden des Mannseins Visionär, unbewußte Phantasie ist Vater und Mutter des Mannes.
Michelangelos Bild erzählt auch etwas vom Weibe. Das Weib sieht nach dem Manne, aber selbst im Sturm der Leidenschaft hält es das Kind umfangen, es denkt nicht an das Kind, es denkt an den Mann, aber das Kind hat es bei sich. Jeder könnte und sollte wissen, daß der Mann in der Umarmung immer auch an das Kind denkt, wollend oder versagend, die Frau denkt nie in der Umarmung an das Kind, sondern nur an den Mann, sie braucht nicht an das Kind zu denken, weil sie es immer von ihrer ersten Lebensstunde an bei sich hat. Wenn sie die Schwangerschaft vermeidet, so tut sie es immer nur um des Mannes willen, nur weil sie seine Gedanken und Bedenken errät. Denn die Frauen sind sehr klug, und sie sind nie und unter keinen Umständen die Sklaven der Leidenschaft: Amor trägt die Binde vor den Augen, Venus sieht immer. Das einzige Weib mit der Binde vor den Augen ist Themis, die Gerechtigkeit, nicht weil die Gerechtigkeit ohne Ansehen der Person richtet, sondern weil die Gerechtigkeit überhaupt nicht sieht, weder Gutes noch Böses, gar nichts sieht sie, sie ist eine Fiktion.
Das Mysterium von der Erschaffung des Mannes aus seiner visionären Idee, in seinem Selbst die Menschheit zu umfassen, wie das in der ›Creazione dell' Uomo‹ dargestellt ist, wird in der *Creazione della Donna* (s. Abb. 9) ergänzt. Da ist keine Spur der leidenschaftlichen Erregung des andern Bildes vorhanden, auch nichts von dem visionären Charakter. Das Weib, vom Gotte jetzt losgelöst, hat den Ausdruck des Staunens behalten, ja dieses Staunen hat sich zur Ehrfurcht geläutert. Sonst herrscht auf dem Bilde Ruhe und Schlaf. Das Weib ist in der Umarmung des Mannes

entstanden. Das Unbewußte kennt das Geheimnis, daß das Mädchen Weib wird nicht in der Empfängnis, sondern im Liebesspiel mit dem Manne. Das Sich-Fortpflanzen ist eins der vielen Ergebnisse des Liebesspiels, kann es zuweilen sein, aber nie fehlt in diesem Sich-Vereinigen, daß der Mann seine Kraft verliert und zum Kinde wird, und daß das Mädchen sich in das Weib verwandelt, in die Beschützerin der Schwäche, daß sie eine eigene Welt wird: Aus der Kraft, die der Mann verliert, bildet sich das Ewig-Weibliche, Mutterschaft und Rückkehr zur Gottheit, aus deren Arm sie des Mannes wegen sich löste, genau so, wie sie nun den Mann verläßt, um die Gottheit anzubeten. Sie ist Mutter geworden, nicht des Kindes, das sie vielleicht im Schoß trägt, sondern des Mannes, der hilflos im Schlaf liegt. Die Mannheit ist ihm genommen, die Stümpfe von Baum und Ast betonen symbolisch seine Erschlaffung, und der riesige Gott der ›Creazione dell' Uomo‹ ist alt, überragt nicht mehr das Menschenmaß, sein Rücken ist gebeugt; er ist der Weise, dessen Leidenschaft nicht mehr das Weib begehrt, sondern in verhaltener Kraft, mit gekrümmten Armen und gebogenem Knie das anbetende Weib dem Kosmos eingliedert. Dem Gotte entgegen schreitet das Weib der Mutterschaft zu, die es vom Manne trennt. Alles in ihr ist ehrfürchtige Huldigung der Erschaffenen vor der erzeugenden Kraft, nicht mehr Anstaunen des Geliebten, den sie, einer neuen Zukunft zugewendet, achtlos verläßt. Und wie der Mann nach dem Schlaf seine Fähigkeit, Mann zu sein, wieder hat, so wird die Mutter wieder zum Mädchen, um die liebliche gut zu essende Frucht der Liebe mit dem Manne zu teilen.

Man spricht in unserer Zeit mit Vorliebe von Intelligenz; wenn man ein wenig näher zusieht, erstaunt man darüber, wie wenig Intelligenz noch in unserer Kultur vorhanden ist. Denn die Intelligenz ist ja die Gabe, das zu fühlen, was zwischen den Wörtern steht, das Gleichnis, das Unaussprechbare. Das Symbol ist das Wirkliche im Menschenleben, das Gleichnis, und es fragt sich, ob es jemals eine so symbolblinde Zeit gegeben hat wie die unsere. Wir sind buchstabengläubig, leben nicht im Geist und in der Wahrheit. Wenn man jemanden fragt, welchen Zweck das Herz hat, so antwortet er: um das Blut durch den Körper zu treiben; daß im Herzen Lieben und Haß sitzt, alles Gefühl und Gute und Böse, das fällt ihm erst ein, wenn man es ihm sagt. Aber das Herz ist ein Symbol, es treibt das Blut der Welt um, ist Symbol alles Menschlich-Göttlichen. Wir schwatzen ästhetisch über ein Gemälde, das die ›Verkündigung‹ darstellt, aber wir fühlen nicht mehr, wieso die Lilie des Engels Symbol der Keuschheit ist, für uns ist es ein leeres Attribut geworden, ein Abzeichen der Keuschheit. Aber die Lilie ist wie jede Blume zwiegeschlechtlich, ist Mann und Weib vereint, mit ihrer Pracht und ihrem Duft ein Sinnbild keuscher Menschenliebe zu zweit, nicht einsamer Askese, sondern zwiesamen Lebens und Wirkens in Liebe. Keuschheit ist keine Vereinigung der Lust, sondern ehrfürchtiges Geheimnis zu zweien.

Wie tief und fest diese Auffassung der Keuschheit im Unbewußten der Kunst verwurzelt ist, beweist eines der keuschesten Gemälde der Florentiner Uffizien, eine *Madonna mit dem Christuskind und Engeln* (s. Abb. 2) von *Hans Memling*. Man braucht es nicht erst zu sagen, daß die einzig vollkommene Symbolisierung des Menschen, des Männlich-Weiblich-Kindlichen die Mutter mit dem Sohne auf dem Schoß ist. Deshalb wohl hat die Kunst das unbewußte Motiv der Madonna mit dem Knaben auf ihrem Weibesschoß unaufhörlich dargestellt und stellt es immer wieder dar; selbst unsere erbärmlich unchristliche und rationalistische Zeit wird unwiderstehlich von dem Madonnenbild angezogen. Memlings Bild ist ein keuscher Hymnus auf die Vereinigung von Mann und Weib und auf die Ekstase bei dieser Vereinigung. Wie so oft sind die Figuren im Dreieck angeordnet, dem tiefen Wahrzeichen des Menschen, ja diese Anordnung wird noch überboten dadurch, daß der Thron der Madonna den Blick weiter aufwärts führt bis zu den auseinanderweichenden Schenkeln einer Girlande. Worum es sich handelt, zeigt die Sechszahl der Amoretten-Engel, die die zwei Blumengewinde spreizen: der weiblichen Sechs ist die männliche Drei beigestellt. An den Pfeilern, die das Gemälde einschließen, sind die symbolischen Tiere der Mann-Weib-Vereinigung angebracht, Schnecke und Salamander.

Vor aufwühlende Fragen der Religiosität stellt uns das Verhalten des Christuskindes. Daß es sich von der Frau, die ihm Mutter gewesen ist, nun aber Beschützerin ist, abwendet, der Welt zu, ist menschlich notwendig; könnte man doch das Leben des Menschen sehr wohl als ein Sich-Lösen von der Mutter betrachten, das schon mit der Empfängnis beginnt, in der Geburt den Fortgang nimmt, und über das Hinabstreben von Brust und Schoß über Verlassen des Heims und der erotischen Bindung zum Suchen und Finden der neuen Mutter in der Geliebten, zu dem Verzichten auf diese neue Mutter zugunsten des Sohns, zum zweiten Kindsein des Greises und schließlich zur Urmutter Erde führt. Einen seltsamen Hinweis aber gibt das Unbewußte der Kunst in dem Apfel, dem das Kind sich zuwendet. Christus greift nach dem Apfel, und der Apfel ist die Sünde, das Seinwollen wie Gott, wissend was gut und böse. Man sehe die beiden Engel an: Der linke vom Menschensohn aus spielt mit ernstem, fast traurigen Ausdruck die Harfe, der rechte lächelt ein seltsames Lächeln, ein lockend zärtliches; er bietet den Apfel an und Christus greift danach, wie alle Menschen nach dem Apfel greifen. Man versteht es kaum, wie der religiöse Mensch – nicht die Kirche, bei deren Entwicklung ist es folgerichtig, daß sie den Christus als sündenlos hinstellt, sie hat es mit vollem Bewußtsein und erst nach langen Kämpfen getan – wie der religiöse Mensch das Wissen um das Menschsein des Christus so völlig verdrängt hat. Niemand glaubt seinem Wort vom Menschensohn, niemand glaubt an das Menschwerden des Gottes, was doch Anfang und Ende des Christentums ist. Die Kirchengläubigen lassen ihn nie Mensch werden, zum Menschen gehört alles Menschliche, auch das, was wir Sünde nennen. In frevelhafter Überhebung freilich nennen wir es so, da ja jeder, der an Wort und Begriff Sünde glaubt, sich Gott gleichstellt, den Gott selbst zum Ursprung und bewußten Schöpfer der Sünde macht; den Kirchengläubigen bleibt Christus auch auf Erden Gott. Andere nehmen ihm das Gottsein ganz, ihnen ist er nur Mensch; man weiß nicht, soll man diese freien Geister noch Christen nennen oder spielen sie nur mit Begriffen, in denen keine Bedeutung mehr ist. Nein, niemand glaubt mehr an den Menschensohn, an den Gott, der freiwillig aufhört Gott zu sein und Mensch wird, der in der Dumpfheit des Menschen lebt, liebt und haßt, verflucht und segnet, der müßig den Tag verbringt, wandernd und unstet, unwissend wie jeder andere, was gut und böse ist, aber immer wieder voll menschlicher Anmaßung richtet und Strafen der Ewigkeit androht, der an Gott glaubt und an Gott zweifelt, der Mensch ist, allem Menschlichen unterworfen, der als Mensch stirbt und wieder Gott wird. Niemand glaubt mehr? Das Unbewußte glaubt, es kann nicht anders als glauben, daß Gott Mensch wurde, wie wir Menschen sind, unseresgleichen, mit allen Vorzügen und allen Fehlern, mit allen Tugenden und allen Lastern. Christus wies selbst in heißem Zornwort die freche Schmeichelei »Rabbi, guter Meister« zurück, die Evangelien erzählen auf jeder Seite, daß er war, was der Pharisäer in uns – und Christus war gewiß ebenso Pharisäer, wie jeder Mensch es ist – Sünder nennt. Das weiß das Unbewußte. Es weiß aber auch, daß sich der Mensch Christus nur als Kind oder als Toter darstellen läßt. Wir wollen alle sein wie Gott, für uns Menschen gilt das Wort, das der Dichter des Wortes selber das Böse nannte – »Wer immer strebend sich bemüht, den können wir erlösen« –, als Richtschnur, wir können nicht ohne den Irrtum, daß es gut und böse gebe, leben; und weil es solch ein Gut und Böse nicht gibt, mußten wir den guten Menschen erfinden, Christus mußte und sollte gut sein. Aber sobald der Christus sprechen kann, wehrt er sich gegen dieses angedichtete Gutsein. So blieb für die Kunst, wenn anders sie den sündlosen Christus bilden wollte, nur diese Möglichkeit, ihn als Kind oder als Sterbenden, ja als Toten darzustellen, als einen, der nicht nein sagen kann, wenn er verleumdet wird. Tatsächlich gibt es kein einziges Bild des Menschensohns als Mann, das des Ansehens wert wäre. Da war aber die Ironie des Lebens bequem zur Hand, die den Menschen glauben macht, daß das Kind sündlos sei; mit Hilfe dieser merkwürdigen Fälschung unseres Urteils gelang es, einen – sündlosen – Christus zu malen. Nur freilich, das Unbewußte läßt sich nicht betrügen, und da es weiß, daß gerade das Kind der gewissenlose Verbrecher ist, Dieb, Mörder, Lüstling, Gottesleugner, muß der Maler, je frömmer er ist, desto sichtbarer, aus dem Unbewußten heraus ohne Ansicht und Willen die Symbole der Sünde beigesellen: Memlings Christkind greift nach dem Apfel. Der Engel, der ihn verführt, hält Geige und Bogen in der Hand, die Wahrzeichen der Liebe der Geschlechter. Wer die Handlung weiter zu denken sucht, weiß, daß der Engel das Spiel vom Wissen, was gut und böse ist, beginnt, sobald das Kind in den Apfel beißt. Über diesem Engel ist das prangende Schloß der Lust gemalt, der harfende Engel, um den das Kind sich nicht kümmert, hat die Mühle über sich. In der linken Hand hält das Kind die Kirsche, seine Mutter hält den einen Fuß umfaßt, und ihre Rechte läßt uns wissen, daß sie ihn gelehrt hat, was Lust ist. Jede Mutter unterweist ihr Kind darin, wenn solches Unterweisen nötig ist, was der Verfasser nicht glaubt, das Wissen ist angeboren. Seit Adam und Eva den Apfel gemeinsam und doch jeder für sich aßen, bringt der Menschensohn diesen Irrtum, zu sein wie Gott, mit auf die Welt, wenn er sich auch nicht gleich seiner Nacktheit schämt.

Mann-Weib-Kind, das ist der Mensch, eine Einheit, die eine Dreiheit ist, eine Dreiheit, die eine Einheit bildet. Ihm zum Bilde, zum Bilde Gottes schuf Gott den Menschen. Die Idee der Dreieinigkeit ist in den Tiefen der menschlichen Seele verwurzelt, in ihr ist ein Urphänomen enthalten. Das Unbewußte der Kunst wirkt unter dem Einfluß dieser Eins, die eine Drei, dieser Drei, die eine Eins ist. Das gewaltige Genie zwang den Michelangelo, in der ›Creazione dell' Uomo‹ (s. Abb. 8) zur Darstellung der Gottheit Mann, Weib und Kind zusammenzufügen als Drei-Einen. Seltsamerweise sieht man auf diesem Bild der Bilder Eins und Drei noch in anderer Zusammenstellung: Der Mantel umhüllt neun Engel und die Dreiheit der Gottheitsgruppe, zusammen bilden sie die heilige Zahl der Zwölf, unterhalb des Mantels aber schwebt der Dreizehnte, und Dreizehn ist Eins und Drei nebeneinandergestellt. Wir alle kennen, wenn wir es auch nicht als wahr anerkennen, die Dreizehn als Todeszahl. Es überrascht, daß in dem Augenblick des Entstehens das Sterben hineingemalt ist, es überrascht und erschüttert: Geburt und Grab, Stirb und Werde, Entstehen und Vergehen, da ist es im Bild. Es erschüttert, denn es ist wirklich wahr: Liebe und Tod sind Zwillingsbrüder. Für solche wirkliche Wahrheit ist unsere kenntnisreiche und weisheitsarme Zeit blind, aber Kenntnisse verwüsten nicht selten das Wissen. Es bestehen gewisse Gegensätze zwischen Herz und Hirn, und eine Zeit, die an *Hirn-Bewußtem* gewinnt, verliert an *Herz-Unbewußtem*: Tatsächliches ist etwas Anderes als Wirkliches, das Symbol ist wirklich, das Vergängliche ist ein Gleichnis. Die Griechen, die an unserem Vermögen gemessen kenntnisarm waren, bildeten mitunter Liebe und Tod in allen Zügen gleich, nur die Haltung der Fackel, gehoben oder gesenkt, unterschied die beiden Götter. Aber wir wissen es ja auch, daß Liebe und Tod eins sind: der Mensch wird Mann nur durch die Liebe, der Mann wird von der Liebe erschaffen, um in der Liebe und durch die Liebe alsbald zu sterben. Der Mann stirbt in der Umarmung des Weibes, um in ihrem Schoße wieder aufzuerstehen: »Stirb und Werde!« Man erzählt, daß die Pythagoräer die Eins als Zahl des Weibes und die Drei als die Vereinigung der Weib-Eins und der Mann-Zwei auffaßten, dann ist in der Dreizehn das Zwischenglied, die Zwei, also der Mann gestorben. Unserer eigenen Zeit liegt am nächsten, die Eins als Vater und Drei als Symbol des Sohnes aufzufassen, dann ist die Zwei zwischen Eins und Drei der Schoß des Weibes, in den der sterbende Mann fruchtbringende Saat schüttet. Die Dreizehn ist Todes- und Auferstehungssymbol; die Wahrheit des Stirb und Werde steht so inmitten der Fruchtbarkeit der Dreizehn. In der europäischen Kunst ist die Zahl Dreizehn vor allem in den Darstellungen des *Abendmahls* (s. Abb. 7) verwendet, und auf das Abendmahl ist wohl auch die besondere Angst vor der Dreizehn bei Tisch zurückzuführen. Bei diesem Abendmahl sind zwei Personen gegenwärtig, die dem Tode verfallen sind, Judas und Christus. Ursprünglich scheint das Unbewußte der Kunst die Idee bevorzugt zu haben, daß Judas sterben muß; wenigstens ist Judas in den meisten bedeutenden Gemälden bis zu dem Bilde des *Lionardo* getrennt von den anderen Tischgenossen gemalt, er sitzt allein an der anderen Seite des Tisches: Nur das Todessymbol ist gegeben, die Bilder zeigen kein Bekenntnis zur Auferstehung, jede Hoffnung ist ausgeschlossen. Da ein jeder Tag uns lehrt, daß wir so wie alle Menschen die Judasnatur haben, daß das Verraten des Nächsten, des über alles geliebten und verehrten Nächsten unvermeidliche menschliche Eigenschaft ist, die in jedem Augenblick unsers Lebens unser Denken, Fühlen, Handeln mitbestimmt, tritt bei einem jeden in diesen oder jenen Augenblicken der schamvolle, verzweifelte Wunsch auf, diesen Judas in uns in Ewigkeit sterben zu lassen, so zu töten, daß er nie wieder lebendig wird. Weil Judas den Menschen repräsentiert, in jeder Faser uns eng verwandt ist, zieht er uns an, genauso, wie der Verbrecher, der Böse uns tiefer packt als der Gute, der Knecht des Gesetzes; denn wir sind alle Verbrecher, haben in uns die Möglichkeit, ja die Gier nach dem Leidenlassen des Nächsten. So ist denn die Isolierung des Judas auf den Abendmahlsbildern eine Folge der Zwienatur von Gut und Böse im Menschen und ein Versuch, dieser Zwienatur zugunsten dessen, was jeweilig gut genannt wird, wenigstens im Symbol sich zu entziehen. Es hilft allerdings nicht das Geringste, aber es ist nun einmal so, daß der Mensch eine Eins sein will, wollen muß, und daß er sich seine Tages- und Nacht-Natur wegzuphantasieren sucht, wegzudenken, wegzuhandeln.

In dem berühmtesten aller Abendmahlsbilder, in dem des Lionardo, ist Christus selbst der Todgeweihte, der Dreizehnte; wenn er das Prinzip des Guten ist, so prägt sich in dem Bilde, das noch jetzt, wo fast nichts mehr davon übrig ist, als ein Gipfel der Malerei gilt, der frevelhafte, aber jedem, der ehrlich mit sich selbst ist, wohlbekannte Wunsch aus, von Gewissensregungen frei zu werden, das Gute in uns zum Sterben zu bringen. Der Mut, die finsteren Tiefen des menschlichen Herzens darzustellen und zu bekennen, würde zu einem Teil die unvergleichliche Wirkung dieses Bildes auf Mit- und Nachwelt erklären. Unwillkürlich drängt sich dem Verfasser die Annahme auf, daß hier die Hauptursache zu finden ist, die den Künstler an der Vollendung des Bildes hinderte. Man könnte es begreifen, daß Lionardo vor der Enthüllung des Mysteriums nicht bloß des christlichen Wesens, sondern alles Menschlichen zurückwich; ja man könnte fast annehmen, daß die Zerstörung des Bildes folgerichtig vom Unbewußten der Menschen erzwungen wurde: Das schmachvolle Geheimnis vom Neid und Haß des Menschlichen gegen das Göttliche wird von diesem Bilde mit fast übermenschlicher Ironie enthüllt. »Wer töricht genug sein volles Herz nicht wahrte, hat man von je gekreuzigt und verbrannt« gilt nicht nur für die Gesinnung, die der Mensch seinem Nachbarn gegenüber hat, es gilt auch für unser Verhalten gegen uns selbst: Wir müssen unser volles Herz uns selber gegenüber wahren, dürfen nur bis zu einer bestimmten, engen Schranke unser Wesen uns selbst offenbaren. Wer diese Grenze überschreiten will, wird in sich den Christus lebendig erschauen und diesen Christus, sich selbst, das Göttliche, wird er alsbald verleugnen und kreuzigen. Dem Menschen taugt einzig Tag und Nacht, der Irrtum – das Licht ist Gottes. In eindringlicher Weise, vielleicht mit vollem Bewußtsein, hat Lionardo dadurch, daß er statt des Judas den Christus als Dreizehnten malte, in dem Urphänomen des Sterbens zugleich das des Werdens gegeben, die zwölf Jünger sind alle in Gruppen zu dreien zusammengefügt, zwölf ist viermal drei, drei ist der Mann, vier ist das Weib, viermal drei ist die Vereinigung und Dreizehn der Tod und die Auferstehung, die Wiedergeburt, das Kind, die Ewigkeit. Daß der Kopf des Christus nie gemalt wurde, ist unbewußtes Symbol des Werdens; es liegt Zukunft im Unvollendeten. Das Sterben ist kein Ende, sondern Bedingung des Werdens. Stirb und Werde! Man steht bei diesem Bilde, dessen Maler gewiß zu den menschlichsten Menschen zählte, wieder vor der Tatsache, daß der Wirklichkeitssinn des Unbewußten genau fühlte, man kann und darf das Gesicht des Christus nicht darstellen. Des Menschen Sohn ist Symbol und läßt sich als Individuum nicht malen. Christus hat kein Gesicht, es ist ein Irrtum, ihn malen zu wollen. Den Juden ist nicht erlaubt, den Namen des Menschheitssymbols auszusprechen, und Faust sagte: »Wer darf ihn nennen und wer bekennen: ich glaub ihn?«

Fast zur selben Zeit, als Lionardo sein Abendmahl schuf, entstand ein anderes Werk aus der Tiefe des Unbewußten, das noch in voller Schönheit erhalten ist, die *Pietà* des *Michelangelo* (s. Abb. 10)[4]. Es ist ein seltsames Bildwerk, seltsam, weil wohl niemand, der nicht die Zusammenhänge kennt, auf den Gedanken kommt, daß die junge schöne Frau Mutter des toten Mannes ist, der auf ihrem Schoß ruht. War es Schönheitsdurst, daß der Künstler die Mutter so darstellte? Es könnte auch anders bedingt sein. Aber um das begreiflich zu machen, muß der Verfasser erst den Standpunkt festlegen, von dem sich das Bildwerk in seiner Weise betrachten läßt.

Wenn man das *Kreuz*[5] ansieht, mag es Leben gewinnen, dann ist es ein Mensch mit zur Umarmung ausgebreiteten Armen. An diesem liebesbereiten Menschen wird ein andrer, auch mit ausgebreiteten Armen angeheftet; auch er ist liebesbereit. Aber weder das Kreuz kann umarmen – denn es ist fühlloses Holz – noch der Mensch, der daran hängt – denn er ist festgenagelt. Und er wendet dem Kreuz den Rücken zu. Das Einzige, was geschehen kann, ist, daß der

[4] Vgl. auch oben S. 73, 116.
[5] Vgl. auch oben S. 92–96.

Mann stirbt. Nach seiner Auferstehung kann er die ganze Welt umarmend erlösen, das Kreuz fesselt ihn nicht mehr, nur die Wundmale, die bleiben. Das Kreuz dagegen verharrt in dem Zustand der Bereitwilligkeit und in der Unfähigkeit zu umarmen, fühllos, leblos, unwahr; es war schon tot, ehe Christus daran starb, Christus des Menschen Sohn. Was ist das Kreuz, durch das er, allzueng daran genagelt, sterben muß, damit die Menschheit erlöst wird? Das Kreuz kann nur die Mutter sein. Im Deutschen nennen wir den Knochen, in den der Schmerz der Geburtswehen verlegt wird, das Kreuz; die Lateiner nannten ihn, längst ehe es Christen gab, Os sacrum, den heiligen Knochen. Das Kreuz ist die Mutter, die den Sohn umarmen würde, wenn sie nicht Holz wäre, und an deren fühlloser Liebesgebärde der lebendige Sohn in Liebe genagelt ist, damit er an dieser Liebe hinstirbt zur Auferstehung. So könnte es sein: Des Menschen Sohn wird Erlöser, wenn er an dem Kreuze stirbt und wenn er nach der Kreuzabnahme in den Schoß der Erde gelegt wird zur Auferstehung.

Vielleicht bedrängten Michelangelos dunkelste Seele ähnliche Gefühle, als er den toten Körper des Gekreuzigten einem jungen Weibe auf die Knie legte. Diese Frau ist nicht traurig, sie ist resigniert: ihre Handbewegung sagt das.[6]

[1930]

[...] Von *Albrecht Dürers* Hand gibt es einen Kupferstich, der den *Sündenfall* (s. Abb. 3),[7] darstellt; das Unbewußte hat hier – oder war es das Bewußte des frommen Schalks – in wenigen Strichen viel vom Menschenleben erzählt. Da sind zunächst im Vordergrund des Bildes zwei Tiere: dem Adam gehört ein harmloses Mäuschen an, vor Eva sitzt eine Katze; zum Zeichen, daß sie zu Eva gehört, ringelt sich ihr Schwanz zwischen den Beinen des Weibes. Wer kennt nicht Frauen, die beim Wahrnehmen der Maus

---

[6] In Groddecks ›Der Mensch als Symbol‹ (1933) folgen auf diese Interpretation noch folgende Schlußsätze:
»Resignieren ist wieder und wieder unterzeichnen, mit seinem Signum versehen, daß man Mensch ist und nichts außerhalb des Menschlichen kennt, daß für uns nichts ist außer der Dreiheit Mann – Weib – Kind.
Das Wort signum geht auf das Grundwort secare = schneiden zurück, geradeso wie das Wort sexus. Gäbe es wohl ein besseres Zeichen (signum) des Menschlichen als sein Schicksal, zugleich ›individuum‹ und ›sexus‹ zu sein, ein unteilbares Ganzes und ein Segment des ganzen Kreises der Welt? Das ist sein Schicksal, und dieses Schicksal mit freudiger Wehmut zu bejahen, ist Menschenpflicht und Menschenstärke.« (S. 162)

[7] Vgl. auch oben S. 65 f.

auf den nächsten Stuhl klettern, damit die Maus nicht unter den Röcken nach dem Mauseloch sucht? Wer wüßte es nicht, daß die Katze, die die Maus frißt, ein Weibessymbol ist? Zwischen Adam und Eva strebt der Baum in die Höhe, der das Werkzeug versinnbildlicht, mit dem Mann und Weib sich vereinigen. Und dieser Stamm trägt nach Evas Seite hin einen ragenden Ast voll lockender Früchte; um ihn und den Stamm schlingt sich die Schlange, dies Wahrzeichen vom Manne, vom Weibe und von beiden zusammen, und Eva nimmt dem Tiere den Apfel aus dem Maul. Adam hält schon die Hand hin, den Apfel zu nehmen. Aber was bedeutet es, daß Eva in der andern Hand schon einen zweiten Apfel hat, den sie hinter ihrem Rücken vor Adams Blick versteckt? Und warum ist Adam der Hirsch beigegeben, der sein Geweih zur Schau trägt? Adam schaut nur sein Weib an, Eva sieht nur den Apfel. Dürer hatte noch nicht die Meinung vom Weibe, die unsrer Zeit so seltsames Gewicht gegeben hat. Damals war wohl der Mann mehr der Gefahr des Geweihs ausgesetzt als in unsern Tagen der Frauentreue. Fruchtbarer war das Weib sicher: Eva hat das Kaninchen bei sich, die Äpfel hängen zu ihr hin und hinter ihr ruht die Kuh. Adams Ast – er zweigt sich von einem Stamm hinter seinem Rücken ab und Adam hält sich an diesem Ast – Adams Zweig ist früchtelos, nur ein Vogel sitzt darauf, ein Papagei, und eine Tafel prahlt von den Taten des Mannes Dürer. Dieser Stamm Adams, von dem er wegschreitet, hat weibliche Symbole in zwei klaffenden Spalten der Rinde, ein zweites Ast-Kind legt sein Laub vor das männliche Abzeichen: Adam geht von dem Symbol des Menschlichen aus, so scheint es, aber er verläßt Vater und Mutter und Kind – das Symbol – für das Weib, das ihm den Apfel geben wird, sie ist Imago geworden. Evas schamschützendes Laub kommt von dem Apfel her, den sie vor Adam verbirgt. Die Mutter-Kuh ist noch dicht hinter ihr, aber der stoßende Vater Steinbock ist auf einsamen Felsengipfel verwiesen. Für Dürer war, scheint es, das Weib noch kein unlösbares Rätsel.

Der Verfasser glaubt, daß Dürer vieles absichtlich in sein Bildchen hineingeheimnißt hat; ob er mit den Feigenblättern bestimmte Absichten verbunden hat, will er dahingestellt sein lassen. Die Feigenblätter, die eine allzu moralisierende Kunst aus Schicklichkeitsgründen erfunden hat, sind ein Beweis dafür, daß das Unbewußte Humor hat. Man hat dem Blatt fünf Zacken gegeben, und damit ist es zum Symbol der Hand geworden. Die Hand an den Genitalien? Wenn nicht alles täuscht, ist da etwas dargestellt, was man durchaus nicht für Tugend hält. Aber das Unbewußte kümmert sich wenig um den Versuch des Menschen, die Wahrheit sittlich zu machen, sie ist immer und immer jenseits von Gut und Böse und verkündet in den Gewohnheiten gesunder und kranker Zeiten, in alten und neuen Tagen, daß der Trieb zur Eigenliebe die Grundlage alles menschlichen Geschehens ist, daß kein Friede ist – und auch kein Kampf – als der mit sich selbst. Wir atmen für uns, wir essen für uns, wir schlafen für uns, wir lieben für uns, wir suchen unsre Lust, nicht fremde.

Gewiß ist es schwer zu glauben – bisher hat es noch niemand geglaubt und wie des Menschen Natur nun einmal ist, wird es auch nie ein Mensch glauben – zu glauben, daß Liebe immer Selbstliebe ist, daß wir selbst dann Selbstbefriedigung suchen und finden, wenn wir dem andern Befriedigung geben. Aber leugnen kann man es noch viel weniger, daß wir nur die Imago des Mitmenschen lieben können, das in uns lebende Bild des Mitmenschen, nicht den Mitmenschen selbst. Man wird vergebens die Denkmäler von Jahrtausenden menschlichen Lebens durchsuchen, um einen Beweis für die Annahme zu finden, daß die Selbstbefriedigung für ein Laster oder eine Gefahr für Leib und Seele gehalten wurde. Die Tatsache, daß das Kind der Selbstbefriedigung immer nachstrebt, daß der Mensch, wenn er wieder Kind wird, im Greisenalter von allen Lustquellen und Lebensquellen nur sich selbst behält und festhält, daß Zeugen und Gezeugtwerden, Gebären und Geborenwerden, Sterben und Getötetwerden Formen der Selbstbefriedigung sind, weiß das Unbewußte aller Zeiten, und selbst unsre irrende Zeit hat es nie anders angesehen, so viel Mühe man auch darauf verwendet hat, das Gegenteil glaubhaft zu machen. Gehen und Stehen, Atmen und Lachen und Weinen und Schmerz und Freude, Sprechen und Schweigen, Schlafen und Wirken, Denken und Tun und Unterlassen, alles gilt uns selbst, ist in Selbstliebe gebunden. Daß der Mensch trotz dieser Erkenntnis, die sein Unbewußtes hat, doch jubelnd die Beziehung zum andern preist und nicht abläßt zu glauben, daß er den andern lieben kann, ist Menschenart, wie es Menschenart ist zu irren. Der Verfasser betrachtet es als sein gutes Recht, sich zu irren, er erwartet auch nicht, daß andre an seinen Irrtümern Freude haben. [...]

[...] In der Galleria Borghese in Rom hängt ein Bild des *Sassoferrato*, *Die drei Lebensalter* (s. Abb. 13) genannt. Die Kindheit zeigt drei Knaben; zwei davon schlafen, während der dritte in die Höhe strebt, er allein trägt die Flügel des Phallus. Er hält sich an einem Baumstamm, neben dem noch der abgehauene Stumpf eines zweiten Stamms steht. Noch schlummert die Zeugungskraft der beiden Testikel, aber die Fähigkeit zur Erektion ist wie bei allen Knaben vorhanden, und die Erregung, die zur Erektion führt, wählt sich wie immer als ausreichenden und entschuldigenden Grund das Verhalten des reifen Mannes, dessen ragende Kraft dem kindlichen Triebe Ansporn ist. Dahinter freilich droht in dem Stumpf die Angst vor dem Verlust des Phallus, die Kastrationsangst, wie es die Psychoanalyse komischerweise nennt; die Einkerbung des Stumpfendes erzählt von dem seltsamen Ideengang aller Kinder, daß das Mädchen mit der Kerbe statt des Stamms aus dem Knaben durch Wegnehmen des Gliedes entstände.

Auf der andern Seite des Gemäldes sieht man das Liebespaar. Das Mädchen, mit der Blume im Haar geschmückt, ist wie Eva der anreizende Partner des Paars: In der Linken hält sie die Flöte, die von dem Manne her aufragt, ein zweites Rohr führt sie zum Munde, gemäß der bekannten Gleichstellung der Mundöffnung mit der Geschlechtsöffnung; sie ist ganz bekleidet, während der Mann fast nackt ist. Trotzdem ist sie als beginnender Teil gedacht; das Weib, nicht der Mann leitet das Flötenspiel der Liebe, nur daß es den Anschein zu erwecken versteht, als sei der nackte Adam der Verführer. So ist es von jeher gewesen, so wird es auch bleiben und mit Recht: Im Sündenfall, der gewiß kein Sündenfall ist, sondern nur zum Besten menschlichen Lebens gedichtet wurde, weil ohne Schuldgefühl auch aller Stolz und alles Menschenempfinden tot bleiben würde, ist das Weib unschuldig schuldig, der Phallus lockt sie, die Schlange des Manns, und daß die Gabe der Verwandlung des Gliedes in den Phallus nicht vom Weibe abhängt, zeigt ja das Bild der Kindheit mit dem hochkletternden Eros. Auch bei dem liebenden Manne sind die beiden Zustände des Männlichen angedeutet: Während das rechte Bein gebeugt ist, hat sich das linke, das der Herz- und Schuldseite angehört, gestreckt.

Dem entspricht auch die Anordnung der Blumen unterhalb des Liebespaars; sie sind zu drei und drei gemalt, aber die Entfernung der dritten Blume von den beiden andern stellt wiederum das Wunder dar, daß der Mann Kind und Mann sein kann und sein muß. Die Männlichkeit ist die Ausnahme. Gerade unter der Stelle, auf die das Mädchen die eine Flöte gepreßt hält, ist noch eine Blumengruppe, auch in der Dreizahl des Phallus gemalt, aber jeder Teil der Dreizahl ist von zwei Blumen gebildet, eine starke Betonung der Zeugungskraft, die Testikel sind dreimal da und bilden so das Symbol des Phallus. Es ist noch eine dritte Gruppe von Blumen da, wieder zwei, also wahrscheinlich ein Sinnbild der Zeugungskraft. Diese Blumen werden erst verständlich, wenn man sie auf den Greis bezieht: sie sind von ihm durch Entfernung und Bodengestalt so getrennt, daß er sie nicht einmal mehr wahrnehmen kann: der Greis ist der Zeugungskraft beraubt, kümmert sich auch nicht mehr darum: ja er kümmert sich auch nicht mehr um Mann und Weib, nur seinen Erinnerungen, den toten Gestalten seiner Phantasie gilt seine in sich versunkene Teilnahme. Er ist der Kindheit im Bilde ganz nahe gerückt, wie das Kind besitzt er noch die Erregungsfähigkeit, wie die Haltung der Beine zeigt, aber diese Erregungsfähigkeit ist ohne lebendige Zukunft, zwei Knochen liegen bei ihm, der eine lang, der andre zerbrochen, genau entsprechend den Bäumen der Kindheit, und umgeben ist er von Totenschädeln, deren leere Augenhöhlen stark hervorgehoben sind und von der Taubheit der Greisenhoden erzählen. Hinter dem Greise ist, behütet und eingeschlossen von zwei jugendlichen Gestalten, deren eine sitzt, während die andre steht, die wimmelnde Herde des Menschenvolks dargestellt, und zum weitesten Hintergrund strömt der Fluß der Fruchtbarkeit dem mütterlichen Meere der schaumgeborenen Aphrodite zu.

Das Bild zieht, wie der Verfasser glaubt bemerkt zu haben, in besonderem Maße die Blicke der Menschen auf sich. Vielleicht spricht dabei mit, daß hier die Symbole der Testikel mehr als gewöhnlich betont sind. Es ist ja wohl das Seltsamste bei der Verdrängungsarbeit des Menschen, daß er von Kindheit an die Existenz und Bedeutung des Gliedes anerkennt und bewundert, die Hoden aber immer und immer wieder aus den Gedanken wegschiebt. Kinder zeichnen niemals die Hoden mit, und bei dem Erwachsenen kommt es selten genug in das Bewußtsein. Wie tief diese Verdrängung greift, beweist am besten das Verhalten der Psychoanalyse, die etwas Kastration nennt, was nicht die mindeste Ähnlichkeit mit einer wirklichen Kastration hat. Vermutlich werden Zeiten kommen, wo man bei dem Erforschen des Unbewußten diesen Organen mehr Aufmerksamkeit widmet, als es jetzt trotz Freud und Steinach[8] geschieht. – Das Unbewußte des Sassoferratobildes erzählt von der Entstehung der Musik aus dem Eros. [...]

[...] In der Neuen Pinakothek zu München hängt ein Bild von *Menzel* mit dem auffallenden Namen *Beim Lampenlicht* (s. Abb. 14). Die Bezeichnung fällt auf, weil die Hauptfigur des Bildes, ein junges Mädchen, nicht vom Lampenlicht beleuchtet ist, sondern von der brennenden Kerze in seiner Hand. Die Lampe erhellt den Innenraum des Zimmers, und ihr Licht trifft die Gegenfigur des Mädchens, eine Frau, die klöppelt. Der, der den Namen des Bildes erfunden hat – wahrscheinlich ist es Menzel selber gewesen –, muß wohl bewußt oder unbewußt gefühlt haben, daß man beim Be-

---

[8] EUGEN STEINACH (1861–1944) war Physiologe und Sexualwissenschaftler in Prag und Wien.

trachten des Gemäldes besser von der Lampe und dem, was sie beleuchtet, ausgeht. Lampe und Licht sind in Gegensatz gebracht, sie bedeuten etwas. Das Licht einer Lampe ist gebändigt, geordnet, die Kerze des Mädchens aber flackert; sie würde es nicht tun, wenn sie Zylinder und Schirm hätte.

Was gemeint ist, erzählt der Amor, der zwischen Frau und Mädchen von der Decke herabhängt: Die beiden Gestalten stehen unter der Herrschaft der Liebe. Aber während die Frau an der Lampe ruhig an der heimischen Arbeit sitzt – der Klöppel geht stetig durch die Maschen der Fäden, ein unverkennbares Sinnbild ehelichen Zusammenwirkens, das durch Lampenschirm und Zylinder, weiblich und männlich, noch betont wird –, also ihren Liebesverkehr durch die Ehe geregelt hat, steht das Mädchen an den Pfosten der weit geöffneten Flügeltür, sehnsüchtig in erträumte Zukunft blickend. Sie hält die Kerze vor sich, erleuchtet sich das, was außerhalb des weiblichen Zimmers ist und in Erwartung des Lichts, das ihr Liebesleben schenken wird, lehnt sie an dem starren Pfosten in der geöffneten Tür. Wer wüßte es nicht, daß das verlangende Weib die Türen des Zimmers offen stehen läßt.

[...] Zurück zum Symbol des genitalen Eros führt ein Freskogemälde des *Andrea del Sarto* in Florenz, *Die Enthauptung Johannes des Täufers* (s. Abb. 12). Zwei weiblichen Figuren stehen drei männliche gegenüber. Beide Frauen halten die Schüssel, auf die der Henker, ein deutliches Phallussymbol, das eben vom Rumpf getrennte Haupt des Johannes legt. Der Henker ist vom Rücken her gemalt, der Akt ist vorüber, der auffallend starke Mann, dessen betonte Hinterbacken das Testikelsymbol darstellen, steht noch aufrecht und sein Arm ist straff ausgestreckt, aber das Schwert, das den Akt vollzog, ist zu Boden gesenkt, und das Gesicht hat er von den Frauen abgewendet. Im Raum ist seine Gestalt von einer rundbogigen Pforte begrenzt, zu der vier Stufen hinaufführen, wie um die Bedeutung des stehenden Mannes vor dem Tore hervorzuheben. Zwischen ihm und dieser Tür ist der kniende Rumpf des Täufers gemalt, durch die kniende Stellung zeigt er, daß eben noch Leben in ihm war, bis er dem Weib den Kopf lassen mußte. So ist das Männliche in zwei Phasen dargestellt, in Erektion und Erschlaffung, die miteinander durch Schüssel, Türe und Schwert in enge Beziehung gebracht sind. Daß die beiden männlichen Gestalten Wiederholungen der Testikelzweizahl sind, ist anzunehmen, wobei wiederum Arm und Stab des Königs den Phallus in Erinnerung bringen.

In diesem Bilde des Andrea del Sarto sind vom Unbewußten eine Reihe von Dingen zusammengedrängt, die allerdings samt und sonders um denselben Kern gelagert sind, aber doch ihre eigene Bedeutung haben. Der Rumpf des Johannes, so nahm der Verfasser eben an, bedeutet die Erschlaffung des Phallus durch den Verkehr mit dem Weibe. Das Weibliche, das den Mann um einen Kopf kürzer macht, wie es im Geschlechtsakt der Fall ist, deutet das Bild nur an, vollzogen wird die Enthauptung durch den Mann. In den Darstellungen der ›Judith mit dem Haupte des Holofernes‹, wie eine zum Beispiel in Florenz hängt, die von Allori gemalt ist, kommt diese Seite des Problems viel schärfer hervor. Dagegen fehlt das Weib fast immer in den Bildwerken, die den Sieg Davids über Goliath zeigen. Verocchios ›David‹ zeigt so gut wie nichts von weiblichen Symbolen, das Unbewußte stellt nur die Tatsache dar, daß der Riese Phallus durch den Phallus selber – durch das Schwert – um Hauptes Länge kleiner wird. Die Handlung des Schwerts ist damit angedeutet, daß er erst halb gesenkt ist. Der Knabe David siegt über den starken Goliath durch das Schleudern des Steins, die Wahrheit, daß Erektion, Erguß und Erschlaffung an sich vorhanden sind, ohne daß das Weib etwas damit zu tun hat, bildet zu diesen Kunstwerken den unbewußten Anlaß.

Eine seltsame Leistung des Unbewußten ist der ›David‹ des Michelangelo: In ihm ist der Gedanke, dem man in der Erschaffung des Mannes begegnet, daß das Männliche aus sich heraus Erektion, Erguß und Erschlaffung erlebt, fast grausam deutlich vor Augen gebracht. Selbst das Visionäre des ersten Mannes, der die Idee Mann – Weib – Kind im Bilde der Gottheit sich erschaut, fehlt. David ist Riese und Knabe zugleich und trägt die Schleuder, ohne daß ein Gegner gezeigt wird. Diese unverhüllte Schaustellung der Selbstliebe des Männlichen, der sinnlichen Einsamkeit des Mannes ist kaum zu ertragen. Das Unbewußte antiker Bildwerke, wenigstens soweit der Verfasser das im Moment zu beurteilen vermag, hat auch oft genug das Männliche an sich abgeschlossen im Kunstwerk geschaffen, ohne es durch irgendein Symbol des Ewig-Weiblichen zu mildern – man denke an den ›Doryphoros‹ –, aber die Gestalt des riesigen Knaben mit der Fähigkeit zu schleudern, dieser triumphierende Hymnus auf die Selbständigkeit des Männlichen und seine Unabhängigkeit vom Weibe, da der Mann alle drei Menschenformen in sich besitzt, ist wohl sonst nie gewagt worden, und dem Verfasser ist es begreiflich, daß die Masse Mensch sofort mit Steinen nach dem Koloß geworfen hat.

Die Enthauptung des Mannes durch den Mann auf dem Bilde von Sarto erzählt von dem gleichgeschlechtlichen Eros des Männlichen, die Gegenwart der beiden Frauen läßt unser Unbewußtes

erkennen, daß trotz oder gerade wegen das Bestehens homosexueller Triebe der Eros in Dienste des andern Geschlechts steht, ohne die gleichgeschlechtliche Bindung zu zerstören. Dem tanzenden Weibe zuliebe wird Johannes der Täufer – Saint John ist im Englischen eine Bezeichnung für den männlichen Geschlechtsteil, was sich ja leicht aus den nahen Beziehungen der Wasser lassenden Tätigkeit des Gliedes zur zeugenden Tätigkeit erklären läßt – wird der Täufer enthauptet: so erzählt es das Unbewußte der Legende wahrheitsgemäß. Das Unbewußte der bildenden Kunst hat in dem Freskobilde noch etwas andres erzwungen: Die Figuren sind gleichgeschlechtlich zu zwei und zwei geordnet, es sind drei Gruppen, die jede für sich bestehen könnte. Das Ganze würde sich dann aus den gleichgeschlechtlichen Trieben unter der Herrschaft des gegengeschlechtlichen Begehrens zusammenfügen. Daß es in Wahrheit beim Menschen so ist, lehrt die tägliche und stündliche Erfahrung den, der lernen will; und daß das Unbewußte des Sartoschen Bildes es darstellt, wird durch die Einfassung des Freskos mit zwei gemalten ornamentgeschmückten Pfeilern bewiesen. Sämtliche Ornamente dieser Umrahmung sind Symbole der Umarmung von Mann und Weib, die Umarmung kommt aber nur zustande, weil die weibliche Zweizahl der Pfeiler da ist, das weibliche Prinzip ist das ewige, es zieht hinan.
Die Mythen der Welt erzählen das von jeher, und die wissenschaftlichen Beweise [...] bestätigen nur, daß die Wissenschaft nichts finden kann, was nicht von jeher im Unbewußten schlummerte und träumte.
Dieses Walten des Weiblichen ist in immer neuen Formen auf dem Bilde betont. Die beiden Frauengestalten sind durch die Kopfwendung des Henkers nach dem Könige hin von dem Geschehen bei den Männern getrennt, sie sind für sich da, während die vier Männer wiederum nur locker mit der Frauengruppe verbunden sind, durch Armbewegungen und den Blick des Königs und durch ein abgeschlagenes Haupt. Wenn auch der Blick der Salome zum König geht, ihre Schale hält sie dem Haupte entgegen: einer Idee, einem Traum will sie ihre Schüssel geben. Wie bei allen Menschen ist das Wesentliche für den Trieb nicht die Realität, sondern die Vorstellung eines Kommenden, die Phantasie vom Genuß: Das Haupt liegt noch nicht auf der Schüssel, Erwartung ist da, aber nicht Mithandeln. Und gerade, daß die eine der Frauen nach dem Haupt sieht, die andre aber schon über das Empfangen hinweg nach dem König mit dem Erektionssymbol des Szepters blickt, verdeutlicht es, wie unberührt das Weibliche dem Realen gegenüber bleibt und nur von Möglichkeiten erregt werden kann. Es ist

in andrer Form dasselbe, was der Verfasser aus der ›Creazione‹ des Michelangelo herauslas: das Weib wendet sich vom Manne mitten in seiner Erschaffung durch den Liebesakt vom Geliebten weg Gottvater zu: ewig weiblich.

Die Männergruppe stellt die Dinge anders dar: der Mann, an der Seite des Gemäldes noch im Stehen gemalt, ist in voller Erektionshaltung, bei dem andern Paar ist der stehende Henker vom Rücken zu sehen, er samt seinem Handeln gehört der Vergangenheit an, an Stelle der Liebe zum gleichen Geschlecht – Henker und Johannes – wird die Beziehung von Mann und Weib treten, Herodes und Salome. Anders gesehen sind die Männergruppen die beiden Phasen der Geschlechtshandlung: die Kraft des Mannes links und seine Entmannung durch den Akt in der Henkergruppe vor den beiden Weibern und dem Torbogen.

Soweit läßt sich manches zugunsten der Absichten des Verfassers deuten; aber das Faktum der blutigen Enthauptung des Täufers, die auf dem Bilde besonders hervorgehoben ist, hat sicher nichts mit dem Geschlechtsakt zu tun, muß also irgendeine andre Idee des Unbewußten versinnbildlichen. Der Blutstrom ergießt sich zwischen den gespreizten Beinen des Henkers, die den weiblichen Teil des Mannes andeuten mögen. Nimmt man das an, so ist damit das Bedeutsamste im Weiblichen dargestellt, die Blutung aus den Geschlechtsteilen. Und an dieser Stelle hat das Unbewußte etwas Merkwürdiges getan: es sind neun Blutstrahlen gemalt und sie sind verschieden behandelt. An beiden Seiten sind zwei kurze Strahlen, und von den sieben dazwischen sind vier unterbrochen, während drei in ihrer vollen Länge zu sehen sind. Neun würde die Schwangerschaft andeuten, Zwei und Vier das Weib, Drei und Sieben den Mann, und daß vier von den Blutstrahlen gebrochen sind, deutet im Sinne des sogenannten Kastrationskomplexes der Psychoanalyse die Entstehung des Weiblichen aus dem Männlichen an. Die Meinung, daß alle Kinder die ihnen wohlbekannte Tatsache der mütterlichen Monatsblutung sich mit der Annahme verständlich machen, daß auch das Weib das Geschlechtsglied besitzt, daß es ihm aber vom Manne, vom Vater abgeschnitten wird, bestätigt sich in dem Unbewußten des Bildes, wie sie sich in der Enthauptung immer bestätigt.

Aber man kann noch weiter gehen: Die Arme des Johannes sind auf dem Rücken zusammengebunden, er umarmt sich selbst, und zwar liegt diese Umarmung wiederum in der Vergangenheit wie alles, was mit dem Täufer zusammenhängt. Damit kommt die Frage der Selbstbefriedigung, der Onanie zur Darstellung und gleichzeitig die Strafe dafür, die Verwandlung des lüsternen Knaben in das Mädchen auf Befehl des Vaters. Und nun gewinnt es Bedeutung, daß Johannes vor dem Weibe kniet, daß der Henker vor dem Torbogen steht, daß Salome das Haupt des Täufers noch nicht auf der Schüssel hat und daß sie über ihn hinweg zum König blickt, daß der König seinerseits nach dem Weibe sieht. Das Unbewußte des Bildes stellt dar, daß alle Geschlechtshandlungen ihrem tiefsten Wesen nach Selbstbefriedigung sind und daß das andre Geschlecht mehr in der Vorstellung als in der realen Gegenwart erregt. Es scheint, daß dies dem Unbewußten besonders wichtig war, denn Salomes Begleiterin zeigt auf den kopflosen Rumpf des Johannes. Zuletzt aber deutet das an, wie klar es dem Unbewußten ist, daß die Lust des Orgasmus nicht das Ziel der Begattung, sondern der Weg zum Ziel ist. Das Ziel ist die Verwandlung des Mannes in das Kind und des Weibes in die Mutter dieses zum Kinde gewordenen Mannes.

[...] Wie das Unbewußte der Kunst sich immer wieder in den verschiedenen Formen mit dem Liebestode des Männlichen in der Umschlingung des Weiblichen beschäftigt, zeigt die *Laokoongruppe* (s. Abb. 1) in Rom. Die drei männlichen Figuren werden von den beiden Schlangen, die, von der Göttin gesandt, Doppelsymbol des Weiblichen sind, getötet: so weit ist das Symbol schon durch die Sage gegeben. Das Kunstwerk selbst formt das Gleichnis in eigner Weise weiter. Die männliche Gewalt der Dreizahl fesselt sofort den Blick, weil der Mann zwischen den beiden Knaben – der Phallus zwischen dem Hodenpaar – unverhältnismäßig groß und kraftvoll ist; selbst der größere Knabe würde dem Vater kaum bis zur Hüfte reichen, und doch ist er nicht als Kind, sondern in Körperbau und Ausdruck als heranwachsender Jüngling gebildet. Das Symbol der Zwei als Weib ist ebenfalls stark hervorgehoben: die Schlangenleiber sind so kunstvoll durcheinander gearbeitet, daß man nur schwer die Tiere einzeln in ihren Krümmungen verfolgen kann, es entsteht der Eindruck eines Lebewesens, einer Eins in der Zwei, eines Weibes. Und daß die Umschlingung des Männlichen sich so oft wiederholt, bis man zweifelt, ob der giftige Biß oder das pressende Umfassen des Weibesschoßes den Tod herbeiführt, weckt den Schauer, den jeder zuweilen bei der Vision der weiblichen Leidenschaft empfindet: der Umarmung zu erliegen, ist jedem Manne Wonne, aber undeutlich fühlt er zuweilen die Gefahr des Gifts, das ihn bedroht, da er ja nie weiß, ob es Liebe oder Haß ist, dem er erliegen wird, ob das Weib ihn wieder zum Halbgott erhebt oder als Sklaven knechtet.

Verfolgt man die Linienführung der Gruppe, so sieht man die drei

Phasen des männlichen Eros: rechts vom Beschauer die beginnende Erregung, versinnbildlicht in der größeren Jünglingsfigur; das Männliche wird von der Leidenschaft ergriffen, ist aber ihr noch nicht verfallen. Die Leitlinie geht dann zu dem riesigen Mann über, der schon unlösbar vom Eros umstrickt unter dem drohenden Schlangenbiß den Mund zum Ausstoßen des Schreis öffnet, und sie endet bei der kleinsten Gestalt, bei der im Tode erschlaffenden Knabenfigur, dessen halbgeöffneten Lippen das letzte Leben entströmt.

Zieht man in Betracht, daß die Schlange auch als Sinnbild des männlichen Geschlechts gebraucht wird, so entspräche die Zweizahl der Schlangen den beiden Knaben, das Weibliche wäre dann ganz ausgeschlossen und der Liebestod des Mannes als bedingt durch sein Mannsein und seine Abhängigkeit von der eignen Geschlechtlichkeit dargestellt. Die Tatsache, daß Laokoon die Troer warnt, die Mauer der Stadt zu zerstören, spricht für diese Deutung, da die Stadt mit ihrer Mauer nur als weibliches Symbol aufgefaßt werden kann. Unsre Zeit aber, die kaum noch ahnt, daß die erotische Erregung in ihren tiefsten Wurzeln von der Eigenschlechtlichkeit lebt, wird Bedenken hegen, solchem Gedanken zu folgen, der den Griechen nahe lag. [...]

Musik und Unbewußtes (1932)

Editorische Vorbemerkung

Erstveröffentlichung (in deutscher Sprache) in: Groddeck (1964), S. 157–162.

Groddecks Bemerkungen über Musik sind rar gesät. Als er 1927 über WAGNERs ›Ring des Nibelungen‹ spricht (vgl. oben S. 121–140 ff), behandelt er dieses Musikdrama ausschließlich als Dichtung und überhaupt nicht als ein musikalisches Kunstwerk. Und wenn Groddeck in seiner ›Arche‹ über seine häufigen Konzert- und Opernbesuche berichtet (vgl. oben S. 79–83 ff), so kokettiert er immer damit, völlig unmusikalisch zu sein, was er auch im folgenden Beitrag gleich zu Anfang beteuert.
Was will dann aber Groddeck mit seinen Bemerkungen über Musik? Hören wir ihn selbst: »Da im allgemeinen Unmusikalische ihre musikalischen Meinungen nicht zu Gehör bringen können, weil man sie sofort auf die Unzulänglichkeit ihres Urteils festnagelt, benutze ich diese Gelegenheit, wo man mich wenigstens ausreden lassen muß, um einmal zu sagen, was ich beim Anhören dieser Musik empfinde« (1926 c, S. 24). Die ganz und gar subjektiven Empfindungen beim Erleben der Musik sind es, die Groddeck interessieren, nur selten theoretische Erörterungen, wenn man einmal von den spärlichen Bemerkungen zu BACH, BEETHOVEN, RICHARD STRAUSS und WAGNER in ›Hin zu Gottnatur‹ (vgl. oben S. 19–37 ff), einigen Bemerkungen in dem Aufsatz über den ›Symbolisierungszwang‹ (vgl. oben S. 76 ff) und in dem Vortrag über ›Industrie, Wissenschaft und Kunst‹ (vgl. oben S. 113 ff) absieht.
Auch das, was nun folgt, ist kein systematischer musiktheoretischer Essay, sondern ist ein Mosaik von Groddecks subjektiven Ansichten über Musik, vor allem von etymologischen Reflexionen und symbolischen Assoziationen über das Wort ›Musik‹, über den »erotischen Kern der Musik« und deren »vorgeburtlichen Ursprung«.

Um nicht falsche Erwartungen zu erwecken, schicke ich meinen Betrachtungen voraus, daß ich unmusikalisch bin. Ich glaube aber, daß mir gerade dieser Mangel die Möglichkeit gibt, mein

Thema von der Macht des Unbewußten in der Musik zu behandeln. Ich kann mich leichter als andre mit den Nebendingen beschäftigen, auf die sonst kein Wert gelegt wird.

Da ist zum Beispiel das *Wort Musik*. Ein jeder weiß, daß es aus dem Griechischen kommt und von der Muse abgeleitet ist; daß aber *musa* (μουσα) ursprünglich *montia* (μοντια) war und die Sinnende, Meinende bedeutet (lat. mens, engl. mind sind verwandt), beachten nur wenige. Darin spricht sich aus, daß das Fundament der Musik etwas andres ist als die Ratio (reason). Ratio ist Berechnung, hat mit der Zahl zu tun. Das Wort Musik beweist, daß Musikalisches von der berechnenden Ratio weder erzeugt noch empfangen, sondern nur geordnet werden kann. In dem Wort Musik liegt es schon, daß das Musikalische Grundeigenschaft des Menschlichen ist, daß jeder Mensch von Natur in sich Musik erzeugt und auch ohne sein eigenes Zutun von fremder Musik befruchtet wird (die Wörter *human, man, music* kommen von einer gemeinsamen Wurzel *men* her, nhd. *Mensch*, schwed. *människa*). Alle Musik quillt aus dem Urmenschlichen; wenn es anders wäre, ließe sich ihre Wirkung auf Säuglinge und ihre Ausübung durch Idioten schwer erklären.

Das alles ist nicht neu, aber wenn man sieht, daß immer wieder der Versuch gemacht wird, Musikalisches wissenschaftlich, mit dem Verstande zu begreifen und womöglich auch zu erzeugen – das Wort komponieren = zusammensetzen beweist, wie tief der Aberglaube eingewurzelt ist, man könne mit Hilfe der Ratio Musik schaffen –, wenn man das sieht, fühlt man sich berechtigt und fast verpflichtet, zu sagen: Musik kommt nicht aus dem Bewußten der Seele und wendet sich nicht an das Bewußte, sondern ihre Kraft strömt aus dem Unbewußten und wirkt auf das Unbewußte. Wer den Schlüssel zu den heiligen Pforten der Musik finden will, muß das Menschliche des Menschen durchforschen, dort allein kann er ihn finden. Denn weder das Ohr noch der äußere Klang, weder die ausübende Hand noch das musikalische Instrument sind für die Musik notwendig; sie ist etwas Innerliches im Menschen, sie ist eine immanente (vom Schicksal gegebene) Eigenschaft des Menschen, eines seiner Organe (*organon* ›οργανον‹ = Werkzeug, Organ) ebenbürtig dem Ohr, dem Auge, der Kehle, wenn man auch dieses Organ nicht mit dem Messer oder dem Mikroskop aufzufinden vermag.

Ich habe den Ausdruck *Schlüssel* absichtlich vorhin gewählt, weil er in der ausübenden Musik als Terminus gebraucht wird, ein jeder, der Noten schreibt oder liest, trifft auf den Schlüssel. Es besteht, wenigstens in der modernen Musik, eine enge Verbindung zwischen Schlüssel und Note: Der Schlüssel ohne Noten ist sinnlos und die Noten ohne Schlüssel ebenso. Sehen wir zu, was das Wort Schlüssel meint: das engl. *key* lautete angelsächsisch *caege*. Verwandt mit dem Wort sind im Neuhochdeutschen Kiel (engl. *keel*), Kegel (engl. *cone; ninepin* für das Kegelspiel), Keil, Keim (Keil = *wedge*, abgeleitet von *wing*, Keim = *bud* verwandt mit Wurzel *bhel, ball, belly*). Wohl alle indogermanischen Sprachen haben für den Begriff Schlüssel Wörter, die auf denselben Stamm kla-clev zurückgeführt werden müssen (gr. *kleis* ›κλεις‹, lat. *clavis, claudo,* franz. *clef,* schwed. *nyckel*). Der Sinn des Ausdrucks »Schlüssel« in der Musik ist also, daß irgend etwas unter Verschluß gesetzt wird, gegen Einwirkungen von außen geschützt wird. Ableitungen in den verschiedenen Sprachen geben Anhalt darüber, was abgeschlossen wird, so das lateinische *claustrum,* von dem Kloster herkommt, das griechische klobos (κλοβος) Käfig, kalia (καλια) = Hütte, Hülle; das deutsche Lade = *drawer,* Laden = *shutter.* Es wäre für meine Zwecke, wie der Leser gleich sehen wird, angenehm, wenn sich auch das englische *lap* bei *clavis,* Lade, unterbringen ließe, aber leider gibt die Etymologie darüber keinen Aufschluß, im Gegenteil, sie behauptet, *lap* sei dasselbe wie Lappen, Falte im Kleid; aber ähnliches behauptet die Etymologie immer, wenn sie in die Nähe der Zeugung und Schwangerschaft kommt. Jedenfalls bezieht sich das Verschließen auf einen Hohlraum, es wird mit Hilfe des Schlüssels ausgeführt.

Sehen wir zu, was für einen Hohlraum der musikalische Schlüssel verschließt. Es ist kein Zweifel: Der Raum der fünf Notenlinien wird verschlossen. Aber nicht auf diese fünf Linien kommt es an, sondern auf die Noten, die zu den Linien gehören. Nehmen wir die fünf Linien und die vier Zwischenräume, in denen die Noten stehen, so ergibt sich die Zahl neun. Und neun ist die Zahl der Vollendung, die Zahl der Schwangerschaft. Der Notenraum würde damit Symbol der Gebärmutter sein und der Schlüssel das Symbol des Männlichen, das den Schoß des Weibes befruchtet und verschließt.

Zu dieser Auffassung führt auch das Wort Note, lat. *nota.* Die Wurzel, von der das Wort *nota* herstammt, ist *gen,* die sich in Ausdrücken wie *genus, genitalia, genius* erhalten hat. Gen ist eine der fruchtbarsten Wurzeln der indogermanischen Sprachen. Das Gemeinsame, das alle Ableitungen verbindet, ist der Begriff der Zeugung und Fortpflanzung.

Betrachtet man die obenerwähnten Ableitungen aus der Wurzel clev, so ergeben sich neue Andeutungen des erotischen Kerns der

Musik. Zunächst braucht das Unbewußte den Begriff Schlüssel im Traum und in der Psychopathologie des Alltags als Symbol des männlichen Geschlechtsteils; das trifft für alle indogermanischen Sprachen zu. Das Wort Kiel in drei Bedeutungen als Schiffskiel, als Schiff und als Hafen ist Symbol des Weibes, als Federkiel hat es die männliche Bedeutung behalten; Kegel ist im Deutschen in der Redensart Kind und Kegel und als Bezeichnung eines unehelichen Kindes in seiner Geschlechtsbedeutung erhalten, vor allem aber im Kegelspiel, dessen Sinn sich in dem englischen Wort *ninepin* (neun — Schwangerschaft, *pin*- Nadel – männlicher Geschlechtsteil, nähen – *copulate*) offenbart. Keil ist ebenso wie *clavus* = Nagel ein Gegenstand, der in eine Öffnung (Spalte) hineinpaßt; das englische *wedge*, abgeleitet von *wing*, bringt die Beziehung zum geflügelten Eros zum Ausdruck. Keim schließlich betont den Begriff der Fortpflanzung. Auch die griechischen Wörter klobos = Käfig, kalia = Hütte haben Bezug auf das Weibliche des Menschen.

Beim Verfolgen dieser Eigentümlichkeiten der musikalischen Schriftsprache stehen wir plötzlich der Grundtatsache des Musikalischen gegenüber: Musik ist Kind des Eros und als solches Herrscher und Lenker des Eros. Denn das ist ja das Sonderbare am Kind, daß es trotz seiner Schwäche König ist (König-Kind sind stammverwandt von der Wurzel gen aus) und daß es Friede, Freude und Ordnung schafft (engl. *kind* ist dasselbe wie Kind).

Man kann wohl annehmen, daß die Uranfänge aller menschlichen Musik im *Singen* liegen, im Singen der Vögel, im Brausen des Windes und im Rauschen des Meers. Vom Vogel ist bekannt, daß er sein Lied in der Liebeszeit singt, genauso, wie er sich dann in der Färbung seines Gefieders als vorbildlicher Maler erweist. Die enge Beziehung des Windes, dessen gewaltige Melodien die Menschenseele tief ergreifen, zum Eros ist in den Mythen aller Völker und Zeiten enthalten und wirkt sich noch jetzt in Wörtern wie Psyche, franz. âme (*animus*), *esprit* und so weiter aus. Das ewige Lied des Meeres ist um so ergreifender, weil Meer und Wasser für alle Menschen Symbol der Urmutter und des Werdens und Vergehens ist (Kind im Wasser des Mutterleibes).

In der bildenden Kunst tritt diese gegenseitige Bedingtheit von Musik und Liebe deutlich hervor. In Fresken – beispielsweise in denen Paul Meyerheims in der Berliner Nationalgalerie – wird der Frühling (engl. *spring*), wie das englische Wort betont, die Zeit der Zeugung, des Wachstums und Gebärens, durch eine Schar singender Vögel dargestellt, deren Kapellmeister ein kleiner geflügelter Eros ist; auch die Noten werden nicht selten als Vögel oder als Kinder und Amoretten gemalt: sie sitzen oder klettern auf und zwischen den Notenlinien. Klar bewiesen werden diese Zusammenhänge durch die Gewohnheit der Maler, die Engel, diese christlichen Nachfolger der Amoretten, musizierend darzubieten.

In besonderer Weise zeigen Bau und Benennung der *Musikinstrumente* die unbewußten Verhältnisse zwischen Eros und Musik. Ich erinnere hier an das Wort Fiedel (*fiddle*) und Geige; für das Unbewußte ist die Geige Symbol des Weiblichen, der Bogen Symbol des Männlichen, daher kommt es, daß bei innern ungelösten erotischen Konflikten der Geigenkrampf auftritt. (Dasselbe gilt vom Klavierspielen und vor allem vom Singen; es ist nicht gut, daß die Gesanglehrer so wenig von diesen Dingen wissen.) Bei näherem Zusehen stellt sich heraus, daß die meisten Musikinstrumente nicht vom Verstande erfunden worden sind, sondern daß der unbewußte Symbolisierungszwang des Menschen das Instrument gerade so und nicht anders gestaltete.

All das ist verständlich, sobald man begriffen hat, daß unsre Sinneswahrnehmungen ohne Ausnahme dem Unbewußten Symbole der Vereinigung von Männlichem, Weiblichem und Kindlichem sind; sowohl für das Ohr als für die Stimme läßt sich das mühelos nachweisen: Empfängnis, Schwangerschaft, Geburt, Wachstum und Tod beherrschen alles Menschliche.

Ich bin räumlich gezwungen, mich auf Andeutungen zu beschränken, möchte aber noch kurz auf einige Dinge eingehen. Die physiologischen Tatsachen der vorgeburtlichen Zeit, in der das Kind im wesentlichen nichts andres an Eindrücken kennenlernt als den taktmäßigen und rhythmischen Schlag des Mutterherzens und des eignen Herzens, erklären, welche Hilfsmittel die Natur gebraucht, um dem Menschen das tiefste grundlegende Gefühl für das Musikalische zu geben, und Begriff und Wort Akkord haben dort Wurzeln. (Akkord ist abgeleitet von dem Wort *cor* = Herz, es bezeichnet ursprünglich das harmonische Zusammenwirken des Mutter- und Kindesherzens.) Daß bei der Entstehung des Takt- und Rhythmusgefühls die schaukelnde Bewegung des Kindes im Mutterleib mitwirkt, ist verständlich. An diese Feststellung, daß *das Musikalische vorgeburtlichen Ursprungs ist*, schließt sich leicht eine viel weitergehende Meinung an, daß nämlich das Musikalische unverlierbares Erbgut des Menschlichen ist und jedem von Adamszeiten an innewohnt, denn – und hier komme ich auf den Kern meiner Meinung – Musik kann sich des Lauts bedienen, ebenso oft ist sie stumm, sie kann gehört werden, aber sie kann auch gesehen werden, sie ist im wesentlichen Rhythmus und Takt und so aufs innigste allem Menschlichen verbunden. Der Mensch und die Welt, die der Mensch sich schafft – die einzige Welt, die wir kennen, ist die vermenschlichte Welt –, fordert Rhythmus und Takt und Harmonie, und alle scheinbar unrhythmischen, taktlosen, unharmonischen Geschehnisse enthalten in sich den Zwang zur rhythmischen, taktfesten Harmonie. Man kann sich davon leicht überzeugen, wenn man die Befruchtungsvorgänge der Eizelle unter dem Mikroskop beobachtet: Sie sind im wahrsten Sinne des Worts Musik.

Zum Schluß dieser kurzen Betrachtung möchte ich auf ein musikalisches Phänomen hinweisen, das die Verwandtschaft des Musischen und Menschlichen im Gleichnis zeigt, das ist der *Dreiklang*, der in sich die Einheit in der Drei und die Dreiheit in der Eins enthält genauso, wie es beim Menschen der Fall ist. Der einzelne Mensch ist an das Menschliche gebunden, er ist immer und ausnahmslos Mann, Weib und Kind. Das ist das Gesetz in ihm. Und weil der Mensch Dreieinheit ist, kann er nicht anders, als dem musikalischen Leben in ihm die Dreieinheit abfordern.

Es wäre denkbar, daß unsre Zeit sich so weit von der wirklichen Musik, die man mit Recht *Sphärenmusik* nannte, entfernt hat, daß man sie unmusikalisch nennen muß, aber ich bin nicht berechtigt, solche Fragen zu beantworten. Wenn ich deutlich genug gesagt habe, daß Musik sich nicht an das Ohr, sondern an das Menschliche wendet, so wird der Leser begreifen, wie ich mir als Arzt die Tatsache erkläre, daß so viele Musiker taub geworden sind. Es ist nicht zu verwundern, daß das überaus kluge und doch auch überaus dumme Unbewußte des Menschen denkt: »Die Klänge, die mein physisches Ohr hört, übertönen die hohe Musik meiner Seele; so will ich denn dies physische Ohr lähmen, um mehr zu genießen.« Der Gedanke scheint richtig zu sein, führt aber nicht zum Ziel, denn die Menschenmusik existiert nur zwischen den beiden Pfosten der Innen- und Sphärenmusik, und an diesem Zwischending sollen wir uns genügen lassen.

Dürers Melencolia (1934)

Editorische Vorbemerkung

Erstveröffentlichung in: Groddeck (1964), S. 332–334.

Eine der letzten Arbeiten von Groddeck beschäftigt sich mit DÜRERs Kupferstich ›Melencolia I‹ von 1514 (s. Abb. 5). Nach EGENOLF ROEDER VON DIERSBURG ist diese kurze Abhandlung »ein Kabinettstück Groddeckscher Bilddeutung« (in: Groddeck 1964, S. 261). In der Tat hat Groddeck die hier grundlegende Ambivalenz zwischen Schwermut und Heiterkeit erfaßt, und die Ironie, »über den Tod lachen zu können«, trifft sicherlich nicht nur auf DÜRER zu, sondern vor allem auf Groddeck selbst, der ja auch »den Schalk im Nacken hatte«.

In der neueren Literatur zum Melancholieproblem (KLIBANSKY u. a. 1964, SCHMITZ 1976) wird diesem für die frühe Neuzeit »jene Ambivalenz und semantische Spannweite« bescheinigt, »die ihm bis heute geblieben ist« (SCHMITZ 1976, S. 150). Diese Ambivalenz zeigt sich im Wechselspiel von ›melancholia naturalis‹ und ›melancholia non naturalis‹ (›natürlicher‹ und ›nicht natürlicher Melancholie‹), einem Begriffspaar der spätantiken und frühneuzeitlichen Psychologie und Medizin, mit dem sowohl das melancholische Temperament als einer günstigen Voraussetzung für außergewöhnliche Kreativität gemeint ist als auch die Neigung zu destruktiver krankhafter Verstimmung. Diese janushaftige Doppelgesichtigkeit der ›Melancholie‹ hat Groddeck hier mit seinen eigenen einfachen Worten intuitiv erfaßt.

Auch treten die Grenzen von Groddecks symbolischer Bildinterpretation deutlich zutage. So ist ›Melencolia‹ nichts weiter als eine spätmittelalterliche sprachliche Variante von ›Melancholia‹, und was Groddeck auf dem Kupferstich als ›§ 1‹ sieht, ist nur eine kunstvolle Zierleiste vor der Ziffer ›I‹, womit DÜRER wohl auf eine Systematik verschiedener Melancholieformen anspielt, die zu seiner Zeit üblich war. Diese Überinterpretationen sind zwar kleine Schönheitsfehler, tun aber der spannenden Brisanz von Groddecks Gedanken nur wenig Abbruch.

In Anlehnung an Groddecks quantifizierendes Ausdeuten von Symbolen, hier des magischen Quadrats, ist man versucht zu sagen, Groddeck habe mit diesem Essay einen Schlußstrich unter sein eigenes Leben gezogen, ein Leben, dessen wesentliche Signatur eine zugleich kreative wie bedrohliche Ambivalenz war. Hat der Magier Groddeck geahnt, daß die ›34‹, die Summenzahl von DÜRERs magischem Quadrat, zum Kürzel seines eigenen Todesjahres 1934 wurde?

———

Man erzählt sich, daß Dürer seinen berühmten Kupferstich von der Melencolia als Trostblatt gegen Kaiser Maximilians Saturnfürchtigkeit gestochen habe. Wenn man davon ausgeht, muß der Stich heitere Seiten haben. Auf den harmlosen Betrachter macht das Bild einen schwermütigen Eindruck, aber da Dürer den Schalk im Nacken hatte, könnte der an irgendeiner Stelle für den Kaiser versteckt sein. Tatsächlich ist etwas an dem Bilde verwunderlich, es fesselt die Aufmerksamkeit. Man sucht nach dem Sinn dieses merkwürdigen Fehlers in der Zeichnung. Die Stimmung ändert sich, und schließlich sieht man nicht ohne Heiterkeit, wie ein großer Maler sich über die Welt und wohl auch über sein Publikum lustig gemacht hat.

Rechts oben in der Ecke hängt eine Glocke, und eine Glocke ist dazu bestimmt, aufmerken zu lassen. Und unter dieser Glocke ist das vielbesprochene magische Quadrat mit der Summenzahl 34. In diesem Quadrat steht eine Zahl, die 5 der zweiten Linie, auf dem Kopf.

Man hat schon oft darauf hingewiesen, daß die Frauengestalt, die das Bild beherrscht, und wohl als Melancholie gedacht ist, inmitten vieler Werkzeuge schaffender Tätigkeit sitzt, selbst aber nichts tut. Offenbar *will* sie nichts tun, denn die Unordnung, in der die Dinge durcheinanderliegen, ist methodisch so aufgebaut, daß die Frau nichts tun kann, und wer sollte das so künstlich gemacht haben, wenn sie es nicht selber war?

Zunächst ist kein Platz für Arbeit da. Der Hammer liegt weitab von den Nägeln, die Zange ist halb unter dem Kleide versteckt. Auf der Stichsäge ruht ihr Fuß, und die Säge wiederum liegt schräg über dem Lineal. Der Wassertrog ist durch einen vielkantigen Stein unzugänglich gemacht, die sogenannte siebenstufige Planetenleiter lehnt an einer Stelle, wo sie sinnlos ist. Die Waage kann sich nicht bewegen, da sie sich an der Wand des Pfeilers reiben und den Knaben auf dem Mühlstein treffen würde, wenn man sie benützte. Die Klistierspritze, dieses erprobte Werkzeug, um melancholische Anwandlungen zu beseitigen, liegt allerdings zur Hand, aber der Platz mit der freien Aussicht ist wohl kaum geeignet, sie zu verwenden. Ein geschlossenes Buch liegt unter ihrem Arm, den Zirkel hält sie so, daß er nicht gebraucht werden kann. Schlüssel und Geldkatze achtet sie nicht. Sie ist geflügelt und bekränzt, aber kein Festglanz rechtfertigt diesen Kranz, und die Flügel tragen sie nicht in das Reich der Phantasie. Sie posiert. So blickt nur ein Mensch, der unglücklich erscheinen will.

Ist überhaupt Leben in dem Bilde? Jawohl, sogar ein sehr seltsames Leben. Da fliegt zunächst in der linken oberen Ecke, bestrahlt vom Stern und umrahmt vom Regenbogen, ein großmäuliger bellender Drachenhund, der einen langen Zettel in die Welt trägt »Melencolia § 1«. Melencolia? Ist es ein Scherz Dürers, daß er das a in ein e verwandelt hat, oder wußte er es wirklich nicht besser? Und was soll der § 1? Und warum saust diese Bezeichnung wie eine Flugzeugreklame am Himmel entlang, fort von dem Bilde?

Lebendig ist auch das Feuer unter dem Leimtiegel, den man gewöhnlich einen Alchimistentiegel nennt, aber Frau Melencolia § 1 kann dies Feuer nicht sehen. Mag der Leim überkochen.

Lebendig ist das magere Vieh; man weiß nicht, ist es ein Hund oder sonst irgend etwas, das unter dem Rock des Weibes schnüffelt. Aus voller Seele schnüffelt er, und dicht daneben steht unbenutzt das Weihrauchfaß.

Lebendig ist aber vor allem die Figur des Mittelpunkts, ein kleiner Amor. Er *tut* auch etwas. Den gekünstelt traurigen Blick seiner Nachbarin kindlich nachahmend, schreibt er mit einem der großen Nägel auf dem Deckel eines zusammengeklappten Buches. Ein wenig lächelt er in all seinem Ernst. Wenn er geduldig wartet, wird Frau Melencolia ihn wohl bemerken. Er hat sorglich über den kalten Mühlstein, auf dem er sitzt, ein schönes Tuch gebreitet, auf daß er sich nicht erkälte. Er wartet. Wer aber Symbole kennt, weiß, daß er bei diesem Weibe vergeblich wartet.

Und zum Schluß ist da auch noch das Zeichen des Todes, die Sanduhr. Aber ihr Zifferblatt und die Zeiger sehen nach der falschen Richtung. Das Zifferblatt beginnt mit der 9 und endet mit der 4, so die Summe 13 bildend, die neben 21 in dem magischen Quadrat vorherrscht. Der kleine Zeiger steht dicht zwischen 12 und 1 (Summe: 13), der große zwischen 3 und 4, der Summenzahl des magischen Quadrats.

Wohl dem Maler, der über den Tod lachen kann.

Literaturverzeichnis

Nachfolgend sind die jeweils greifbaren Publikationen angegeben, nur selten die Originalausgaben. Von SIGMUND FREUD werden die Studienausgabe und – soweit erschienen – die Nachdrucke in den Fischer Taschenbüchern zitiert.

Berny, Adalbert: ›Zur Hypothese des sexuellen Ursprungs der Sprache‹. *In:* Imago 2 (1913), S. 537–551.
Beutin, Wolfgang: ›Einleitung‹. *In:* Literatur und Psychoanalyse. Ansätze zu einer psychoanalytischen Textinterpretation. Hrsg. v. Wolfgang Beutin. München 1972, S. 7–48 (= Nymphenburger Texte zur Wissenschaft Bd. 7).
Cremerius, Johannes: ›Einleitung des Herausgebers‹. *In:* Neurose und Genialität. Psychoanalytische Biographien. Hrsg. u. eingeleitet v. Johannes Cremerius. Frankfurt am Main 1971, S. 7–25.
Dettmering, Peter: ›Psychoanalyse als Instrument der Literaturwissenschaft‹. *In:* Psyche 27 (1973), S. 601–613. – *Gekürzt auch in:* Psychoanalyse. Selbstdarstellung einer Wissenschaft. Hrsg. u. eingeleitet v. Jürgen vom Scheidt. München 1975, S. 246–258 (= Slg. Dialog Bd. 7).
Dürrenmatt, Friedrich: ›Theaterprobleme‹. Zürich 1955. Neuaufl. Zürich o. J. (= Die kleinen Bücher der Arche Bd. 257/258).
Durrell, Lawrence (1961 a): ›Groddeck‹ (1961). Wiesbaden o. J.
Durrell, Lawrence (1961 b): ›Vorwort‹ zu: Groddeck (1923, Neuaufl. 1961), S. 5–7.
Ellwanger, Wolfram: ›Zappelphilipp und der Wilde Jäger. Ein Beitrag zur Psychologie des Struwwelpeter‹. *In:* Psyche 27 (1973), S. 636–642.
F., R. (wohl = *Fließ, Robert* [1927]): ›Der psychoanalytische Struwwelpeter‹. *In:* Vossische Ztg., Berlin, Nr. 565 vom 30. 11. 1927.
F., R. (wohl = *Fließ, Robert* [1930]): ›Oedipus und Struwwelpeter‹. Psychoanalytiker-Tagung. *In:* Vossische Ztg., Berlin, Nr. 464 vom 2. 10. 1930.
Freud, Sigmund (1898): ›Die Sexualität in der Ätiologie der Neurosen‹. *In:* Sigmund Freud Studienausgabe. Bd. 5. Frankfurt am Main 1972, S. 11–35.
— (1901): ›Zur Psychopathologie des Alltagslebens‹. Frankfurt am Main 1954 (= Fischer Taschenbuch Bd. 6079).
— (1905): ›Bruchstück einer Hysterie-Analyse‹. *In:* Sigmund Freud Studienausgabe. Bd. 6. Frankfurt am Main 1971, S. 83–186.
— (1907): ›Der Wahn und die Träume in W. Jensens ,Gradiva'‹. *In:* Sigmund Freud Studienausgabe. Bd. 10. Frankfurt am Main 1969, S. 9–85. – Als Taschenbuch: . . . mit dem Text der Erzählung von Wilhelm Jensen. Hrsg. u. eingeleitet v. Bernd Urban u. Johannes Cremerius. Frankfurt am Main 1973 (= Fischer Taschenbuch Bd. 6172).
— (1908): ›Der Dichter und das Phantasieren‹. *In:* Sigmund Freud Studienausgabe. Bd. 10. Frankfurt am Main 1969, S. 169–179.
— (1910): ›Eine Kindheitserinnerung des Leonardo da Vinci‹. *In:* Sigmund Freud Studienausgabe. Bd. 10. Frankfurt am Main 1969, S. 87–159.
— (1914): ›Der Moses des Michelangelo‹. *In:* Sigmund Freud Studienausgabe. Bd. 10. Frankfurt am Main 1969, S. 195–222.

- (1916/17): ›Vorlesungen zur Einführung in die Psychoanalyse‹. *In:* Sigmund Freud Studienausgabe. Bd. 1. Frankfurt am Main 1969, S. 33–445. – Als Taschenbuch: Frankfurt am Main 1977 (= Fischer Taschenbuch Bd. 6348).
- (1923): ›Das Ich und das Es‹. *In:* Sigmund Freud Studienausgabe. Bd. 3. Frankfurt am Main 1975, S. 273–330.
- (1924): ›Kurzer Abriß der Psychoanalyse‹. *In:* ›Selbstdarstellung‹. Schriften zur Geschichte der Psychoanalyse. Hrsg. u. eingeleitet v. Ilse Grubrich-Simitis. Frankfurt am Main 1971, S. 202–222 (= Fischer Taschenbuch Bd. 6096).
- (1926): ›Die Frage der Laienanalyse: Unterredungen mit einem Unparteiischen‹. *In:* Sigmund Freud Studienausgabe. Ergänzungsband. Frankfurt am Main 1975, S. 271–349.
- (1930): ›Goethe-Preis‹. *In:* Sigmund Freud Studienausgabe. Bd. 10. Frankfurt am Main 1969, S. 287–296.
- (1950): ›Aus den Anfängen der Psychoanalyse‹. Korrigierter Nachdruck. Frankfurt am Main 1975.
- (1969): ›Bildende Kunst und Literatur‹. Frankfurt am Main 1969 (= Sigmund Freud Studienausgabe. Bd. 10).

Gedo, John E.: ›Psychoanalyse und bildende Kunst (eine Sammelrezension)‹. *In:* Psyche 27 (1973), S. 669–695.

Goeppert, Sebastian, u. *Herma C. Goeppert:* ›Sprache und Psychoanalyse‹. Reinbek bei Hamburg 1973 (= rororo studium Bd. 40).

Groddeck, Georg (1902): ›Ein Frauenproblem‹. Leipzig 1902.
- (1905): ›Ein Kind der Erde‹. Bd. 1–2. Leipzig 1905.
- (1907): ›Die Hochzeit des Dionysos‹. Dresden 1907.
- (1909): ›Hin zu Gottnatur‹. Leipzig 1909. 3. Aufl. Leipzig 1912.
- (1910): ›Tragödie oder Komödie? Eine Frage an die Ibsenleser‹. Leipzig 1910.
- (1913): ›Natura sanat, medicus curat (Nasamecu). Der gesunde und kranke Mensch, gemeinverständlich dargestellt‹. Leipzig 1913. *Nachdruck unter dem Titel* ›Die Natur heilt . . . Die Entdeckung der Psychosomatik.‹ Mit einem Nachwort von Helmut Siefert. Wiesbaden, München 1976.
- (1916–1919): (›115 psychoanalytische Vorträge im Sanatorium Groddeck in Baden-Baden‹) (fast alle unveröffentlicht).
- (1917): ›Psychische Bedingtheit und psychoanalytische Behandlung organischer Leiden‹. Leipzig 1917. – *Auch in:* Groddeck (1966), S. 19–45.
- (1918): (›Der Struwwelpeter‹.) 85. Vortrag, gehalten am 24. 4. 1918. *Gekürzt abgedruckt in:* Groddeck (1964), S. 241–250.
- (1920 a): ›Über das Es‹ (Manuskript 1920). *In:* Groddeck (1966), S. 46–77.
- (1920 b): ›Eine Symptomanalyse‹. *In:* Internat. Zschr. Psychoanal. 6 (1920), S. 320–327. – *Auch in:* Groddeck (1966), S. 92–100.
- (1921): ›Der Seelensucher. Ein psychoanalytischer Roman‹. Leipzig, Wien, Zürich 1921. *Nachdruck* Wiesbaden 1971.
- (1922): ›Der Symbolisierungszwang‹. *In:* Imago 8 (1922), S. 67–81. – *Auch in:* Groddeck (1966), S. 114–130.
- (1923): ›Das Buch vom Es. Psychoanalytische Briefe an eine Freundin‹. Leipzig, Wien, Zürich 1923. – *Nachdruck,* mit einer ›Einleitung‹ von Lawrence Durrell und einem ›Nachruf auf Georg Groddeck‹ von Hermann Graf Keyserling, Wiesbaden 1961. – Als Taschenbuch: 3. Aufl. München 1976 (= Geist u. Psyche Bd. 2040). Neuausgabe, hrsg. v. Helmut Siefert, Frankfurt am Main 1978 (= Fischer Taschenbuch Bd. 6367).
- (1925–1927): ›Die Arche‹ (Halbmonatsschrift im Selbstverlag). Hrsg. v. Georg Groddeck, Baden-Baden. Jg. 1–3 (1925–1927). – *Einige Beiträge nachgedruckt in:* Groddeck (1964), Groddeck (1966), Groddeck (1970), Groddeck (1974). – Die Beiträge tragen z. T. keine Titel. Die in diesem Literaturverzeichnis in Klammern gesetzten Titel stammen vom Hrsg.
- (1925 a): ›Ein Unmusikalischer in Mozarts Don Juan‹. *In:* Die Arche, Jg. 1, Nr. 9 vom 7. 9. 1925, S. 20–24.

- (1925 b): ›Römische Impressionen‹. *In:* Die Arche, Jg. 1, Nr. 15 vom 25. 11. 1925, S. 1–10. (*Fortsetzung in:* Nr. 16 vom 15. 12. 1925, S. 1–16.)
- (1926 a): ›Das Kreuz (als Symbol)‹. *In:* Die Arche, Jg. 1, Nr. 19 vom 28. 1. 1926, S. 22–24.
- (1926 b): (›Psychoanalyse und Sexualität‹). *In:* Die Arche, Jg. 1, Nr. 21 vom 25. 2. 1926, S. 21–23. – Unter dem Titel ›Georg Groddeck zum Seelensucher‹ *auch in:* Groddeck (1921), Nachdruck S. 375–377.
- (1926 c): (›Beethovens 9. Symphonie‹). *In:* Die Arche, Jg. 2, Nr. 1 vom 12. 4. 1926, S. 23–25.
- (1926 d): ›Unbewußtes und Sprache‹. *In:* Die Arche, Jg. 2, Nr. 3/4 vom 4. 6. 1926, S. 33–40.
- (1926 e): ›Das Es und die Psychoanalyse‹. Erster Vortrag an der Lessing-Hochschule im Herbst 1926. *In:* Die Arche, Jg. 2, Nr. 15 vom 10. 11. 1926, S. 13–22. – *Auch in:* Groddeck (1970), S. 184–194; Groddeck (1974), S. 60–70.
- (1926 f): ›Der Alltag‹. Zweiter Vortrag an der Lessing-Hochschule im Herbst 1926. *In:* Die Arche, Jg. 2, Nr. 16 vom 29. 11. 1926, S. 1–13. – *Auch in:* Groddeck (1970), S. 194–206; Groddeck (1974), S. 70–82.
- (1926 g): ›Krankheit‹. Dritter Vortrag an der Lessing-Hochschule im Herbst 1926. *In:* Die Arche, Jg. 2, Nr. 16 vom 29. 11. 1926, S. 13–23. – *Auch in:* Groddeck (1970), S. 207–218; Groddeck (1974), S. 83–94.
- (1926 h): ›Behandlung‹. Vierter Vortrag an der Lessing-Hochschule im Herbst 1926. *In:* Die Arche, Jg. 2, Nr. 17 vom 17. 12. 1926, S. 1–15. – *Auch in:* Groddeck (1970), S. 218–233; Groddeck (1974), S. 94–109.
- (1926 i): ›Industrie, Wissenschaft und Kunst‹. Fünfter Vortrag an der Lessing-Hochschule im Herbst 1926. *In:* Die Arche, Jg. 2, Nr. 17 vom 17. 12. 1926, S. 15–26.
- (1926 k): ›Das Es und die Evangelien‹. Sechster Vortrag an der Lessing-Hochschule im Herbst 1926. *In:* Die Arche, Jg. 2, Nr. 18 vom 28. 12. 1926, S. 1–17.
- (1926 l): ›Lebenserinnerungen‹. (1926) *In:* Groddeck (1970), S. 267–399.
- (1927 a): (›Antwort auf einen Leserbrief‹). *In:* Die Arche, Jg. 2, Nr. 23/24 vom 28. 3. 1927, S. 28–30 unter dem Titel ›Eine Frage‹.
- (1927 b): ›Das sind Könige, die nie etwas von Königen gehört haben‹. *In:* Die Arche, Jg. 3, Nr. 3/4 vom 30. 5. 1927, S. 34–44.
- (1927 c): ›Der Ring des Nibelungen‹. Erster Vortrag an der Lessing-Hochschule innerhalb der Reihe ›Vier Lehrbücher der Psychoanalyse‹ am 4. 11. 1927. *In:* Die Arche, Jg. 3, Nr. 11 vom 11. 11. 1927, S. 11–31. – *Auch in:* Groddeck (1964), S. 135–156.
- (1927 d): ›Peer Gynt‹. Zweiter Vortrag an der Lessing-Hochschule innerhalb der Reihe ›Vier Lehrbücher der Psychoanalyse‹ am 11. 11. 1927. *In:* Die Arche, Jg. 3, Nr. 12 vom 30. 11. 1927, S. 1–25. – *Auch in:* Groddeck (1964), S. 163–191.
- (1927 e): ›Faust‹. Dritter Vortrag an der Lessing-Hochschule Berlin innerhalb der Reihe ›Vier Lehrbücher der Psychoanalyse‹ am 18. 11. 1927. *In:* Die Arche, Jg. 3, Nr. 13/14 vom 14. 12. 1927, S. 1–32. – *Auch in:* Groddeck (1964), S. 192–228.
- (1927 f): ›Der Struwwelpeter‹. Vierter Vortrag in der Lessing-Hochschule Berlin innerhalb der Reihe ›Vier Lehrbücher der Psychoanalyse‹ am 25. 11. 1927. – Zwei kurze Zusammenfassungen als Manuskript im Nachlaß. – *Abgedruckt in:* Groddeck (1964), S. 232f, 233–235.
- (1930 a): ›Das Unbewußte in der bildenden Kunst‹. Vortrag im Kurhaus von Baden-Baden. – Manuskript im Nachlaß, hier erstmals veröffentlicht.
- (1930 b): ›Unbewußtes in der bildenden Kunst‹. – Manuskript im Nachlaß, hier erstmals auszugsweise veröffentlicht.
- (1930 c): ›Der Struwwelpeter‹. Vortrag auf der psychoanalytischen Tagung in Dresden am 28. 9. 1930. Autoreferat im Nachlaß. – *Gekürzt abgedruckt in:* Groddeck (1964), S. 235–241.
- (1932 a): ›Musik und Unbewußtes‹. *In:* Groddeck (1964), S. 157–162.

- (1932 b): ›Vom Sehen, von der Welt des Auges und vom Sehen ohne Augen‹. *In:* Groddeck (1966), S. 263-331.
- (1933 a): ›Ich erkälte mich‹. *In:* Groddeck (1966), S. 331-334.
- (1933 b): ›Der Mensch als Symbol. Unmaßgebliche Meinungen über Sprache und Kunst‹. Wien 1933. – *Nachdruck:* Wiesbaden 1973. – Als Taschenbuch: München 1976 (= Geist und Psyche Bd. 2174).
- (1934): ›Dürers Melencolia‹. *In:* Groddeck (1964), S. 332-334.
- (1964): ›Psychoanalytische Schriften zur Literatur und Kunst‹. Ausgewählt und herausgegeben von Egenolf Roeder von Diersburg. Wiesbaden 1964.
- (1966): ›Psychoanalytische Schriften zur Psychosomatik‹. Ausgewählt und herausgegeben von Günter Clauser. Wiesbaden 1966.
- (1970): ›Der Mensch und sein Es‹. Briefe, Aufsätze, Biografisches. Hrsg. v. Margaretha Honegger. Wiesbaden 1970.
- (1974): ›Verdrängen und heilen. Aufsätze zur Psychoanalyse und psychosomatischen Medizin‹. Hrsg. v. Margaretha Honegger. München 1974 (= Geist und Psyche Bd. 2140). – (= Taschenbuchausgabe von Groddeck [1970], Teil 2).

Groddeck, Georg, und *Sigmund Freud:* ›Briefe über das Es‹. Hrsg. v. Margaretha Honegger. München 1974 (= Geist und Psyche Bd. 2117). – (= Taschenbuchausgabe von Groddeck [1970], Teil 1).

Grossman, Carl M., and *Sylva Grossman:* ›The wild analyst. The life and work of Georg Groddeck‹. London 1965.

Grotjahn, Martin (1966): ›The untamed analyst‹. *In:* ›Psychoanalytic pioneers‹. Ed. by Franz Alexander, Samuel Eisenstein and Martin Grotjahn. New York, London 1966, S. 308-320.
- (engl. Ausg. 1971): ›Die Sprache des Symbols‹. München 1977 (= Geist und Psyche Bd. 2182).
- (1976): ›Freuds Briefwechsel‹. *In:* Die Psychologie des 20. Jahrhunderts. Bd. 2. Zürich 1976, S. 35-146.

Haeckel, Ernst: ›Gott-Natur (Theophysis). Studien zur monistischen Religion‹. Leipzig 1914.

(Hoffmann-Ausstellungskatalog 1976.)
›Dr. Heinrich Hoffmann 1809-1894. Struwwelpeter-Autor, Demokrat, volkstümlicher Frankfurter Nervenarzt‹. Katalog einer Ausstellung in der Frankfurter Paulskirche vom 17.-24. November 1976. Hrsg. v. G. H. Herzog u. Helmut Siefert. Frankfurt am Main 1976. (Ein Katalog des 1977 in Frankfurt eröffneten Heinrich-Hoffmann-Museums ist in Vorbereitung.)

Jung, C. G. (1922): ›Über die Beziehungen der analytischen Psychologie zum dichterischen Kunstwerk‹ (1922). *In:* Gesammelte Werke. Bd. 15. Olten u. Freiburg i. Br. 1971, S. 75-96.
- (1930): ›Psychologie und Dichtung‹ (1930). *In:* Gesammelte Werke. Bd. 15. Olten u. Freiburg i. Br. 1971, S. 97-120.
- (1934): ›Über die Archetypen des kollektiven Unbewußten‹ (1934). *In:* Gesammelte Werke. Bd. 9.1. Olten, Freiburg i. Br. 1976, S. 11-51. – Als Taschenbuch *in:* C. G. Jung: ›Bewußtes und Unbewußtes‹. Frankfurt am Main, Hamburg 1957, S. 11-53 (= Fischer Taschenbuch Bd. 6058).
- (1971): ›Über das Phänomen des Geistes in Kunst und Wissenschaft‹. Olten, Freiburg i. Br. 1971 (= Gesammelte Werke Bd. 15).

Klibansky, Raymond, Erwin Panofsky u. *Fritz Saxl:* ›Saturn and melancholy. Studies in the history of natural philosophy, religion and art‹. London 1964.

Könneker, Marie-Luise: ›Dr. Heinrich Hoffmanns Struwwelpeter. Untersuchungen zur Entstehungs- und Funktionsgeschichte eines bürgerlichen Bilderbuchs‹. Stuttgart 1977.

Kubie, Lawrence S.: ›Neurotische Deformationen des schöpferischen Prozesses‹ (1958). *(Auch unter dem Titel:* ›Psychoanalyse und Genie. Der schöpferische Prozeß‹.) Reinbek bei Hamburg 1969 (= rowohlts deutsche enzyklopädie. Bd. 244).

Kudlien, Fridolf: ›Os sacrum‹. *In:* Gesnerus 33 (1976), S. 183–187.

Leuner, Barbara (1967): ›Emotion und Abstraktion im Bereich der Künste. Eine Sammlung psychodynamischer Studien‹. Köln 1967 (= DuMont Dokumente).

— (1976): ›Psychoanalyse und Kunst. Die Instanzen des Inneren‹. Köln 1976 (= DuMont Kunst-Taschenbücher Bd. 36).

Levy, Ludwig: ›Sexualsymbolik in der biblischen Paradiesgeschichte‹. *In:* Imago 5 (1917–1919), S. 16–30.

Lindner, S.: ›Das Saugen an den Fingern, Lippen etc. bei den Kindern (Ludeln)‹ (1879). *In:* Zschr. psychoanalyt. Pädag. 8 (1934), S. 117–138.

Lorenzer, Alfred: ›Sprachspiel und Interaktionsformen. Vorträge und Aufsätze zu Psychoanalyse, Sprache und Praxis‹. Frankfurt am Main 1977 (= suhrkamp taschenbücher wissenschaft 81).

Maurer, Ralph Gerald: ›A thesis toward an understanding of Georg Groddeck‹. Med. Diss. Yale 1967. (Masch. schr.)

Mitscherlich, Alexander: ›Einleitung‹. *In:* ›Psycho-Pathographien I. Schriftsteller und Psychoanalyse‹. Hrsg. v. Alexander Mitscherlich. Frankfurt am Main 1972, S. VII–XIII.

Rank, Otto, und Hanns Sachs: ›Entwicklung und Ansprüche der Psychoanalyse‹. *In:* Imago 1 (1912), S. 1–16.

Roazen, Paul: ›Sigmund Freud und sein Kreis. Eine biographische Geschichte der Psychoanalyse‹ (1971). Bergisch Gladbach 1976.

Roeder von Diersburg, Egenolf: ›Vom Innen und Außen‹. *In:* Die Arche, Jg. 1, Nr. 4 vom 26. 6. 1925, S. 8–15; Nr. 6 vom 24. 7. 1925, S. 5–12; Nr. 12 vom 16. 10. 1925, S. 9–16; Nr. 18 vom 11. 1. 1926, S. 1–10; Nr. 20 vom 12. 2. 1926, S. 1–10; Jg. 2, Nr. 2 vom 29. 4. 1926, S. 1–8; Nr. 6 vom 1. 7. 1926, S. 1–10; Nr. 15 vom 10. 11. 1926, S. 1–9.

— (1961): ›Georg Groddecks Philosophie des Es‹. *In:* Zschr. philos. Forschung 15 (1961), S. 131–138.

— (1964): (Vorwort und Vorbemerkungen.) *In:* Groddeck (1964).

Schmitz, H.-Günter: ›Das Melancholieproblem in Wissenschaft und Kunst der frühen Neuzeit‹. *In:* Sudhoffs Arch. 60 (1976), S. 135–162.

Siefert, Helmut: ›Georg Groddeck und die Popularisierung der Psychoanalyse‹. Vortrag 1976 (noch unveröffentlicht).

Spengler, Oswald: ›Der Untergang des Abendlandes. Umrisse einer Morphologie der Weltgeschichte‹ (1918–1922). Bd. 1–2. München 1972 (= dtv Bd. 838, 839).

Spielrein, Sabina: ›Die Entstehung der kindlichen Worte Papa und Mama. Einige Betrachtungen über verschiedene Stadien in der Sprachentwicklung‹. *In:* Imago 8 (1922), S. 345–367.

Waelder, Robert: ›Psychoanalytische Wege zur Kunst‹. *In:* Sigmund Freud – Vorlesungen von Helene Deutsch, Phyllis Greenacre und Robert Waelder (1967, 1962, 1963). Frankfurt am Main 1973, S. 161–239, 269–276.

Namenregister

(Die Register wurden unter Mithilfe
von Herrn cand. med. Klaus Fritz erarbeitet.)

Abraham 222
Achill 25, 53, 133
Adam und Eva 65, 69, 73, 87, 137, 189, 226, 231, 235, 238, 250
Alexander VI. 87
Amor 224, 227, 249, 254
Andrea del Sarto
   Die Enthauptung Johannes des Täufers 240, 255
Äschylos 25
Auerbach, B. 165

Bach, J.-S. 19, 29, 30, 85, 246
Balzac, H. de 29, 31
Baudelaire, Ch. 29
Beethoven, L. v. 19, 30, 32, 246
Beuton, W. 10
Bismarck, O. v. 11
Boccaccio, G. 172, 215
Böcklin, A. 35
Botticelli, S.
   Frühling 225
Bramante 34

Christus 93, 95, 169, 178, 213, 230, 233–235
— und Judas 232
Cranach, L.
   Venus und Amor 225, 255
Cremerius, J. 10

Dante 36
Defoe, D.
   Robinson 107
Dettmering, P. 8, 10
Dickens, Ch. 29
Donatello 33
Domenichino 86
Dostojewskij, F. 29
Dumas, A. 31
Dürer, A. 34, 214, 223 f, 236, 252–255
   Maria mit Sternenkrone 223
   Melancholie 252–254
   Sündenfall 235–237
Durrell, L. 10
Dürrenmatt, F. 39

Ellwanger, W. 197

Faust s. Goethe
Férenczi, S. 84
Feuerbach, A. 35
Fichte, J. G. 29
Flaubert, G. 29
Fliess, R. 120, 197
Freud, A. 213
Freud, S. 7 f, 11 f, 38 f, 64, 79, 84 f, 93 f, 100, 105, 113, 116 f, 120 f, 123, 140, 147, 175, 181, 190, 213, 223, 239
   Eine Kindheitserinnerung des Leonardo da Vinci 7
   Psychopathologie des Alltagslebens 97
   Vorlesung zur Einführung in die Psychoanalyse 196
   Der Wahn und die Träume . . . 7

Geibel, E. 29
Goethe, J.-W. v. 19, 22, 24, 26, 28–30, 33, 36, 53, 85, 214 f, 224
   Egmont 28
   Erlkönig 197
   Faust 26, 108, 120 f, 134, 139, 143, 145, 153, 165–195, 222, 234
   Fischer 68
   Hermann und Dorothea 26 f
   Torquato Tasso 48
   Wahlverwandtschaften 27
Goethepreis 213
Grossman, C. M. und S. 10
Grotjahn, M. 10, 12

Haeckel, E. 19
Hagesandros, Polydoros, Athanadoros 244, 255
Hebbel, F. 29
Hegel, G. W. F. 29
Heine, H. 29
Hera 133
Herakles 133
Herder, J. G. v. 29
Hoffmann, H. 70, 197 f
   Struwwelpeter 70, 120 f, 155, 195–220

261

Hogarth, W. 205
Homer 21 f, 25, 27, 85
  Ilias 25
  Odyssee 21, 25, 28
Honegger, M. 13
Hugo, V. 29

Ibsen, H. 11, 29, 31
  Nora 38–63
  Peer Gynt 39, 120 f, 140–164, 171

Jensen, W.
  Gradiva 7, 84
Jung, C. G. 117
Jungfrau von Orleans 24

Kant, I. 29
Kastor und Pollux 133
Keller, G. 36
  Romeo und Julia auf dem Dorfe 134
Kellermann, B. 36
Kleist, H. v. 29
Klibansky, R. 252
Koberstein, A. 11
Koch, R. 11
Kollwitz, K. 220
Könneker, M.-L. 197
Kopernikus, N. 110
Kubie, L. S. 10
Kudlien, S. 92

Langbehn, J. 34
Laokoon 244 f
Lenbach, F. v. 35
Leonardo da Vinci 7, 19, 22, 33 f, 84, 117, 233 f
  Abendmahl 34, 232 f
Leuner, B. 10
Liebermann, M. 35
Lorenzer, A. 97
Luther, M. 99, 214

Manet, E. 35
Maurer, R. G. 10
Memling, H. 220, 229
  Madonna mit dem Christuskind und Engeln 229, 255
Menzel, A. v. 220, 255
  Beim Lampenlicht 239
Michelangelo Buonarroti 19, 32, 34, 84 f, 218, 220, 235, 243, 255
  David 33, 241
  Erschaffung Adams 72 f, 225, 231
  Erschaffung der Frau 227
  Juliusdenkmal 33
  Madonna von Brügge 33
  Moses 33
  Petersdom 32
  Pietà 32, 73, 105, 116, 234 f
  Sixtinische Kapelle 33, 85
  Sklaven 33
Millet, J. F. 35 f
Moltke, H. 58
Mozart, W. A. 79–83, 85
  Don Giovanni 79–83
  Entführung aus dem Serail 80
  Figaros Hochzeit 82
  Zauberflöte 82
Musset, A. de 29

Nietzsche, F. 19, 29, 31 f, 105, 212, 224

Odysseus 16, 25, 53

Peleus, Pelide 16
Pfister, O. 117
Ptolemäus 110

Quintilian 160

Raffaello Santi 19, 33 f, 220 f, 255
  Sixtinische Madonna 220–223, 255
Rank, O. 7, 64
Rembrandt 19, 34–36
Roeder von Diersburg, E. 13, 110, 196, 252
Romulus und Remus 87

Sachs, H. 7, 64
Sassoferrato 237–239
  Die drei Lebensalter 237–239, 255
Schiller, F. v. 29, 31
Schmitz, H. G. 252
Schopenhauer, A. 29
Schweitzer, A. 29
Schweninger, E. 11
Shakespeare, W. 19, 23 f, 26–28, 30, 85
  Hamlet 28, 32, 163
  König Lear 28, 213
  Romeo und Julia 215
Shaw, B. 29
Spielrein, S. 76
Spitteler, K. 31 f, 36, 113
Steinach, E. 239
Strauss, R. 30, 246
Struwwelpeter s. Hoffmann, H.

Themis 227
Tolstoi, L. 36

Venus 224, 227
Verlaine, P. 29
Virchow, R. 11
Vischer, F. T.
  Auch Einer 82

Waelder, R. 10

Wagner, R. 19, 31, 140, 246
  Ring des Nibelungen 120–140, 171, 181, 220, 246
  Walküre 134
Wittgenstein, L. 97

Zeus 133
Zola, E. 31, 36

Sachregister

(Häufig vorkommende Begriffe wie ›Es‹, ›Unbewußtes‹ und dergleichen wurden nicht aufgenommen.)

Ackerbau 75
Adam und Eva 65, 69, 73, 87, 137, 189, 226, 231, 235, 238, 250
Alchemie 254
Alltag 105
Ambivalenz 84, 121, 159, 162, 174, 176, 178–180, 212, 252 f.
Angst 55, 58, 138, 142, 144, 152, 161, 164, 199, 201
Apfel s. auch Symbol
— der Erkenntnis 135
Archäologie 84
Architektur 32, 36, 112, 114
Arzt 58, 70, 202
Assoziation 71, 97, 101, 103, 182
—, freie 9 f, 93, 104, 120
Assoziationszwang 68, 70
Astronomie 110
Auferstehung 186, 235
Auge 112 (s. auch Symbol)
Augenblick 183

Baukunst s. Architektur
Baum 88 f (s. auch Symbol)
— der Erkenntnis 65
Bergbau 107
Bibel 23, 65, 135, 198
Bindegewebe 106
Biologismus 15
Brunnen 201
Buchdruck 77

Charakter 19–37

Determinismus 65
Dreieinigkeit 231
Drittes Reich 10
Doryphoros 73, 241
Ehe 41 f, 51 f, 57, 60, 62, 153, 240
Ei 100, 103 f
Einfall, freier s. Assoziation
Ejakulation 66, 205, 241
Epithelgewebe 106
Erektion 66, 93, 176, 204, 215 f, 237, 240 f, 243
Erfindungen 77

Erkenntnis 195
-philosophie 111
Eros 224, 249
— als größter Künstler 115
Erotik, kindliche 181
Ethik 182
Etymologie 248
Ewig-Weibliches 180 f, 183, 185, 192–194, 218 f, 222
Exkretionserotik 71

Faust 26, 108, 120 f, 134, 139, 143, 145, 153, 165–195, 222, 234
Fehlleistung 94, 97
Feuer 106 f
Fingerlutschen 206
Fotoapparat 112
Frauenbewegung, Frauenfrage 15–19, 39, 42, 46, 62

Geburt und Grab 145, 164
Gehirn 112, 115
Geisteskrankheit 200
Geld 75
Genie 109, 209, 214
Geschichte 19
Geschlechtsverkehr 65
Gesellschaft 46
Gestaltspsychologie 117
Gewissen 166
—, schlechtes 51
Gotik 32
Gott 124, 166, 187, 210, 221, 230, 234, 243
-natur 19–37
Gut und Böse 56, 168, 178, 230, 236

Haus 112 (s. auch Symbol)
Haustiere 74
Hermaphrodit 178 f
Homosexualität 101 f, 242
Homunkulus 139, 153, 178, 186

Ich und Es 106, 109, 111
— und Selbst 158–160, 163 f
Imago 184 f, 236 f (s. auch Mutterimago)

Imago (Forts.)
— [Zeitschrift] 7, 64, 126, 196
Impotenz 72, 200, 206
Impressionismus 38
Industrie 105–116
Intelligenz 228
Inzestwunsch 151, 180, 190, 203

Johannesevangelium 99

Kastration 66 f, 206, 239, 243
Kastrationsangst 103, 199, 238
Kastrationskomplex 71, 74, 97, 101–104, 243
Katholizismus 33
Kehlkopf 113
Keuschheit 229
Kindheit als Paradies 20
Kirchengebäude 20, 114
Klavier 76 f, 113
Kleidung 106
Klistierspritze 253
Knochengewebe 106
Komödie 38–63
Komplex
—, analer 74
—, Impotenz- s. Impotenz
—, Kastrations- s. Kastration
Krankheit 105, 154
Kreuz 143 f, 180
 -bein 92–96, 235
 (s. auch Symbol)

Landschaftsmalerei 34 f
Leidenschaft 107
Libido 174

Magie 193 f
magisches Quadrat 253
Malerei 112, 114 f
Märchen 64, 68, 155, 198
 Schneewittchen 66
Mathematik 94 f, 110
Melancholie 252–254
Mikrokosmos-Makrokosmos 173
Monismus 19
Moral 52, 200
Musik 29, 65, 76 f, 79–83, 113 f, 239, 246–251
Musikinstrumente 76 f, 250
Mutter 99
 -imago 142, 151, 188, 192, 194
 -problem 93–96
 -liebe 116
Mystik 94

Mythos, Mythen 8, 19, 64, 69, 173, 242, 249

Nacktheit 65
Nächstenliebe 23 f, 32
Neues Testament 201
Neurosen 69, 78, 101
Noten 247

Ödipuskomplex 8, 99, 120, 181, 193–195, 218
Ohr 113, 247, 250 f
Onanie 72, 184–187, 203 f, 210, 237, 243 f
Orgasmus 94
Orgel 113

Pansexualismus 8
Peer Gynt 120 f, 140–164, 171
Penisneid 103
Persönlichkeit 19–37, 125, 159
Phallus 74 f, 173, 176, 215, 217, 237 f, 240 f
Phantasie, phantasieren 13, 42, 44, 52, 77, 96, 149, 151, 155 f, 184, 198, 242, 254
Philanthropie 46
Philosophie 19, 111
Pietà 32, 105, 116, 234
Plastik 32, 36, 112, 115
populäre
 Vorträge 105
 Vorurteile 8
Popularisierung der Psychoanalyse 9
Projektion 93
Protestantismus 33
Psychoanalyse
 und Gesellschaft 8
 und Leben 7
 und Medizin 8
 und Religion 8

Rasse 35
Realitätsprinzip 147, 155
Rechts-Links-Problematik 94, 229, 238
Religion 20, 32, 65, 69, 78, 93, 105, 115, 210
Renaissance 32–34, 84, 220
Ring des Nibelungen 120–140, 171, 181, 220, 246

Sachlichkeit, neue 147
Sadismus 71, 199 f, 203, 207
Sagen 68, 134
Sarkophag 98, 104

Schlaf 146, 164
Schlange s. Symbol
Schlüssel 175, 188, 247
Schreibkrampf 205
Schuld 167
-bewußtsein 51
Schwangerschaftsverhütung 227
Selbst 150, 157–164, 167
-befriedigung 181
-erkenntnis 111, 159
-mord 55, 186
Serumtherapie 11
Sexualität 8 f, 121, 174, 235
Sexualtheorie, kindliche 72, 100, 121
Sphärenmusik 251
Spiel 63, 97, 104
-zeug 40
Sprache 19, 64, 75, 97–104, 107, 111, 140, 163, 215
Sprachspiel 97
Stirb und werde 37, 125, 177, 194, 232, 234
Struwwelpeter 70, 120 f, 155, 195–220
Sublimierung 97, 100, 175 f
Sündenfall 65 f, 238
Symbol(e) 19, 27, 64–78, 92–96, 171, 228
   Angel als S. d. Gliedes 68
   Apfel als S. d. Brüste und d. Hinterbacken 65 f
   — als S. d. Mannes 67
   — als S. d. Sünde 224, 229, 231
   Auge als S. d. Zeugungskraft 135
   ausgestreckte Arme als männl. S. 219
   Baum als S. d. Phallus 65 f, 236
   Blau als Farbe d. Hoffnung 69
   Blume als S. d. Keuschheit 228
   Braun als S. d. Kotes 71
   Brunnen als S. d. Penis 72
   Doppelbedeutung aller S. 70
   Dreifuß als männl. S. 187 f, 190 f
   Engel als S. 250
   Feder als männl. S. 74
   Feige als S. d. Scheide 65
   Feigenblätter als S. d. Hand 236
   Fenster als S. d. Begattung und Geburt 74
   Feuerzeug als S. d. Liebe 218
   Finger als männl. S. 138, 206
   Fisch als S. d. Kindes 68
   — als S. d. Phallus 68, 216
   — als weibl. S. 216
   Flamme als S. d. Hitze und Leidenschaft 204
   — als S. d. Teufels 184

Symbol(e) (*Forts.*)
   Fluß als S. d. Fruchtbarkeit 239
   Früchte als S. für Brüste oder Scheide 65
   — als S. für Hoden und Eichel 65
   Fuß als S. d. Phallus 69
   Gabel als weibl. S. 74
   Geige und Bogen als sexuelle S. 231, 250
   — als S. d. Wollust 77
   Gelb als S. d. Urins 71
   gotischer Dom als S. d. Weltalls 32
   Haus als S. d. befruchteten Gebärmutter 73
   — als S. d. Menschen 73
   — als weibl. S. 73, 114
   Herz als S. alles Menschlich-Göttlichen 228
   Himmel als S. d. weibl. Organs 69
   Himmelfahrt als S. d. Erektion 93
   Höhle als S. d. Mutterleibes 186 f
   Hölle als S. d. weibl. Genitals 93
   Hund als S. d. Vaters 201
   S. der Impotenz 71, 200
   Kamm als S. d. Onanie 67
   S. der Kastration 67, 72
   Katze als S. d. weibl. Geschlechtsorgane 203, 210, 236
   Kerze als S. 240
   Kiel als männl. oder weibl. S. 249
   Kirche als S. d. Beischlafs 72
   — als S. d. Braut Christi 114
   — als S. d. Mutter 114
   — als S. d. Vereinigung zwischen Mann und Frau 114
   Kommode als weibl. S. 219
   Kreuz als S. 77, 92–96, 180
   — als S. d. umarmenden Weibes 93
   — als S. d. Vereinigung von Mann und Frau 94
   Krone als weibl. S. 223
   Lampe als S. 240
   S. d. Liebeskampfes 66
   Lilie als S. d. Keuschheit 228
   Mantel als S. d. umfassenden Schoßes 226
   Mappe als S. d. Liebesphänomens 208
   — als S. d. Weibes 215 f
   mathematische S. 95
   Maus als männl. S. 219, 236
   Meer als Mutters. 69, 192, 239, 249
   Mephistopheles als S. d. männl. Geschlechtsteils 179
   Messer als S. d. Phallus 67, 74

Symbol(e) (Forts.)
  Mond als S. 69
  Mondsichel als männl. S. 224
  — als S. d. Schwangerschaft 224
  Notenraum als weibl. S. 77, 248
  Peitsche als S. d. männl. Gliedes 71
  Pferd als S. d. Mutterleibes 153
  Ring als weibl. S. 138 f, 191
  Rot als S. d. Menstruation 71
  rote Schuhe als S. d. Schwangerschaft 219
  Scheide als weibl. S. 136
  Schere als S. d. Weibes 74
  Schlange als S. d. Phallus 65 f, 137, 236, 245
  — als weibl. S. 236, 244
  Schleier als S. d. Jungfräulichkeit 225
  Schlüssel als männl. S. 248
  Schwert als männl. S. 136
  Sanduhr als S. d. Todes 254
  Sonne als S. 69
  — als S. d. liebenden Schaffens 184
  — als S. d. Mutter 192
  Speer als S. d. Phallus 73, 135
  Spiegel als S. d. Onanie 67
  Stadt mit Mauer als weibl. S. 245
  Sternenkrone als S. d. Vereinigung von Mann u. Frau 224
  Stock als S. d. Mannes 74
  Szepter als S. für Erektion 242
  Teufel als S. d. Phallus 172–174
  Tintenfaß als S. für die weibl. Scheide 205
  Tochter als S. d. weibl. Schamteile 66
  Treppe als sexuelles S. 71, 200, 202
  Tür als S. d. Begattung und Geburt 74
  Turm als männl. S. 114, 223
  Vögel als S. 249
  Vollmond als S. für Mutter und für Erektion 186
  Waffen als männl. S. 136
  Wald als S. d. Schamhaare 67
  Wasser als S. d. Harnes 68
  — als S. d. Urmutter 249
  Zahl als S.
    eins 231 f
    zwei 232, 243 f
    drei 172, 204 f, 208, 214, 216, 218, 229, 231 f, 234, 238, 243 f, 251

Symbol(e) (Forts.)
    vier 216, 234, 243
    sechs 67, 218, 229
    sieben 67, 218, 243
    neun 216, 226, 243, 248
    zwölf 232, 234
    dreizehn 232–234
  Zepter als männl. S. 74
  Zopf als männl. S. 219
  Zwerg als S. d. schlaffen Gliedes 67, 135 f
Symbolisieren des Kindes 78
Symbolisierungszwang 64–78, 197, 203, 250
Symptom
  —, organisches 65, 78
  —, neurotisches 65, 78
Syphilis 101

Tiefenpsychologie 8
Tod 23, 54–58, 104, 142, 186, 189, 194 f, 232
Todeswunsch 152
Tragödie 38–63
Traum (Träume) 42 f, 49 f, 52, 54–62, 69, 88, 120, 146–156, 164, 184, 200, 242
  —, Onanie- 186
  —, Tag- 85, 120, 147–149, 154
  —, Vergangenheits- 43
  —, Zukunfts- 43
Trauma, psychisches 121, 156
Trieb(e) 17, 111, 113, 135, 186
Trunksucht 152
Typen 19–37

Übermensch 165, 170
Unbewußtes und Sprache 97
Ursprache 163

Verantwortung 168
Verbrechen 52, 154
Verdrängung 70, 79, 97, 101, 103, 110 f, 113, 120, 151 f, 154 f, 158, 170, 193, 239
Vexierbild 117

Willensfreiheit 65, 70
Wirklichkeit 42, 50, 52
— und Realität 181
Wissenschaft 19, 65, 78, 96, 105–116
Wunder 201

Zwerg 67, 135 f
Zahlen s. Symbol

Psychologie

Alfred Adler · Menschenkenntnis (6080); Über den nervösen Charakter (6174); Der Sinn des Lebens (6179); Individualpsychologie in der Schule (6199); Heilen und Bilden (6220); Praxis und Theorie der Individualpsychologie (6236); Die Technik der Individualpsychologie, Teil 1: Die Kunst, eine Lebens- und Krankengeschichte zu lesen (6260); Teil 2: Die Seele des schwererziehbaren Schulkindes (6261); Kindererziehung (6311); Das Problem der Homosexualität und sexueller Perversion (6337); Studie über die Minderwertigkeit von Organen (6349)

Alfred Adler / Ernst Jahn · Religion und Individualpsychologie (6283)

August Aichhorn · Psychoanalyse und Erziehungsberatung (6233)

Claus Henning Bachmann, (Hg.) · Psychoanalyse und Verhaltenstherapie (6171)

Charles Brenner · Grundzüge der Psychoanalyse (6309)

Charlotte Bühler · Das Seelenleben des Jugendlichen (6303)

Klaus Dörner · Bürger und Irre (6282)

Sigmund Freud · Studien über Hysterie (6001); Darstellungen der Psychoanalyse (6016); Abriß der Psychoanalyse / Das Unbehagen in der Kultur (6043); Drei Abhandlungen zur Sexualtheorie und verwandte Schriften (6044); Totem und Tabu (6053); Massenpsychologie und Ich-Analyse (6054); Über Träume und Traumdeutungen (6073); Zur Psychopathologie des Alltagslebens (6079); Der Witz und seine Beziehung zum Unbewußten (6083); »Selbstdarstellung«. Schriften zur Geschichte der Psychoanalyse (6096); Der Wahn und die Träume in W. Jensens »Gradiva« mit dem Text der Erzählung von Wilhelm Jensen (6172); Der Mann Moses und die monotheistische Religion (6300); Vorlesung zur Einführung in die Psychoanalyse (6348)

Funk-Kolleg Pädagogische Psychologie Band 1 und 2 (6115 / 6116)

Reader zum Funk-Kolleg Pädagogische Psychologie Band 1 und 2 (6113 / 6114)

Peter Groskurth / Walter Volpert · Lohnarbeitspsychologie (6288)

Klaus Holzkamp · Kritische Psychologie (6505)

Henry Jacoby · Alfred Adlers Individualpsychologie und dialektische Charakterkunde (6230)

Arthur Janov · Der Urschrei (6286); Anatomie der Neurose (6322)

Das befreite Kind (6345)
C. G. Jung · Über Grundlagen der Analytischen Psychologie.
   Die Tavistock Lectures 1935 (6302); Kritik der bürgerlichen
   Psychologie (6198)
Theodore Lidz · Der gefährdete Mensch (6318);
Marxismus
   Psychoanalyse Sexpol, Band 1: Dokumentation (6056),
   Band 2: Aktuelle Diskussion (6072)
Hg. H. Nagera. Psychoanalytische Grundbegriffe (6331)
Tilmann Moser · Jugendkriminalität und Gesellschaftsstruktur (6158)
Christine Mylius · Traumjournal (1737)
A. S. Neill, u. a. · Die Befreiung des Kindes (6285)
Robert Ornstein · Die Psychologie des Bewußtseins (6317)
Reuben Osborn · Marxismus und Psychoanalyse (6279)
Gordon R. Lowe · Erkenne dich und die anderen (6341)
Fischer Lexikon Psychologie (FL 6)
Nossrat Peseschkian · Psychotherapie des Alltagslebens (1855);
   Psychoanalyse und Erziehungspraxis (6076)
Ola Raknes · Wilhelm Reich und die Orgonomie (6225)
Josef Rattner · Wirklichkeit und Wahn (6312); Aggression und
   menschliche Natur (6173); Der schwierige Mitmensch (6186);
   Gruppentherapie (6223); Psychotherapie als Menschlichkeit
   (6253); Neue Psychoanalyse und intensive Psychotherapie
   (6266)
Wilhelm Reich · Die sexuelle Revolution (6093); Die Entdeckung
   des Orgons: Die Funktion des Orgasmus (6140);
   Charakteranalyse (6191); Die Massenpsychologie des
   Faschismus (6250); Der Einbruch der sexuellen Zwangs-
   moral (6268); Die Entstehung des Orgons: Der Krebs (6336)
Hartwig Röhm · Kindliche Aggressivität (6310)
Otto Rühle · Zur Psychologie des proletarischen Kindes (6280)
Manès Sperber · Alfred Adler oder Das Elend der Psychologie (6139)
Gerhard Studynka · Hirnforschung (6254)
Harry S. Sullivan · Das psychotherapeutische Gespräch (6313)
Thomas S. Szasz · Die Fabrikation des Wahnsinns (6321)
Renate Witte-Ziegler · Ich und die anderen. Protokolle einer
   gruppentherapeutischen Behandlung (6323)
Lew. S. Wygotski · Denken und Sprechen (6350)

Funk-Kolleg

Beratung in der Erziehung
Band 1 und 2. Hg.: R. Bastine,
W. Hornstein, H. Junker,
Ch. Wulf (6346/6347)

Erziehungswissenschaft
Eine Einführung in drei
Bänden. Autoren: W. Klafki,
G. M. Rückriem, W. Wolf,
R. Freudenstein, H.-K. Beckmann, K.-Ch. Lingelbach,
G. Iben, J. Diederich. Originalausgabe (6106/6107/6108)

Pädagogische Psychologie 1 und 2
Autoren: F. E. Weinert,
C. F. Graumann, H. Heckhausen, H. Hofer (6115/6116)

Reader im Funk-Kolleg Pädagogische Psychologie
Band 1: Entwicklung und
Sozialisation. Hg.: C. F. Graumann, H. Heckhausen.
Originalausgabe (6113)
Band 2: Lernen u. Instruktion.
Hg.: M. Hofer und F. E. Weinert.
Originalausgabe (6114)

Biologie
Systeme des Lebendigen.
Hg.: D. Todt (6291/6292)

Mathematik 1 und 2
Hg.: H. Heuser, H. G. Tillmann.
Originalausgabe (6109/6110)

Literatur Reader 1 und 2.
Hg.: H. Brackert, E. Lämmer
J. Stückrath.
Originalausgabe (6324/6325)

Literatur
Band 1. Originalausgabe
(6326)

Sprache 1 und 2
Eine Einführung in die
moderne Linguistik. Wissenschaftliche Koordination:
K. Baumgärtner, H. Steger.
Originalausgabe (6112)

Rechtswissenschaft
Hg.: R. Wiethölter.
Neuausgabe (6103)

Soziologie
Hg.: W. Rüegg.
Originalausgabe (6105)

Sozialer Wandel
Hg.: Th. Hanf, M. Hättich,
W. Hilligen, R. E. Vente
(6117/6118)

Volkswirtschaftslehre
Hg.: Karl Häuser.
Originalausgabe (6101)

Wissenschaft und Gesellschaft
Einführung in das Studium
von Politikwissenschaft/
Neuere Geschichte/Volkswirtschaft/Recht/Soziologie.
Hg.: G. Kadelbach.
Originalausgabe (6100)

FISCHER
TASCHENBÜCHER

Handbücher

Otto F. Best
Handbuch literarischer
Fachbegriffe
Originalausgabe. Bd. 6092

Wilhelm Bernsdorf
Wörterbuch der Soziologie
3 Bände 6131, 6132, 6133

Einführung in die Elektronik
Hg.: Jean Pütz
Bd. 6273

Elisabeth Endres
Autorenlexikon der deutschen
Gegenwartsliteratur 1945–1975
Originalausgabe. Bd. 6289

Johannes Erben
Deutsche Grammatik
Originalausgabe. Bd. 6051

Gesellschaft und Politik in der BRD
Eine Sozialkunde
Hg.: Giesecke/Klönne/Otten
Originalausgabe. Bd. 6271

Handlexikon
Organisation
Originalausgabe
Neubearbeitung
Bd. 6328

Johannes Hartmann
Das Geschichtsbuch
Von den Anfängen bis zur
Gegenwart
Originalausgabe. Bd. 6314

Michael Sartorius (Hg.)
Handlexikon
Medizin 1 und 2
Bd. 6094 u. 6095

Wolfgang Schmidbauer/
Jürgen vom Scheidt
Handbuch der Rauschdrogen
Bd. 1710

Hannes Schobert
Sportmedizin
Ein Handbuch
Originalausgabe
Bd. 6372

Kurt Dieter Solf
Fotografie
Grundlagen, Technik, Praxis
Originalausgabe. Bd. 6034
Filmen
Grundlagen, Technik, Praxis
Originalausgabe. Bd. 6290

Hans Joachim Störig
Kleine Weltgeschichte der
Philosophie
2 Bände 6135, 6136

Gerhard Studynka
Psychologische Hirnforschung
Originalausgabe. Bd. 6254

Wörterbuch
Kritische Erziehung
Hg.: Eberhard Rauch/
Wolfgang Anzinger
Bd. 6301

Taro Yamane
Statistik
Ein einführendes Lehrbuch
2 Bände 6308 1/2

Weltgeschichte in Zahlen
Bd. 6330

DEUTSCHE LITERATUR KRITIK

Herausgegeben von Hans Mayer

4 Bände · Dünndruckausgaben

Band 1
Von Lessing bis Hegel
(2008)

Band 2
Von Heine bis Mehring
(2009)

Band 3
Vom Kaiserreich
bis zum Ende der
Weimarer Republik
(2010)

Band 4
Vom Dritten Reich
bis zur Gegenwart
(2011)

Fischer